Reiner Dumke

Software Engineering

Aus dem Bereich IT erfolgreich gestalten

Reiner Dumke

Software Engineering

Eine Einführung für Informatiker und Ingenieure: Systeme, Erfahrungen, Methoden, Tools

4., überarbeitete und erweiterte Auflage

vieweg

Bibliografische Information Der Deutschen Bibliothek
Die Deutsche Bibliothek verzeichnet diese Publikation in der Deutschen Nationalbibliografie;
detaillierte bibliografische Daten sind im Internet über <http://dnb.ddb.de> abrufbar.

Die Wiedergabe von Gebrauchsnamen, Handelsnamen, Warenbezeichnungen usw. in diesem Werk berechtigt auch ohne besondere Kennzeichnung nicht zu der Annahme, dass solche Namen im Sinne von Warenzeichen- und Markenschutz-Gesetzgebung als frei zu betrachten wären und daher von jedermann benutzt werden dürfen.

Höchste inhaltliche und technische Qualität unserer Produkte ist unser Ziel. Bei der Produktion und Auslieferung unserer Bücher wollen wir die Umwelt schonen: Dieses Buch ist auf säurefreiem und chlorfrei gebleichtem Papier gedruckt. Die Einschweißfolie besteht aus Polyäthylen und damit aus organischen Grundstoffen, die weder bei der Herstellung noch bei der Verbrennung Schadstoffe freisetzen.

1. Auflage Oktober 1993
2. Auflage Februar 2000
3. Auflage Juli 2001
4., überarbeitete und erweiterte Auflage November 2003

Alle Rechte vorbehalten
© Friedr. Vieweg & Sohn Verlag / GWV Fachverlage GmbH, Wiesbaden 2003

Der Vieweg Verlag ist ein Unternehmen von Springer Science+Business Media.
www.vieweg-it.de

Konzeption und Layout des Umschlags: Ulrike Weigel, www.CorporateDesignGroup.de
Umschlagbild: Nina Faber de.sign, Wiesbaden
ISBN-13: 978-3-528-35355-1   e-ISBN-13: 978-3-322-80344-3
DOI: 10.1007/978-3-322-80344-3

Vorwort

Kaum eine andere Wissenschaftsdisziplin hat eine derart rasche Verbreitung hinsichtlich ihres Anwendungsfeldes erfahren wie die Informatik. Dabei sind gleichzeitig auch die inhaltlichen Anforderungen hinsichtlich neuer, komplexerer Problemstellungen und die Suche nach adäquaten Forschungsleistungen zu deren Lösung immens gewachsen. Das gilt natürlich auch für eines der Kerngebiete der Informatik – der Software-Technik (auch Software Engineering oder allgemein als Software-Technologie bezeichnet).

Insbesondere mit der Entwicklung und Verbreitung der Internet-Technologie sind neue Arten von Systemen, wie die weltweit verteilte Bearbeitung, der Vertrieb und die Nutzung von Informationsressourcen, entstanden. Das führte vor allem

- zu einer steigenden Komplexität dieser Systeme, die wichtige Fragen der Zuverlässigkeit und Sicherheit implizieren,
- zu einer höheren Anforderung an die Integration derartiger Systeme verbunden mit den Problemen einer Standardisierung,
- zu wachsenden qualitativen Anforderungen, die zum einen die Fragen nach der Leistungsfähigkeit dieser Systeme aber zum anderen auch die Probleme der Beherrschbarkeit bei deren Weiterentwicklung neu stellen,
- zu neuen Fragestellungen überhaupt, die die Möglichkeiten frei verfügbarer Software, Beispiellösungen und Technologien für die Anwendung in den Bereichen der Telearbeit, dem Lernen in virtuellen Klassenräumen bis hin zu den ganzheitlichen Ausprägungen einer Informationsgesellschaft betreffen.

Das vorliegende Buch vermittelt eine neue Sicht zur Software-Technik, in dem es vor allem den *Engineering-Aspekt* stärker berücksichtigt. Das hat zur Folge, dass die Beschreibung der wesentlichen Grundlagen hinsichtlich ihrer Methodik und Tool-Unterstützung vor allem auch die Darstellung der jeweiligen *Erfahrungen* auf der Grundlage von Messungen, Experimenten oder statistischen Analysen einschließt bzw. auf die Möglichkeiten in dieser Richtung hinweist. Das ist allerdings auch heute noch ein Schwachpunkt im Software Engineering generell, so dass das vorliegende Buch auch nur ein Schritt in die notwendige Richtung darstellt.

Der Lehrstoff ist so aufbereitet, dass er die wesentlichen Teilgebiete des internationalen *Software Engineering Body of Knowledge (SWEBOK)* abdeckt und somit eine wichtige Grundlage für eine Ausbildung im Software Engineering nach internationalem Standard darstellt.

Der Verweis auf die durch den Autor zur Verfügung gestellte Web-Seite unter „http://se.cs.uni-magdeburg.de/", der eine Übung des vermittelten Stoffes einschließt, sowie die Verwendung des Internet für ausgewählte Aufgabenstellungen dient der Anwendung dieses modernen Kommunikationsmittels für eine weitestgehend selbständige Arbeit mit diesem Buch. Ziel dieses Buches ist es daher:

- Kenntnisse bei der Identifikation von Problemstellungen und deren Einordnung in einen (existierenden) Problembereich zu erwerben, die es ermöglichen, die adäquaten Mittel und Methoden des Software Engineerings zweckmäßig einsetzen zu können,
- die Technologien einer qualitativen Umsetzung von Systemanforderungen in Modelle und schließlich implementierte Systeme für grundlegende Software-Systemklassen anzuwenden,
- den Erfahrungshintergrund von speziellen Technologien und Anwendungsbereichen zu kennen bzw. erschließen zu können,
- den Kenntniserwerb für das Software Engineering insbesondere unter einem Web-basierten Hintergrund durchzuführen.

Für die Inhalte der Web-Links in diesem Buch werden allerdings keine Garantie oder Haftung hinsichtlich Inhalt, Aktualität oder Qualität übernommen. Die Linksetzung erfolgte stets nach geltendem Recht und verwies zu diesem Zeitpunkt nicht auf illegale oder fehlerhafte Inhalte.

Der Inhalt des Buches setzt Grundkenntnisse im Bereich der Programmierung und im Umgang mit mindestens einer Computer-Plattform voraus. Auf den gegebenenfalls notwendigen Erwerb bestimmter Vorkenntnisse wird vor allem über Web-Adressen hingewiesen.

Ich danke meinen Kollegen für die Unterstützung bei der Zusammenstellung der einzelnen Kapitel und insbesondere Frau Dörge für die mühevolle redaktionelle Bearbeitung. Mein Dank gilt auch dem Vieweg-Verlag für die verständnisvolle Zusammenarbeit.

Magdeburg, August 2003   *Reiner Dumke*

Inhalt

1 Grundlagen des Software Engineering

1.1 Einführung und grundlegende Begriffe

Die Anwendung von Software in irgendeiner Form ist heutzutage bereits fester Bestandteil des täglichen Lebens. Und so hat auch schon jeder seine Erfahrung mit dieser nicht sichtbaren aber doch zum Teil sehr wirksamen und hilfreichen Form elektronisch gespeicherter Handlungsvorgaben gemacht. Derartige, überwiegend positive Erfahrungen sind beispielsweise

- die schnelle und durch eine automatisierte (Softwaregestützte) Rechtschreibkontrolle korrekte Erstellung eines Manuskriptes, Briefes oder einer Titelsammlung mit einem *Textverarbeitungssystem*,
- die komfortable Führung bei der Informationssuche (beispielsweise in einem Museum) mittels eines Touchscreens auf der Grundlage eines *Wissensbasierten Software-Systems*,
- die beeindruckenden Animationseffekte in Filmen durch die *Bildverarbeitende* und *Bilderzeugende Software*,
- die teilweise emotionale Reaktion auf einen Schachzug des Computers beim Spiel mit einem *Schachprogramm*,
- das „Surfen" durch das Internet und das Gefühl, aufgrund von *Suchmaschinen* überall präsent sein und alles einsehen zu können,
- das faszinierende Navigieren in virtuellen Welten mittels Cyberhead und der 3D-visualisierten *Simulationssoftware*.

Allerdings gibt es zur Handhabung und Anwendung von Software natürlich auch ganz andere, negative Erfahrungen, wie zum Beispiel

- der plötzliche nicht erklärbare *Abbruch* („Absturz") eines Textverarbeitungssystems verbunden mit dem Verlust aller bereits realisierten Änderungen,
- der Ärger über *nicht synchronisierte Ampelsteuerungen* über mehrere Straßenkreuzungen hinweg (als so genannte „rote Welle"),
- die unangenehmen und zum Teil sehr schädlichen Effekte von *Computerviren*,
- die bereits zu Katastrophen führenden Auswirkungen von *Software-Fehlern* im Bereich des Flugwesens und in der Raumfahrt, bei denen auch Menschenleben zu beklagen sind (siehe [Neumann 95]),
- die gewissermaßen die Hilflosigkeit veranschaulichenden so genannten *Murphys Computergesetze*, die von dem Axiom „Wenn etwas schief gehen kann, dann geht es auch schief" ausgehen (siehe z. B. [Graf 98]).

Diese Aufzählung zeigt einerseits die Vielfalt von Software-Systemen und andererseits die sehr unterschiedlichen Anwendungsformen von der individuellen Nutzung bis hin zur komplexen Systemsteuerung, bei dem der Software-Anwender dem System scheinbar „ausgeliefert" ist.

Analog zu diesen Anwendungserfahrungen mit Software-Systemen lässt sich auch Positives bei der Entwicklung – insbesondere der Programmierung – auflisten, wie zum Beispiel

- die *schnelle Implementierung* von (menügesteuerten) Nutzeroberflächen durch entsprechende, so genannte Klassenbibliotheken,
- die *komfortable Programmierung* von Diagrammen aus Zahlentabellen, bei der die üblichen Probleme der optimalen Differenzierung (z. B. bei Balkendiagrammen) oder der effizienten Achsenbeschriftung nahezu automatisch gelöst werden,
- die *flexible Visualisierung* der Struktur eines Hyperspaces im World Wide Web,
- die *einfache Dokumentationsgenerierung* von Anwendungs- oder Programmbeschreibungen.

Aber auch hier gibt es natürlich wiederum andere, negative Erfahrungen, wie z. B.

- der *Testabsturz* bei der Programmierung, der den Neustart des Computers einschließlich des Neuladens des Betriebssystems erfordert,
- die *Nichtverträglichkeit* eines älteren, zu erweiternden Programms mit einer Programmierumgebung,
- die *verspätete* und *nicht leistungsgerechte Lieferung* einer für das zu entwickelnde System benötigten Komponente.

Wie lässt sich Software entwickeln, die korrekt, für alle potentiellen Nutzer geeignet und zuverlässig ist? Wie erhalte oder erwerbe ich rechtzeitig funktionsgerechte Software? Wie entwickle ich kostengünstig und bedarfsgerecht Software? Wie kann ich Software-Qualität überhaupt verbessern bzw. erst einmal bewerten oder gar messen?

Ein wesentlicher Ansatz stellt die Anwendung von Prinzipien des Ingenieurwesens auf die Software-Entwicklung dar. Wir verwenden daher die folgende Definition des Software Engineering (nach IEEE Standard Glossary, 1990, in Encyclopedia of Software Engineering, Vol. 2, 1994, S. 1177):

> **Software Engineering**[1]: *„The application of a systematic, disciplined, quantifiable approach to the development, operation, and maintenance of software; that is, the application of engineering to software."*

Nach dieser Definition sind also folgende Aspekte bei der Software-Entwicklung und -Anwendung zu betrachten:

---

[1] Im Deutschen werden hierfür die Begriffe Software-Technik oder Software-Technologie verwendet. Der letztere Begriff soll vor allem den methodologischen Aspekt stärker betonen.

- **Methoden** *(development methods)*: Richtlinien, Strategien und Technologien für eine systematische, d. h. phasen- oder schrittweise Entwicklung von Soft-ware,
- **Werkzeuge** *(tools)*: rechnergestützte Hilfsmittel zur Software-Entwicklung und -Anwendung,
- **Maßsystem** *(set of measures)*: Menge von Software-Maßen zur Bewertung und Messung der Eigenschaften der zu entwickelnden Software hinsichtlich Eignung, Qualität und speziell des Leistungsverhaltens,
- **Standards** *(standards)*: Menge von Richtlinien für die einheitliche und abge-stimmte Form der Software-Entwicklung und des zu entwickelnden Software-Systems,
- **Erfahrungen** *(experience)*: (quantifizierte) Kenntnisse über die Entwicklung der Software sowie dem Entwicklungsergebnis selbst hinsichtlich deren Einsatz, der Qualität und des Nutzens (als Ingenieurswissen).

Diese Prinzipien schließen auch die Personifizierung (als **Software-Ingenieur**) und die Integration in eine Software-Ingenieursgemeinschaft *(community)* ein. Die folgende Abbildung visualisiert die grundlegenden Aspekte beim Software Engineering.

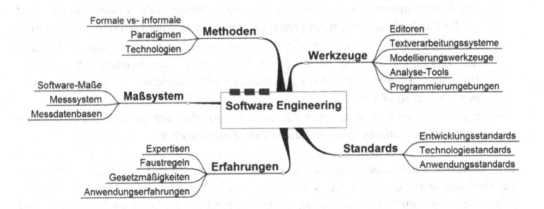

Abb. 1: Aspekte des Software Engineering

Außerdem haben wir dabei gleich ein probates Hilfsmittel zur Skizzierung von begrifflichen und thematischen Zusammenhängen generell kennen gelernt: die so genannten *MindMaps*.

Letztliches Ziel des Einsatzes des Software Engineering ist schließlich die Erstellung bzw. Entwicklung von *Software-Produkten*. Dieses Ergebnis wollen wir wie folgt definieren.

> *Ein **Software-Produkt** (software product) ist die Gesamtheit von Softwarekomponenten (Programmen, Dokumentationen usw.), die als Ganzes entwickelt, vertrieben, angewendet und gewartet werden.*

Ein Software-Produkt hat im Allgemeinen folgende Bestandteile oder Komponenten

- die *Anwendungsbeschreibung (user manual),* die die Handhabung der Software einschließlich der organisatorischen und technischen Voraussetzungen beschreibt. Umfangreichere Produkte verfügen weiterhin über ein so genanntes *Referenz-Handbuch (reference manual),* welches eine Übersicht über die Komponenten in lexikografischer Form gibt, bereitgestellt bzw. angefertigt,

- die eigentlichen *Programme (programs),* die zur Umsetzung der Funktionalität in verschiedenen Formen vorhanden sind (als unmittelbar ausführbaren Code *(object code),* als so genannten Quellcode *(source code),* als Masken *(forms* oder *templates),* als so genannte Ablaufkommandos *(scripts)* oder als im Allgemeinen externe Ad-hoc-Komponenten *(plug ins)),*

- das *Installationsprogramm (setup)* zur „Einrichtung" aller Codebasierten Produktbestandteile auf einem konkreten Computer bzw. einer konkreten Plattform,

- die *Entwicklerdokumentation (development documentation),* die alle im Verlauf der Produktentwicklung entstandenen Dokumente, wie Skizzen, Diagramme, Prüflisten, Testdateien, Hilfsprogramme, Qualitätsberichte, Änderungsanleitungen usw., zusammenfasst,

- ein *Demonstrationsprogramm (demo version),* das den potentiellen Anwender über den Leistungsumfang und die Handhabung informiert.

Eine derartige Funktionsdemonstration existiert auch teilweise für ganze „Produktklassen" und wird, da sie die Anwendung und die allgemeine Produktidee in didaktischer Weise vermittelt, *Tutorial* genannt. Der Anwender eines Software-Produktes wird im Allgemeinen nicht mit der Entwicklerdokumentation konfrontiert, lediglich mit hinreichend verallgemeinerten Formen, wie Klassenbibliotheken oder Analyseprogrammen.

Beispiele für Software-Produkte und deren Komponenten bzw. Bestandteile sollen im Folgenden skizziert werden. Dabei verwenden wir Software-Produkt, *Software-System*[2] oder einfach Software zunächst nahezu synonym.

- Das Textverarbeitungssystem WINWORD (hierbei handelt es sich um ein Produkt der Firma Microsoft, dessen Version hier allerdings unerheblich sei):

---

[2] Gemäß der allgemeinen Systemdefinition sind dabei Elemente (Teilprodukte) durch eine Struktur verbunden und weisen auf einen nicht näher spezifizierten Umfang und eine Komplexität hin.

- *Anwendungsbeschreibung*: Durch die weltweite Verbreitung dieses Produktes existiert die Anwendungsbeschreibung bereits in Form eines Buches in den verschiedensten Verlagen. Darüber hinaus wird eine so genannte *Online-Dokumentation*, die während der WINWORD-Anwendung genutzt werden kann, bereitgestellt.
- *Programme*: Die Programme stehen auf einem Datenträger, wie zum Beispiel einer CD, zur Verfügung und sind im Allgemeinen in einem *Anwendungspaket* (hier „Office") integriert. Sie setzen sich aus den eigentlichen Ausführungskomponenten und Hilfsdateien für (Brief-) Masken, Bilder, Symbole und Programme zur Konvertierung von Ergebnissen anderer (Office-) Programme in WINWORD zusammen. Die Aktualisierung und Ergänzung kann über eine Firmenadresse im Internet erfolgen.
- *Installationsprogramm*: Die Installation wird mittels des Setups für das gesamte Office-Paket vorgenommen.
- *Demonstrationsprogramm*: Aufgrund der bereits langjährigen Verbreitung von WINWORD gibt es dafür kein explizites Demonstrationsprogramm. Als Hilfestellung ist die Online-Dokumentation zu verwenden.

- Das Software-Entwicklungswerkzeug Rational Rose UML (dieses nach der ursprünglichen Entwicklungsfirma benannte Werkzeug ist für die so genannte Unified Modeling Language (UML) ausgerichtet)
    - *Anwendungsbeschreibung*: Durch die schnelle Verbreitung dieser Technik existieren auch hierbei bereits eine Reihe von Büchern sowie die Anwendungsmöglichkeit einer Online-Dokumentation bei der Tool-Anwendung.
    - *Programme*: Die dafür erforderlichen Programme und Dokumentations-Files sind im Internet als Demo-Version „herunter ladbar". Diese Demo-Version ist zeitlich unbegrenzt nutzbar, besitzt allerdings Einschränkungen hinsichtlich des Leistungsumfanges. Natürlich ist auch die „Vollversion" allerdings bei entsprechender Bezahlung erhältlich.
    - *Installationsprogramm*: Auch hier heißt das Installationsprogramm explizit „Setup".
    - *Demonstrationsprogramm*: Insbesondere aus Marketing-Gründen wurden zahlreiche Multimediasysteme zur Erläuterung und Motivation für die UML-Technik im Allgemeinen und das Rational-Tool im Besonderen entwickelt.

Wir erkennen hier bereits unterschiedliche Ausprägungen der einzelnen Komponenten aufgrund einer bereits erreichten oder aber erst noch beabsichtigten Verbreitung des jeweiligen Software-Produktes.

Zur Beschreibung von Software-Produkten wollen wir uns weiteren Begriffen zuwenden, die etwas zu den verschiedenen Verfügbarkeitsformen, zu den Anwendungsgebieten oder zur Anwendungstechnologie aussagen.

- *Componentware:* Software in so genannter Komponentenform, die durch Komposition zu umfangreicheren bzw. vollständigen Systemen verbunden werden können,
- *Fatware:* scherzhafte, aber durchaus ernst gemeinte Bezeichnung für die heutige Software aller Art, für die es scheinbar keinerlei Grenzen hinsichtlich des Verbrauchs von Computer-Ressourcen gibt,
- *Firmware:* als Menge der Software, die insbesondere in eingebetteten Systemen implementiert und nach der Auslieferung an den Endnutzer nicht mehr veränderbar ist,
- *Freeware:* so genannte „frei verfügbare" Software, für die die Autoren keine Bezahlung erwarten, aber die Urheberrechte behalten (im Ggs. zur Public Domain Software),
- *Groupware:* Software, die im Rahmen der Gruppengestützten oder Gruppenorientierten Anwendungsform eingesetzt wird,
- *Middleware:* Software, die als Vermittler zwischen unterschiedlichen Systemen dient und deren Integration nach einem einheitlichen Prinzip realisiert,
- *Safeware:* sind alle programmtechnischen Hilfsmittel, die sicherheitstechnische Probleme innerhalb von Software-Systemen behandeln bzw. lösen,
- *Shareware:* Software, die genutzt und auch weitergegeben werden kann, für die allerdings der Autor eine Gebühr verlangt,
- *Teachware:* Software-Systeme zur Unterstützung von Lehr- und Lernprozessen.

Gemäß dem Ingenieurcharakter des Software Engineering soll das Ergebnis als Software-Produkt in systematischer Form – als so genannter Prozess – realisiert werden. Wir definieren daher den Prozess der Software-Entwicklung in folgender Weise.

> *Der **Software-Entwicklungsprozess** (software development process) ist der gesamte Prozess der Aufgabenstellung, Planung, Realisierung und Bewertung einer Software-/Hardware-Anwendung einschließlich der verwendeten Hilfsmittel und Methoden und dem erforderlichen Personal.*

Diese Definition impliziert die folgenden, wesentlichen Merkmale, die den Entwicklungsprozess beim Software Engineering von der Ad-hoc-Programmierung unterscheidet:

- die Umsetzung der Aufgabenstellung erfordert die *Analyse algorithmisierbarer Systembestandteile*,
- bei der Software-Entwicklung sind im Allgemeinen *mehrere Personen* beteiligt,
- die Software wird in der Regel für einen *anderen Nutzer* entwickelt,

- das Entwicklungsergebnis beinhaltet sowohl computergestützte Komponenten bzw. Programme als auch *organisatorische Richtlinien* zur Einführung und Anwendung des Produktes.

Unsere obige Definition enthält außerdem bereits eine erste Charakterisierung der entsprechenden *Prozessschritte,* auf deren Inhalt, Verlauf und Bewertung im nächsten Abschnitt gesondert und ausführlich eingegangen wird. Die folgende Abbildung skizziert uns den Prozess einer Produktentwicklung, auf dessen Teilaspekte wir im Folgenden noch näher eingehen werden.

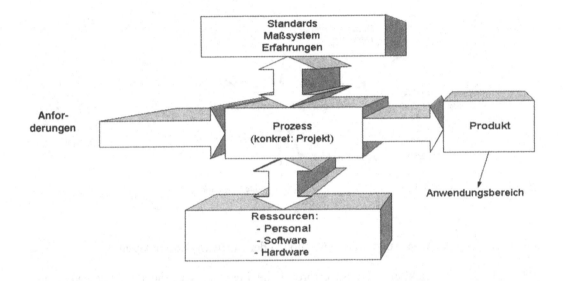

Abb. 2: Prozess der Software-Produktentwicklung

Die Grundlage für die systematische Realisierung eines derartigen Prozesses sind die *Software-Entwicklungsmethoden (software development methods),* die sich im wesentlichen aus

- einer methodenspezifischen Notation aus Symbolen, Komponenten oder mathematischen Kalkülen,
- den Regeln zur korrekten Verwendung dieser Notation hinsichtlich der Strukturen, Sichten und Migrationsformen,
- den Integrationsanforderungen, die für vorausgesetzte bzw. nachgestellte Entwicklungsschritte zu beachten sind,
- einer im Allgemeinen vorhandenen Tool-Unterstützung und damit auch einem Computer-Plattformbezug

zusammensetzt. Je nach dem Formalisierungsgrad werden derartige Entwicklungsmethoden in formale und informale bzw. informelle unterteilt. Dabei nutzen *formale*

Methoden (*formal methods*) im Allgemeinen mathematische Kalküle der Algebra, Logik oder Mengenlehre, während *informale Methoden* (*informal methods*) auf textliche und graphische Beschreibungsformen beruhen, die sich einer formal axiomatischen oder logischen Verifizierbarkeit entziehen. Die in der Praxis zumeist sinnvoll erscheinenden Mischformen beider werden als *semiformale Entwicklungsmethoden* bezeichnet.

Eine erste, zunächst nicht weiter kommentierte Auflistung verschiedener Software-Entwicklungsmethoden zeigt die Abbildung 3.

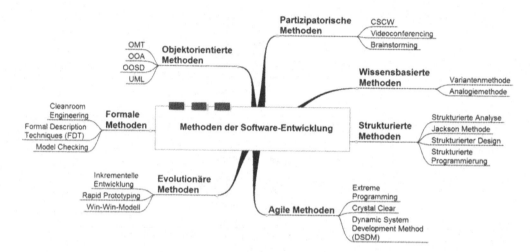

Abb. 3: Ausgewählte Methoden der Software-Entwicklung

Das für den Entwicklungsprozess erforderliche Personal und die im Allgemeinen in Form von Software mit der zugehörigen Hardware vorliegenden Hilfsmittel führen uns zu einem weiteren, grundlegenden Begriff, dem der Entwicklungs-Ressourcen (kurz Ressourcen).

> Als **Ressourcen** (*resources*) *fassen wir alle für die Software-Entwicklung aufgewendeten bzw. aufzuwendenden personellen, Software- und Hardware-Mittel zusammen.*

Die personellen Ressourcen unterscheidet man im Allgemeinen nach folgenden Kriterien:

- *Aufgabenverteilung:* Entwickler, Manager, Qualitätsingenieur, Auditor, Support-Mitarbeiter, Akquisiteur,
- *Entwicklungsphasenbezogenheit:* Analysator, Designer, Programmierer, Tester, Wartungsingenieur,

- *Spezialisierungsform:* Multimedia-Designer, Netz-Administrator, Anwendungs-entwickler, Systemprogrammierer, Dokumentationsbearbeiter,
- *Erfahrungsbezogenheit:* Einstiegsprogrammierer, erfahrener Entwickler.

Auch diesem Aspekt widmen wir uns in einen gesonderten Abschnitt 1.3, der auf weitere Kriterien und Aspekte dieser *Hauptressource* der Software-Entwicklung näher eingeht.

Software-Ressourcen können sowohl Grundlage des Entwicklungsprozesses als auch des zu entwickelnden Produktes sein. Allerdings werden wir sehen, dass sich diese Unterscheidung nicht immer klar treffen lässt. Für das methodisch bessere Verständnis geben wir zunächst getrennte Definitionen dieser Ressourcenarten an.

> *Die Software-Ressourcen für den Entwicklungsprozess bil-den alle programmtechnischen Hilfsmittel und Systeme, die die Entwicklung unterstützen, (teilweise) automatisieren und dokumentieren. Werkzeuge dieser Art bezeichnen wir als* **CASE-Tools** *(als Akronym für Computer-Aided Software Engineering).*

Das Gebiet der CASE-Tools behandeln wir im Abschnitt 1.4 ausführlicher.

> *Die Software-Ressourcen für das Software-Produkt sind alle Programm- und Dokumentationsbestandteile, die bereits vorhanden sind und durch das Beschaffen (Akquirieren), Bereitstellen, Hinzufügen oder Anpassen in das künftige Produkt mit eingehen. Wir bezeichnen diese Ressourcen als* **Software-Komponenten** *(software components).*

Diese Software-Komponenten bzw. deren Anwendungsformen behandeln wir im Abschnitt 3.2 des Kapitels zu den speziellen Software-Technologien.

Auf eine detaillierte Betrachtung der Hardware-Ressourcen wollen wir an dieser Stelle verzichten. Sie wird hierbei allgemein als **Plattform** bezeichnet und bestimmt die zugrunde liegende (hardwarenahe) *Systemsoftware*, wie das Betriebssystem, die Netz- oder die Steuerungssoftware.

Der Prozess der Entwicklung *eines* Software-Produktes wird als Software-Ent-wicklungsprojektes (kurz Projekt) bezeichnet. Wir charakterisieren ein Projekt daher wie folgt.

> *Ein* **Projekt** *(project) ist der konkrete Prozess zur Ent-wicklung eines konkreten Software-Produktes mit den dafür notwendigen Ressourcen.*

Die bisherigen Angaben zu den dabei zu berücksichtigenden Prozess-, Produkt- und Ressourcenbezogenen Merkmalen lassen bereits erahnen, dass es sich hierbei um eine sehr komplexe und dynamische Aufgabe handelt. In [Kellner 94], S. 3 ff., werden folgende Projektmerkmale genannt:

- es handelt sich im Allgemeinen um ein einmaliges Vorhaben,
- durch einen vorgegebenen Endtermin ist es zeitlich begrenzt,
- es hat klare Ziele und Abrechnungsformen,
- eine Zusammenarbeit mit unterschiedlichen Fachgebieten ist erforderlich,
- es werden im Allgemeinen neuartige und (zunächst) unbekannte Probleme bearbeitet bzw. gelöst,
- es existiert ein spezielles Budget für die Projektrealisierung,
- der Projektverlauf birgt besondere Risiken in sich.

Beispiele spezieller Projektformen der Software-Entwicklung können sein
- eine zweckgebundene *Prototypentwicklung*,
- die firmenspezifische *Auftragsentwicklung*,
- ein *Rationalisierungs-* bzw. *Wartungsvorhaben*.

An dieser Stelle treffen wir bereits auf ein grundlegendes Problem des Software Engineering. Wenn die Entwicklung von Software-Produkten Projektbearbeitung heißt, was ist dann **Software-Produktion**? Diese Frage impliziert die Betrachtung folgender Besonderheiten der Software-Entwicklung.

- Die Erstellung eines Software-Produktes enthält als neuartige, im Allgemeinen kreative Aufgabe beispielsweise die Suche nach effizienten Lösungen für Computer-Plattformen oder Systemsoftware, die gerade selbst erst auf dem Markt kommen und über die man allenfalls die Zielvorstellungen kennt.
- Das entwickelte Produkt bezieht sich auf ein neues Anwendungsfeld und es sind somit keine genauen Aussagen zur Zweckmäßigkeit, Akzeptanz oder zum Integritätsverhalten möglich.
- Andererseits soll bei der Software-Entwicklung natürlich auch soviel wie möglich automatisiert werden, wie zum Beispiel durch die Generierung spezieller Lösungen oder durch die Komposition vorhandener Software-Komponenten.

Eine stark vereinfachte Gegenüberstellung zur Autoindustrie soll diese Problematik verdeutlichen.
- *Auto-Entwicklung*: Entwicklung und Test eines Prototypen mit Variantenanalyse und „Verwerfen" von Entwicklungen,
- *Auto-Produktion*: serienmäßige Entwicklung auf einer Taktstraße (i. a. automatisiert);
- *Software-Entwicklung*: ebenfalls Aufgabe einer Abteilung „Forschung und Entwicklung",
- *Software-Produktion*: einfaches File-Doppeln, Aggregieren bzw. Konfigurieren und Installieren.

Wir verwenden daher im Folgenden den Begriff der Software-Produktion nicht mehr und konstatieren für die Software-Entwicklung, dass diese sowohl ingenieurtechnisches Herangehen als auch kreatives Handeln miteinander verbindet. Auch wenn sich der Begriff **Software-Fabrik** *(software factory)* herausgebildet hat, der neben der Anwendung von ingenieurtechnischen Prinzipien die Ambitionen einer industriellen Software-Produktion, die über einen Zeitraum hinweg stabil bzw. gleichartig verläuft, bewahren möchte.

Dieser oben beschriebene duale Charakter der Software-Entwicklung verweist gleichzeitig auf die möglichen Grenzen der Anwendung ingenieurtechnischer Prinzipien.

Die Software-Entwicklung vollzieht sich im Allgemeinen innerhalb eines mehr oder weniger speziellen Anwendungsbereiches bzw. -domäne. Wir definieren daher wie folgt.

> *Ein **Anwendungsgebiet** (application domain) ist ein spezieller wirtschaftlicher oder gesellschaftlicher Bereich mit den dazugehörenden technologischen und soziologischen Strukturen und Prozessen, die durch kulturelle Besonderheiten, ein vorhandenes industrielles Niveau und gesetzliche Regelungen geprägt oder bestimmt sind.*

Wir haben diese Definition so allgemein wie nötig formuliert, um auf die Vielschichtigkeit der Probleme einer Software-Entwicklung innerhalb eines bzw. für einen Anwendungsbereich hinzuweisen. Dazu zählen unter anderem

- die Beachtung der vorhandenen Situation im Anwendungsfeld, die neben dem entwickelten Produkt auch Umstellungs- und Anpassungsaufgaben klar festlegen muss,
- die Abwägung der durch das Software-Produkt erreichten technologischen Verbesserung (z. B. als Rationalisierung) mit den soziologischen bzw. kulturellen Aspekten,
- die Beachtung der jeweils im Anwendungsgebiet geltenden gesetzlichen Regelungen, wie beispielsweise die speziellen als auch die allgemeinen (Datenschutz, Urheberrecht usw.),
- die besondere Berücksichtigung multikultureller und komplexer Verflechtungen bei internationalen bzw. weltweit ausgerichteten Software-Systemen bzw. Lösungen.

Die Beachtung von gesetzlichen Regelungen beim Anwendungsgebiet führt uns zu der Frage derartiger Vorschriften bzw. Normen bei der Software-Entwicklung selbst. Eine wesentliche Form sind die Standards. Wir wollen auch dafür eine allgemeine Definition angeben.

> *Ein **Standard** (standard) im Software Engineering ist eine Regelung bzw. Vorschrift zu einem Aspekt oder einer Komponente der Software-Entwicklung, die von einem speziellen Standardisierungskonsortium herausgegeben wird und Grundlage einer Prüfung der Einhaltung oder einer Zertifizierung sein kann.*

Als Konsortien bzw. Standardisierungsgremien unterscheidet man nationale und internationale. Beispiele derartiger nationaler Organisationen[3] sind

- **ANSI:** American National Standard Institut (http://www.ansi.org/),
- **CSA:** Canadian Standards Association (http://www.csa.ca/),
- **DIN:** Deutsche Industrie-Norm (http://www.din.de/),
- **DoD:** (United States) Department of Defense (siehe unter 'DOD' im Web),
- **MIL:** (United States) Military (Software) Standards (siehe unter 'MIL' im Web).

Die angegebenen Abkürzungen stellen gleichzeitig den Präfix bei der Standardbezeichnung dar. Beispiele internationaler Standardisierungsgremien sind

- **ACM:** Association of Computing Machinary Standards (http://www.acm.org/tsc/charter.html)
- **AQAP:** Allied Quality Assurance Publications (als NATO-Standards unter http://www.nato.int/docu/standard.htm),
- **CEN:** European Committee for Standardization (http://www.cenorm. be/)
- **IEEE:** Institute of Electrical and Electronic Engineers Standards (http://standards.ieee.org/),
- **ISO:** International Organization for Standardization (http://www.iso.ch/).

Der in der obigen Definition angegebene Bezug zur Software-Entwicklung insgesamt verweist darauf, dass wir Standards zum Software-Produkt, zum Prozess, zu den Ressourcen und schließlich zum Projekt haben (können).

Standards für die Software-Entwicklung entstehen in verschiedenen Stufen. Zunächst werden positive Erfahrungen und Konzepte als so genannte „Best Practices" gesammelt und durch ein (Standardisierungs-) Konsortium ein erster Standardvorschlag *(standard draft)* erstellt. Die gezielte Anwendung dieses Standards in ausgewählten Bereichen führt dann zur Endversion *(final version)* und der damit (verbindlichen) Anwendungsmöglichkeit. Im Verlauf der Zeit unterliegt dieser Standard natürlich auch Änderungen und Ergänzungen.

---

[3] Das besondere Gewicht bestimmter nationaler Gremien dieser Art, wie beispielsweise die nordamerikanischen, führt allerdings oftmals dazu, nationale Standards auch international zu verwenden.

Die hohe Dynamik auf dem Gebiet der Software-Entwicklung und der gewisse Zeit beanspruchende Prozess einer Standardbildung führt in vielen Bereichen zu einer Anwendung „allgemein anerkannter" (noch nicht standardisierter) Vorgehensweisen oder Lösungsformen als so genannten **De-facto-Standard**.

Die erforderlichen Bezüge zu den jeweiligen Standards nehmen wir in den Abschnitten zum Software-Lebenszyklus bzw. bei der Behandlung der Entwicklung spezieller Software-Systeme vor.

Neben den Standards gehört als „grundlegendes Handwerkzeug" zu einem Ingenieur ein entsprechendes Maßsystem. Wir führen daher diesen auch für die Software-Entwicklung relevanten Aspekt als weiteren Begriff per Definition ein.

> *Ein **Maßsystem** (system of measures) ist eine Menge von Software-Maßen, die sich auf alle wesentlichen Aspekte der Software-Entwicklung bezieht und die Bewertung bzw. die damit verbundene Prüfung der Einhaltung von Vorgabekriterien gewährleistet.*

Die Vorgabekriterien beziehen sich im Allgemeinen auf das Software-Produkt und können beispielsweise sein:

- eine maximal tolerierte Reaktionszeit für die Ausgabe von Informationen nach Auswahl bzw. Anforderung einer Eingabe (z. B. beim Scheckkartenautomaten),
- die Zuverlässigkeit von Software in Steuerungssystemen (z. B. beim Autopiloten in Flugzeugen),
- die maximale Größe des Software-Produktes hinsichtlich Grenzvorgaben auf Speichermedien (zum Beispiel bei Multimedia-Einheiten die Gewähr der Speicherungsmöglichkeit auf einer DVD),
- die einfache Handhabbarkeit eines Produktes (zum Beispiel eines Textverarbeitungssystems für „jedermann").

Diese Beispiele verweisen ebenso auf die Messung und Bewertung der Ressourcen. Auf die Notwendigkeit, auch den Prozess zu messen, gehen wir im Abschnitt 1.5 zur Software-Messung näher ein. Für ein Software-Entwicklungsprojekt sind beispielsweise Maße bzw. Maßvorgaben für die Entwicklungszeit und die -kosten durchaus relevant.

Die Forderung nach einem Maßsystem impliziert natürlich auch die Instrumentierung bzw. Computergestützte Automatisierung in Form eines **Messsystems** (*measurement system*) mit den dazugehörenden *Messwerkzeugen* und *Messwerttabellen*. Allerdings behandeln wir auch diese Aspekte in dem dafür vorgesehenen Abschnitt 1.5 ausführlich. Auf die Problematik eines derartigen Maß- und Messsystems soll bereits hier anhand einiger „Messaufgaben" hingewiesen werden.

- Wie messe ich die Eignung eines Software-Produktes für einen vorgegebenen Anwendungsbereich?
- Welchen messbaren Einfluss hat die Wahl eines Betriebssystems auf die Zuverlässigkeit meiner Anwendung?
- Wie messe ich die Testqualität von verteilten Web-Applikationen mit dynamischen Komponenten, wie zum Beispiel Agenten?
- Welche Software-Entwicklungsmethode liefert zu meiner vorhandenen Technologie eine messbare Qualitätsverbesserung?

In Ermangelung einer zufrieden stellenden Beantwortung derartiger Fragen ist man zumeist auf Erfahrungen angewiesen. Erfahrungen bei der Software-Entwicklung „verdienen" ebenfalls eine eigenständige Definition.

> *Die **Erfahrung** (experience) im Bereich der Software-Entwicklung und -Anwendung ist das durch Praxis, Fallstudien und Experimente gewonnene Wissen zur Entwicklung und Anwendung von Software-Produkten einschließlich der dabei zugrunde liegenden Prozesse und verwendeten Ressourcen.*

Eine allgemeine Darstellung von Erfahrungen bei der Software-Entwicklung und -Anwendung zeigt die Abbildung 4. Beispiele für allgemeine Erfahrungen sind (speziell nach [Coad 93], S. 549):

- *No big bang:* niemals den gesamten Code mit einem Mal zusammenschreiben,
- *Tiny step:* in kleinen Schritten entwickeln und die Ergebnisse jeweils genau prüfen,
- *Frankenstein principle*: Code, der in einer Nacht „zusammengehackt" wurde, kann einen noch Jahre beschäftigen,
- *Good politics principle:* zunächst sollten die Systemelemente entwickelt werden, die den Auftraggeber am meisten „beeindrucken",
- *25 words or less:* versuche stets den Sinn des zu entwickelnden Systems in 25 oder weniger Wörter auszudrücken,
- *Don't touch the whiskey principle:* vermeide das WHISKEY-Prinzip (Why in the H—Isn't Someone Koding Everything Yet?)[4].

Beispiele konkreter Erfahrungen sind die folgenden:

- die Produktivitätsunterschiede zwischen den Software-Entwicklern können im Verhältnis bis zu 1 : 10 betragen,
- aus einer ca. 20-seitigen Problemstellung werden ca. 3000 Seiten Produkt (Code, Dokumentationen, Reports),

---

[4] „Warum in aller Welt sind noch nicht alle beim Kodieren?"

- ein Programmierer ist durchschnittlich in der Lage, im Monat ca. 200 Programmzeilen Code zu entwickeln (einschließlich Test und Dokumentation),
- alle 8 Sekunden entsteht eine neue WWW-Homepage im Internet,
- alle 18 Monate kommt ein neuer Mikroprozessor auf den Markt,
- ein Dollar Software-Entwicklung kostet zwei Dollar Wartung,
- mehr als 99% aller Rechnerinstruktionen werden durch kommerzielle Software-Produkte realisiert,
- alle 8 bis 9 Monate werden neue Versionen kommerzieller Software-Produkte erzeugt, die im Allgemeinen nur für die letzten drei Versionen verträglich sind.

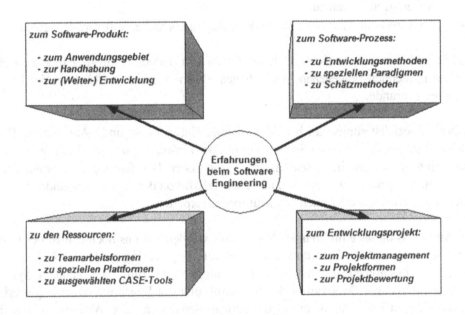

Abb. 4: Erfahrungsbereiche beim Software Engineering

Diese Beispiele zeigen allerdings auch die Problematik ihrer allgemeinen Anwendbarkeit. So ist es sicherlich von Bedeutung, welche Erfahrung in welchem konkreten Entwicklungsumfeld gewonnen wurde. Die Idee, derartige Erfahrungen für ein konkretes Umfeld zusammenzufassen führt zum Begriff einer *Erfahrungsdatenbank (experience database* oder auch *experience factory)*. Allerdings sind Erfahrungen auch in anderen Formen vorhanden bzw. nutzbar, wie beispielsweise

- in der Literatur zu den Themen des Software Engineering, insbesondere zu empirischen und experimentellen Grundlagen,
- im WWW in den jeweiligen Software Engineering Laboren (siehe z. B. http://www.sei.cmu.edu/ oder http://www.lrgl.uqam.ca/)

- im WWW in den Software Measurement Laboren (z. B. unter http:// www.iese. fhg.de/ oder http://ivs.cs.uni-magdeburg.de/sw-eng/us/),
- im WWW als so genannte *Frequently Asked Questions (FAQ's)*, welche aktuelle Fragestellungen der Kunden oder Interessenten sammeln und thematisch gruppierte Antworten enthalten.

Erfahrungen sollten allerdings nicht mit *Hypothesen* oder so genannten *Mythen* verwechselt werden. Beispiele dafür sind (siehe auch [Glass 99]):

- „Modulare Programme lassen sich leichter ändern und führen zu einer besseren Software-Qualität."
- „Objektorientierte Entwicklungsmethoden führen zu flexibleren und leicht erweiterbaren Systemen."
- „Die Anwendung formaler Methoden führt zu korrekten Software-Systemen."

Diese Hypothesen müssen nicht unbedingt falsch sein. Jedoch ist im Allgemeinen weder ihr Geltungsbereich angegeben noch liegen ihnen zumeist wirklich reale Untersuchungen zugrunde.

Der hohe Spezialisierungsgrad bei der Software-Entwicklung und –Anwendung führt auch zu einer immer stärkeren Spezialisierung der *Erfahrungsträger*. Man fasst daher diese Erfahrungsträger in speziellen Interessen- oder Berufsgruppen *(communities)* zusammen. So spricht man zum Teil auch scherzhaft von der Linux-Gemeinde, den KI-Leuten, den Java-Fans oder auch den Mutimedia-Experten.

Zum Abschluss dieses einführenden Abschnittes wenden wir uns noch einmal der Frage nach dem Inhalt und der Einordnung des Software Engineering zu. Dieses Gebiet wird zumeist im Zusammenhang mit oder auch abgrenzend zum so genannten *System Engineering* genannt. Motivation für die Einführung des Begriffs System Engineering war die Abgrenzung und damit eigenständige Behandlung der Aktivitäten, die die (Anwendungs-) Systemanalyse und -spezifikation betreffen, ohne dabei eine software-basierte Umsetzung überhaupt zugrunde zu legen. Daraus leitet sich dann eine relativ eng gefasste Bedeutung des Begriffs Software Engineering ab. Wir werden dieser damit verbundenen Einschränkung nicht folgen, da uns gegenwärtig eine derartige Trennung als noch nicht sinnvoll erscheint.

Software Engineering ist andererseits ein Querschnittsgebiet. Das heißt, es integriert verschiedene Aspekte unterschiedlicher Fachgebiete der Informatik und angrenzender Gebiete. Diese Integration erfolgt hinsichtlich

- *technologischer Aspekte:* Programmiersprachen, Compilerbau, Datenbanken, Rechnernetze, CASE-Tools, Benutzerschnittstellen,

- *anwendungsspezifischer Aspekte:* Systemprogrammierung, Anwendungs-Entwicklung, Verteilte Systeme, Bioinformatik, Multimediale Systeme, Informationssysteme, Telematik, Wirtschaftsinformatik,

- *methodologischer Aspekte:* Systemtheorie, Ergonomie, Statistik, Modellierung, Empirie, Softwaremetrie.

Dieser Integrationsaspekt begründet einerseits die Vielschichtigkeit der theoretischen und praktischen Grundlagen des Software Engineering und kennzeichnet andererseits die hohe Dynamik der in diesem Gebiet zu behandelnden Technologien und Prinzipien.

Übungsaufgaben

1. Wählen Sie einen speziellen Ingenieurbereich aus (zum Beispiel Elektroingenieur oder Bauingenieur) und formulieren Sie Gleichnisse hinsichtlich der Methoden und Werkzeuge zum Software-Ingenieur.

2. Sehen Sie unter der Web-Seite http://catless.ncl.ac.uk/Risks/ nach und suchen Sie Beispiele heraus, in denen einerseits Software-Systemfehler und zum anderen Anwendungsfehler zu dem jeweiligen Problem führten.

3. Geben Sie für ein selbstgewähltes Software-Produkt die jeweiligen Bestandteile an.

4. Nennen Sie konkrete Beispiele für Software-Produkte zur Klasse der Fatware, Firmware und Freeware.

5. Welcher Ressourcenart gehören der Wartungsingenieur, das Visio-Tool oder der PALM-Computer an?

6. Erläutern Sie die typischen Merkmale für ein Software-Projekt.

7. Was ist der Unterschied zwischen einem Standard und einem De-Facto-Standard? Geben Sie jeweils ein Beispiel für die Software-Entwicklung an.

8. Welche Ziele verfolgt ein Maßsystem für den Bereich der Software-Entwicklung?

9. Diskutieren Sie jeweils ein Beispiel für eine allgemeine und eine konkrete Software-Entwicklungserfahrung.

1.2 Der Software-Lebenszyklus

Jedes Software-Produkt „durchlebt" verschiedene Stadien. Zur Charakterisierung dieser Eigenschaft definieren wir den Software-Lebenszyklus.

> *Der **Software-Lebenszyklus** (software life cycle) ist der Prozess der Entwicklung von Software-Produkten und kennzeichnet alle Phasen und Stadien dieser Produkte von ihrer Entwicklung, Einführung und Wartung bis zu ihrer Ablösung oder Beseitigung.*

Diese Betrachtung schließt die Charakterisierung des Prozesses und der dabei erforderlichen Ressourcen mit ein.

1.2.1 Die Phasen im Software-Lebenszyklus

Zum besseren Verständnis wollen wir zunächst eine statische Sicht auf die Entwicklung und die Anwendung bzw. Wartung eines Software-Produktes zugrunde legen. Das führt uns zu aufeinander folgenden, Wohlunterschiedenen Phasen in den oben genannten Prozessen. Wir definieren daher wie folgt.

> *Eine **Lebenszyklus-Phase** (life cycle phase) innerhalb des Software-Entwicklungs-, Anwendungs- und Wartungsprozesses ist ein zeitlich begrenzter Abschnitt mit relativ eigenständigen Ressourcen, für den eine Anfangssituation und ein bewertbarer Endzustand bestimmt werden können.*

Wir beschreiben zunächst die Phasen der **Software-Entwicklung** in allgemeiner und chronologischer Form.

- Die **Problemdefinition** *(problem definition)* stellt den Auftrag zur Entwicklung eines Software-Produktes dar und beinhaltet die Anforderungen an das Produkt. Hierbei wird insbesondere die Frage nach dem *Warum* beantwortet.
- Die **Anforderungsanalyse** *(requirements analysis)* untersucht die Anforderungen hinsichtlich ihrer Realisierbarkeit bzw. dient bereits der weiteren Konkretisierung allgemeiner Anforderungsteile bzw. -inhalte.
- Die **Spezifikation** *(specification)* beschreibt das zu implementierende Produkt oder System in seiner Funktionsweise. In dieser Phase ist die Frage nach dem *Was* zu beantworten. Im Allgemeinen werden Anforderungsanalyse und Spezifikation innerhalb einer Phase realisiert.
- Der **Entwurf** *(design)* stellt die Phase der Umsetzung des spezifizierten Systems auf eine konkrete Computer-Plattform mit der jeweiligen Software dar. Hierbei ist die Frage nach dem *Wie* zu beantworten.

- Die *Implementation (implementation)* fasst die Kodierung des Entwurfes in einer konkreten Programmiersprache und in den Test des Systems zusammen. Dabei ist die Frage nach dem *Wie gut* zu beantworten.
- Die *Erprobung (field test* oder *acceptance testing)* dient dem kontrollierten Einsatz des Software-Produktes in einem ausgewählten Anwendungsbereich. Hier werden insbesondere erste Anwendungserfahrungen gesammelt und die *Eignung (validity)* der Produktkomponenten bestimmt.
- Die *Auslieferung (delivering)* schließt die Entwicklung mit der Übergabe aller anwendungsspezifischen Produktkomponenten an den oder die *Auftraggeber (costumer)* bzw. *Nutzer (user)* ab.

Analog wollen wir jetzt die Phasen der **Software-Anwendung** kurz charakterisieren.

- Die *Einführung (introduction)* beinhaltet die Bereitstellung der erforderlichen Ressourcen und die dem Anwendungsbereich zugeschnittene Installation aller Produkt- bzw. Systemkomponenten.
- Die *Nutzung (application)* bezeichnet die im Allgemeinen stabile Form der Anwendung des Software-Produktes.
- Die *Umstellung (adaption)* ist eine die Nutzung begleitende Phase der Anpassung durch neue Versionen und Ergänzungen des Software-Produktes.
- Bei der *Ablösung (replacement)* wird das Software-Produkt durch ein neues System ersetzt. Diese Phase kann den Einsatz völlig neuer Technologien mit sich bringen.

Schließlich lauten die Phasen der **Software-Wartung** *(software maintenance)* in der hier zunächst betrachteten statischen Form.

- Die *Übernahme (transmission)* des entwickelten Produktes durch die Wartungsabteilung betrifft alle Ergebnisse, wie beispielsweise auch die Entwicklerdokumentation.
- Die *Änderung (changing)* stellt die eigentlichen Wartungsaufgaben dar, die im Allgemeinen auch eine Programmierung mit den dazugehörigen Tests erfordern.
- Die *Versionserstellung (version construction)* beinhaltet die Aktivitäten zur Zusammenstellung einer Produktversion, die bei den Anwendern für eine Umstellung genutzt werden kann.
- Die *Verteilung (deployment)* beinhaltet schließlich die Auslieferung der anwenderspezifischen Produktversion bzw. -komponenten mit den dazu notwendigen Umstellungsdokumenten.

Hierbei ist offensichtlich, dass sich die Anwendung und Wartung ein und desselben Produktes im Allgemeinen in unterschiedlichen Bereichen abspielen.
Wir stellen die obige Auflistung der Software-Lebenszyklusphasen in Abbildung 3 noch einmal zusammengefasst dar.

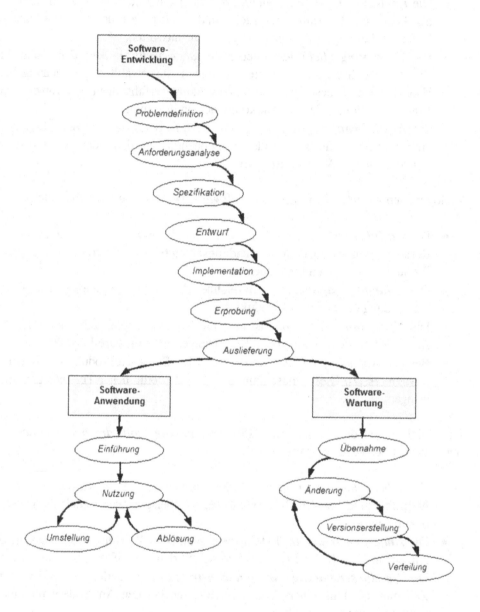

Abb. 5: Phasen im Software-Lebenszyklus

Die oben genannten Lebenszyklusphasen werden jetzt an einem ganz einfachen Beispiel kurz erläutert. Wir wollen/sollen „noch ein" **Textverarbeitungssystem** entwickeln. Damit ergeben sich ganz kurz skizziert die folgenden möglichen Phaseninhalte gruppiert nach Entwicklung, Wartung und Anwendung.

Software-Entwicklung:

- *Problemdefinition:* Das Textverarbeitungssystem soll die „üblichen" Textverarbeitungsfunktionen beinhalten und auf einem Handheld-Computer genutzt werden können.
- *Anforderungsanalyse:* Es ist zu prüfen, welche Ressourcenbedingten Einschränkungen ein derartiger Computer für ein Textverarbeitungssystem mit sich bringt (Speicherung, Texteingabe und -anzeige). Das Analyseergebnis soll allerdings nicht die Entwicklung in Frage stellen sondern nur helfen, die Leistungsparameter des Produktes klarer ausweisen zu können.
- *Spezifikation:* Wir formulieren die Funktionalität des gesamten Textverarbeitungssystems aus und stimmen uns dabei mit dem Auftraggeber hinsichtlich korrekter Umsetzung ab. Wir entwerfen eine Anwenderdokumentation.
- *Entwurf:* Die zuvor erstellte funktionale Spezifikation wird hinsichtlich Aufgabenteilung auf den Ziel-Computer zugeschnitten. Das gilt auch für die ausgewählte Programmiersprache.
- *Implementation:* Wir programmieren und testen die einzelnen Systemfunktionen. Dabei entsteht die Entwicklerdokumentation.
- *Erprobung:* Wir lassen das Textverarbeitungssystem durch einen potentiellen Nutzer anwenden und bewerten. Mängel werden unmittelbar behoben.
- *Auslieferung:* Die zu installierenden Programme und die Anwenderdokumentation werden an die Nutzer bzw. Auftraggeber geschickt. Wir beachten dabei spezielle Wünsche bezüglich unterschiedlicher Zusammenstellungen der Produktkomponenten.

Software-Wartung:

- *Übernahme:* Als Wartungsabteilung übernehmen wir nun die gesamten Entwicklungsergebnisse von der Entwicklungsabteilung.
- *Änderung:* Das Textverarbeitungssystem unterliegt bestimmten Änderungen, wie zum Beispiel dem Einbau neuer Trennungsregeln oder der Berücksichtigung einer weiteren Sprache in Form von Rechtschreibregeln. Allerdings kann auch die Änderung der Computer-Plattform ein Grund für derartige Änderungen sein.
- *Versionserstellung:* Wir stellen die Dateien zusammen, die für eine Änderung im Textverarbeitungssystem, welches sich bereits beim Anwender befindet, notwendig sind. Gegebenenfalls erarbeiten wir auch eine Änderungsanleitung.
- *Verteilung:* Die für eine Anpassung notwendigen Unterlagen werden an die jeweiligen Anwender geschickt.

Software-Anwendung:

- *Einführung:* Als Anwendungsabteilung haben wir zunächst unser Personal geschult und installieren jetzt das System auf unsere Computer.
- *Nutzung:* Wir befinden uns im Stadium der eigentlichen Anwendung des Systems und fassen mögliche Probleme bzw. auftretende Mängel in Form von Berichten *(trouble reports)* zusammen, die wir von Zeit zu Zeit an die Wartungsabteilung

schicken. Im Havariefall benachrichtigen wir unmittelbar den Vertreiber unseres Textverarbeitungssystems.

- *Umstellung:* Nachdem die Wartungsabteilung von mehreren Nutzern die Probleme gesammelt und „endlich" behoben bzw. gelöst hat erhalten wir eine neue Version, die wir gemäß Änderungsanleitung auf unsere Computer übertragen.
- *Ablösung:* Wir haben uns nach einer völlig neuen Technologie der Textverarbeitung umgesehen und lösen damit das bisher genutzte System ab.

Die folgende Tabelle zeigt in der Praxis häufig verwendeten synonymen, anderen Phasenbezeichnungen (siehe z. B. [Bröhl 95], [Ganser 96] und [Siemens 91]).

Entwicklungsphase	andere Bezeichnung in der Praxis
Problemdefinition	Lastenheft-, Pflichtenhefterstellung
Anforderungsanalyse	Ist-Analyse/ Soll-Konzeption, Vorprojektierung
Spezifikation	Grob-Konzeption, Fachliche Konzeption
Entwurf	Fein-Konzeption, DV-technische Konzeption
Implementation	Kodierung/Test, DV-technische Realisierung
Erprobung	Feldtest
Einführung	Wirkbetrieb, Operation

Tab. 1: Weitere Bezeichnungen für Software-Lebenszyklusphasen

Die Entwicklungsphasen kennzeichnen die Prozessschritte und somit auch die für die Entwicklung eines konkreten Produktes durchlaufenen *Projektschritte.*

Wir wollen daher an dieser Stelle zwei wesentliche Begriffe hinsichtlich der Korrektheit des zu entwickelnden Produktes und des durch die Phasen charakterisierten Prozesses definieren.

> *Unter* **Verifikation** *(verification) ist die Prüfung der Korrektheit einer Entwicklungsphase zu ihrer vorangegangenen zu verstehen. Mit* **Validation** *(validation) wird die Prüfung der Korrektheit des sich in irgendeiner Entwicklungsphase befindlichen Produktes zu den Anforderungen des Auftraggebers oder Nutzers bezeichnet.*

Anders ausgedrückt überprüfen wir durch die Verifikation die „richtige Entwicklung" und durch die Validation die „Entwicklung des Richtigen".

Wir wollen uns an dieser Stelle dem grundlegenden dynamischen Aspekt der Lebenszyklusphasen zuwenden, das heißt, der Frage, warum wir von einem *Zyklus* sprechen.

Theoretisch könnte sich diese Kennzeichnung aus dem in der Abbildung 6 dargestellten Entwicklungsverlauf ergeben.

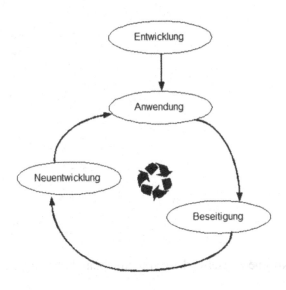

Abb. 6: Idealisierter Software-Entwicklungszyklus

Praktisch stellt sich die Situation jedoch ganz anders dar. Wir erinnern uns dazu an das obige Beispiel des zu entwickelnden Textverarbeitungssystems. Bereits während der Entwicklung könnten sich folgende Probleme ergeben.

- Die Anforderungsanalyse zeigt die Nichtrealisierbarkeit wesentlicher Funktionalitäten. Es muss also eine grundlegende Änderung in der Problemdefinition vorgenommen bzw. mit dem Auftraggeber abgestimmt werden.
- Beim Eintritt in die Entwurfsphase ist der konzipierte Handheld-Computer längst veraltet. Auch hier sind die Anforderungen neu zu spezifizieren.
- Die Erprobung führt zu dem Ergebnis, dass das Leistungsverhalten völlig unakzeptabel ist und erfordert zumindest neue Implementationstechniken.

Wir müssen also gegebenenfalls bereits bei der Entwicklung in eine der vorhergehenden Phasen zurückgehen, so dass die zyklische Eigenschaft auch in der Software-Entwicklung gilt. Es besteht somit im ungünstigsten Fall *(worst case)* die in Abbildung 7 beschriebene Situation des möglichen praktischen Phasenverlaufs bei der Software-Entwicklung und -Wartung.

Bei dieser kreisförmigen Darstellung der Entwicklungsphasen können wir zwei weitere Begriffe zum Software Engineering einführen:

- die **Vorwärtsentwicklung** *(forward engineering),* die dem Phasenverlauf im Uhrzeigersinn entspricht,

- die *rückgerichtete Entwicklung* *(backward engineering)*, die genau entgegengesetzt der Vorwärtsentwicklung verläuft.

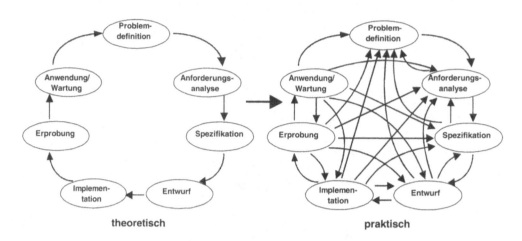

theoretisch   praktisch

Abb. 7: Praktische Phasenverlaufssituation beim Software-Lebenszyklus

Wir werden sehen, dass die Rückgerichtete Entwicklung (als Reengineering) vor allem auch eine praktische Bedeutung besitzt und ihr daher einen eigenen Abschnitt im Kapitel 3 widmen.

Im Folgenden wollen wir uns allerdings den einzelnen Entwicklungsphasen mit den jeweiligen ingenieurtechnischen Aspekten separat zuwenden. Eine Behandlung verschiedener Lebenszyklusmodelle und die Angabe weiterer Übungsaufgaben schließt diesen Abschnitt ab.

1.2.2 Die Problemdefinition

Bei der Problemdefinition geht es um die Beschreibung der Anforderungen an ein zu erstellendes Software-Produkt bzw. Software-System. Wir wollen uns zunächst diesen Anforderungen genauer zuwenden. Hinsichtlich der Anforderungsarten unterscheidet man in der Literatur beispielsweise (nach [Kontonya 98], S. 189) in

- funktionale Anforderungen,
- Leistungsanforderungen,
- Interface-Vorgaben,
- operationale Anforderungen,
- Ressourcenanforderungen,
- Verifikationskriterien,
- Akzeptanzvorgaben,
- Dokumentationsrichtlinien,
- Sicherheitsanforderungen,
- Portabilitätsanforderungen,

- Qualitätsvorgaben,
- Zuverlässigkeitskriterien,
- Anforderungen an die Wartbarkeit,
- Datenschutzanforderungen.

[Pfleeger 98], S. 142-144, definiert als Anforderungsarten die Hardware-Umgebung, die Schnittstellen, Nutzer- und ergonomische Anforderungen, die Funktionalität, die Dokumentation, die Daten, die Ressourcen, die Sicherheit und die Qualitätssicherung. In der Praxis findet man beispielsweise die Klassifizierung (nach [Ganser 96], S. 53) in fachliche Anforderungen, Datenschutzanforderungen, Datensicherheitsanforderungen, Leistungsanforderungen und Qualitätsanforderungen.

Einerseits verwirrt uns die Vielzahl der Anforderungen, andererseits erkennen wir eine vielleicht ungerechtfertigte Trennung von Leistung und Qualität. Was geben uns möglicherweise Standards zu diesem Thema vor? Ein grundlegender Standard zu den Anforderungen bei der Software-Entwicklung ist der *IEEE Std 830* (*Software Requirements Specification*), der Anforderungen wie folgt klassifiziert

- funktionale Anforderungen,
- Leistungsanforderungen,
- Restriktionen für den Software-Entwurf,
- Qualitätsanforderungen,
- Anforderungen an externe Schnittstellen,
- sonstige Anforderungen.

Auch hier können wir eine Mischung aus phasen-, komponenten- und qualitativen Anforderungen konstatieren. Außerdem werden Anforderungen zum Prozess der Software-Entwicklung allenfalls unter „sonstige" zusammengefasst. Wir wählen daher eine eigene Klassifikation, die sich problemlos auf die vorher genannten abbilden lässt und definieren damit die Problemdefinition wie folgt

> Die *Problemdefinition* (*problem definition*) ist die zusammenfassende Beschreibung von Anforderungen (*requirements*) an die Entwicklung von Software-Produkten die sich unterteilen in *funktionale Anforderungen* zur Beschreibung der Arbeitsweise und der grundlegenden Eigenschaften der Problembezogenen Funktionalität, *qualitative Anforderungen* zur Darstellung der Produkt-Qualität in seinen verschiedensten Ausprägungen, *Systembezogene Anforderungen* für die Charakterisierung der erforderlichen Hardware und damit verbundenen bzw. notwendigen Software und *Prozessbezogene Anforderungen* zur Beschreibung der projektspezifischen Merkmale, wie Entwicklungszeit, Kontrollpunkte, personelle und finanzielle Ressourcen.

Wir wollen diese Klassen von Anforderungen anhand von einfachen Beispielen erläutern. Dazu geben wir uns fünf Problemdefinitionen mit jeweils einer Anforderung pro Anforderungsart vor. Wir wählen dazu Beispiele, die möglichst wenig Erklärungsbedarf besitzen. Wir wollen aber auch darauf verweisen, dass diese Beispiele didaktischen Zwecken dienen und in dieser Einfachheit in der Praxis kaum auftauchen werden. Allerdings ist der Formulierungsstil durchaus sehr praxisnah. Das erste Beispiel soll uns bzw. anderen helfen, die (eigenen) Steuern zu berechnen.

Problemdefinition: *STEUERN*

funktionale Anforderung:
Das zu entwickelnde System soll die Berechnung aller relevanten Angaben zur persönlichen Steuererklärung beinhalten.

qualitative Anforderung:
Das System soll eine einfache Nutzeroberfläche haben, die es ermöglicht, für „jedermann" anwendbar zu sein.

Systembezogene Anforderung:
Das System soll auf Intel-PC's laufen.

Prozessbezogene Anforderung:
Das System muss als Demo-Version für die Werbung bereits in einem Monat zur Verfügung stehen.

Das zweite Beispiel soll als spezielle Unterstützung bei sportlichen Wettkämpfen bereits während eines Rennens auf die zu erwartende Reihenfolge bei der Zielankunft schließen.

Problemdefinition: *SPORT*

funktionale Anforderung:
Ein Programm soll aus den Zwischenzeiten von den Teilnehmern eines Rennens jeweils auf die zu erwartende Ankunftszeit schließen.

qualitative Anforderung:
Das Programm soll sehr leicht erweiter- und änderbar sein.

Systembezogene Anforderung:
Das Programm ist in Delphi zu entwickeln.

Prozessbezogene Anforderung:
Das Programm muss zur Weltmeisterschaft fertig sein.

Das dritte Beispiel soll uns insbesondere beim Shopping im Web helfen und uns hinsichtlich der Web-Angebote auf dem Laufenden halten.

Problemdefinition: *WEBAGENT*

funktionale Anforderung:
> *Der Software-Agent soll aus den Internetbasierten Warenangeboten die preiswertesten auswählen und sie für eine Vergleichsmöglichkeit von 6 Monaten speichern.*

qualitative Anforderung:
> *Der Software-Agent soll auf mehreren Plattformen anwendbar sein.*

Systembezogene Anforderung:
> *Der Software-Agent soll in Java programmiert werden.*

Prozessbezogene Anforderung:
> *Der Software-Agent ist in der im Herbst auf den Markt kommenden neuen Java-Version zu implementieren.*

Ein viertes Beispiel einer Problemdefinition soll die Schaffung eines Arbeitsmittels für unsere Software-Entwicklung selbst initiieren.

Problemdefinition: *TEAMWORK*

funktionale Anforderung:
> *Das verteilte Entwicklungssystem soll gewährleisten, dass jeder Teilnehmer die gemeinsame Arbeitstafel beschreiben und ändern kann.*

qualitative Anforderung:
> *Bei der Systemnutzung sollen keine Arbeits- bzw. Zwischenergebnisse „verloren gehen".*

Systembezogene Anforderung:
> *Das verteilte System soll unter Linux laufen.*

Prozessbezogene Anforderung:
> *Für die Systementwicklung stehen vier Entwickler zur Verfügung.*

Das fünfte und letzte Beispiel soll uns „einfach" die alltägliche Übersetzungsarbeit abnehmen.

Problemdefinition: *TRANSLATER*

funktionale Anforderung:
  Das Textverarbeitungssystem soll Texte jeweils vom Deutschen ins Englische und umgekehrt übersetzen.

qualitative Anforderung:
  Das System soll für die Übersetzung einer Textseite weniger als 3 Sekunden benötigen.

Systembezogene Anforderung:
  Das Textverarbeitungssystem soll im Internet unter den Web-Browsern ab Version 7 laufen.

Prozessbezogene Anforderung:
  Die Kosten der Systementwicklung dürfen 25000 Euro nicht übersteigen.

Im Folgenden wollen wir nun diese Anforderungen etwas näher betrachten. Die *funktionalen Anforderungen* beinhalten bereits Angaben zu den möglicherweise zu speichernden und zu verarbeitenden *Daten (data)* bzw. zu den eventuellen *Schnittstellen (interfaces)* zu anderen Systemen bzw. zum Nutzer selbst. Die oben angegebenen Anforderungsbeispiele für Software-Funktionalitäten werfen allerdings einige Fragen auf:

STEURERN: Was sind denn „relevante Angaben"?
SPORT: Nach welchen statistischen Verfahren bzw. Erfahrungen sind die Hochrechnungen durchzuführen?
WEBAGENT: Welche Maßnahmen gelten denn bei zu hohem Datenvolumen?
TEAMWORK: Welche Verteilungsstrategie ist bei eventuellen Behinderungen oder „Verklemmungen" vorzusehen?
TRANSLATER: Wie soll die Übersetzungsforderung umgesetzt werden, für die es auch noch keine befriedigende theoretische Lösung gibt?

Anforderungen sind also stets genau zu überprüfen bzw. müssen im weiteren Entwicklungsverlauf noch untersetzt bzw. genauer bestimmt werden.

Zur Erläuterung der *qualitativen Anforderungen* verwenden wir die grundlegende Klassifikation gemäß dem internationalen Standard für Software-Produkte, dem *ISO 9126.* Dieser Standard gibt uns einerseits bestimmte (externe) Qualitätsmerkmale vor und zeigt uns andererseits deren Bestimmung bzw. Messung über interne Kriterien bzw. Kennzahlen. Wir wollen uns hier zunächst auf die Angabe der externen Merkmale beschränken. Abbildung 8 zeigt die wesentlichen Anforderungsmerkmale auf dieser Grundlage. Wir verwenden dabei das so genannte *Fischgrätendiagramm (fishbone diagram)*, welches einzelne Merkmale zu Gruppenmerkmalen zusammenfasst und schließlich einem Endzustand zuordnet. Mögliche qualitative Anforderungen an die oben genannten Beispiele sind:

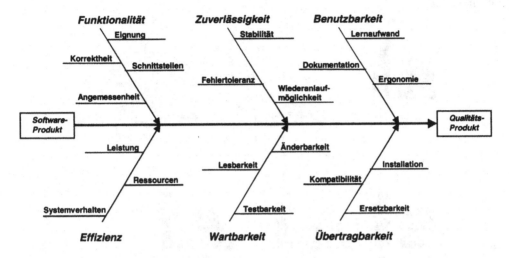

Abb. 8: Qualitätsanforderungen an ein Software-Produkt

Bezüglich unserer vorgegebenen Problemdefinitionen haben wir hier die folgenden Merkmalsangaben:

STEURERN: explizite Forderung nach der *Benutzbarkeit,*
SPORT: Anforderung zur Gewährleistung einer guten *Wartbarkeit,*
WEBAGENT: die Gewährleistung einer guten *Übertragbarkeit,*
TEAMWORK: besondere Anforderungen zur *Funktionalität,*
TRANSLATER: spezielle Forderung nach einer vorgegebenen *Effizienz.*

Bei den *Systembezogenen Anforderungen* handelt es sich um die Vorgaben zur Plattform und zur konkreten Programmiersprache. Diese können explizit vorgenommen werden (wie zum Beispiel „Unix-Workstations", „NT-Rechner" oder „Java-Programmierung") oder allgemein umschrieben werden (wie beispielsweise „PC-Netz" oder „Objektorientierte Programmiersprache"). Derartige Anforderungen beziehen sich allerdings selten auf einzelne Computer, sondern zumeist auf spezielle Rechnerarchitekturen. Auf unsere Problemdefinitionen bezogen können wir folgende Angaben zu den Systembezogenen Anforderungen konstatieren:

STEURERN: die Vorgabe der Abarbeitungsplattform,
SPORT: die Vorgabe der Programmiersystems,
WEBAGENT: die Festlegung der Programmiersprache,
TEAMWORK: die allgemeine Charakterisierung des Betriebssystems,
TRANSLATER: die generelle Vorgabe des Interpretationssystems.

Zweckmäßig für die Charakterisierung von system- bzw. Plattformbezogenen Anforderungen ist deren Beschreibung in einem Kontext in Form von Skizzen, die entsprechende, zumeist einem De-facto-Standard zuzuordnende Sinnbilder verwenden. Abbildung 9 zeigt ein solches Beispiel, welches wir an dieser Stelle nicht weiter erläutern wollen

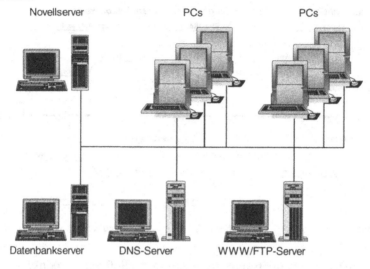

Abb. 9: Beispiel einer Rechnerarchitektur-Vorgabe

Prozessspezifische Anforderungen sind wesentliche Vorgaben für den zeitlichen und vor allem finanziellen Rahmen. Diese Anforderungen bestimmen den gesamten Entwicklungsverlauf. Beispiele für derartige Anforderungen in unseren Beispielen zu den Problemdefinitionen machen dabei die folgenden Vorgaben:

STEURERN: zeitliche Vorgabe für die Fertigstellung einer Komponente, dem
    Demonstrationsprogramm,
SPORT: zeitliche Vorgabe für die Fertigstellung des Gesamtsystems,
WEBAGENT: Planungsvorgabe für die Zielprogrammiersprache, die erst noch in der
    verwendeten Version auf dem Markt kommt,
TEAMWORK: Vorgabe für die personellen Entwicklungsressourcen,
TRANSLATER: Kostenvorgabe für das zu entwickelnde Software-Produkt.

Diese Prozessbezogenen Anforderungen werden im Rahmen des Projektmanagements realisiert. Es berücksichtigt die ***strukturierenden Merkmale*** der Anforderungen hinsichtlich

- der ***Einschränkungen*** *(constraints),* die vor allem die Ein- bzw. Abgrenzung der zu entwickelnden Software bzw. seiner Komponenten und Eigenschaften kennzeichnen,
- dem ***Geltungsbereich*** *(boundary),* der den Bereich des zu entwickelnden Systems zu seiner „Außenschnittstelle" abgrenzt und damit die externen Beziehungen und Wirkungen definiert,
- der ***Geltungsbedingungen*** *(scope),* der die Einhaltung bestimmter gesetzlicher Regelungen und Verfahren beschreibt bzw. festlegt,

- der *Präferenzen (preferences)*, die die Umsetzung der Anforderungen im Entwicklungsverlauf priorisieren.

Auf die grundlegenden Methoden und Verfahren zu diesem Management gehen wir im Abschnitt 1.6 ausführlicher ein.

Wie bereits oben erwähnt, wird die Problemdefinition oder -stellung auch als Lasten- oder Pflichtenheft bezeichnet. Damit verbindet sich der Anspruch, eigentlich bereits zum Abschluss dieser ersten Phase eine genaue und auch vollständige Vorgabe für ein zu entwickelndes Software-Produkt zu haben. Deshalb werden in der Praxis bereits in dieser Phase grundlegende Anforderungstests angewandt. Entsprechend dem zeitlichen Rahmen können dies sein:

- *Sofortmaßnahmen,* die beim „Aushandeln" bzw. beim Besprechen der Produktidee zur Anwendung kommen,
- *Kontrollphasen,* die eine eigenständige Phase darstellen und der Analyse bzw. Überprüfung der bisher formulierten Aufgabenstellung dienen.

Eine der populärsten Sofortmaßnahmen ist das so genannte *Brainstorming*[5]. Ziel ist es dabei, die „richtigen Personen" in die Problemdefinition mit einzubeziehen. Abbildung 10 zeigt eine derartige personelle Zusammensetzung, die neben dem Auftraggeber und -nehmer auch Experten zur Einschätzung der Machbarkeit von Plattformanforderungen und gesetzlichen Bestimmungen beteiligt.

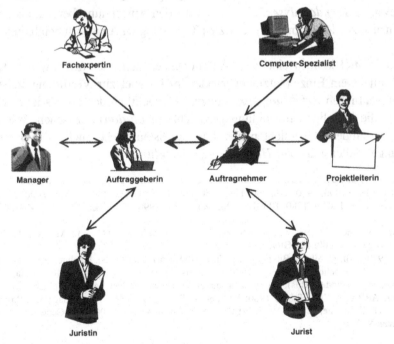

Abb. 10: Beispiel für ein Brainstorming zur Problemdefinition

---

[5] Man verwendet heute nahezu ausschließlich diesen englischen Begriff. Die deutschen Formen, wie Ideenkonferenz oder Expertenberatung, werden kaum noch benutzt.

Eine Kontroll- bzw. Prüfphase kann zwischen zwei Brainstormings realisiert werden. Maßnahmen zur Kontrolle der Anforderungen einer Software-Systementwicklung sind beispielsweise

- eine *Expertise (expert's report)*, welche im Allgemeinen mehrere Personen einbezieht und als Entscheidungshilfe zur Systementwicklung verwendet wird,
- ein *Gutachten (expert opinion)*, welches im Allgemeinen von einer Person erstellt wird und zumeist auch rechtlich verbindlichen Charakter trägt.

Die fertige Problemdefinition stellt im Allgemeinen auch den vertraglichen Hintergrund einer Software-Entwicklung dar. Seine Einordnung bzw. sein Bezug zu einem fachspezifischen Anwendungsbereich führt im Verlauf von mehreren Produkt- oder Systementwicklungen zur Installation folgender sinnvoller *Hilfsmittel (supports)*

- ein *Fachbegriffskatalog*, der die grundlegenden und zulässigen Fachbegriffe mit den möglichen Synonymen beinhaltet,
- eine *Gesetzessammlung*, die die zu beachtenden gesetzlichen Regelungen im Anwendungs- und Entwicklungsbereich zusammenfasst,
- eine *Übersicht zu den Standards*, die insbesondere im Anwendungsbereich und für die Produktart gelten,
- eine *Expertenliste*, die thematische strukturiert eine schnelle Anfrage zu ausgewählten Anforderungsbereichen ermöglicht,
- eine *Projektstatistik*, die die Managementbezogenen Erfahrungen zusammenfasst,
- ausgewählte *Trendanalysen*, die sowohl für den Anwendungsbereich als auch für die einzusetzenden Computergestützten Technologien Aussagen beinhalten.

Derartige Hilfsmittel können einerseits Abteilungsbezogen oder firmenweit aufgebaut werden und auf einem Einzelplatzrechner oder im Intranet zur Verfügung stehen. Sie bilden den wesentlichen *Erfahrungshintergrund*. Hinsichtlich der Trends ist es oftmals hilfreich, sich die jeweilige Entwicklungsgeschichte *(evolution)* anzusehen. Wir wollen einige dazu vorhandene Übersichten hier kurz auflisten (siehe auch [Computer 96]). Zunächst einige Meilensteine zur *Hardware-Entwicklung:*

Chip-Dichte: 1970er: <1000, 1980: <100000, 1985: <500000, 1990: 1 Mio, 1995: 10 Mio, 2000: 1 Mrd
Taktfrequenz: 1970er: 1 MHz, 1980: 10 MHz, 1985: <50 MHz, 1990: 100 MHz, 1995: 500 MHz, 2000: 1 GHz
Hauptspeicherkapazität: 1970er: wenige KBytes, 1980: < 1 MByte, 1985: <32 MBytes, 1990: 100 MBytes, 1995: Gigabyte, 2000: 100 GBytes
Architektur: 1970er: Bit-parallel (4 Bits), sequentiell, 1980: Bit-parallel (8 Bits), Pipeline, 1985: Bit-parallel (16 Bits), RISC, Pipeline, Caches, 1990: Anweisungsparallel (32-Bit), Multimedia, 1995: Anweisungsparallel (32- und 64-Bits), Superskalierung, 2000: Thread-parallel, 64-Bits, Multiskalierung
Netze: 1970er: ARPAnet, FTP, Telnet, 1980: Internet, TCP/IP, 1985: DNS, Netzmanagement-Protokolle, 1990: ATM's, HTTP; Mbone, MIME, 1995: WEB, Ipv6, Active networks, 2000: Next-Generation Internet, Milliardenknoten-WWW

Wir erkennen dabei bereits eine Entwicklungsdynamik der Computer-Art, der Benutzungsform bzw. -schnittstelle und der Rechnerleistung überhaupt. Es zeigt uns deutlich die Gültigkeit des so genannten *Mooreschen Gesetzes*, in welchem uns Gordon Moore bereits 1964 erklärte, dass sich die Komplexität von integrierten Schaltkreisen jedes Jahr verdoppelt. Andererseits erkennen wir aber auch den Wandel von ursprünglich mechanischen Prinzipien zu den elektronischen Grundlagen, denen vielleicht bald ein anderes Prinzip, wie zum Beispiel das der Quantenphysik, folgen kann.

Einer ähnlichen Dynamik, wenn auch nicht so messbar wie bei der Hardware, unterliegt die *Software-Entwicklung,* wie die folgende Übersicht verdeutlicht.

1854: George Booles „Laws of Thought" als Grundlage des logischen Schließens,

1920: das tschechische Wort „Robot" wird literarisch eingeführt,

1937: Turings Maschinenkonzept zur Ziffernverarbeitung,

1945: John von Neumanns Programm-speicherkonzept,

1948: Hammings fehlerkorrigierende Codes,

1951: Wilkes Betriebssystemgrundlagen,

1952: Grace Hoppers erster Compiler,

1959: McCarthys Lisp,

1960: Barans Packet-Switching-Technik für die Datenkommunikation; Algol 60-Standard,

1961: Time-Sharing-Prinzip,

1963: Fuzzy-Logik entwickelt,

1964: Beginner's All-Purpose Symbolic Instruction Code (BASIC); IBM's Reise-buchungsprojekt,

1965: Robinson's Unification-Idee als Grundlage für die logische Programmie-rung,

1967: Simula, die erste Objektorientierte Programmiersprache,

1970: Entwicklung des Unix-Betriebs-systems; Codd's relationales Datenbank-modell,

1972: Smalltalk-Entwicklung; Entwick-lung der NP-Vollständigkeit zur Beschrei-

bung algorithmischer Computer-Probleme,

1976: erstes kommerzielles E-Mail-System; erstes Mikrorechnerbetriebssystem CP/M von Kildall,

1978: PC-Wordstar,

1979: PC-VisiCalc,

1980: PC-Dbase; die Programmiersprache ADA; die RISC-Technologie,

1982: Postscript-Sprache,

1983: Bjarne Stroustrup entwickelt C^{++},

1984: Apples MacPaint-Grafikprogramm; das Musical Instrument Digital Interface (MIDI),

1985: Microsofts Windows 1.0; Paul Brainards PageMaker für Publikationen,

1990: erster Prototyp des World-Wide-Web (WWW),

1992: erstes Mbone-Videoconferencing; besondere (weltweite) Probleme durch den so genannten Michelangelo-Virus,

1993: die grafische Nutzeroberfläche für das WWW Mosaic entwickelt von Studenten und Mitarbeitern der Universität von Illinois,

1996: Entwicklung und Einsatz von JAVA; industrielle Lösungen zum Middleware; intelligente Agenten-Systeme,

1997: Konzeption und Installation von Cyberworlds,

1998: Entwicklung und Anwendung des E-Commerce

1999: Wiederaufleben der Aspektorientierten Programmierung

2000: Idee des Extreme Programming

2001: Konzept zum Semantic Web

Diese Entwicklung lässt sich durch folgende Merkmale charakterisieren:

- Die mathematischen Grundlagen erweitern sich schnell bzw. passen sich den neuen Herausforderungen an.
- Immer weitere Anwendungsgebiete werden erschlossen (von der Büroautomati-sierung über den Computergestützten Arbeitsplatz bis hin zur weltweit vernetzten Informationsverarbeitung).
- Der Computer erfährt auch im persönlichen Umfeld eine dauerhafte Nutzung.
- Immer neue Technologien werden entwickelt und zum Einsatz gebracht, die einen immer stärkeren Integrationsgrad und damit zu beherrschende Komplexität mit sich bringen.

Die Veränderungen in Hard- und Software führen auch zu einer ständigen *Entwicklung im Software Engineering* selbst, wie die folgenden Beispiele zeigen.

1959: Gründung des Committee on Data Systems Languages (CODASYL) und Entwicklung von COBOL,

1963: das ANSI gibt den ASCII-7-Bit-Code heraus,

1968: die von der NATO gesponserte Konferenz zur „Software-Krise" definiert den Begriff des *Software Engineering;* Dijkstras Papier über die Probleme mit der GOTO-Anweisung als Grundlage der Strukturierten Programmierung; der Datumsstandard YYMMDD wird herausgegeben (als wesentliche Ursache für das Y2K-Problem),

1970: Winston Royce's Wasserfallmodell,

1971: David Parnas entwickelt das Prinzip des Information Hiding (der Datenkapselung),

1974: erste WISIWYG-Anwendung,

1975: Entwicklung der Jackson Development Method (JDM); Frederick Brooks „Mythical Man Month" über die Ressource „Mensch" bei der Software-Entwicklung,

1978: DeMarco's Structured Analysis and System Specification (SA-Methode),

1980: Barry Boehm's Constructive Cost Model (COCOMO),

1987: Watts Humphreys Software Engineering Institute (SEI) und das Capability Maturity Model (CMM),

1988: Barry Boehms Spiralmodell der inkrementellen Software-Entwicklung,

1993: Komponentenbasierte Software-Entwicklung,

1994: Gamma's Design Patterns,

1995: Humphreys Personal Software Process,

1997: Unified Modeling Language (UML)

2002: Konstituierung der Gemeinschaft zur agilen Software-Entwicklung

---

Der Entwicklungsverlauf von Methoden und Prinzipien zeigt in der Tendenz eine immer stärkere Orientierung auf eine *Einheit von Technologie, Tool-Unterstützung und Community.*

Dieser historische Exkurs zeigt uns aber auch die Notwendigkeit der Beachtung allgemeiner Prämissen für die konkrete Festlegung von Produkt-Anforderungen.

Die Problemdefinition selbst ist ein zumeist mit einem Textverarbeitungssystem erstelltes Dokument mit verbalem Fachtext und mit graphischen Darstellungen, wie Skizzen, Bildern oder Diagrammen ergänzt. Damit können für eine formale Bewertung auch die üblichen Textanalysefunktionen genutzt werden. Eine möglicherweise Computergestützte inhaltliche Analyse setzt beispielsweise eine maschinelle Speicherungsform der oben genannten Hilfsmittel voraus. Die Problemdefinition kann dabei sein

- ein *Abschlussdokument (final document)* der ersten Phase, in der die Anforderungen an das zu erstellende Produkt vertraglich festgelegt werden,

- ein *Ausgangsdokument (initial document)*, welches in seiner im Allgemeinen Computergestützten Form in die weiteren Entwicklungsphasen eingeht und dort weiter verfeinert und erweitert wird.

In letzteren Fall kann dieses Dokument als Ausgangsform für die Entwicklungs- oder Anwendungsdokumentation genutzt werden.

1.2.3 Die Anforderungsanalyse

Zur Motivation der Analyse der Anforderungen führen wir zunächst die in [Pfleeger 98], S. 139, von der Standish Group zitierten Gründe für das Fehlschlagen von Projekten an.

- 13,1 % unvollständige Anforderungen,
- 12,4 % unzureichende Nutzereinbeziehung,
- 10,6 % unzureichende Ressourcen,
- 9,9 % unrealistische Erwartungen,
- 9,3 % unzureichende Bearbeitungsunterstützung,
- 8,7 % zu viele Änderungen der Anforderungen bzw. Spezifikationen,
- 8,1 % Schwächen bei der Planung,
- 7,5 % System wurde nicht mehr gebraucht.

Dabei spielt also die Qualität der Anforderungen eine wesentliche Rolle. Konkret sind folgende Merkmale zu beachten. Anforderungen sollten sein:

- **korrekt** *(correct):* Sie müssen auch vom Auftraggeber in diesem Sinne als zutreffend und richtig erkannt werden.
- **konsistent** *(consistent):* Diese Eigenschaft bezieht sich insbesondere auf die Beseitigung von Mehrdeutigkeiten in jeglicher Hinsicht. Außerdem dürfen keine gegensätzlichen Eigenschaften ableitbar sein.
- **vollständig** *(complete):* Alle möglichen Zustände des Systems müssen dargestellt und interpretiert sein. Dabei unterscheidet man hinsichtlich der den Nutzer betreffenden Funktionalitäten als eine *externe Vollständigkeit* und das System selbst betreffende als eine *interne Vollständigkeit*.
- **realistisch** *(realistic):* Diese sehr einfach klingende Eigenschaft ist in dieser Anfangsphase der Software-Entwicklung oftmals schwer einzuschätzen. Hierbei ist eine genaue Kenntnis des technologischen Entwicklungsstandes eine Grundvoraussetzung.
- **sinnvoll** *(needed by the customer):* Der Sinn ergibt sich hierbei ausschließlich daraus, dass eine Anforderung Nutzerbedürfnissen entsprechen muss und nicht eine „Zugabe" durch den Entwickler sein darf.
- **prüfbar** *(verifiable):* Die Anforderung muss in jedem Fall nachprüfbar sein, d. h. ihre Realisierung ist eindeutig nachzuweisen.
- **verfolgbar** *(traceable):* Bestimmte Anforderungen kommen erst in späteren Entwicklungsphasen zum tragen. Bis dahin müssen sie unbedingt erhalten bleiben und nachgewiesen werden können.

Damit sind auch die Kriterien bzw. Zielstellungen für die Analyse von Produktanforderungen festgelegt. Wir definieren daher die Anforderungsanalyse in folgender Weise.

> *Die **Anforderungsanalyse** (requirement analysis) ist die Phase der Kontrolle von Anforderungen an ein zu entwickelndes Software-System hinsichtlich Korrektheit (correctness), Vollständigkeit (completeness), Sachgerechtheit (conformity), Konsistenz (consistency) und Machbarkeit (feasibility) und deren zweckmäßige, i. a. Computergestützte Speicherung für die ständige Nutzung, Aktualisierung und Überprüfung im Verlauf der Software-Entwicklung.*

Die damit verbundene Bearbeitung der Anforderungen enthält neben der Analyse natürlich auch ihre Modifikation bzw. weitere Detaillierung. Im Ergebnis dieser Analyse werden die Anforderungen gegebenenfalls formalisiert und somit nachprüfbar formuliert. Dieser Schritt wird **Anforderungsspezifikation** *(requirement specification)* genannt und stellt den wesentlichen Inhalt des folgenden Abschnittes 1.2.4 zur Spezifikation dar.

Anforderungsanalyse und -spezifikation bildet gemeinsam mit deren Umsetzungskontrolle das so genannte **Requirements Engineering**. Es ist definiert als „systematic use of proven principles, techniques, languages, and tools for the costeffective analysis, documentation, and ongoing evolution of user needs and the specification of the external behavior of a system to satisfy those user needs." ([Marciniak 94], S. 1043). Interessant ist dabei, dass die allgemeine Qualitätsdefinition für Software-Produkte nach der DIN 55350 auch nichts anderes besagt und zwar [DIN 87]: „Qualität ist die Gesamtheit von Eigenschaften und Merkmalen eines Produkts oder einer Tätigkeit, die sich auf deren Eignung zur *Erfüllung gegebener Erfordernisse* bezieht."

Die allgemeine Bearbeitungsform von Anforderungen nach den oben genannten Qualitätsmerkmalen ist in Abbildung 11 nach [Kotonya 98] dargestellt.

Was macht jedoch die Überprüfung der Anforderungen so schwierig? Wieso sind Mehrdeutigkeiten bzw. Missverständnisse bei der Analyse durch Fachkräfte überhaupt möglich? Zur Klärung dieser Fragen fassen wir einige grundlegende Eigenschaften von Anforderungen zusammen.

- *Statische* vs. *dynamische Anforderungen:* Während statische Anforderungen für den gesamten Entwicklungszeitraum und ggf. darüber hinaus gelten, besitzen dynamische Anforderungen vor allem eine Zeitabhängigkeit. Beispiele dynamischer Produktanforderungen sind: „die effizienteste Lösung" oder „auf allen modernen Plattformen zur Verfügung zu stehen".

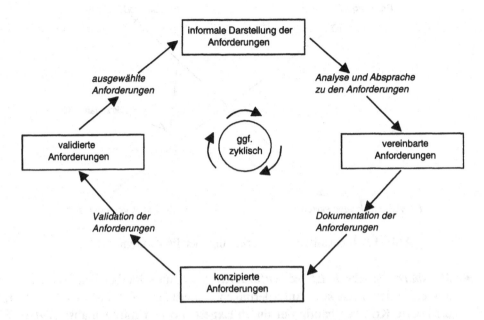

Abb. 11: Allgemeine Bearbeitungsform von Anforderungen

- *Unabhängige* vs. *kontextabhängige Anforderungen:* Die Kontextabhängigkeit bezieht sich zum einen auf andere Anforderungen und zum anderen auf die Situation in der Systemumgebung selbst. Beispiele kontextabhängiger Anforderungen sind: „die Erhaltung des Qualitätsniveaus zur Umgebung" oder „ das Leistungsverhalten ist gegenüber der Vorversion zu verbessern".

- *Explizite* vs. *implizite Anforderungen:* Anforderungen können nicht nur in einem Kontext eingebunden sondern indirekt formuliert bzw. umschrieben sein. Beispiel einer impliziten Anforderung ist: „das System soll in der neuesten, Objektorientierten Technologie implementiert werden".

- *Objektive* vs. *subjektive Anforderungen:* Selbstverständlich kann eine Anforderung eine ganz spezielle, subjektive Sicht widerspiegeln. Das gilt insbesondere für den Bereich der Ergonomie, wie zum Beispiel bei den Anforderungen: „die schönste Nutzeroberfläche" oder „ein erträgliches Antwortzeitverhalten".

- *Verträgliche* vs. *unverträgliche Anforderungen:* Anforderungen können sich einander widersprechen oder orthogonal zueinander sein. Als Beispiel sei das in Abbildung 12 dargestellte Diagramm genannt. Es kennzeichnet den Zusammenhang von Merkmalen bei der Erstellung eines Software-Produktes. In diesem Diagramm hat die gestrichelte Linie zwar einen produktspezifischen aber dennoch konstanten Umfang. Das bedeutet, dass beispielsweise die Vergrößerung des Produktumfangs nur auf Kosten eines anderen Merkmals (z. B. Entwicklungszeitverlängerung) möglich ist.

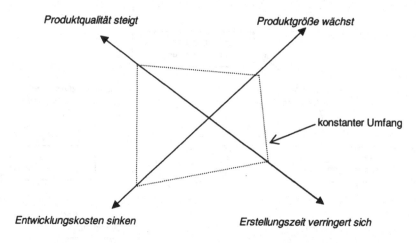

Abb. 12: Kausalität von Merkmalen der Produktentwicklung

- *Messbare* vs. *abschätzbare Anforderungen:* Auch hierbei wünscht man sich ausschließlich messbare Anforderungen. Allerdings sind insbesondere Markt-orientierte Kriterien häufig nur durch Experten oder Umfragen abschätzbar. Ein Beispiel für ein derartiges „nur" abschätzbares Merkmal ist die Forderung nach einer „möglichst hohen Kundenzufriedenheit".

- *Externe* vs. *interne Anforderungen:* Dieser Bezug orientiert sich am Geltungs-bzw. Wirkungsbereich des Software-Systems. Eine interne Anforderung kann beispielsweise lauten: „die Komponenten des Software-Produktes müssen ein spezielles Testniveau ausweisen".

Unser Ziel bei der Anforderungsanalyse besteht vor allem darin, möglichst zu *statischen, unabhängigen, expliziten, objektiven, verträglichen* und *messbaren Anforderungen* zu gelangen, um die Ergebnisse unseres Software-Produktes möglichst exakt in der Phase der Erprobung nachweisen zu können.

Wie wir bereits oben erwähnt haben, sind die Anforderungen bis zu ihrer Umsetzung im Verlauf der Software-Entwicklung weiterzureichen. Diese Weitergabe von Anforderungen entsprechend unserer Klassifikation ist in Abbildung 13 dargestellt. Wir verwenden dabei das so genannte *Zustandsfolgediagramm (fence diagram)*, welches die Quelle und das letztliche Ziel eines durch seinen Zustand beschriebenen Aspektes oder Merkmales verdeutlicht. Anhand dieser Darstellung kann man sich auch die Formen der so genannten *Anforderungsverfolgung (requirements tracing)* veranschaulichen, für die es vier Ansätze gibt:

- die Strategie Vorwärts-von-einer-Anforderung *(forward from requirements),*
- der Ansatz Vorwärts-zu-einer-Anforderung *(forward to requirements),*
- die Verfolgung Rückwärts-zu-einer-Anforderung *(backward to requirements)*
- die Strategie Rückwärts-von-einer-Anforderung *(backward from require-ments).*

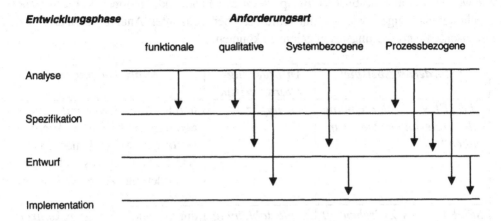

Abb. 13: Geltungsbereiche der Anforderungen

Wir wenden uns nun den *Methoden der Anforderungsanalyse* zu. Dabei gehen wir im Allgemeinen davon aus, dass wir noch keine Spezifikation des Systems vornehmen. Die damit verbundenen Modellierungsformen sind Inhalt des nächsten Abschnittes. Wir beschreiben daher hier zunächst nur allgemeine Analysemethoden.

- Die *fachspezifische Begriffskontrolle*: Sie dient der Überprüfung der korrekten Anwendung von Fachbegriffen. Diese Analyse- bzw. Kontrollart soll zweckmäßigerweise auf der Grundlage entsprechender Begriffskataloge erfolgen. Im Allgemeinen sind mindestens zwei derartiger Kataloge erforderlich, einer für den Anwendungsbereich und einer für das Software Engineering.

- Die *allgemeine Konsistenzkontrolle:* Diese Analyseform bezieht die allgemeine Textanalyse mit ein und stellt mehrmalige bzw. mehrdeutige Definitionen, fehlerhafte Anwendungen der Umgangssprache sowie unzulässige Synonyme fest.

- Die *Analogiemethode*: Sie dient dem Vergleich mit Entwicklungserfahrungen, die beispielsweise erste Schlüsse zur Realisierbarkeit ermöglichen.

- Die *Interview-Technik*: Hier geht es um die Einbeziehung des Auftraggebers oder des künftigen Nutzers zur Klärung oder Richtigstellung der in der Problemdefinition formulierten Anforderungen.

Die Anforderungsanalyse wird im Allgemeinen durch den *Systemanalytiker* der Software-Entwicklungsabteilung durchgeführt.

Während die ersten drei oben angegebenen Analysemethoden vom Systemanalytiker allein mit den jeweiligen Hilfsmitteln realisiert werden können, bedürfen die Interviews der entsprechenden Aufwände für die zeitliche Organisation, systematische Vorbereitung, Durchführung und Auswertung.

Wir wollen nun anhand unserer Beispiele zu den Problemdefinitionen in der folgenden Tabelle einmal zeigen, wie wir mit Hilfe der oben genannten Analysemethoden zu den gewünschten Anforderungsarten gelangen könnten.

Anforderungsbeispiel	Anforderungs-charakteristik	Analysemaßnahme
STEUERN: „Berechnung aller relevanten Steuerangaben"	implizit	durch Interviews mit Steuerberatern bzw. durch Analogiekontrolle zu vorhandenen Gesetzen bzw. Tools führt diese Anforderung zu expliziten Angaben
SPORT: „aus Zwischenzeit ... Ankunftszeiten berechnen"	kontextabhängig	durch eine Konsistenzkontrolle zum Wettkampfverlauf, den Zeitmessungen und Zeitgrößen können unabhängige bzw. eindeutige Modellvorgaben definiert werden
STEUERN: „einfache Nutzeroberfläche ... für jedermann"	subjektiv	hierbei ist ein Experiment mit ausgewählten Anwendern in Erprobungsphase vorzusehen, um diese Anforderung zu Objektivieren
WEBAGENT: „in einer künftigen Java-Version implemetiert"	dynamisch	die Anwendung der Analogiemethode zur bisherigen Java-Versionsentwicklung kann uns zu statischen Merkmalen führen
TRANSLATER: „Übersetzen vom Deutschen ins Englische und zurück", „Seite in weniger als 3 Sekunden übersetzen"	unverträglich	Aufgrund der Analogiemethode für ähnlich Übersetzungsaufgaben können wir die Machbarkeit der zweiten Anforderung überprüfen und somit eine Verträglichkeit der Anforderungen erreichen
WEBAGENT: „Agent soll auf mehreren Plattformen laufen"	nicht messbar	durch Interviews mit dem Auftraggeber sind hier die konkreten Plattformen explizit anzugeben und somit eine messbare Anforderung erreicht

Tab. 2: Anwendung von Anforderungsanalysemethoden

Auf die Konzeption und Durchführung von Experimenten, die für eine spätere Überprüfung bzw. Umsetzung einer Anforderung relevant sein können, gehen wir im Abschnitt 1.5 zur Software-Messung noch näher ein.

Die folgende Abbildung 14 fasst die Phasen der Problemdefinition und Anforderungsanalyse noch einmal zusammen und zeigt uns die spezielle Umsetzung der Anforderungen in den weiteren Entwicklungsphasen.

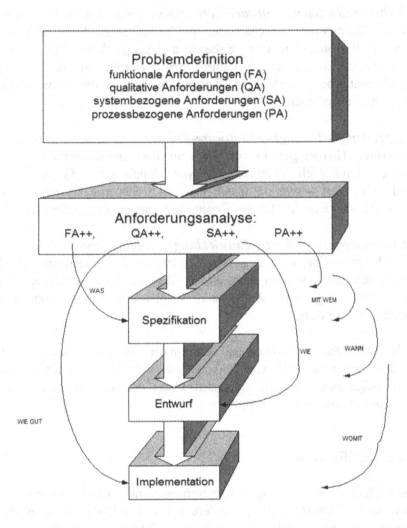

Abb. 14: Umsetzung der Anforderungen im Entwicklungsprozess

Zum Abschluss dieses Abschnittes führen wir weitere Begriffe zum Software Engineering ein, die sich aus der Orientierung bzw. Schwerpunktsetzung bestimmter Anforderungsarten ergeben haben. Derartige Entwicklungsrichtungen sind beispielsweise (siehe auch [Chung 00]):

- **Leistungsbezogene Software-Entwicklung** *(performance-based software engineering):* Diese Form versucht, von Anfang an die Leistungsmerkmale in die Entwicklung mit einzubeziehen (siehe [Schmietendorf 01]). Diese Leistungsanforderungen beziehen sich zumeist auf das zeitliche Verhalten eines Systems, speziell hinsichtlich seiner Interaktion. Ein Beispiel ist die Entwicklung so genannter Echtzeitsysteme.

- *Sicherheitsbezogene Software-Entwicklung (security-based software enginee-ring):* Dabei werden Mechanismen und Techniken zur Sicherheit, wie Zugriffs-sicherheit, Datenschutz usw., einbezogen (siehe [Anderson 01]). Insbesondere in so genannten offenen Systemen bzw. Netzen ist das ein besonders problematischer Aspekt. Ein Beispiel ist hierfür die Entwicklung von E-Commerce-Systemen.

- *Zuverlässigkeitsbezogene Software-Entwicklung (software reliability engi-neering):* Hierbei geht es vor allem um die Ausfallsicherheit eines Systems, welche durch solche Techniken wie Systemdopplung oder Fehlertoleranz erreicht oder verbessert werden soll (siehe [Peled 01]). Steuerungssysteme in Fahrzeugen aller Art sind Beispiele für den Gegenstand einer derartigen Entwicklungsform.

- *Nutzerbezogene Software-Entwicklung (usability engineering):* Diese Form der Software-Entwicklung ist insbesondere im Zusammenhang mit den Web-Systemen entstanden, bei denen es vor allem auf das „Ansprechen" des Nutzers ankommt, das gegebene Web-System beispielsweise zum E-Shopping zu nutzen (siehe [Palmer 02]).

Eine nahezu vollständige Kontrolle und Analyse der Systemanforderungen wird erst im Prozess ihrer Interpretation für eine *Umsetzung* erreicht. Die Anforderungsanalyse wird daher im Allgemeinen mit der folgenden Phase der Software-Entwicklung – der Spezifikation – unmittelbar verknüpft.

1.2.4 Die Spezifikation

Mit dieser Phase beginnt die eigentliche Software-Entwicklung. Gegenstand der Spe-zifikation ist die Umsetzung der Anforderungen in ein Modell, welches die künftige Funktionalität des zu entwickelndes Produktes vollständig beschreibt und damit auch die spätere softwareseitige Realisierung gewährleistet. Dabei können auch bereits einige qualitative Anforderungen, soweit sie die Funktionalität im Allgemeinen betreffen, berücksichtigt werden. Die Systembezogenen Anforderungen berücksichtigen wir erst in der Entwurfsphase[6].

---

[6] Es sei bereits hier ausdrücklich darauf hingewiesen, dass die teilweise bzw. schrittweise Umsetzung der Anforderungen ausschließlich vom Umfang des zu entwickelnden Systems abhängt. Bei kleinen Aufgaben kann sofort entworfen bzw. implementiert werden. Die ausschließliche Berücksichtigung der systembezogenen Anforderungen in der Entwurfsphase hat reine didaktischen Gründe und wird in der Praxis zum Teil auch anders gehandhabt.

In Abgrenzung zu rein mathematischen, philosophischen oder anderen Sichtweisen benötigen wir eine für das Software Engineering adäquate Definition für das Modellieren (siehe auch [Boehm 99]).

> *Das **Modellieren** (modelling) beim Software Engineering ist die strukturelle, operationelle und informelle Umsetzung von Anforderungen in einer dem zu entwickelnden System angemessenen und für den Entwickler und Auftraggeber interpretierbaren Form – dem Modell.*

Die Umsetzungsformen sind die jeweiligen Modellierungstechniken, die sich wie folgt unterteilen.

- *Strukturelle Modellierungstechniken* sind die Vereinfachung *(abstraction)*, die Aufteilung *(partition)* und die komprimierte Abbildung *(projection)*. Dabei ist zu beachten, dass bei der Vereinfachung bzw. Abstraktion nicht Anforderungen „verloren gehen", sondern dass im wesentlichen Redundanz und Verbalität beseitigt bzw. eingeschränkt werden.
- *Operationelle Modellierungstechniken* beziehen ggf. Computergestützte Methoden, wie die Simulation oder die Animation, mit ein. Letztlich ist auch das Prototyping (siehe Abschnitt 1.2.8) eine derartige Technik.
- *Informelle Modellierungstechniken* sind beispielsweise Recherchen, Interviews, spezielle Analysen oder Abschätzungen.

Das Modell selbst besteht aus Komponenten, die durch eine Struktur verbunden sind. Es ist in einem Kontext eingebettet, der sich aus dem Geltungsbereich des zu entwickelnden Systems ergibt. Dieser Kontext kann beispielsweise das so genannte *Unternehmensmodell (business model)* sein. Das durch die Spezifikation erarbeitete Modell wird *konzeptuelles Modell (conceptual model)* oder auch Fachkonzept bzw. Grobkonzept genannt (im Gegensatz zu dem in der Entwurfsphase erstelltem technischen Modell *(technical model)*). Dieses konzeptuelle Modell kann wiederum selbst strukturiert bzw. speziell ausgerichtet sein. In der folgenden Tabelle sind dazu einige Beispiele angegeben, die im zweiten Kapitel bei der Behandlung spezieller Software-Systemarten detailliert erläutert werden.

Funktionalität	*Aspekt*	*Modellart*
Aufgabenbearbeitung	*Funktionen*	*Funktionsmodell*
Information	*Daten*	*Datenmodell*
Verhalten	*Ereignisse*	*Transitionsmodell*
Steuerung	*Signale*	*Zustandsmodell*
Kommunikation	*Nachrichten*	*Interaktionsmodell*
Management	*Koordinierung*	*Workflow-Modell*
Nachbildung	*Zeitverhalten*	*Simulationsmodell*

Tab. 3: Modellbeispiele und deren Ansatzpunkte

Für die jeweiligen Modellarten stehen uns eine Reihe von Darstellungsmitteln – insbesondere Diagramme – zur Verfügung. Für nahezu alle oben genannten Modellformen werden wir im Verlauf der folgenden Kapitel in diesem Lehrbuch auch vielfältige Beispiele angeben. Hier wollen wir uns zunächst einigen einfachen Modellierungsbeispielen zuwenden und erinnern uns an die im Abschnitt 1.2.2 genannten „Systembeispiele". Als erstes zeigen wir eine Modellierungsform für die TEAMWORK-Problemdefinition. Wir formulierten als Funktionalität hierfür:

> *TEAMWORK: „Das verteilte Entwicklungssystem soll gewährleisten, dass jeder Teilnehmer die gemeinsame Arbeitstafel beschreiben und ändern kann."*

Um die Problemstellung in ihrem Kontext zu erfassen, formulieren wir hierfür zunächst ein **Kontextdiagramm** *(context diagram)*. Wir erkennen aus dem folgenden Beispiel auch die Notation (siehe [Maciaszek 01]).

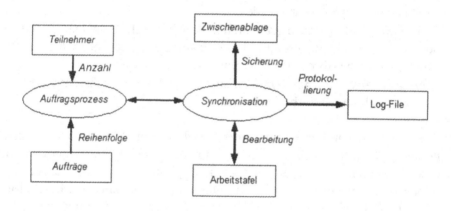

Abb. 15: Kontextdiagramm zum TEAMWORK-Beispiel

Während in runden Symbolen die Prozesse unseres (künftigen) Systems dargestellt werden, geben die Kästchen den jeweiligen Kontext an. Damit haben wir noch keine funktionelle Struktur oder den konkreten algorithmischen Inhalt spezifiziert, sondern einfach nur die Problemelemente für unser verteiltes Bearbeitungssystem.

Beim folgenden WEBAGENT-Beispiel geben wir ebenfalls noch einmal die kurze Funktionsbeschreibung an:

> *WEBAGENT: „Der Software-Agent soll aus den Internetbasierten Warenangeboten die preiswertesten auswählen und sie für eine Vergleichsmöglichkeit von 6 Monaten speichern."*

Hierfür wollen wir als Modellierungsform das so genannte *Kausaldiagramm (causal diagram)* zeigen. Auch dabei zeigt uns das Beispiel alle notationellen Grundlagen dieser Diagrammart (siehe auch [Pearl 01]).

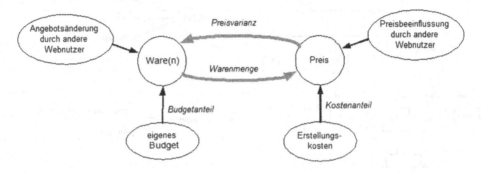

Abb. 16: Kausaldiagramm zum WEBAGENT-Beispiel

Hierdurch wird erst einmal das allgemeine Konzept unseres Software-Agenten für seine Arbeit im Web festgelegt. Mit einem vorgegebenen Budgetanteil ist es ihm möglich, bestimmte Waren für uns auszuwählen. Andererseits kann sich der Preis jeweils durch das Nutzerverhalten oder durch die Erstellungskosten verändern. Das alles muss unser Agent berücksichtigen.

Eine weitere Modellierungsform wollen wir im Zusammenhang mit dem STEUERN-Beispiel angeben. Dazu noch einmal die Funktionsbeschreibung:

> *STEUERN:* „Das zu entwickelnde System soll die Berechnung aller relevanten Angaben zur persönlichen Steuererklärung beinhalten."

Dabei setzen wir voraus, dass die Anforderungsanalyse die Funktion F1 (mit den Teilfunktionen F11, F12 und F13 (und hier wiederum F131 und F132)), die Funktion F2 (mit den Teilfunktionen F21 und F22) und die Funktion F3 als Berechnungsvorschriften ermittelt hat.

Bei den „relevanten Angaben" nehmen wir an, dass sich die Gruppen „Personaldaten" (mit den Teilen „Name", „Adresse", „Familie"), „Einkommensdaten" (mit den Teilen „Gehalt", „Einnahmen", „Ausgaben" (hier wiederum „Beiträge" und „Werbungskosten")) ergeben haben. Die sich daraus ableitenden Modellformen sind in Abbildung 17 dargestellt. Beim Funktionsmodell haben wir also eine Aufteilung und beim Datenmodell eine komprimierte Abbildung vorgenommen. Die Darstellungsform des Funktionsmodells wird als *Funktionsbaum (function tree)* bezeichnet.

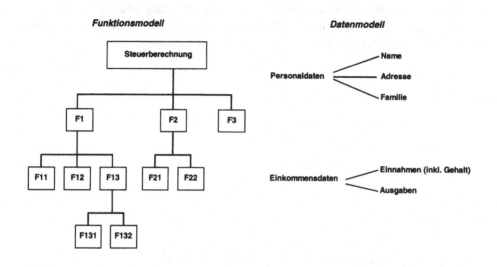

Abb. 17: Modellierungsbeispiel zu STEUERN

Zum SPORT-Problemdefinitionsbeispiel hatten wir die folgende funktionale Kurzbeschreibung vorgegeben:

SPORT: „Ein Programm soll aus den Zwischenzeiten von den Teilnehmern eines Rennens jeweils auf die zu erwartende Ankunftszeit schließen."

Hierbei nehmen wir an, dass die Analysephase ergeben hat, dass wir in erster Annäherung den Schätzalgorithmus selbst auswählen dürfen. Wir spezifizieren daher nach einer Recherche möglicher Berechnungsformen die folgende.

$$\text{geschätzte Ankunftszeit} = \text{bisherige Zeit} + \frac{\text{restliche Entfernung}}{\text{momentane Geschwindigkeit}}$$

Neben der Tatsache, dass wir dieser Spezifikation die Bedingung beifügen müssen, dass stets konforme Maßeinheiten zu verwenden sind, fällt uns die textliche Länge dieser Formel auf. Nicht nur aus Gründen des geringeren Schreibaufwandes verwenden wir gern Abkürzungen. Dabei sollen diese Abkürzungen möglichst auf den jeweiligen Inhalt schließen lassen. Dieses Prinzip bezeichnet man als *Mnemonik*. Wir formulieren also (einschließlich der speziell für eine Programmierung übliche Linearisierung) wie folgt:

$$EndZeit = IstZeit + (RestWeg/IstTempo) \,.$$

Diese Form der Aneinanderreihung von Teilbezeichnungen hat sich beim Software Engineering weitgehend durchgesetzt. Es ist bei der Spezifikation auch erforderlich, die

Wertebereiche der jeweiligen Größen und deren „Gestalt" festzulegen. Für unser Beispiel könnte dies bedeuten

> *EndZeit = 99,99 in h > 0, ist ggf. zu runden, dezimale Anzeige,*
> *IstTempo = 999 in km/h > 0, gerundet, dezimale Eingabe,*
> *IstZeit = 99,99 in h, ≥0, duale Eingabe durch Messgerät,*
> *RestWeg = 99 in km, ≥0, gerundet, duale Eingabe durch Sensor.*

Die '9' steht jeweils für eine beliebige Ziffer. Das bedeutet, dass die Zeiten (*EndZeit*, *IstZeit*) in Stunden angegeben (maximal 99,99, also nicht mit explizitem Minutenanteil) und *IstTempo* und *RestWeg* ganzzahlig sind. Um die Übersicht zu den Abkürzungen zu behalten und gleichzeitig alle zu einer Größe vorhandenen Informationen ständig zur Verfügung zu haben, werden Computergestützte *Wörterbücher* aufgestellt. Alle Angaben zu diesen Größen, ausgenommen die Werte selbst, werden als *Metadaten* bezeichnet und können auch Begriffsbeziehungen oder -abhängigkeiten ausdrücken. Diese Wörterbücher begleiten die gesamte Software-Entwicklung, so dass wir deren Bedeutung mit einer eigenständigen Definition unterstreichen wollen.

---

*Ein **Wörterbuch** (data dictionary) – auch Enzyklopädie genannt – ist die im Allgemeinen Computergestützte Sammlung aller Beschreibungsdaten der zu einer Software-Entwicklung gehörenden Größen bzw. Daten. Sind die Werte der Größen in diesem Wörterbuch mit enthalten, so handelt es sich um ein **Repository**.*

Ein exponiertes Metadatum stellt die Identifikation dar, die neben der Kurzbezeichnung auch eine so genannte Langbezeichnung bzw. mögliche Synonyme (als Alias-Bezeichnungen) enthält. Die Metadaten werden im Verlauf der Software-Entwicklung um implementationstechnische Details ergänzt. Mit diesem Wörterbuch verfügen wir außerdem über ein wirkungsvolles Hilfsmittel bei der Konsistenzkontrolle zur Eindeutigkeit der verwendeten Bezeichnungen.

Schließlich zitieren wir noch einmal das TRANSLATER-Problemdefinitionsbeispiel:

> *TRANSLATER:* „Das Textverarbeitungssystem soll Texte jeweils vom Deutschen ins Englische und umgekehrt übersetzen."

Während der Analyse haben wir herausgefunden, dass eine derartige Übersetzung nicht vollständig möglich ist, denn das *Problem ist zu komplex.* Wir können also bestenfalls eine interaktives Unterstützungssystem zur Verfügung stellen, dass einen ersten Übersetzungsversuch vornimmt und diesen dann durch einen Experten in die gewünschte Endform bringt.

An dieser Stelle scheint es erforderlich zu sein, sich generell dem Problem der Komplexität beim Software Engineering noch einmal genauer zuzuwenden. Mit Komplexität drückt man im Allgemeinen die Schwierigkeit aus, einen Sachverhalt insgesamt bzw. vollständig zu erfassen oder zu beherrschen. Neben dieser Form gibt es allerdings noch die Komplexität bzw. Kompliziertheit, die zum Ausdruck bringt, dass ein Problem mittels eines Computers in „vertretbarer" Zeit oder mit vertretbarem Speicherplatz überhaupt bearbeitet werden kann. Wir definieren daher wie folgt.

> Die **Komplexität** (complexity) im Software Engineering ist die durch Umfang und/oder Struktur hervorgerufene Schwierigkeit, eine Komponente[7] aus dem Prozess, dem Produkt oder den Ressourcen zu bearbeiten (operational oder computational complexity) oder zu verstehen (psychological complexity).

Danach könnten wir eigentlich jede Komponente im Software Engineering mit dem Postfix „Komplexität" versehen. Einige solcher Beispiele sollen im Folgenden kurz erläutert werden.

- **Problemkomplexität:** Diese Form gehört zur Produktkomplexität und klassifiziert einerseits das Verständnis für den Problemhintergrund des zu entwickelnden Systems und zum anderen die Umsetzbarkeit überhaupt. Ein Klassifikationsbeispiel ist hierfür die von Lehman (siehe [Pfleeger 98], S. 413 ff.). Danach werden Systeme eingeteilt in
    - **S-Systeme:** Diese (simplen) Systeme sind vollständig spezifizierbar und auf dieser Grundlage entsprechend implementierbar. Ein Beispiel dafür ist ein „System" zur Realisierung von Matrizenoperationen.
    - **P-Systeme:** Diese (partiell realisierbare) Systemart setzt die Realität „angenähert" um, da diese aus Gründen der operationalen Komplexität „noch" nicht vollständig implementierbar sind. Ein Beispiel hierfür ist das Schachspiel, für das es eine theoretische „Lösung" gibt, die aber praktisch noch nicht umsetzbar ist. Man verwendet daher „näherungsweise" Strategien, die eine bestimmte Zuganzahl im Voraus berücksichtigen können.
    - **E-Systeme:** Hierbei handelt es sich schließlich um (extreme) Systeme, bei denen nicht einmal eine theoretische Problemlösung existiert. Diese Systeme sind daher ohnehin nur approximativ umsetzbar und zumeist generellen Änderungen unterlegen. Ein Beispiel hierfür wäre die Modellierung des Wirtschaftssystems eines Landes.

---

[7] Wir verstehen hier Komponente im weitesten Sinne. So ist beispielsweise auch eine Phase des Entwicklungsprozesses eine Prozess*komponente*.

Diese Klassifikationsform ist insbesondere für die Wartung und den damit verbundenen, möglichen Aufwand von Bedeutung.

- *Algorithmenkomplexität:* Für die Art des bei der Implementation des Software-Produktes zugrunde liegenden Algorithmus auf dem Computer gibt es entsprechende Klassifikationen. Ausgangsform ist die Annahme einer Menge n von Eingaben bzw. einer „Eingabelänge" n. Dann gibt es zum Beispiel Algorithmen, die mit folgendem „Aufwand" bearbeitet werden[8]:

  - *$O(n)$:* als linearer Aufwand mit dem Beispiel eines einfachen File-Doppelns;
  - *$O(n \log n)$:* als logarithmischen Aufwand mit dem Beispiel des Algorithmus für ein „effizientes" Sortieren;
  - *$O(n^2)$:* als quadratischen (im Allgemeinen polynomialen) Aufwand beispielsweise für das Sortieren der Eingabewerte;
  - *$O(2^n)$:* als exponentiellen Aufwand und dem Beispiel von entscheidungsintensiven Spielen, wie z. B. das Schachspiel.

Die Bestimmung dieser Eigenschaft bereits in der Spezifikationsphase ist notwendig, da sonst die Machbarkeit der Produktlösung als Ganzes gefährdet ist.

- *Entwicklungskomplexität:* Diese Form gehört zum Prozess und charakterisiert eine möglicherweise nicht mehr zu beherrschende Methoden- oder Projektvielfalt. Wir gehen auf diese Komplexitätsform im Abschnitt 1.6 zum Software-Management näher ein.

- *Hardware-Komplexität:* Bei dieser den Ressourcen zuzuordnende Komplexitätsform soll hierbei das zur Handhabung spezieller Hardware-Konfigurationen notwendige Verständnis klassifiziert werden. Das folgende Klassifikationsbeispiel bezieht sich auf das jeweilige Wartungspersonal:

  - *Einzelplatzrechner:* Die Wartung kann von einem *Techniker* vorgenommen werden, zum Beispiel einem PC-Spezialisten.
  - *Lokales Rechnernetz:* Hierzu ist ein *Systemadministrator* erforderlich, der neben den rein technischen Aufgaben vor allem auch die Netzkonfigurierung überwacht und installiert.
  - *Firmenweites Rechnernetz:* Unter der Annahme, dass es sich noch nicht um weltweites Netz handelt, ist eine *Wartungsabteilung* erforderlich, die die oben genannten Aufgaben arbeitsteilig realisiert.

---

[8] Eine weitere Klassifikation auf dieser Grundlage ist die Einteilung nach der Algorithmenart (deterministisch oder nichtdeterministisch) für die sogenannten polynomialen (n^c) Berechnungskomplexitätsformen, also in P und NP. Wir wollen aber unbedingt darauf hinweisen, dass es sich hierbei um eine algorithmische Komplexität und nicht um die (letztlich implementierte) Programmkomplexität handelt.

-   *Landesweiter Rechnerverbund:* Um eine derartige Hardware-Plattform zu betreuen, sind spezielle *Betreibergesellschaften (provider)* notwendig. Sie vereinen die bereits oben genannten Aufgaben.
-   *Weltweites Internet:* Diese Plattform ist und wird auch nicht insgesamt betreut und verwaltet. Dafür gibt es *Konsortien,* die das oben genannte, lokale Personal insbesondere bei der Realisierung administrativer Aufgaben unterstützen.

Auf der Grundlage der jeweiligen Modelle und die dazugehörigen Komplexitätsbetrachtungen ist die Machbarkeit in der Spezifikationsphase endgültig abzusichern. Das kann auch auf der Basis von Simulationen oder durch die Anwendung so genannter Prototypen erfolgen. Allerdings kann es auch in dieser Phase noch notwendig sein, sich mit dem Auftraggeber oder künftigen Nutzer zu verständigen. Die Einbeziehung des Auftraggebers in die ersten Phasen der Software-Entwicklung wird als **partizipatorische Entwicklung** bezeichnet. Eine typische Anforderung des Auftraggebers ist im Allgemeinen das **IKIWISI-Prinzip** (I'll know it when I see it). Deshalb muss die Modellform auch dem Auftraggeber verständlich sein. Die Modellierung kann je nach eingesetzter Methode formal oder informal erfolgen. Die folgende Tabelle vergleicht beide Ansätze hinsichtlich ihrer Eignung bei der Spezifikation.

Ansatz	*Vorteile*	*Nachteile*
informal: *verbaler Text, Skizzen, Diagramme*	leicht verständlich; gute Grundlage für Validation; gut für sehr große Problemstellungen; nicht alle Anforderungen müssen zur Spezifikation vorliegen	Konsistenzprobleme beschreibt diese meist nur „punktuell"
formal: *mathematisch begründete Formalismen*	Konsistenzbeachtung; gut für Verifikation; beschreibt die Problemstellungen i. a. vollständig und exakt	schwer verständlich nur geeignet für kleine bzw. gut definierbare Problemstellungen; alle Anforderungen müssen zur Spezifikation vorliegen

Tab. 4: Vor- und Nachteile formaler und informaler Spezifikationsansätze

Wir behandeln Beispiele informaler Ansätze im Kapitel 2 im Zusammenhang mit den Systembeispielen. Auf eine spezielle Form der formalen Spezifikation gehen wir im Abschnitt 4 des dritten Kapitels zu den speziellen Software-Technologien ein.

Wir wollen aber nun endlich die Spezifikation selbst in der folgenden Form definieren.

> *Die **Spezifikation** (software specification) ist die Formulierung aller funktionaler und einiger qualitativer Anforderungen in einem Modell, welches die Computerbezogenen und organisatorischen Systemkomponenten beschreibt.*

Das zur Systemspezifikation auch Bestandteile gehören, die nicht als konkrete Software umgesetzt werden, verdeutlicht das in Abbildung 18 angegebene, stark vereinfachte Beispiel einer Systementwicklung.

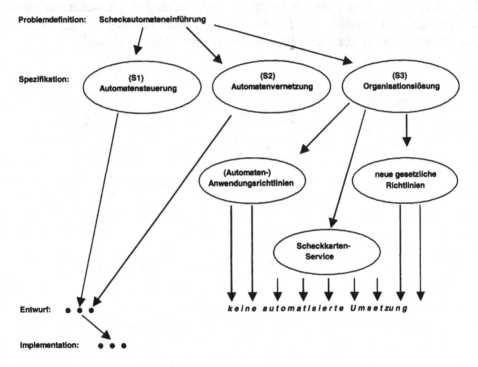

Abb. 18: Beispiel einer Systementwicklung für Scheckkartenautomaten

Auch das in der Spezifikation erstellte Modell muss zur Vermeidung von Fehlern Korrektheitsanforderungen genügen. Die dafür erforderlichen Überprüfungen sollte aus Effizienz- und Zuverlässigkeitsgründen Werkzeuggestützt erfolgen. Zu den Aufgaben derartiger Tools gehören:

- die Sicherung der Konsistenz zwischen den verschiedenen Modellen (beispielsweise durch automatisierten Ab- und Vergleich),

- die ständige Aktualisierung des Wörterbuches bzw. den Einsatz dieses Wörterbuches als Kontrollmittel,

- die Einhaltung der Syntax der Modelle zu kontrollieren bzw. Fehler zu protokollieren und Hinweise zu ihrer Behebung zu geben,

- die Erstellung verschiedener Modell- oder Systemsichten mit unterschiedlichen Granulierungsstufen,

- die Dokumentation des Systems insgesamt.

Auf die besonderen Arten und Formen einer derartigen Tool-Unterstützung gehen wir im Abschnitt 1.4 in diesem Kapitel ein.

Eine Spezifikation kann zum einen auch für verschiedene Problemstellungen verwendet werden oder legt verschiedene *Entwicklungsvarianten* zu einem System fest. Dazu betrachten wir das in Abbildung 19 angedeutete Entwicklungsbeispiel[9].

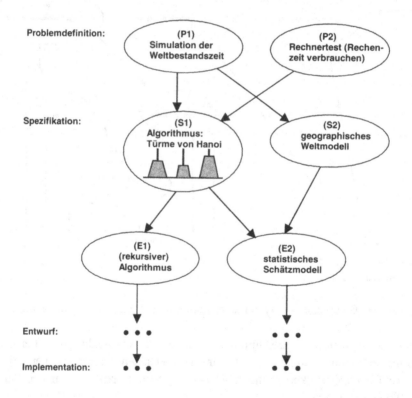

Abb. 19: Beispiel für Entwicklungsvarianten

---

[9] Bei den Türmen von Hanoi geht es darum, dass Mönche 81 unterschiedlich große Ringe von einem Platz unter Verwendung eines Zwischenplatzes auf einen dritten Platz „übertragen". Dabei darf immer nur ein kleinerer Ring auf einen größeren gelegt werden. Bei einer „Übertragungsgeschwindigkeit" von einer Sekunde pro Ring wird prophezeit, dass zum Abschluss des Umlegens auch die Weltzeit „abgelaufen" ist.

Werden im Verlauf der Entwicklung Varianten verworfen, so können diese Varianten durchaus zu einem späteren Zeitpunkt hilfreich sein. Sie führen in Kombination mit anderen Erfahrungen zu einem „Entwicklungswissen", dessen gezielte Anwendung als *Wissensbasierte Software-Entwicklung (knowledge-based software development)* bezeichnet wird.

Spezifikationen sind zumeist im Rahmen einer speziellen Tool-Unterstützung entstanden. Das für diese Computergespeicherten Dokumente eingesetzte Tool ist von der Art des zu entwickelnden Systems und der eingesetzten Methode abhängig und prägt im Wesentlichen auch die in den Folgephasen als Entwicklungsunterstützung zur Anwendung kommenden Werkzeuge.

Zur Spezifikation gehören neben der Funktionsbeschreibung im Allgemeinen noch

- ein *Testkonzept*, welches die Testdaten für die Implementierungsphase vorgibt,

- ein *Abnahmekonzept*, dass die Test- und Akzeptanzkriterien bestimmt, die bei der Erprobung nachzuweisen oder zu erfüllen sind.

- ein erster Entwurf der *Anwendungsdokumentation*, der beim Auftraggeber bereits geprüft oder auch zu Schulungszwecken bereits eingesetzt werden kann,

- ein *Einsatzkonzept*, welches den Inhalt und die Prioritäten für die Beschaffung der Einsatzmittel (Hard- und Software) und die Planung der erforderlichen Nutzerschulungen bestimmt und vorgibt.

Mit dem Abschluss der Spezifikation sollte auch der partizipatorische Aspekt der Kommunikation mit dem Auftraggeber beendet werden. Die Software-Entwicklung erfolgt nun ausschließlich durch das Entwickler-Personal.

1.2.5 Der Entwurf

In der Phase des Entwurfs werden vor allem die Systembezogenen, also Hard- und Softwarebezogenen Anforderungen umgesetzt. Diese Anforderungen lassen sich wie folgt unterteilen:

- in *Systemvorgaben* *(product implementation requirements)* gemäß der Problemstellung bzw. -definition, wie zum Beispiel „PC-Netz", „C^{++}- Implementation", „Internetbasierte Lösung" usw.,

- in *Systemvoraussetzungen* *(predefined platform conditions)*, die auf der Grundlage einer speziellen Hardware ganz bestimmte Systemsoftware und damit verbundene bzw. mögliche Anwendungssoftware „zulassen".

Es geht also hierbei darum, aus dem Modell der Spezifikation eine Anpassung an die durch die Hard- und Software-Anforderungen vorgegeben Plattform vorzunehmen. Das grundlegende Ergebnis dieser Umsetzung der Modellstruktur die Architektur, die wir wie folgt definieren wollen (siehe auch [Bass 98], S. 23).

> *Die **Architektur** (architecture) bei der Software-Entwicklung ist die software- und ggf. Hardwarebezogene Struktur eines zu entwickelnden Systems, welches die Komponenten dieser Struktur, deren extern sichtbare Schnittstelle und die Beziehungen zwischen den Komponenten umfasst.*

Diese Definition stützt sich auf folgende Erfahrungen bzw. Prinzipien:

- Die Art der Komponente richtet sich nach der Strukturierungsform und kann beispielsweise sein
  - ein bereits vorhandenes, kommerziell verfügbares Anwendungssystem (Commercial off-the-shelf (COTS)) ,
  - eine Teilfunktion einer so genannten Funktions- oder Unterprogrammbibliothek (speziell können dies auch Klassen oder Programmmuster *(templates* oder *macros)* sein),
  - ein Modul, welches eine funktionale Unterteilung mit der Berücksichtigung von technologischen Aspekten darstellt.

- Die Beschreibung der externen Aspekte einer Komponentenschnittstelle berücksichtigt das so genannte "Geheimnisprinzip" *(information hiding)* von Parnas (siehe [Bass 98], S. 118), welches besagt, dass alle Interna, wie zum Beispiel lokale Größen, Zwischenresultate oder interne Darstellungsformen "zu verstecken" sind.

- Die Beziehungen zwischen den Komponenten sollten ausschließlich über Schnittstellen *(interfaces)* definiert sein. Globale Größen, die auf mehrere Komponenten Zugriff haben, sollten vermieden werden. Aus Effektivitäts- gründen lässt sich dieses Prinzip nicht immer konsequent umsetzen.

Für die Architekturdarstellung gibt es verschiedene Visualisierungsformen. Abbildung 20 zeigt ein Beispiel für ein Schichtenmodell.

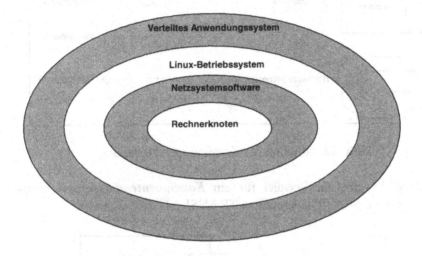

Abb. 20: Architekturdarstellung durch ein Schichtenmodell

Es zeigt uns eine mögliche Systemarchitektur für unser auf Seite 27 eingeführtes TEAMWORK-Beispiel. Eine weitere Darstellungsform für Architekturen ist die Layer- bzw- Tier-Struktur. Abbildung 21 zeigt ein Beispiel dafür.

Abb. 21: 3-Tier-Architektur zum STEUERN-Beispiel

Es stellt eine mögliche funktionale Aufteilung für unser auf Seite 26 eingeführtes STEUERN-Beispiel.

Die Notation für Komponenten in Abbildung 22 ist Grundlage für eine weitere Architekturdarstellung.

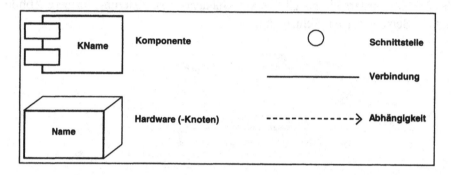

Abb. 22: Notation zur Komponentendarstellung

Die Abbildung 23 gibt ein Beispiel für ein *Komponentendiagramm (component diagram)* zu dem auf Seite 28 eingeführten TRANSLATER-Beispiel an.

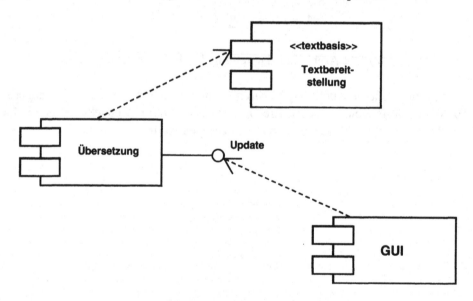

Abb. 23: Beispiel eines Komponentendiagramms

Die Abbildung 24 zeigt schließlich ein so genanntes *Verteilungsdiagramm (deployment diagram)*, welches die Verteilung von Komponenten auf Hardware-Knoten für die Dienstleistung *(server)* und für die Dienstanforderung *(client)* zu unserem auf Seite 27 eingeführten WEBAGENT-Beispiel beschreibt.

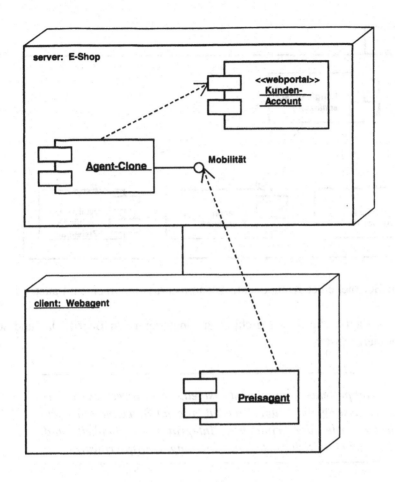

Abb. 24: Beispiel eines Verteilungsdiagramms

Durch seine Mobilitätseigenschaft kann unser Webagent sich auf den Knoten des E-Shops begeben bzw. einen Clone von sich etablieren, der dort die intendierten Preisabfragen realisiert und sie dem Preisagenten zum Vergleich bzw. zur Abspeicherung zur Verfügung stellt.

Schließlich wollen wir noch die Möglichkeit beschreiben, Komponenten aus inhaltlicher oder technologischer Sicht softwareseitig zusammenzufassen. Wir verwenden dafür ein spezielles Symbol als so genanntes Paket *(package)*. Diagramme, die dieses Symbol verwenden, werden auch als *Paketdiagramme (package diagrams)* bezeichnet.

Ein einfaches Beispiel hierfür ist in Abbildung 25 angegeben. Es zeigt uns eine auf Komponenten verteilte funktionelle Darstellung zu unserem auf Seite 26 eingeführten SPORT-Beispiel.

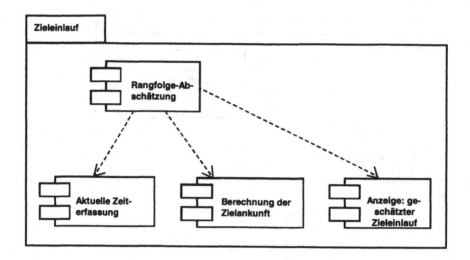

Abb. 25: Beispiel einer Komponentenzusammenfassung in einem Paket

Die Komponente stellt für die Systemarchitektur einen zentralen Begriff dar und soll daher speziell definiert werden.

> *Eine **Komponente** (component) ist eine Softwarebasierte Zusammenfassung von Funktionalität, die nach technologischen Aspekten, wie der einfachen Integrationsmöglichkeit und jeweils nur einer Schnittstellenverbindung, konzipiert wurde.*

Gemäß dieser Definition entspricht der Begriff der Komponente weitestgehend dem klassischen Begriff des Moduls. Analog werden daher auch bei den Komponenten die Kopplungsformen und die „innere Bindung" definiert. Beispiele für die ***Kopplung (coupling)*** von Komponenten sind, geordnet nach stärker werdender Intensität, folgende:

- *keine Kopplung (uncoupled):* zwischen den Komponenten besteht keinerlei Verbindung,
- *Datenkopplung (data coupling):* die Komponenten übergeben nur Daten (zum Beispiel „call-by-value"),
- *Datenstrukturkopplung (stamp coupling):* ganze Datenstrukturen werden übergeben (z. B. „call-by-reference"),
- *Steuerflusskopplung (control coupling):* eine Komponente übergibt einer anderen Komponente Steuerparameter für deren Ablaufsteuerung,
- *datenexterne Kopplung (common coupling):* die Komponenten sind über einen gemeinsamen Datenbereich gekoppelt,

- *Datenflusskopplung (content coupling):* eine Komponente modifiziert interne Daten einer anderen bzw. umgeht den eindeutigen Schnittstelleneintritt.

Eine ähnliche Klassifikation ergibt sich für die innere **Bindung** *(cohesion)* einer Komponente. Nach ihrer Stärke aufsteigend geordnet lauten die jeweiligen Formen hierfür:

- *keine Bindung (coincidental cohesion):* die Komponente beinhaltet eine einfache Aneinanderreihung von Funktionalitäten ohne jeglichen Bezug zueinander,
- *logische Bindung (logical cohesion):* in der Funktionalität der Komponente besteht ein gewisser logischer Zusammenhang, zum Beispiel als Menge aller Eingabefunktionen,
- *zeitliche Bindung (temporal cohesion):* es besteht ein zeitlicher Zusammenhang, wie z. B. für die Systeminitialisierung,
- *prozedurale Bindung (procedural cohesion):* kennzeichnet die Forderung nach einer funktionalen Reihenfolge,
- *kommunikative Bindung (communicational cohesion):* bezeichnet die Form der gemeinsamen Datennutzung,
- *sequentielle Bindung (sequential cohesion):* hierbei ist eine strenge Folge in der Hinsicht gegeben, dass die Folgefunktion als Eingabe das Ergebnis der vorhergehenden benötigt,
- *funktionale Bindung (functional cohesion):* hier sind alle Funktionalitäten in einer Komponente *monolithisch* zusammengefasst.

Generell sollte zwischen den Komponenten eine schwache Kopplung und eine starke Bindung angestrebt werden.

Sind die Komponenten in einer Hierarchie angeordnet, so können wir die in Abbildung 26 visualisierten **Entwurfstechniken** *(design techniques)* anwenden. Die Bottom-up-Methode eignet sich besonders zur Wiederverwendung bereits vorhandener Komponenten.

Für die im Verlauf des Entwurfs zu entwickelnde Plattformbezogene Systemausprägung existieren bereits spezielle Formen und Muster mit den entsprechenden formalen und technologischen Grundlagen. Wir wollen diese Formen mit Hilfe des Begriffes Paradigma definieren.

> *Ein **Paradigma** (paradigm) bei der Software-Entwicklung ist die durch formale oder informale Methoden auf der Modellierungsseite und durch eine Programmiersprachform auf der Realisierungsseite geprägte Art der Systemdarstellung und -implementation.*

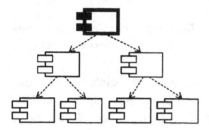

Top down
(vom Ganzen zum Einzelteil)

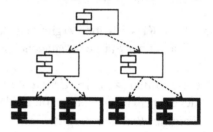

Bottom up
(vom Einzelteil zum Ganzen)

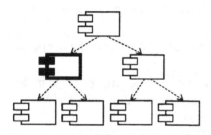

Hardest first
(das Schwierigste zuerst)

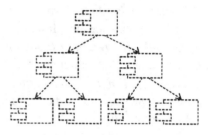

Trial and error
(Versuch und Irrtum)

Abb. 26: Entwurfstechniken in Komponentenhierarchien

Für unsere kleinen Systembeispiele könnte die jeweilige Anwendung folgender Entwurfstechniken sinnvoll sein:

STEURERN: *Bottom up*, da wir zumindest konzeptionell über die einzelnen Berechnungskomponenten verfügen (könnten) und somit der Systemaufbau aus vorhandenen Grundkomponenten auch sinnvoll wäre.

SPORT: *Top down*, da die einzelnen Funktionskomponenten aus der Gesamtaufgabe abzuleiten und algorithmisch zu entwerfen sind.

WEBAGENT: *Trial and Error*, wenn wir annehmen, dass sowohl die genaue Implementationssprache als auch das (künftige) Anwendungsfeld zu Beginn der Entwicklung noch keine klaren „Konturen" ausweisen.

TEAMWORK: *Top down*, wenn wir auch hierbei von einer schrittweisen Verfeinerung der Systemkomponenten ausgehen.

TRANSLATER: *Hardest first*, wobei wir uns zunächst einer möglichen Umsetzung der Übersetzungsaufgabe selbst widmen. Wenn diese hierbei offensichtlich „härteste" Aufgabe gelöst ist, sind die anderen Systemkomponenten zu entwickeln.

Hinsichtlich der *Operationalität* werden im Entwurfsstadium auch plattform-spezifische Darstellungsmittel genutzt. Eine dieser möglichen Darstellungsformen ist das **Flussdiagramm** (flow chart). Abbildung 27 enthält einige Symbole dieser Darstellungsform.

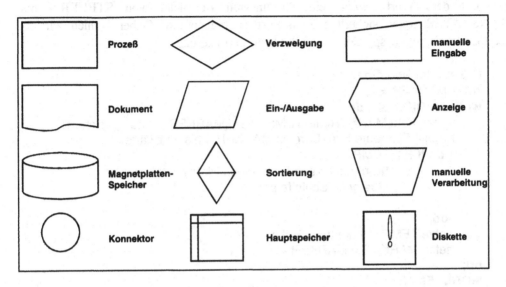

Abb. 27: Ausgewählte Flussdiagrammsymbole

Abbildung 28 zeigt das Beispiel eines Flussdiagramms für die Anwendung einer Komponente „Aktualisierung".

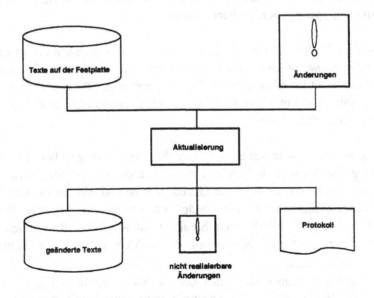

Abb. 28: Flussdiagrammbeispiel

Für die detaillierte Modellierung der unmittelbaren Funktionalität einer Komponente werden solche Darstellungsmittel wie Struktogramme oder Pseudocode verwendet. Die Beschreibung im *Pseudocode*[10] verwendet allgemeine programmiersprachliche Schlüsselwörter. Gelegentlich „klammert" man derartige Pseudocodebeschreibungen auch mit dem Wort *Modul* ein. In unseren Beispielen von STEUERN bis TRANSLATER treten sicherlich auch Sortieraufgaben auf. Daher wählen wir als Pseudocodebeispiel die spezielle Form der Einfügesortierung.

```
MODUL InsertionSort:
setze MARKER = 2;
while MARKER ≤ n do
    merke Feld[MARKER] als TEMP; "Feld[MARKER] ist nun gesichert"
    for alle Elemente E im Bereich MARKER-1 bis 1 abwärts
      do if E ≥ TEMP
                then verschiebe E um einen Platz nach hinten
                else brich Schleife ab;
          fi;
      od;
    setze TEMP auf die freie Stelle
    setze MARKER = MARKER + 1
od;
MODULENDE
```

Da wir beim Leser Programmierkenntnisse voraussetzen, ist die Interpretation dieses Beispiels sicherlich kein Problem. Man erkennt auch an diesem Beispiel sehr gut die Bedeutung des „pseudo", da kein Compiler aus dieser algorithmischen Beschreibung ein exaktes (Maschinen-) Programm erzeugen könnte, da neben der beschreibenden Form auch keine konkreten Typangaben vorhanden sind.

Die Klammerung in diesem Beispiel (*do … od* bzw. *if … fi*) entspricht der so genannten *Strukturierten Programmierung (structured programming)*, die ausschließlich diese drei Grundstrukturen mit jeweils nur einem Eingang und einem Ausgang zulässt. Durch diese Forderung wird eine einfachere Programmstruktur erreicht, die allerdings auch zu längeren Programmen führen kann.

Eine mögliche graphische Notation ist mit dem *Struktogramm* gegeben. Die Bezeichnung dieser Diagrammform weist bereits auf die Umsetzung der Strukturierten Programmierung hin. Abbildung 29 zeigt die Grundsymbole und das zur obigen Problemstellung gehörende Struktogramm (für „bedg" ist jeweils eine logische Bedingung einzusetzen). Das Beispiel enthält auch Struktogrammsymbole für spezielle Strukturen, wie die Alternative (als Spezialfall der Selektion) oder die Schleife mit

---

[10] Der Begriff Pseudocode kennzeichnet den Unterschied zu einem von einem Compiler verarbeitbaren Code. Hierbei werden beispielsweise keine Datendefinitionen angegeben, so dass eine Übersetzung im üblichen Sinne nicht möglich wäre.

Abbruchbedingung angegeben. Diese und andere Symbolvorgaben sind unter anderem in der DIN 66001 (Sinnbilder für Daten- und Programmflussdarstellung) enthalten.

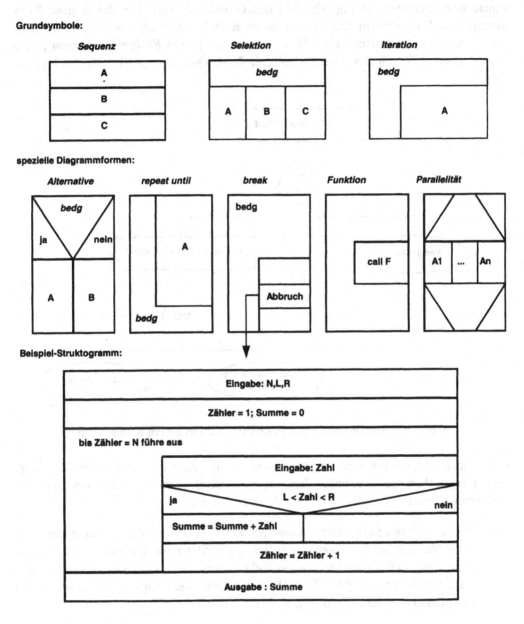

Abb. 29: Struktogrammnotation und Beispiel

Wir überlassen es auch hier dem Leser, das Struktogrammbeispiel inhaltlich zu interpretieren.

Wir erkennen allerdings an diesen Beispielen, dass wir sicherlich für andere Algorithmenarten auch andere Darstellungsmittel benötigen. Eine derartige Form könnte eine Ereignissteuerung sein. Mit den Grundelementen einer durch einen Kreis dargestellten Ereignisform und dem in einem Kästchen formulierten Fehlverhalten ist ein solches Beispiel in Abbildung 30 angegeben. In diesem *Ereignisdiagramm (event chart)* stehen „OR" für das logische, einschließende Oder und „AND" für das logische Und.

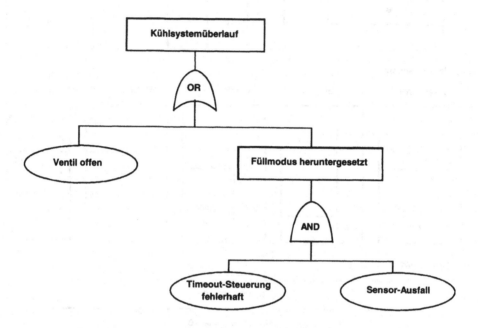

Abb. 30: Beschreibung von Fehlerursachen in einem Kühlsystem

Hinsichtlich der Paradigmenbezogenen Realisierung wollen wir uns nun den *Programmiersprachen (programming languages)* zuwenden. In der Phase des Entwurfs sind dabei folgende Merkmale von besonderer Bedeutung.

- Die *Problembezogenheit:* Dieses Merkmal weist auf die Eignung der Programmiersprache für einen speziellen Anwendungsbereich hin. Einer solchen Zuordnung sollte man sich, wenn nicht anders durch die Systemanforderungen vorgegeben, anschließen. Eine Klassifikation nach diesem Kriterium lautet beispielsweise (siehe [Pratt 98], S. 39)

    - *kommerzielle Systeme:* COBOL, Assembler, Java, 4GL[11], ebXML, WSDL,
    - *wissenschaftlich-technische Berechnungen:* FORTRAN, C, C++, Visual BASIC,

---

[11] Unter 4GL (Fourth Generation Languages) versteht man problemspezifische Ausrichtungen hinsichtlich Tabellenkalkulation, Datenbanken oder Rechnersystemen.

- *Systemprogrammierung:* Assembler, C, C++, Perl,
- *künstliche Intelligenz:* Lisp, Prolog, Icon, Scheme,
- *Publizieren:* TeX, PostScript, Framemaker, HTML, XML,
- *Prozessbearbeitung:* Unix-Shell, Tcl/Tk, PHP.

Im Allgemeinen spiegeln sich diese Gruppierungen auch in gewissen Communities wider.

- Die *Leistungsbezogenheit:* Sie bezieht sich auf die durch die Anweisungen einer Programmiersprache „ausdrückbare" Funktionalität. Die folgende Abbildung 31 nach [Jones 98] gibt eine Übersicht im Verhältnis zur Assemblersprache (FP-Wert=1). Auf die dabei zugrunde gelegte Funktions-punkteabschätzung (FP) gehen wir im Abschnitt 1.6 noch näher ein.

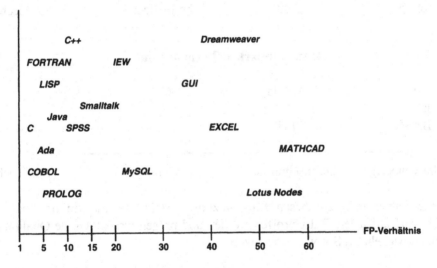

Abb. 31: Funktionalitätsverhältnisse von Programmiersprachen

- Die *Qualitätsbezogenheit:* Dieser Aspekt ist für die Gewährleistung einer Mindest- bzw. Ausgangsqualität für das zu entwickelnde System von besonderer Bedeutung. Allerdings sind auch hier die Erfahrungen insbesondere im Vergleich ganz unterschiedlicher Sprachansätze noch sehr gering bzw. wenig dokumentiert. Deshalb geben wir eine auf eigenen Erfahrungen und Analysen beruhende grobe Klassifikation zu ausgewählten Qualitätsmerkmalen an.

Realisierbare Systemeffizienz

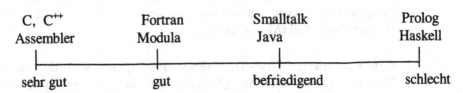

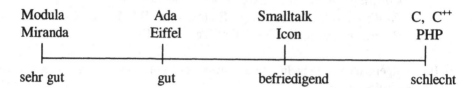

Wartbarkeit

Modula	Ada	Smalltalk	C, C++
Miranda	Eiffel	Icon	PHP

| sehr gut | gut | befriedigend | schlecht |

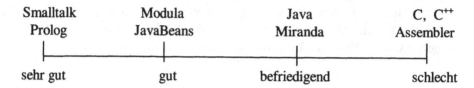

Entwicklungseffizienz

Smalltalk	Modula	Java	C, C++
Prolog	JavaBeans	Miranda	Assembler

| sehr gut | gut | befriedigend | schlecht |

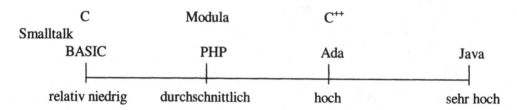

Handhabbarkeit/Lernaufwand

	C	Modula	C++	
Smalltalk				
BASIC	PHP	Ada	Java

| relativ niedrig | durchschnittlich | hoch | sehr hoch |

Wie immer man zu diesen Einschätzungen steht, sie müssen im konkreten Entwurf auf jeden Fall getroffen werden und prägen wesentlich die Qualität des zu entwickelnden Software-Produktes.

- Die **Paradigmenbezogenheit:** Dieser Aspekt gleicht der Problembezogenheit, beinhaltet aber die vollständige Verträglichkeit aller modell- und Sprach-bezogenen Darstellungsmittel. Beispiele derartiger Paradigmen sind:

  - **imperative:** Grundlage ist eine Befehlsorientierung. Beispiele für Darstellungsmittel sind der Pseudocode oder das Struktogramm bzw. für die Implementation die Programmiersprachen C, Modula und Ada.

  - **applikative:** Die Anwendung bezieht sich hierbei auf ein mathematisches Kalkül, welches gleichzeitig auch als Darstellungsmittel dient. Programmiersprachen dafür sind Miranda (Funktionskalkül), Prolog (Logikkalkül), Setl (Mengenkalkül).

  - **Objektorientierte:** Grundlage dieser Paradigmen sind die abstrakten Datentypen mit der Modellierungsform der Vererbungshierarchien.

Zusätzlich können diese Paradigmen eine der beiden vorher genannten in sich vereinen. Dem Objektorientierten Paradigma genügen die Programmiersprachen C^{++}, Java, Smalltalk und Eiffel. Im Abschnitt 3.1 wird dieses Paradigma gesondert behandelt.

Neben der Beachtung der entsprechenden oder vorgegebenen Programmiersprache ist die Anwendung bereits vorhandener Software ein wesentliches Entwurfsmerkmal. Diese Nachgenutzten Komponenten werden allgemein als *Anwendungssoftware (domain software* oder *application systems)* bezeichnet. Hat diese Software eine entsprechende Verbreitung im Sinne eines De-facto-Standards erreicht, so nennt man diese Art auch *Standardsoftware.* Beispiele für derartige Software-Systeme sind

- *Datenbanksysteme:* Informix, DB2, Oracle, dBase, Query, Access, Ingres, Sybase, Nomad,
- *Spreadsheet-Systeme:* (als so genannte Tabellenkalkulationssysteme) Excel, SuperCalc, Lotus 1-2-3,
- *Textverarbeitungssysteme:* MS WORD, Framemaker, LaTeX, Word-Perfect, XSLT,
- *Informationssuchsysteme:* (speziell für das Web) AltaVista, Web-Crawler, OpenText, Backweb, Lycos, InfoSeek, FreeLoader, HotBot,
- *Statistik-Pakete:* MathLab, SAS, SPSS, Planner,
- *Simulationssysteme:* GPSS, SIMSCRIPT, SIMPLAN, Proof,
- *Visualisierungssysteme:* VRML, Java 3D, V-Basic, Visual Works, EUCLID, MathCad, WebOOGL,
- *Agentensysteme:* IRMA, GRATE, Grashopper, Java-Aglets, Cyberagents, AgenSoft, Webdoggie,
- *Musiksysteme:* Intelligent Music Workstation, Capella, TEMPER,
- *E-Commerce-Systeme:* BargainFinder, Fido, Kashba, Bazaar, Jango, Net-Genesis, Intershop,
- *Lehr- und Lernsysteme*: Authorware, Storyboard, PLATO, TICCIT, DISCourse.

Diese Auflistung soll einfach nur einen allgemeinen Eindruck vermitteln. Auf einige der genannten Systeme gehen wir im Kapitel 2 noch näher ein. Bei der Anwendung derartiger Systeme sind die folgenden zwei grundlegenden Dinge zu beachten.

- Die Art der Systemnutzung bestimmt auch die Art der Entwurfstechnik für die Einbindung derartiger Komponenten. Die Anwendungssystemnutzung kann erfolgen durch

    - die einfache Ein- oder Anbindung des Systems ohne Änderungen,
    - die Kopplung über Ein- bzw. Ausgabedaten oder -parameter,
    - die Anwendung mit Hilfe einer *Nutzersprache (user language)*,

-   die Verwendung über eine im Allgemeinen graphische *Nutzeroberfläche
    (user interface).*

Der Grad der Einbindung liegt zwischen einer einfachen Ankopplung an den
selbst zu entwickelnden Systemanteil und der vollständigen Einbringung der
eigenen Systemanteile in das verwendete Anwendungssystem. Ein Beispiel für
das erste Extrem ist die Verwendung eines einfachen Konvertierungsprogramms.
Der Aufbau einer konkreten Datenbank ist ein Beispiel für das zweite Extrem.

-   Die Anwendung eines der oben genannten Systeme hat die Ausrichtung auf ganz
    spezielle Produktlinien mit den dazugehörenden Plattform- und sonstigen
    Abhängigkeiten zur Folge.

Die Beschaffung dieser Standardsoftware bzw. geeigneter Anwendungssoftware ist eine
relativ eigenständige, Entwicklungsbegleitende Tätigkeit, die wir daher auch explizit
definieren wollen.

> *Die **Akquisition** (acquisition) im Rahmen der Software-Ent-
> wicklung beinhaltet die Marktrecherche, Tauglichkeitsprüfung,
> Vertragsgestaltung und schließlich Beschaffung von Software
> für die Verwendung in einem zu entwickelnden Software-
> System.*

Anwendungssoftware wird im Allgemeinen in den folgenden, grundlegenden Formen
angeboten bzw. zur Kenntnis gebracht.

-   Die *Demoversion,* die vor allem über die Problemspezifik informiert und die
    grundlegenden Funktionalitäten an einfachen Beispielen demonstriert.

-   Die *30-Tage-Version,* die den vollen Funktionsumfang bereitstellt und nur für
    eine begrenzte Zeit (i. a. 30 Tage) genutzt werden kann.

-   Als „*veraltete"* Version, die kostenfrei oder zu einem „symbolischen" Preis
    erhältlich ist.

-   Die einmalige *Vollversion,* die dem vollen Leistungsumfang entspricht, aber
    keine Aktualisierung erfährt.

-   Die dauerhafte *Vollversion,* die im Allgemeinen mit einem so genannten
    Wartungsvertrag verbunden ist und dadurch auch ständig aktualisiert und
    ergänzt wird. Allerdings ergeben sich hierbei auch so genannte Dauerkosten.

Die letztgenannte ist eigentlich die übliche Form bei der Produkterstellung. Allerdings
ergeben sich damit auch Konventionen für die künftigen Nutzer der von uns entwickelten Software-Systeme.

Andererseits hat die Qualität der genutzten Standardsoftware einen entscheidenden Einfluss auf die Qualität des zu entwickelnden Gesamtproduktes. Der Standard DIN 66285 (Prüfgrundsätze für Anwendungssoftware) beinhaltet neben Grundprinzipien zur Eignungsprüfung auch Hinweise auf derartige Qualitätsmerkmale.

Der selbst zu implementierende Entwurfsanteil wird dabei insbesondere durch Tool-gestützte Methoden des Konsistenztests überprüft. Um seine Gültigkeit zur Spezifikation zu gewährleisten, werden im Allgemeinen *Reviews* oder *Audits* vorgenommen, die wir im nächsten Abschnitt näher erläutern werden.

Wir wollen nun endlich die Entwurfsphase in einer Definition mit ihren allgemeinen Merkmalen zusammenfassen.

> *Der **Software-Entwurf**[12] (software design) ist die Umsetzung der in der Spezifikation erstellten Modelle in eine die Hard- und Softwarebezogenen Anforderungen berücksichtigende Form von Diagrammen, Schemata und Pseudocodes, die gleichzeitig die hierbei gültigen qualitativen Anforderungen mit einschließen und unmittelbar als Implementationsvorgabe verwendet werden kann.*

Auch hier kann die Speicherung derartiger Varianten Grundlage einer Wissensbasierten Entwicklung sein. Die Verwaltung dieser Varianten führt uns zum Begriff der Konfiguration.

> *Eine **Konfiguration** (configuration) ist eine Version oder Variante der Grundarchitektur eines Software-Produktes, welches ganz speziellen Nutzeranforderungen dient.*

Im Abschnitt 1.2.8 gehen wir auf den Begriff der Konfiguration im Zusammenhang mit der Software-Wartung noch einmal näher ein.

Erstreckt sich der Entwurf neben den Software-Komponenten auch auf Hardware-Komponenten, die gegebenenfalls auch neu implementiert oder konstruiert werden sollen, so handelt es sich hierbei um ein *Codesign*.

---

[12] In der Literatur schließt die Bezeichnung Entwurf manchmal auch die Spezifikation mit ein. Wir wollen hier allerdings auch aus didaktischen Gründen die Trennung beibehalten.

Die folgende Abbildung 32 zeigt uns noch einmal den Kontext unserer Entwurfsphase im Verlauf der Software-Entwicklung insgesamt und gibt uns bereits einen kurzen Ausblick auf die folgende Phase.

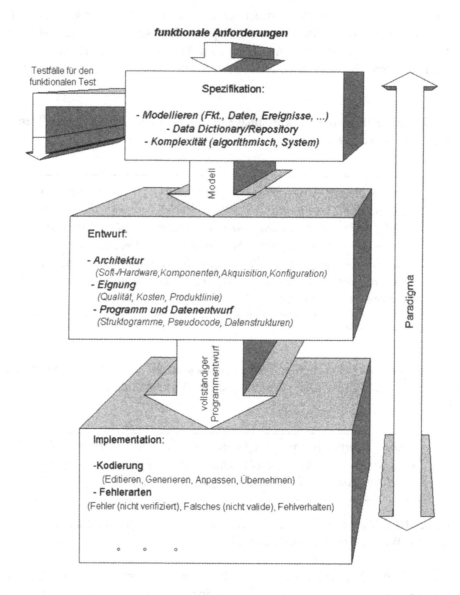

Abb. 32: Einordnung der Entwurfsphase in die Software-Entwicklung

Schließlich wollen wir auch für den Entwurf die Ergebnisse in ihrer allgemeinen Form zusammenfassen auflisten. Die Ergebnisse bestehen in:

- dem *Systementwurf* mit

    - der problemspezifischen, funktionalen Komponente,

    - der Taskbeschreibung, die die operationale Struktur bei der Systemabarbeitung darstellt,

    - der Datenkomponente, die je nach Ausprägung von einem einfachen File-System bis hin zu multidimensionalen Datenbanken reichen kann,

    - der Nutzerschnittstelle, die die Nutzungsformen und -techniken beschreibt,

- dem *verfeinerten Testkonzept,* welches weitere, insbesondere Komponenten-bezogene Testfälle *(test cases)* beinhaltet,

- einer *ergänzten Anwendungsdokumentation,* die insbesondere um die Merkmale der Software-Ausrichtung erweitert wurde,

- einem ersten Entwurf für die *Entwicklerdokumentation,* die schließlich im Verlauf der Implementation vervollständigt wird,

- einem *verfeinerten Abnahmekonzept,* welches neben den Festlegungen zur Eigenentwicklung auch Vorgaben für im Projekt enthaltene, Nachgenutzte Software aus der Akquisition ableitet,

- einem *ergänzten Einführungskonzept,* welches beispielsweise um Schulungs-maßnahmen zu konkreter Standardsoftware erweitert wurde,

- einem *Bearbeitungskonzept,* welches die erforderlichen Aktivitäten und Ressourcen zum Betrieb des Systems festlegt und im Allgemeinen ein Datenhaltungs- und -sicherheitskonzept beinhaltet bzw. Aussagen zur erforderlichen Personalstruktur generell macht.

Damit sind alle Grundlagen vorhanden, aus dem Systementwurf in der folgenden Entwicklungsphase der Implementation abarbeitungsfähige Programme zu schaffen.

1.2.6 Die Implementation

In dieser Implementationsphase werden die Modellierungs- und Entwurfsergebnisse aus der Designphase in Software umgesetzt. Es geht also um das *Programmieren (programming)*. Wir erinnern uns an das eingangs erwähnte WHISKEY-Prinzip, welches darauf hinwies, nicht sofort mit dieser Implementationsphase zu beginnen. Dafür gibt es unter Anderem folgende Gründe:

- Die Problemstellung ist zu komplex, so dass eine unmittelbare programm-technische Umsetzung weder nachvollziehbar oder beherrschbar ist.
- Es sind umfangreiche Abstimmungen notwendig, die eine sehr aufwendige Folge von Programmänderungen während der Implementation nach sich zieht.
- Die Machbarkeit des Systems oder einiger seiner Teile sind noch nicht nachge-wiesen bzw. erkennbar.
- Die Implementation hängt von Voraussetzungen, wie dem Einsatz spezieller Standardsoftware, ab, die noch nicht erfüllt sind.
- Es sind Teile für eine Implementation zu identifizieren, die eine arbeitsteilige Entwicklung ermöglichen.

Wir gehen also davon aus, dass diese offenen Probleme geklärt oder gelöst sind und wollen jetzt die Programme erstellen. Dabei bilden die Entwurfsergebnisse, insbe-sondere der Systementwurf, die wesentliche Grundlage.

Wir wollen in diesem Abschnitt den Inhalt dieser Phase bereits zu Beginn definieren.

> Die **Implementation** *(implementation) ist die Umsetzung der Entwurfsergebnisse in ein programmiertes, auf spezieller Hardware oder Hardware-Klassen abarbeitbares System bzw. Software-Produkt und vollzieht sich in den Phasen der Kodierung, des Tests, der Integration und der Installation.*

Dabei haben wir auch hier keine eigenständige Phase für die Dokumentation vorgesehen, da es sich dabei stets um eine *Phasenbegleitende Aktivität* handelt. Die Dokumentation separat – etwa als letzte Phase – innerhalb der Implementation auszuweisen würde dazu verleiten, das auch so zu handhaben und damit unvoll-ständige oder oberflächliche Beschreibungen zu erhalten[13].

Die Implementation beginnt also mit der *Kodierung (coding)*. In Abhängigkeit von der Ausgangsform des Entwurfs gibt es die folgenden Kodierungsformen.

---

[13] In der „schlechten" Praxis hat man häufig den Fall, dass zu einem Programm die Dokumentation nachträglich angefertigt wird, während man bereits beim Programmieren des nächsten ist.

- Das **Editieren** *(editing)* stellt eine im Allgemeinen manuelle Tätigkeit zur Erfassung des Programmcodes (als so genannten **Quelltext** *(source code))* dar. Diese Erfassung wird mit einem Editor oder einer Entwicklungsumgebung mit integriertem Editor (siehe Abschnitt 1.4) vorgenommen und erzeugt den Programmcode als maschinell verarbeitbare Dateien *(source files)*. Je nach Art der Programmiersprache haben diese Files einen entsprechenden Postfix, wie zum Beispiel „c" für die Sprache C, „cpp" für C^{++}, „st" für Smalltalk, „m" für Miranda, „java" für Java usw.

- Das **Generieren** *(generating)* ist eine Computergestützte Form zur Erzeugung des Quelltextes. Das setzt voraus, dass

    - der Entwurf bereits in einer Form vorliegt, die es gestattet, den Algorithmus mit den dazugehörigen Daten korrekt umzusetzen,
    - ein Generator vorhanden ist, der aus den Entwurfsvorgaben nahezu vollständige Quellprogramme erzeugen kann.

  Im Allgemeinen werden so genannte Programmmuster *(templates)* generiert und mit Hilfe eines Editors in die endgültige Code-Form gebracht. Eine spezielle Generierungsform ist die Transformation von Quellcode einer Sprache in Code einer anderen. Allerdings ist hierbei die Paradigmengleichheit zu beachten.

- Das **Anpassen** *(adapting)* bezieht sich auf die Verwendung bereits vorhandenen Quellcodes und dessen mehr oder weniger umfangreiche Modifikation. Im Allgemeinen wird diese Kodierungsform ebenfalls in Editoren vorgenommen.

- Das **Übernehmen** *(reuse)* betrifft die unveränderte Code-Wiederverwendung. Dabei setzen wir voraus, dass bereits eine Computergespeicherte Form des Quelltextes vorliegt. Auf dieser Grundlage erfolgt die Übernahme aus so genannten **Bibliotheken** *(libraries)*.

Wenn auch die letztgenannte Kodierungsform am effektivsten erscheint, so impliziert sie doch das **Verständnisproblem** *(comprehensibility)*, denn man muss das, was man nachnutzen will, auch vollständig inhaltlich und technologisch verstehen. Das ist insbesondere dann nicht trivial, wenn diese Programmbibliothek in sich strukturiert ist, wie zum Beispiel durch den Vererbungsaspekt bei den so genannten Klassenbibliotheken (siehe Abschnitt 3.1 zur Objektorientierten Programmierung).

Andererseits nutzt man allerdings auch Erfahrung und „erprobte" Qualität bei vorhandenem Quellcode nach. Die folgende Abbildung 33 veranschaulicht einige Aspekte zu den Kodierungsformen.

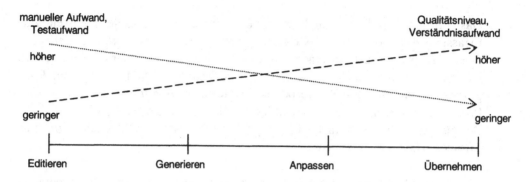

Abb. 33: Bewertungsaspekte zu den Kodierungsformen

Die Programmierung wird neben den beim Entwurf gegebenen Implementations-vorgaben in entscheidendem Maße durch die verwendete Technik bestimmt. Wir definieren diesen Kernaspekt der Software-Erstellung in folgender Weise.

> Die **Programmierungstechnik** (programming technique) ist die Art und Weise, Quellcode zusammenzustellen, diesen zu übersetzen, zu verbinden und zu interpretieren.

Beispiele solcher Programmierungstechniken sind folgende.

- Die *Unterprogrammtechnik:* Hierbei geht es um die Abgrenzung einer speziellen Funktionalität in Form eines Programmkörpers und einer Schnittstelle für seine Anwendung, die durch eine Bezeichnung und eine Parametermenge gekennzeichnet ist.

- Die *Makrotechnik:* Diese Technik beruht auf dem gleichen Prinzip, wie die Unterprogrammtechnik. Allerdings ist das Ergebnis der Interpretation so ge-nannter Makros nicht der Wert eines Algorithmus spezieller Funktionalität, sondern wiederum Quelltext in einer bestimmten Programmiersprache.

- Die *Modultechnik*: Diese Technik basiert auf der Unterprogrammtechnik und ermöglicht es, Unterprogramme zusammengefasst als Module separat zu über-setzen und zu testen und schließlich auch in das Gesamtprogramm einbinden zu können.

- Die *Abstrakten Datentypen:* Hierbei wird bei einem Datentyp von seiner konkreten Art, wie zum Beispiel „Vektor von ganzen Zahlen", abstrahiert (also z. B. nur noch „Vektor von Größen"), welches mit der Einbindung der zugehörigen Verarbeitungsoperationen die Definition so genannter Klassen ermöglicht.

- Die *Dokumentationsgenerierung:* Diese Form ist mit dem Programm in sofern unmittelbar verbunden, als dass Programmcode und Programmdokumentation in einem Quelltext als Gewebe *(web)* zusammengefasst ist, in gleicher Weise aktuell „gehalten wird" und durch separate Generatoren zum einen den Programmcode und zum anderen die Programmdokumentation erzeugt.

- Die *Emulation:* Dabei wird eine Editierung und Testung von Software eines bestimmten Computers auf einem anderen vorgenommen. So ist es beispielsweise üblich, die Programme für die Handheld-Computer auf PCs zu entwickeln.

Neben diesen allgemeinen Techniken können in einem speziellen Software-Entwicklungsbereich auch spezielle Richtlinien zur Anwendung kommen. Wir definieren daher wie folgt.

> *Programmierkonventionen (programming conventions) sind Richtlinien bzw. Vorgaben für die Form, die Struktur und den Inhalt des zu erarbeitenden Quelltextes zur Gewährleistung spezieller qualitativer Aspekte.*

Beispiele derartiger Konventionen bei der Programmierung sind:

- *Namenskonventionen (naming conventions):* Bei diesen Vorgaben geht es einerseits darum, eine einheitliche, gut lesbare Form zu finden und zum anderen mnemonische Aspekte zu verwirklichen.

- *Strukturkonventionen (structuring conventions):* Diese Richtlinien können beispielsweise die strikte Einhaltung der Strukturierten Programmierung fordern oder aber bestimmte Strukturformen, wie die Schleifengestaltung, für eine bessere Änderbarkeit vorschreiben.

- *Kommentierungskonventionen (commenting conventions):* Diese Art der Vorgaben kann sich auf den Anteil oder die Art bzw. Form der Kommentierung in einem Quellprogramm beziehen.

- *Identifikationskonventionen (identifying conventions):* Hierbei geht es beispielsweise darum, die Identifikation eines Programms hinsichtlich Entwicklerspezifischer Angaben, wie zum Beispiel Programmierername, Erstellungs- und Änderungsdatum, einheitlich zu gestalten.

Natürlich ist die Einhaltung bzw. Umsetzung durch eine entsprechende Tool-Unterstützung besonders effizient.

Auf dieser Grundlage haben wir schließlich den Quelltext erstellt und können uns dem **Test** *(testing)* zuwenden. Damit wollen wir erreichen, dass bei der Software-Anwendung keine Fehler auftreten. Was sind aber überhaupt Fehler bei der Software-Entwicklung und -Anwendung? Dazu die folgenden Begriffserklärungen.

- Ein **Irrtum** *(fault)* bei der Software-Entwicklung entsteht durch ein Missverständnis der Anforderungen oder einer falschen Umsetzung der Anforderungen überhaupt.
- Ein **Fehler** *(error)* ist schließlich das Resultat einer falschen Entwicklung im Software-System.
- Ein **Fehlverhalten** *(failure)* tritt schließlich bei der Anwendung eines Software-Produktes aufgrund eines Fehlers im Produkt auf.

Die Abbildung 34 verdeutlicht noch einmal diese Zusammenhänge in einer anschaulichen Form.

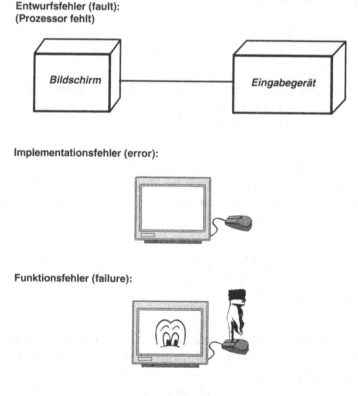

Abb. 34: Zusammenhänge von Fehler und Fehlverhalten

Das Testen dient der Suche nach Fehlern, die durch einen Irrtum entstanden sind und zu einem Fehlverhalten führen könnten. Ziel ist dabei also eine *Fehlerkorrektur (error correction)*. Das wirft natürlich auch die Frage auf, ob man nicht mehr für die *Fehlervermeidung (fault prevention)* tun könnte oder sollte. Zu diesem Zweck können folgende Vermeidungstechniken eingesetzt werden:

- *defensive:* Dabei handelt es sich um die Fehlerkorrektur, der eine Fehlersuche und Fehlererkennung vorausgehen.

- *offensive:* Hierzu zählen die Fehlertoleranzmechanismen *(fault tolerance)*, wie beispielsweise

  - die verstärkte Nutzung von *Ausnahmebehandlungen (exception hand-ling)*,
  - die Installation von so genannten *Wiederanlauf-Routinen*, für deren Einsatz die jeweilige Bearbeitungssituation in Wiederanlaufblöcken *(recovery blocks)* zwischengespeichert wird,
  - die *Implementationsdopplung* bzw. -vervielfachung *(n-version pro-gramming)*, bei der das Programm mehrfach implementiert wird und eine Ergebnisauswertung erfolgt,
  - die Einbindung so genannter *Selbstkontrollen (self-checking)*, die insbesondere auch bei der Hardware erfolgreich angewendet werden.

Die Fehlervermeidungstechniken sind im Allgemeinen bereits beim Entwurf anzusetzen.

Im Folgenden beziehen wir uns ausschließlich auf die Fehlerkorrektur. Im Rahmen der Software-Testung gilt es, alle Aspekte eines Software-Systems zu erfassen. Das bezieht sich einerseits auf die „elementaren" Testeinheiten *(units)* und andererseits auf das gesamte, durch die Architektur geprägte System. Wir wollen uns zunächst auf die Einzelkomponenten beschränken und die Testarten und -formen näher betrachten.

Durch die Kodierung wird ein vorgegebener Algorithmus in einen Quellcode einer speziellen Programmiersprache „transformiert". Der Programmtest soll nun die Korrektheit dieser Transformation zeigen. Das sich dabei ergebende Testproblem resultiert vor allem aus der Tatsache, dass zu einem vorgegebenen Algorithmus theoretisch „überabzählbar" viele Quellprogramme gebildet werden können. Es ist deshalb notwendig, durch die Anwendung methodischer Mittel ein „sicheres Gefühl" für die Korrektheit der oben genannten Transformation zu erreichen. Das damit zusammenhängende Testproblem besteht außerdem in der korrekten Realisierung dieses Quellcodes durch einen Computer. Das schließt die Übersetzung des Quellcodes in eine Maschinensprache und die Bearbeitung dieses Maschinenprogramms durch ein

Monitor-Programm eines Betriebssystems, welches auf einem speziellen Computer oder verteilt erfolgen kann, ein.

Hinsichtlich der Fehlerkorrektur unterscheidet man die folgenden Phasen.

- Das *Testen:* Beim Testen geht es eigentlich nur darum, einen Fehler ausfindig zu machen.

- Die *Fehlerbehebung (debugging):* Die Fehlerbehebung schließt neben der Fehlerlokalisierung auch die Fehlerursachenbestimmung, die Formulierung von Korrekturmaßnahmen und die Fehlerkorrektur im Programm bzw. seinen Versionen selbst mit ein.

- Das *Nachtesten (retesting):* Das Nachtesten dient der Überprüfung, ob ein Fehler wirklich korrigiert wurde und ob durch die Korrektur nicht weitere Fehler eingearbeitet wurden.

Der Test kann beispielsweise eine der folgenden Ausrichtungen erhalten:

- eine Datensicherheitsorientierung,
- eine Qualitätsorientierung,
- eine Schadensausmaßorientierung,
- eine Schwachstellenorientierung.

Diese Orientierungen bestimmen einen möglicherweise unterschiedlichen Testansatz für die verschiedenen Komponenten eines Softwaresystems.

Die oben genannten Korrektheitsbetrachtungen zum Quelltext und dessen Abarbeitung führen uns zu den beiden grundlegenden Arten des Programmtests, und zwar dem

- *statischen Programmtest:* Das sind Testverfahren und -methoden, die sich auf den Quellcode eines Programms beziehen.

- *dynamischen Programmtest:* Das ist der Test eines Programms in seiner abarbeitungsfähigen Form auf dem Computer – als Programmrealisierung *(program execution).*

Wir wollen uns zunächst ausgewählten statischen Testmethoden zuwenden, wie den Checklisten, dem Review bzw. den Audits, der symbolischen Abarbeitung und der Programmverifikation.

Beim *Checklistenverfahren* wird nach einem vorgegebenen Muster (z.B. einer Checkliste) der Quellcode eines Programms geprüft. Inhalt derartiger Prüfungen können beispielsweise die Einhaltung einfacher syntaktischer Regeln, wie beispielsweise die paarweise Verwendung der Klammerung, oder aber bereits im Quellcode erkennbare, semantische Fehler bei der Abarbeitung des Programms sein (siehe [Brykczynski 99]). Beispiele einiger Fragen *(checks)* für ein Programm sind:

	ja	nein
1. Werden Berechnungen nichtarithmetischer Variablen durchgeführt?	O	O
2. Werden Berechnungen von Daten verschiedenen Typs durchgeführt?	O	O
3. Gibt es Berechnungen von Variablen verschiedener Länge?	O	O
4. Ist die Länge der Resultatsvariablen kleiner als die Länge des berechneten Wertes?	O	O
5. Ist ein Überlauf oder Verlust des Zwischenresultates bei der Berechnung möglich?	O	O
6. Kann eine Division durch Null auftreten?	O	O
7. Können Ungenauigkeiten durch die Arbeit mit Dualzahlen auftreten?	O	O
8. Kann der Wert der Variablen über die Grenzen des festgelegten Intervalls hinausgehen?	O	O
9. Ist die Präferenz der Operatoren berücksichtigt?	O	O
10. Wird die Division ganzer Zahlen richtig realisiert?	O	O

Die Ergebnisse der Anwendung derartiger Checklisten entscheiden dann über den notwendigen weiteren Testaufwand für das jeweilige Programm. Eine Systematisierung und Verallgemeinerung dieses Checklistenverfahrens stellt die Code-Inspektion von Fagan (siehe [Ebenau 94] und [Hollocker 90]) dar. Sie wird allgemein als **Review** *(review)* bezeichnet und besteht aus folgenden Schritten.

- *Planung:* Ein *Moderator*, der die Code-Inspektionssitzung führt, und die sich auf die Sitzung vorbereitenden *Inspektoren* werden benannt. Das Inspektionsmaterial wird gegen Vorbedingungen (Vertraulichkeit, erforderliche Vorkenntnisse) geprüft und ca. 2 Wochen vor der Inspektion an die Inspektoren verteilt. Der Sitzungstermin (Inspektionstermin) wird festgelegt.

- *Einführung:* Eine vom Moderator einberufene, vorbereitende Sitzung dient der Schulung der Inspektoren für ihre Arbeit.

- *Vorbereitung:* Die Teilnehmer erarbeiten sich anhand der verteilten Unterlagen ihr Verständnis von dem zu inspizierenden Programmcode.

- *Inspektion:* Zum Inspektionszeitpunkt wird die Analyse des Programms durch die Inspektoren *gegen den Autor* durchgeführt. Der Moderator leitet dabei die Sitzung, prüft die Vorbedingungen und protokolliert die (Zwischen-) Ergebnisse.

- *Korrektur:* Die Korrektur umfasst die Beseitigung der während der Inspektion gefundenen Fehler in einer festgelegten Zeitspanne durch den Autor.

- *Nacharbeit:* Es wird geprüft, ob alle Fehler behoben und mögliche Auswirkungen protokolliert wurden. Dabei wird entschieden, ob eine weitere Inspektionssitzung erforderlich ist.

Die Review-Technik kann auch auf andere Software-Entwicklungsergebnisse, speziell auch der vorhergehenden Phasen, angewandt werden. Die personelle Zusammensetzung richtet sich nach der Phase und dem Prüfziel. So sind beispielsweise beim Review von Spezifikationsdokumenten sowohl Software-Entwickler als auch Vertreter des Anwendungsbereichs mit einzubeziehen. Bilden beim Review ganz bestimmte Richtlinien oder Standards die Prüfgrundlage und ist auch die Darstellungsform des Prüfergebnisses gesetzlich vorgeschrieben, so handelt es sich um so genannte *Audits (audits)*[14].

Als nächstes wollen wir uns der so genannten *symbolischen Programmtestung (symbolic execution)* zuwenden. Sie entspricht einer Ablaufverfolgung des Programms mit *Symbolen*. Als Beispiel sei das folgende Programm gegeben.

```
1    summe(a,b,c)
2    {
3        x = a + b;
4        y = b + c;
5        z = x + y - b;
6        return(z);
7    }
```

gegeben. Bei einer symbolischen Belegung der Eintrittsgrößen (hierbei Parameter), liefert das obige Programm

$$summe(a \equiv \alpha, b \equiv \beta, c \equiv \gamma) \rightarrow (z = \alpha + \beta + \gamma).$$

Die symbolische Abarbeitung lautet im Detail

Anweisung	a	b	c	x	y	z
1	α	β	γ	?	?	?
3	-	-	-	$\alpha + \beta$	-	-
4	-	-	-	-	$\beta + \gamma$	-
5	-	-	-	-	-	$(\alpha + \beta) + (\beta + \gamma) - \beta$
6	-	-	-	-	-	return $(\alpha + \beta + \gamma)$

Tab. 5: Beispiel zum symbolischen Programmtest

---

[14] In der Praxis hat sich die nahezu ausschließliche Verwendung der englischen Bezeichnungen Review und Audit durchgesetzt.

Damit ist die Übereinstimmung mit dem geforderten Ergebnis als symbolischen Ausdruck gegeben und die Korrektheit in diesem Sinne gezeigt. Zur Demonstration dieser Testmethode haben wir hier den einfachsten Fall einer Anweisungssequenz gewählt. Bei Verzweigungen sind entsprechende Fallunterscheidungen vorzunehmen.

Zum Abschluss der statischen Testmethoden behandeln wir kurz die **Programm-verifikation** *(program verification)*. Im Gegensatz zum nachfolgend behandelten dynamischen Programmtest schließt diese Methode einen so genannten Korrektheits-beweis *(proof of correction)* ein. Generell gilt nach [Pfleeger 98], S. 298, die folgende Aussage: *„Whereas a proof tells us how a program will work in a hypothetical environment described by the design and requirements, testing gives us information about how a program works in its actual operating environment.“*

Die Programmverifikation betrachtet eine Programmanweisung in der in Abbildung 35 beschriebenen Weise.

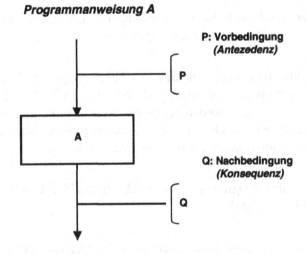

Abb. 35: Vor- und Nachbedingung bei einer Programmanweisung

Die Vor- und Nachbedingungen werden auch als Zusicherungen *(assertions)* bezeichnet. Die Art dieser **Assertions** ist vom Paradigma abhängig. Wir wollen uns in unserem Beispiel auf ein imperatives Paradigma beziehen, das auf der Strukturierten Programmierung (SP) beruht. Für die Grundstrukturen der SP lauten die Zusiche-rungsangaben (mit A_i als Anweisungen und B als logischen Ausdruck) dann:

- **Sequenz:**
  $\{P_0\}\, A_1;\, \{P_1\}\, A_2\, \{P_2\};\, ...;\, A_n\, \{Q\}$ mit $Q = P_0 \wedge P_1 \wedge ... \wedge P_n$,

- **Selektion:**
  $\{P_0\}$ **case** I **of** $A_1;\, A_2;\, ...;\, A_n\, \{Q\}$ mit $Q = P_0 \wedge P_I$

und speziell

$\{P_0\}$ **if** B **then** A_1 $\{P_1\}$ **else** A_2 $\{P_2\}$
    mit $Q = (P_0 \wedge B \wedge P_1) \vee (P_0 \wedge \neg B \wedge P_2)$,

- **Iteration:**
    $\{P_0\}$ **while** B; A_1 $\{Q\}$ mit $Q = P_0 \wedge \neg B \wedge P_1$,

    sowie
    $\{P_0\}$ **until** B; A_1 $\{Q\}$ mit $Q = P_0 \wedge B \wedge P_1$.

Die Korrektheit eines Quellprogramms wird bei der Programmverifikation wie folgt gezeigt:

1. Im Quellprogramm wird nach jeder Anweisung die unmittelbar nach dieser Anweisung geltende Nachbedingung eingetragen.

2. Innerhalb eines Zyklus unterteilen sich diese Nachbedingungen in Varianten und Invarianten. Diese Unterteilung ist wichtig, da nur sich im Zyklus verändernde Größen (Varianten) für die Beendigung dieser Strukturform die Grundlagen bilden können. Neben den Berechnungs- und Verarbeitungsinhalten müssen wir beim Zyklus natürlich auch dessen Terminierung beweisen.

3. Es wird der durch das Programm zu leistende *Zielausdruck* in der obigen, aussagenlogischen Form postuliert.

4. Im Programm werden die Assertions schrittweise interpretiert und in der oben beschriebenen Form logisch verknüpft. Zyklen erfordern zumeist eine induktive Beweisführung.

5. Das Interpretationsergebnis wird mit dem Postulat verglichen und somit die formale Korrektheit bewiesen bzw. *verifiziert*.

Vorausgesetzt wird dabei natürlich, dass wir bei der Verifikation keinen Fehler begangen haben (siehe hierzu auch [Francez 92], der die Programmverifikation auch für andere Paradigmen beschreibt).

Wir wollen im Folgenden ein einfaches Beispiel einer Programmverifikation angeben. Dabei beziehen wir uns auf den Pseudocode. Der dem Programm zugrunde liegende Algorithmus laute:

> *Zähle alle Anweisungen in einem Quellprogramm, die eine Bedingung bzw. bedingte Verzweigung enthalten.*

Wir nehmen an, dass im analysierten Quelltext nur eine bedingte Verzweigung pro Quelltextzeile auftreten kann und erhalten den folgenden Pseudocode und die dazugehörigen Assertions.

Programmbeschreibung	Assertions[15]
MODUL	
Anzahl := 0	$Anzahl_j=0, j=1$
Zeilennr := 0	$Zeilennr_i=0, i=1$
repeat until (Zeilennr = n)	$Zeilennr_i=n$?
nächste Zeile einlesen	$Zeile_i$ *definiert*
if (in Zeile 'if', 'while','case',	*Verzweigungsan-*
'for', 'until', oder 'repeat'	*weisung in Zeile*
vorhanden)	*(genannt „Bedg") ?*
then Anzahl := Anzahl + 1	$Anzahl_{j+1}=Anzahl_j+1$
fi	

$$\textit{Invariante:} \quad Anzahl_{j+1}=Anzahl_j+ \begin{cases} 1, \text{ wenn Bedg} \\ \\ 0 \text{ sonst} \end{cases}$$

Zeilennr := Zeilennr + 1	

$$\textit{Variante: } Zeilennr_{i+1} = Zeilennr_i + 1$$
$$\textit{mit } 1 \leq i \leq n$$

end repeat	
Anzahl ausgeben	$Anzahl_j$ *drucken*
MODULENDE	

---

[15] Man beachte, dass bei den Assertions eine mathematische Schreibweise (mit indizierten Größen) vorzunehmen ist, im Gegensatz zum Programm, bei denen die Größen Speicherbereiche identifizieren.

Wir definieren zunächst den Zielausdruck, der durch den obigen Algorithmus realisiert werden soll.

$$Anzahl = \underset{i}{Anz}(\ Bedg\ in\ Zeile_i\ ),\ \ 1 \leq i \leq n\ .$$

Jetzt wollen wir zeigen (beweisen), dass das obige, im Pseudocode dargestellte Programm genau diese Berechnung realisiert. Das Programm selbst besteht aus einer Sequenz von drei Anweisungsteilen (Anfangswertfestlegung, den Berechnungszyklus und der Ausgabe). Wir führen den Beweis deshalb auch in drei Schritten.

1. Nach den ersten beiden Anweisungen „Anzahl:=0" und „Zeilennr:=0" gilt offensichtlich[16] $Anzahl_1=0$ und $Zeilennr_1=0$.

2. Beim Zyklus müssen wir die Beweistechnik der vollständigen Induktion verwenden. Wir zeigen dabei zum einen das Berechnungsergebnis und zum anderen die ordentliche Terminierung für den Zyklus.

    a) die Anzahlberechnung:
- erster Zyklusdurchlauf:
  wenn „Bedg" in $Zeile_1$, dann $Anzahl_j = 0 + 1 = 1$,
  wenn „Bedg" nicht in $Zeile_1$, dann $Anzahl_j$ unverändert (= 0),
- Induktionsannahme:

$$Anzahl_{j+1}=Anzahl_j+ \begin{cases} 1\ wenn\ Bedg \\ \\ 0\ sonst \end{cases} \text{bis } Zeile_i \text{ für } 1 \leq i \leq \text{n-1,}$$

- Induktionsbehauptung:

$$Anzahl_{j+2}=Anzahl_{j+1}+ \begin{cases} 1\ wenn\ Bedg \\ \\ 0\ sonst \end{cases} \text{bis } Zeile_{i+1} \text{ für } 1 \leq i \leq \text{n-1,}$$

- Induktionsbeweis:
  die Interpretation eines Zyklusdurchlaufes ergibt:
      wenn „Bedg" in $Zeile_{i+1}$, dann $Anzahl_{j+2}=Anzahl_{j+1}+ 1$,
      sonst $Anzahl_{j+2}=Anzahl_{j+1} + 0$.

q.e.d.

    b) die Terminierung:
    Dabei ist zu zeigen, dass $Zeilennr_i = n$ erfüllt werden kann.
- erster Zyklusdurchlauf:
  das Einlesen der ersten Zeile beginnt mit $Zeilennr_1=0$ und schließt mit dem Inkrementieren für $Zeilennr_1$ ab (also es ergibt sich $Zeilennr_2=1$),

---

[16] Bei der Programmverifikation unterstellen wir natürlich der jeweils verwendeten Programmiersprache eine spezielle Interpretation.

- Induktionsannahme:

  nach *n-1* eingelesenen Zeilen gilt Zeilennr$_n$ = n-1,
- Induktionsbehauptung:

  nach dem Einlesen einer weiteren, der letzten Zeile hat

  Zeilennr$_{n+1}$ den Wert *n,*
- Induktionsbeweis:

  der Durchlauf durch den Zyklus *inkrementiert* den Zeilen-

  index *n-1* und ergibt somit (n-1) + 1 = n.

  q.e.d.

3. Der dritte Teil der Programmsequenz besteht aus der Ausgabe. Hierbei wird keine Wertveränderung vorgenommen. Daher ist der durch den Zyklus bestimmte Ausdruck auch das Endergebnis.

Wir konstatieren die Gleichheit

$$Anzahl = \underset{i}{Anz}(\ Bedg\ in\ Zeile_i\ ) \equiv Anzahl_{j+1} = Anzahl_j + \begin{cases} 1\ wenn\ Bedg \\ \\ 0\ sonst \end{cases}, \ 1 \leq j \leq n$$

q.e.d.

Wir sprechen hierbei von dem Beweis der **formalen Korrektheit** eines Programms, da die reale Programmabarbeitung beispielsweise folgende Probleme bzw. Fehler impliziert:

- Die Berechnungen ergeben aufgrund der Zahlenkonvertierungen (vom Dezimalen ins Duale und umgekehrt) Rundungsfehler. Dieser Effekt tritt insbesondere bei der gleichzeitigen Verarbeitung ganzzahliger und reeller Zahlen auf. Außerdem muss man beachten, dass ganze Zahlen nur in einem speziellen Intervall und reelle Zahlen nur näherungsweise dargestellt werden können.
- Der Zeichenkettenvergleich kann beispielsweise Groß- und Kleinschreibung ungenügend beachten oder unzureichend ignorieren.
- Die Ausgabeanweisung enthält falsche Formatangaben, die das Ergebnis in unzulässiger Weise abschneiden, runden oder konvertieren.
- Das in einem vorliegenden Quelltext verifizierte Programm hat nach der Transformation durch einen Optimierungs-Compiler nicht mehr diese ursprüngliche Form.

Dennoch erreichen wir durch die Programmverifikation eine wesentliche Verbesserung der Funktionalität und schränken damit Fehler in der so genannten *Programmlogik* ein.

Eine Umkehrung der Idee der Programmverifikation ist die so genannte ***Programm-synthese*** *(program construction)*, die die Zielbedingung vorgibt und nach der (schwächsten) Vorbedingung *(weakest Precondition (wP))* fragt, für die dann die jeweils notwendigen Anweisungen zu bestimmen sind. Es ist also zu bestimmen

$$P_0 \equiv wP\,(A,Q)$$

im Gegensatz zum oben behandelten Verifikationsproblem $\{P_0\}\,A\,\{Q\}$.

Im Sinne einer ***konstruktiven Programmierung*** werden dann die Anweisungen ermittelt, die aus der schwächsten Vorbedingung den Zielausdruck als *Transformationsanweisungen* erzeugen.

Wir wollen uns nun den ***dynamischen Testmethoden*** zuwenden und uns die Problematik beim Test an einem Beispiel aus der Literatur noch einmal verdeutlichen (siehe auch [Beizer 95], [Royer 93] oder auch [Liggesmeyer 02]).

Wir nehmen an, dass der in Abbildung 36 dargestellte Programmausschnitt einem sinnvollen Algorithmus entsprechen soll und A bis G für irgendwelche Anweisungen oder Abfragen stehen.

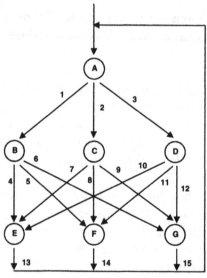

Abb. 36: Beispiel eines Programmflussgraphen

Um alle Programmpfade dieses Flussgraphens wenigstens einmal zu durchlaufen, müssten 9 Pfade (und zwar 1-4-13, 1-5-14, 1-6-15, 2-7-13, ..., 3-12-15) getestet werden. Bei der gegebenen zyklischen Form besteht aber auch eine Folgesemantik, d. h. es kann unterschiedliche Resultate ergeben, ob zum Beispiel erst 1-4-13 und dann 1-5-

14 durchlaufen wird, oder ob vor dem 1-5-14 beispielsweise 2-9-15 zur Anwendung kam. Diesen Zusammenhang ebenfalls zu berücksichtigen würde hierbei bedeuten, 9^{15} Testläufe durchzuführen. Das sind rund 206 Billionen, was bei einer Rechengeschwindigkeit von einer Millisekunde pro Testdurchlauf immer noch ca. 6000 Jahre Testzeit ergeben würde. Es sind also Verfahren anzuwenden, die die Testfälle sinnvoll eingrenzen.

Eine ähnliche, nicht mehr überschaubare Menge von Testdaten erhält man, wenn man berücksichtigt, dass für alle Eingabegrößen eigentlich der gesamte durch den jeweiligen Computer darstellbare Zahlenbereich zu testen ist. Also beispielsweise für Variablen vom „long-Typ" von –2.147.483.648 bis 2.147.483.647, d. h. über 4 Milliarden Zahlenwerte.

Das dynamische Testen bezieht das Programm in seiner ausführbaren Form mit ein. Die hier gebräuchlichen Methoden und Prinzipien werden i. a. auch als *Systematisches Testen* bezeichnet.

Wir wollen uns zunächst dem Funktionstest oder ***Black-Box-Test*** *(closed-box testing)* zuwenden. Dabei wird das Programm als geschlossene Einheit betrachtet, welches Ausgabewerte aufgrund spezieller, vorgegebener Eingabewerte liefert.

Die ***Testdaten*** *(test data)* werden aus der Spezifikation bzw. dem Entwurf abgeleitet. Für die Auswahl dieser Testdaten gelten zum einen ganz allgemeine Prinzipien, wie zum Beispiel die Orientierung auf:

- *Normalwerte:* das sind Werte, die der Anwendung der Funktionalitäten eines Software-Produktes in der „üblichen" Weise entsprechen,

- *Extremwerte:* diese Werte sind ebenfalls zulässig, allerdings im Sinne der gewählten Programmierung in der Hinsicht „extrem", als das sie spezielle Grenzwerte bei Abfragen, Maximalwerte für zu speichernde Variablen oder auch sehr kleine oder sehr große Berechnungsdaten darstellen,

- *Falschwerte:* hierbei handelt es sich um explizit vorgegebene Werte, die im Sinne der Implementation falsch sind, wie zum Beispiel Buchstaben bei einer Zahleneingabe oder Zeichenfolgen, die nicht einer vorgeschriebenen Maske entsprechen.

Ein anderes Prinzip ergibt sich aus der Tatsache, dass ein Programm nicht für alle möglichen Werte einer Eingabegröße getestet werden können. Daher wird der Wertebereich einer Eingabegröße in Teilintervalle unterteilt, die eine gleichwertige Eigenschaft (z. B. ein Falschwert zu sein) besitzen - also in diesem Sinne *äquivalent* sind. Derartige Teilbereiche werden ***Äquivalenzklassen*** genannt. Beispiele derartiger Äquivalenzklassen sind:

Wertebereich	1. Teilbereich (Klasse gültiger Werte)	2. Teilbereich (Klasse ungültiger Werte)
ganze Zahlen a...n	$a \leq Wert \leq n$	$Wert < a$ oder $Wert > n$
Buchstabenfolge	aBcDeF	A123B

Tab. 6: Beispiele für Äquivalenzklassen zu ausgewählten Testdaten

Wir wollen diese Äquivalenzklassenbildung an einem einfachen Beispiel erläutern. Wir wählen dazu die folgende Problemstellung, für die wir auf Seite 63 bereits ein Struktogramm angegeben haben:

Auszugeben ist die Summe derjenigen von N einzulesenden Zahlen, die zwischen den vorzugebenden Werten L und R liegen.

Durch dieses Beispiel soll gezeigt werden, wie aus dieser Problemstellung, zunächst ohne weitere Analyse, die einzelnen Testfälle abgeleitet werden können. Die folgende Tabelle 7 beschreibt diese Testfälle im Einzelnen[17].

Algorithmus	Funktion	Testfall
"Auszugeben ist die Summe ..."	Summenausgabe	(T1) Wertausgabe
"...N einzulesenden Zahlen..."	Zahleneingabezyklus	(T2) Eingabe einer Zahl (T3) Eingabe von genau N Zahlen
"...vorzugebenden Werten L und R"	L,R-Eingabe	(T4) Werteingabe (T5) Eingabefolge
"...Summe .. von.. N Zahlen ..."	Summenbildung	(T6) Anfangswert (T7) Kumulation
"...derjenigen..Zahlen die zwischen .. L und R liegen"	Gültigkeitstest	(T8) Intervalltest (T9) Kombination mit (T7)

Tab. 7: Beispiele für Äquivalenzklassen beim Test

Auf dieser Basis erfolgt die Testdatenauswahl zu den jeweiligen *Testfällen* *(test cases)*:

---

[17] Die Testfälle sind hierbei sehr einfacher Art, da auch die Problembeschreibung sehr einfach gehalten ist. So fehlen z. B. Angaben zur Zahlenart, der Ausgabeform oder möglicher bzw. notwendiger Fehlerbehandlungsmaßnahmen.

T1: Als Testdatenwert ist hierbei nur (irgend-) eine Zahl für die Summe auszuwählen.

T2: Hierbei sind die Äquivalenzklassen „gültiger Zahlenwert" und „ungültiger Wert" (z. B. Buchstabe) zugrunde zu legen.

T3: Die Testdaten ergeben sich aus den Äquivalenzklassen gemäß der gewählten Implementationsform (z. B. „Zählzyklus" mit Anzahlvorgabe) als „keine Zahl", „genau eine Zahl", „genau N Zahlen" und „mehr als N Zahlen".

T4: Die Algorithmenbeschreibung impliziert, dass die Werteart bzw. der Wertetyp für L und R mit dem der N Zahlen identisch sind. Daher ergeben sich auch hierbei Testdaten aus der Äquivalenzklasse der „gültigen Zahlenwerte" und der „ungültigen Werte".

T5: Für L und R sind verschiedene Testdaten für den Test hinsichtlich korrekter Eingabefolge auszuwählen.

T6: Der korrekte Anfangswert für die Summenbildung wird durch Testdaten aus den beiden Äquivalenzklassen „keine Zahl innerhalb L...R" und „(mindestens) eine Zahl innerhalb L...R" überprüft.

T7: Hierbei gelten die Äquivalenzklassen für die Testdaten als „höchstens eine Zahl 'gültig'" und „mehr als eine Zahl 'gültig'".

T8,T9: Diese Testfälle überdecken sich inhaltlich mit T6 und T7. Die dort gewählten Testdaten überprüfen auch diese beiden Testfälle.

Auf dieser Grundlage kann dann der Test des Quellprogramms zur oben genannten Problembeschreibung erfolgen.

Auch wenn der Black-Box-Test erfolgreich abgeschlossen ist kann bei einer entsprechenden Programmgröße das oben zitierte „sichere Gefühl" nicht so recht aufkommen, denn wir wissen, dass wir nur einen Bruchteil aller möglichen Testfälle realisieren konnten. Daher wollen wir das Programm einmal „aufbrechen" und die Wirkung unserer bisherigen Tests im „Innern" des Programms näher anschauen bzw. überlegen, wie wir die Tests mit vertretbarem Aufwand sinnvoll erweitern können. Eine derartige Testform wird als ***White-Box-Test*** *(open-box testing* oder *glass-box test)* bezeichnet.

Die Testdaten ergeben sich aus dem Quellprogramm bzw. seiner abstrakten Form als ***Programmflussgraph*** *(control flow diagram).* Ein Programmflussgraph abstrahiert von den konkreten Anweisungen und stellt diese als einfache Knoten dar. Die Anweisungen sind nun gemäß dem Bearbeitungsverlauf (Steuerfluss) durch gerichtete Kanten miteinander verbunden. Im Allgemeinen definieren wir bei derartigen Graphen jeweils einen Knoten für den Programmstart und einen Knoten für das Programmende.

Für das obige Beispiel, dessen Struktogramm auf Seite 63 zu finden ist, hat der Programmflussgraph die in Abbildung 37 gezeigte Form.

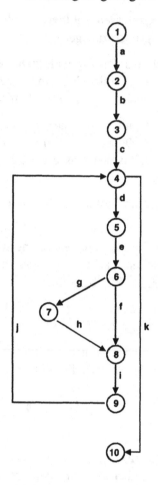

Abb. 37: Programmflussgraph zum Testbeispiel

Bei der Abarbeitung eines Programms mittels Testdaten werden verschiedene Programmpfade durchlaufen, also durch die jeweiligen Testdaten *abgedeckt*.

Ein Testkriterium für diesen Flussgraphen könnte also beispielsweise sein, ob wir durch den Black-Box-Test bereits alle Zweige zumindest einmal durchlaufen haben. Der Sinn einer derartigen Forderung hängt natürlich vom Anwendungsprofil ab. Allerdings erklärt eine unvollständige Abdeckung bei der Testung auch, warum oft nach Jahren scheinbar plötzlich bestimmte Fehler auftreten; denn ein Programm „verschleißt" nicht und wird nicht mit der Zeit immer fehlerhafter. Auch die erst später auftretenden Fehler sind von vornherein programmiert und implementiert.

Für den Durchlauf durch die verschiedenen Programmpfade – auch in kombinierter Form – gibt es im Zusammenhang mit dem speziellen Inhalt der Anweisung (z. B. Zuweisung oder Abfrage) verschiedene *Testabdeckungsmaße (coverage metrics)*. Wir wollen hier ein einfaches *C-Maß* kennen lernen, welches wie folgt definiert ist:

C_0 – die Abdeckung aller Anweisungen eines Programms bzw. aller Knoten in unserem Programmflussgraphen,

C_1 – die Abdeckung aller Kanten im Programmflussgraphen,

C_2 – die zweimalige Abdeckung von Knoten und/oder Kanten im Programmflussgraphen,

. . .

C_n – die n-malige Abdeckung von Knoten und/oder Kanten im Programmflussgraphen.

Die Abbildung 38 zeigt eine mögliche Visualisierung dieses Abdeckungsmaßes in den unterschiedlichen Ausprägungen.

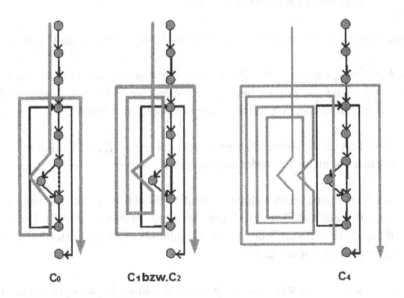

C_0 C_1 bzw. C_2 C_4

Abb. 38: Beispiele verschiedener C-Abdeckungsformen im Programmflussgraphen

Bei der C_0-Abdeckung erkennen wir an der gestrichelten Linie, dass nicht alle Kanten durch diese Testform abgedeckt sind. Die C_1-Abdeckung behebt diesen Mangel, impliziert aber gleichzeitig ein zweimaliges Durchlaufen des Zyklus und ergibt somit auch eine C_2-Abdeckung. Die C_4-Abdeckung im obigen Bild zeigt auch die sinnvolle Kombination von Testdurchläufen.

Eine C_2-Abdeckung oder gar C_n-Abdeckung für einen (Verzweigungs-) Knoten kann sich besonders dann als sinnvoll erweisen, wenn die Verzweigungsbedingung aus mehreren Abfragen besteht und schließlich die Korrektheit jeder Abfrage zu überprüfen ist. Wir empfehlen es dem Leser, sich die konkreten Testdaten zu überlegen, die zur jeweiligen in Abbildung 38 gezeigten Testabdeckung führen.

Die bisher genannten Testcharakteristika beziehen sich auf den Steuerfluss *(control flow)* in einem Programm. Eine andere Art bezieht sich auf den Datenfluss *(data flow)*. Dazu dienen die folgenden beiden Definitionen.

def(x):   Eine Variable x wird definiert, wenn ihr ein Wert zugewiesen wird (z. B. durch eine Ergibtanweisung oder eine Eingabeanweisung).

use(x):   Eine Variable x wird verwendet, wenn ihr Wert interpretiert wird (z. B. in einer logischen Abfrage *(p-use(x))* oder für eine Berechnung *(c-use(x)))*, ohne selbst verändert zu werden.

Auf dieser Grundlage lassen sich beispielsweise die folgenden Tests realisieren:

- Die Überprüfung aller Definitions-Verwendungs-Pfade (als *definition-use-paths*, kurz *du-paths*) hinsichtlich möglicher Nebeneinflüsse. Insbesondere werden dabei fehlende initiale Wertzuweisungen erkannt.

- Der Test aller Anwendungen (uses) zu einer Datendefinition (def). Dabei können vor allem Typverletzungen erkannt werden.

- Die Verfolgung ausgewählter Datendefinitionen über den gesamten Programm-verlauf (einschließlich „uses" und möglicher erneuter „def's"). Dabei wird zum Beispiel die ausschließlich zur Resultatsberechnung erforderlichen Größen einer Prüfung unterzogen.

- Die Überprüfung so genannter Benutzungslängen *(branches)* von der Definition bis zur Benutzung einer Größe im Programm. Der Nachweis besonders langer Abstände zwischen Definition und Verwendung einer Größe kann auf Probleme bei der Programmänderung hinweisen.

Eine Testmethode, die sich sowohl auf den Steuerfluss als auch auf den Datenfluss bezieht, ist das so genannte **Program Slicing**. Dabei wird ein Programm nach einem bestimmten Teilaspekt bzw. Ausschnittskriterium *(slice)* untersucht. Abbildung 39 zeigt eine derartige Form für unser bereits zitiertes Beispiel mit dem Testkriterium „Zyklusterminierung korrekt?". Dabei werden beim Programmtest nur die für dieses Kriterium relevanten Größen (*Zähler* und *N*) interpretiert.

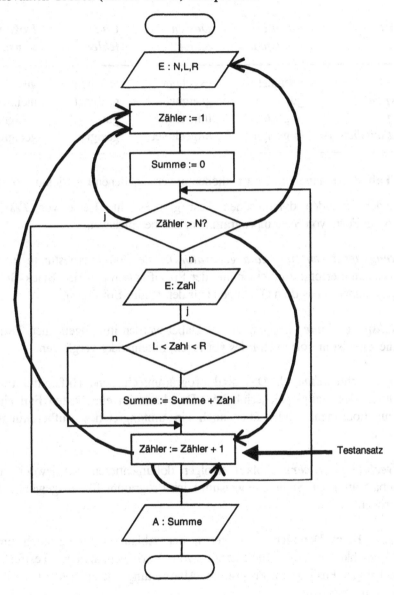

Abb. 39: Beispiel eines Ansatzes für das Program Slicing

Auf weitere Testformen und -methoden gehen wir bei der Behandlung ausgewählter Software-Systeme und Technologien ein.

Zum Abschluss geben wir zusammenfassend eine Klassifikation nach Jones (aus [Pfleeger 98], S. 303] zur Eignung der einzelnen Testmethoden in den bisher betrachteten Phasen bzw. Aktivitäten an.

Testart	Anforderungsfehler	Designfehler	Codefehler	Dokumentationsfehler
Reviews	geeignet	exzellent	exzellent	gut
Prototypen	gut	geeignet	geeignet	nicht anwendbar
Testung	ungeeignet	ungeeignet	gut	geeignet
Korrektheitsbeweise	ungeeignet	ungeeignet	geeignet	geeignet

Tab. 8: Eignung von Testmethoden in verschiedenen Entwicklungsphasen

Insbesondere für den dynamischen Test gibt es eine Reihe von *Testhilfen (test supports)* in Form von Systemprogrammen, wie beispielsweise:

Testdatengeneratoren (test data generators): Die Computergestützte Erzeugung der Testdaten erfolgt zum einen aus der Spezifikation (für den Black-Box-Test) und zum anderen aus dem Quellcode (für den White-Box-Test).

Vergleichsprogramme (Comparators): Dabei werden im Allgemeinen Testergebnisse, die zumeist in Form von Files vorliegen, miteinander verglichen.

Speicherauszüge (dumps): Das sind programmtechnische Hilfsmittel für den Ausdruck des Hauptspeicherinhaltes. Das kann im einfachsten Fall eine einfache Funktionsangabe oder aber auch ein umfangreiches Aufbereitungsprogramm sein.

Ablaufverfolger (tracer): Ablaufverfolger dokumentieren den jeweiligen Speicherinhalt an jeder Stelle (Anweisung) im Programm für ausgewählte Programmgrößen.

Debugger: Beim Debugger sind neben der Ablaufverfolgung auch umfangreiche Möglichkeiten zur Modifikation von Variableninhalten, Testfortsetzung an beliebiger Position im Programm, Abarbeitung mit und ohne Protokollierung u. v. a. m. gegeben.

Benchmarks: Das sind Programme, die die Testdatenerzeugung bzw. deren Vorgabe und den Test in sich vereinen. Besonders geeignet sind derartige Testhilfsmittel für eine sehr umfangreiche Testmenge (z. B. beim Passworttest) oder in Form so genannter *Stresstests*.

Testanalysatoren (profiler): Derartige Tools dienen der Testauswertung und geben spezielle Übersichten, wie zum Beispiel Testabdeckungsgrade oder Ausnahmebehandlungsursachen, an.

Regressionstester: Diese Tools unterstützen den Programmtest in der Weise, dass stets ein Vergleich zu den vorherigen Tests möglich ist. Damit werden vor allem die bei Fehlerkorrekturen entstehenden so genannten Folgefehler erkannt.

Einfache Testhilfen können auch ohne Tool-Unterstützung eingesetzt werden. Mittels *Testanweisungen (test prints),* die an bestimmten, selbst festgelegten Stellen im Programm eingeführt werden, ist eine selbst gestaltete Protokollierung von Programmzustandsinformationen während der Abarbeitung möglich.

Das folgende Beispiel zeigt eine einfache Anwendung dieser Technik für unser bereits häufig zitiertes Programm der bedingten Wertesummierung.

```
MODUL
        Eingabe: N,L,R
test: Ausgabe: N,L,R - - - - - - - - - - - - Testanweisung
        Zähler := 1
        Summe := 0
test: Ausgabe: Zähler, Summe - - - - - - - Testanweisung
        repeat until i = N
                Eingabe: Zahl
test: Ausgabe: Zahl - - - - - - - - - - - - Testanweisung
                if L < Zahl < R
                        Summe := Summe + Zahl
                fi
                Zähler := Zähler + 1
test: Ausgabe: Zähler, Summe - - - - - - - Testanweisung
        end repeat
        Ausgabe: Summe
MODULENDE
```

Damit haben wir wesentliche Grundlagen für den Test der Programme bzw. der „Einheiten" oder Komponenten der Architektur unseres Software-Systems behandelt.

Die nächste Phase ist nun die der *Integration* *(integration)* aller dieser getesteten Komponenten zu einem System. Aufgrund der vielfältigen Aspekte dieser Phase wollen wir die folgende Definition zugrunde legen.

> *Die **Software-Integration** (software integration) ist die daten-, steuer- und Prozessbezogene Zusammenstellung der akquirierten und selbst erstellten Software-Komponenten auf der Grundlage der Einbettung, der Aufteilung und der Komposition.*

Für eine erfolgreiche Software-Integration sind folgende Voraussetzungen zu erfüllen bzw. hinsichtlich ihrer Gewährleistung zu überprüfen:

- Sind die Programmierkonventionen für alle Komponenten eingehalten worden?

- Sind die operativen Abstimmungen, wie beispielsweise eine notwendige Datenstrukturänderung, während der Entwicklung für alle betreffenden Komponenten klar und eindeutig umgesetzt worden?

- Sind die vereinbarten Richtlinien bei den durch Outsourcing realisierten Komponenten vollständig umgesetzt?

- Entsprechen die Funktionalität und Qualität der akquirierten Komponenten den Vorgaben?

Auf jeden Fall ist auch für die Integration der Komponenten ein Test erforderlich. Dieser Test ist eine Kombination des Gesamtfunktionstests (Black-Box-Test) mit der Absicherung der Testung aller Komponenten (White-Box-Test). Deshalb bezeichnet man diesen Test auch als *Gray-Box-Test*. Zur Erläuterung der dabei zur Anwendung kommenden speziellen Techniken geben wir uns die in Abbildung 40 dargestellte Systemarchitektur vor.

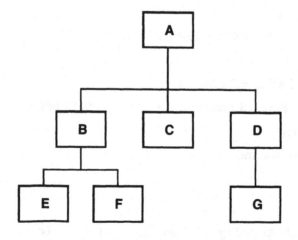

Abb. 40: Architekturbeispiel für eine Komponentenhierarchie

Dann besteht die Möglichkeit, mit der Spitze der Hierarchie *(top-down testing)* oder mit den Blättern der Hierarchie *(bottom-up testing)* zu beginnen. Abbildung 41 verdeutlicht die Vorgehensweise beim Top-down-Test.

Abb. 41: Vorgehensweise beim Top-down-Test

Diese Testart erfordert eine Simulation von zunächst die noch nicht getesteten Teilkomponenten, d. h. ihre Aufrufe werden durch entsprechende Ergebnisdefinitionen im übergeordneten Programm ersetzt.

Eine nicht zu empfehlende Testform ist der so genannte *Big-bang-Test.* Abbildung 42 verdeutlicht diese Testform.

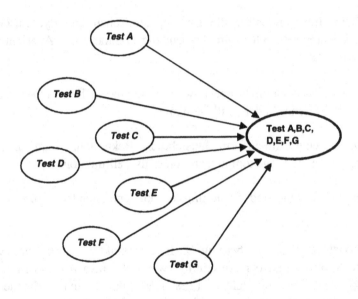

Abb. 42: Beispiel eines Big-bang-Tests

Das dabei mögliche Potenzial an Testproblemen ist offensichtlich. Es erscheint auf jeden Fall sinnvoller zu sein, von einzelnen Komponenten aus bestimmte Bereiche *(cluster)* von Komponenten bei einem Test zu berücksichtigen. Damit geht man von immer größeren Teilbereichen schrittweise zum Test des Gesamtsystems über. Eine derartige Testform ist der so genannte *Sandwich-Integrationstest.* Die Abbildung 43 gibt dafür ein Beispiel zur oben angegebenen Komponentenhierarchie an.

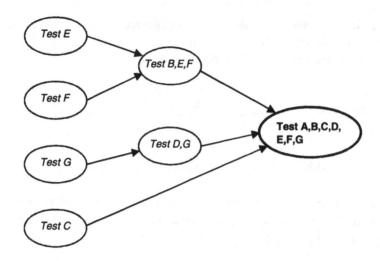

Abb. 43: Beispiel eines Sandwich-Integrationstests

Im Prinzip können beim Integrationstest die gleichen statischen und dynamischen Testtechniken wie beim Komponententest zur Anwendung kommen. Die Ausrichtung des Programmflusses kann dabei sein:

- *Datenbezogen*: eine Parameterübergabe bzw. -übernahme in Form eines „call-by-value", „call-by-reference" oder „call-by-name",

- *Steuerungsbezogen*: eine Aufrufform hinsichtlich Rekursion, Sequenz (als Steuerungsübergabe an die Folgekomponente) oder als Teilfunktion,

- *Prozessbezogen*: ein Daten- und Steuerungsaspekte enthaltender Prozessfluss *(Workflow).*

Während die Integrationsformen der Einbettung (z. B. die Funktionserweiterung von EXCEL durch weitere Makros) und der Aufteilung (wie z. B. Java-Applets in einer verteilten Anwendung) über eine unmittelbare (Test-) Verbindung mit vorhandenen Komponenten verfügen, bildet bei der Komposition eine einfache Aufrufstruktur der Komponenten die Testgrundlage. Das Modell derartiger Strukturen sind so genannte *Call-Graphen.* Abbildung 44 zeigt ein Beispiel für einen Call-Graphen.

Die konkreten Testaspekte werden hierbei durch die bereits beim Entwurf beschriebenen Formen der Kopplung und Bindung dieser Komponenten geprägt.

Mit dem Abschluss des Integrationstests liegt das Software-System in seiner entwickelten Produktform vor. Es muss jetzt für den Einsatz in einem konkreten Anwendungsbereich vorbereitet werden.

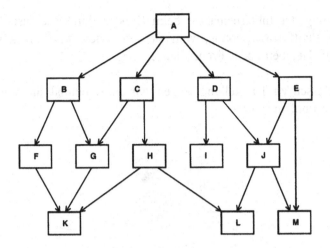

Abb. 44: Beispiel eines Call-Graphen

Die letzte Phase der Implementation ist daher die **Installation** *(installation)*. Diese umfasst die wesentlichen, folgenden Teilaufgaben:

- Die Zusammenstellung aller für die Installation beim Auftraggeber notwendigen Komponenten und deren gepackte Speicherung auf einem maschinellen Datenträger (CD-ROM, Cartridge, DVD usw.).

- Die Erarbeitung des beim Auftraggeber bzw. Nutzer zu verwendenden Installationsprogramms *(setup)*. Ein derartiges **Setup-Programm** muss folgende Installationsaufgaben erfüllen:
  - die Auswahlmöglichkeit für die Konfiguration mit einem Standardangebot,
  - die Lokalisierung auf dem Zielrechner mittels initialer oder selbst wählbarer Verzeichnisangaben,
  - das Entpacken der im Allgemeinen kompakten Speicherungsform der Produktkomponenten,
  - die Aufforderung zur (Internetbasierten) Registrierung dieser Anwendung, um insbesondere den Erwerb von Einzelplatz- und Netzversionen nach-träglich kontrollieren zu können,
  - den Aufbau einer Internetbasierten Hotline-Verbindung,
  - die Anwendungsmöglichkeit einer Produktdemonstration zum Abschluss der Installation.

- Die Einordnung der Produktart für den Kunden als:
  - *Update:* für geänderte Komponenten,
  - *Upgrade:* für verbesserte Komponenten,
  - *Release:* für eine freigegebene Produktänderung,
  - *Version:* für ein geändertes oder verbessertes Produkt.

- Die Vorbereitung der Inbetriebnahme beim Kunden durch die Installation der erforderlichen Plattformumgebung, vom Betriebssystem bis hin zu speziellen Servern für eine Netzbetriebene Produktanwendung.

In einer zusammenfassenden Darstellung zeigen wir noch einmal die wesentlichen Aspekte der Software-Implementation.

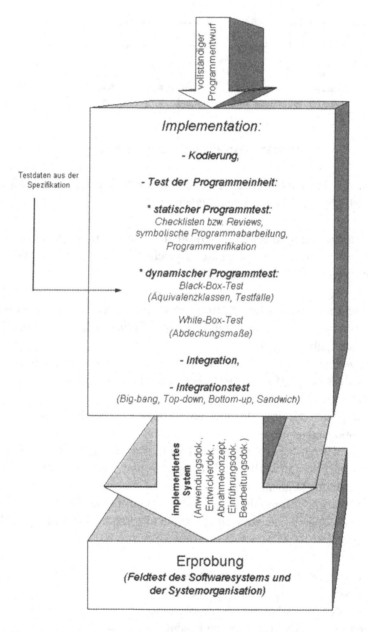

Abb. 45: Einordnung der Implementation in den Entwicklungsverlauf

Schließlich wird die Implementation mit dem Abschluss der entsprechenden Dokumentationen beendet. Das Implementationsergebnis lautet allgemein:

- die *Systemimplementation* mit
  - den implementierten Komponenten,
  - dem endgültigen Repository,
  - einem Fehlerkatalog,
  - einem Referenzbeispiel,
  - dem Installationsprogramm,

- eine *endgültige Anwendungsdokumentation,* die insbesondere um die Merkmale der Systemhandhabung ergänzt wurde,

- eine abschließenden Form der *Entwicklerdokumentation* mit den Bestandteilen:
  - der Programmdokumentation, die die Implementation begründet, die Lösung darstellt und die Struktur erläutert,
  - der Testdokumentation, die zum einen die Testergebnisse selbst dokumentiert und zum anderen eine Testdatenmenge für den Regressionstest bereitstellt,
  - der Änderungsdokumentation, die Hinweise für Ansatzpunkte einer Programmänderung und die dafür zu verwendenden Hilfsmittel beinhaltet,
  - der Spezifikations- bzw. Entwurfsdokumente und deren Lösungsvarianten,
  - der Beschreibung der Hilfsmittel, wie Analyse-Tools, Code-Bibliotheken oder Generatoren,
  - der Checklisten und Review-Dokumente,
  - der Leistungsanalysen und -bewertungsangaben zu den einzelnen Systemkomponenten,

- ein *endgültiges Abnahmekonzept,* welches neben den Festlegungen zur Eigenentwicklung auch Vorgaben für Nachgenutzte Software, Protokollierungsform und involviertes Abnahmepersonal macht,

- ein *ergänztes Einführungskonzept,* welches insbesondere um Havariemaßnahmen bei der Systeminstallation und -nutzung erweitert wurde,

- ein *Bearbeitungskonzept,* welches die erforderlichen Aktivitäten und Ressourcen zum Betrieb des Systems und seiner Wartung festlegt und im Allgemeinen ein Datenhaltungs- und -sicherheitskonzept bzw. Aussagen zur erforderlichen Personalstruktur beinhaltet.

Damit scheint die System-Entwicklung abgeschlossen zu sein. Auch wenn wir dafür gesorgt haben, dass zwischen den bisherigen Phasen die Entwicklungsergebnisse verifiziert wurden, so können wir noch nicht vollständig sicher sein, dass wir auch die Nutzeranforderungen vollständig umgesetzt haben, dass also auch die Validität gegeben ist. Daher gibt es nach der Implementation noch eine weitere, abschließende Phase der Software-Entwicklung – die *Erprobung.*

1.2.7 Die Erprobung

In dieser Phase soll das entwickelte Software-Produkt in einem ausgewählten Bereich unter realen Anwendungsbedingungen getestet bzw. erprobt werden. Daher wird diese Testform auch als *Feldtest (field test)* bezeichnet. Wir definieren die Erprobung wie folgt.

> Die *Erprobung eines Software-Systems* (software acceptance testing) ist der Nachweis seiner Validität auf der Grundlage von Akzeptanzkriterien in einem ausgewählten Anwendungsfeld.

Die Grundlage für diese Erprobung ist das bereits mehrfach erwähnte Abnahmekonzept. Daher wird die Erprobung auch Abnahme- oder Akzeptanztest genannt. Zum Abnahmekonzept gehören im Allgemeinen folgende Bestandteile (siehe auch [Ganser 96] und [Kaner 93]):

- Die *Akzeptanzkriterien,* die die Art, den Umfang und den Bereich für die Erprobung festlegen und die Bewertung der zu erzielenden Ergebnisse ermöglichen.

- Die *Erprobungsverlaufsbeschreibung,* die die einzelnen Installations- und Testschritte vorschreibt und dabei die notwendigen Umstellungen und Anpassungen beinhaltet.

- Die *Soft- und Hardware-Ressourcen,* die für die Erprobung zum Einsatz kommen. Dabei ist zu beachten, dass mit der Systemanwendung im Allgemeinen eine Umstellung bisheriger, ggf. bereits Computergestützter Lösungen vorzunehmen ist.

- Die *personellen Ressourcen,* die für die Einführung, Bearbeitung und Nutzung der Software einzusetzen sind.

- Die *Datenressourcen,* die eine Bearbeitung mit realen Daten in Form eines Datenerstbestandes ermöglichen.

- Die *akquirierte Software,* die als Standard- bzw. Anwendungssoftware zur Systemlösung als Ganzes gehört.

- Das *Änderungsbudget,* welches die finanziellen und sonstigen Mittel festlegt, die eine mögliche Anpassung nach der Erprobung erfordern. Dafür gibt es natürlich generelle vertragliche Regelungen. Allerdings kann auch eine spezielle Festlegung vorgenommen werden.

Bei der Erprobung entsteht in allen Phasen ihrer Realisierung eine so genannte *Mängelliste (trouble report)*. Darin enthalten sind aufgetretene Fehler und die Anforderungen, die nach Meinung des Auftraggebers nicht korrekt umgesetzt wurden. Gegebenenfalls kann diese Liste auch bereits die möglichen Änderungswünsche, die im Rahmen einer Systemerweiterung bei der Wartung zu berücksichtigen sind, enthalten.

Mit der Erprobung sind erstmals wieder der Auftraggeber als Abnahmetester und der Nutzer als Software-Anwender in die Entwicklung mit einbezogen.

Wir wollen an dieser Stelle auf eine weitere Klassifikation zu den Teststufen eines Software-Systems kurz eingehen. Die einzelnen Stufen lauten wie folgt:

- Der *Alphatest:* Hierbei wird das System in seiner Gesamtheit getestet. Diese Stufe entspricht dem Integrationstest *(system testing)* in der Implementationsphase.

- Der *Betatest:* Hierbei wird schließlich das System in der Praxis angewendet. Diese Teststufe entspricht daher der in diesem Abschnitt behandelten Erprobung.

Insbesondere der Betatest hat in den letzten Jahren seine firmenspezifische, interne Form verloren. Bei Marktdominierenden Software-Herstellern ist es fast zur Gewohnheit geworden, für den Betatest die Ressourcen aus der (weltweiten) Bevölkerung zu nutzen. Für die Möglichkeit, sich mit den Funktionalitäten neuester Software bereits vor ihrem Vertrieb vertraut zu machen, beteiligen sich Interessenten an dem ansonsten sehr kostspieligen Austesten neuer Systeme. Wir unterscheiden daher beim Betatest einen *In-house-Betatest* und einen *Outside-Betatest*. Allerdings fließen hierbei auch Aspekte des Gammatests mit ein, da diese Form des Betatests gleichzeitig auch eine Erprobung in einem, wenn auch sehr kleinen, aber dennoch praktischen Umfeld darstellt.

Wenn wir bereits bei der Erprobung neue Testbereiche erschließen, die im Zusammenhang mit bereits erprobten Systemkomponenten zu testen sind, sich spricht man von einem *Folgetest* bzw. *Regressionstest*.

Nach der Erprobung und der ggf. dadurch noch notwendigen Änderungen des Software-Systems wird das Software-Produkt an den Kunden ausgeliefert und dort *eingeführt*. Grundlage ist das Bearbeitungskonzept, welches alle Anforderungen für die mit der Einführung verbundene Umstellung beinhaltet. Dazu zählen beispielsweise auch alle organisatorischen bzw. personellen Maßnahmen bis hin zur Festlegung eines zeitweiligen Parallelbetriebs u. ä. m.

Das entwickelte Produkt befindet sich nun in der Anwendung. Für uns als Entwickler bedeutet dies, das Produkt in seiner Anwendung (beim Kunden) zu „verfolgen" und es stets zu ändern, zu erweitern oder zu korrigieren – also letztlich zu *warten*.

1.2.8 Die Wartung

Unter der Wartung eines Software-Produktes wird oft fälschlicherweise das ausschließliche „Nachbessern" von Fehlern in der vielleicht unter Termindruck entstandenen Software verstanden. Tatsächlich gibt es aber noch eine Reihe anderer Gründe, die Software ständig weiter zu entwickeln und zu verbessern. Dazu zählen beispielsweise

- die ständige Anpassung an neue oder erweiterte System-Software,
- die Anpassung an eine neue Version der im System integrierten Anwendersoftware,
- die Ersetzung einiger Programme durch leistungsfähigere Komponenten,
- die Verbesserung der Nutzeroberfläche durch eine flexiblere Menügestaltung,
- der nachträgliche Einbau von Fehlervermeidenden Maßnahmen,
- die Beseitigung von Abarbeitungsfehlern,
- die Änderung aufgrund neuer gesetzlicher Regelungen für den Anwendungsbereich,
- die Umstellung des Bearbeitungskonzeptes des Software-Systems aufgrund von firmenspezifischen Änderungen,
- die Erweiterung des Systems durch neue Funktionalitäten oder weiterer Nutzungsmöglichkeiten.

Bei der Spezifikation haben wir bereits auf die hohe Dynamik der Hard- und Software-Grundlagen hingewiesen, die einen kontinuierlichen Aufwand an Wartungsaktivitäten erfordert, um letztlich die Software „am Leben zu erhalten".

Wir definieren daher die Wartung in folgender Weise.

> *Die **Software-Wartung** (software maintenance) umfasst alle Aktivitäten der Erweiterung (extension), der Anpassung (adaptation), der Korrektur (correction), der Verbesserung (perfection) und der Vorbeugung (prevention) an einem Software-Produkt, um dessen fortgesetzte Anwendung über einen längeren Zeitraum zu gewährleisten.*

Bevor wir auf einige Wartungsaktivitäten etwas näher eingehen, wollen wir uns noch einiges zur praktischen Situation und den damit verbundenen Wartungsursachen und -problemen ansehen. Im Allgemeinen sind die Software-Entwicklungsabteilung und die -Wartungsabteilung getrennt. Folglich ist der *Wartungsingenieur* ausschließlich auf die Entwicklungsdokumentation angewiesen. Er kann sich nicht, wie möglicherweise der Entwickler, an Details bei der Systementwicklung erinnern. Damit wird die durch das System erreichte Komplexität ein wesentliches Qualitätsmerkmal für die Software-Wartung – als *Wartbarkeit (maintainability)*. Die Teilkriterien für die Wartbarkeit haben wir bereits genannt. Sie lauten gemäß dem ISO/IEC-9126-Standard für die Produktqualität:

- *Analysierbarkeit (analysability):* Dieses Merkmal bewertet die Eigenschaft des Software-Systems, schnell und einfach spezielle Teilkomponenten zu identifizieren bzw. separat bearbeiten (korrigieren oder ändern) zu können. Diese Eigenschaft fordert einerseits eine gute Dokumentiertheit und zum anderen eine leicht überschaubare Strukturierung der Produktarchitektur.

- *Änderbarkeit (changeability):* Der Aufwand und natürlich die damit verbundenen Kosten, um beispielsweise eine Komponente zu modifizieren oder ihrer Umgebung anzupassen, kennzeichnen diesen Aspekt. In der Wartungsphase stellt sich die Frage, ob sich eine Änderung rentiert oder ob nicht gleich neu zu implementieren ist.

- *Stabilität (stability):* Diese Eigenschaft bewertet das Risiko, dass bei Änderungen am Produkt Neben- oder Folgewirkungen, wie Fehler in anderen Produktteilen oder Inkompatibilitäten, auftreten.

- *Testbarkeit (testability):* Hier geht es darum, einen vertretbaren Aufwand für den Test zu erreichen. Die spezielle Architektur oder Ausprägung der Komponenten kann beispielsweise für den Test die Installation eines gesamten Systems unter Laborbedingungen erfordern.

Wir gehen auf die mögliche Bewertung oder gar Messung dieser Wartbarkeit im Abschnitt 1.5 zur Software-Messung noch näher ein.

Ein anderer Aspekt liegt in der Frage, welche Wartungsaktivitäten eigentlich am häufigsten auftreten. Die folgende Tabelle zeigt uns dazu eine immer noch gültige Auswertung aus der Literatur (siehe [Lehner 91], S. 8).

Änderungsgrund	Anteil
Verbesserungen für den Auftraggeber	41,8 %
Änderungen zu den Eingabedateien	17,4 %
Notkorrekturen	12,4 %
Routinekorrekturen	9,3 %
Änderung der Systemumgebung	6,2 %
Dokumentationsverbesserung	5,5 %
Code-Optimierung	4,0 %
Sonstige Änderungen	3,4 %

Tab. 9: Aktivitäten für die Software-Wartung nach ihrer Häufigkeit

Eine andere Darstellung zeigt uns, auf welche Fehler man sich bei der Anwendung und damit auch für die Wartung einstellen muss. Eine Analyse von Fehlern zeigt uns die

Tabelle 10 mit der Angabe der jeweiligen Auftrittshäufigkeiten, wie sie bei Hewlett Packard beobachtet wurde (siehe [Pfleeger 98], S. 284).

Fehlerart	Häufigkeit
Fehler in der Systemlogik	32 %
Dokumentationsfehler	19 %
Abarbeitungsfehler auf dem Rechner	18 %
Fehler in anderem Code	11 %
Datenbehandlungsfehler	6 %
Fehler in den Anforderungen	5 %
Prozeßverlaufsfehler	5 %
Hardwarefehler	4 %

Tab. 10: Häufigkeiten von Fehlern bei der Software-Systemanwendung

Wir wollen uns jetzt dem Wartungsprozess zuwenden. Dafür gilt auch der Standard für den Software-Lebenszyklus insgesamt, und zwar der ISO/IEC 12207 (siehe [Pigoski 97]). Nach der oben bereits erwähnten Übernahme des Software-Produktes einschließlich der Entwicklerdokumentation beschreibt dieser Standard vor allem die Aktivitäten der Änderung insgesamt.

Auf diese bereits in der obigen Wartungsdefinition genannten Aktivitäten gehen wir jetzt näher ein. Wir wollen zunächst auf die *Erweiterung* eingehen. Auslöser dieser Aktivität sind neue funktionale Anforderungen, die vom Auftraggeber formuliert und uns übergeben werden. Der Wartungsprozess beginnt also hierbei wieder bei der Anforderungsanalyse und der Spezifikation. In gleicher Weise sind die Machbarkeit und Validität zu prüfen. Ebenso ist dann der Entwurf vorzunehmen bzw. anzugleichen. Bei der Implementation ist vor allem zu beachten, dass nicht nur die geänderten Komponenten zu testen sind, sondern der vollständige Integrationstest zu wiederholen ist und stets die Funktionalität scheinbar unbetroffener Komponenten erneut nachzuweisen ist (als Regressionstest). Auf unsere ab Seite 26 eingeführten Beispiele könnten derartige Erweiterungen lauten:

STEUERN: Unser Steuerprogramm soll zusätzlich für die einzelnen Rubriken einen Überblick (Trend) über die Jahre hinweg anzeigen.

SPORT: Die Abschätzung des Zieleinlaufs ist weiterhin mit einer bildlichen Darstellung der möglichen Sieger zu verbinden.

WEBAGENT: Unser Software-Agent darf auch bis zu einem bestimmten Betrag auch für uns einkaufen.

TEAMWORK: Die kooperativ nutzbare Arbeitsumgebung soll des Weiteren über einen Wissensspeicher zu Entwurfsvarianten verfügen.

TRANSLATER: Die Textübersetzung ist für eine weitere Sprache vorzusehen.

Die *Anpassung* betrifft hauptsächlich die Systembezogenen Anforderungen. Dabei ist zu unterscheiden, ob

- die Soft- und Hardware-Grundlagen vom Auftraggeber geändert werden möchten (beispielsweise um mit einem Informationssystem ins Internet zu gehen),

- diese Änderungen der Dynamik der Hard- und damit auch Software-Entwicklung insgesamt geschuldet sind.

Im letzteren Fall besitzen wir als Wartungsabteilung eine gewisse Verantwortung dem Kunden gegenüber. Andererseits kann die Gewährleistung derartiger Änderungen auch Bestandteil eines Wartungsvertrages mit dem Kunden sein. Auch hier wollen wir für unsere Systembeispiele mögliche Anpassungsaufgaben formulieren:

STEUERRN: Das Steuerprogramm soll auch auf unserem Handy laufen.
SPORT: Die Berechnung soll künftig im Web mittels Java-Applets erfolgen.
WEBAGENT: Bei der Preisanalyse unseres Software-Agenten ist zu beachten, dass die Shop-Portale in einer anderen Form implementiert wurden.
TEAMWORK: Die verteilte Anwendung soll auch im so genannten WLAN laufen.
TRANSLATER: Für die Anzeige der Textübersetzung hat sich die Webbrowser-Version geändert.

Die dabei trotz Änderungen einzelner Komponenten zu gewährleistende Verträglichkeit bezeichnen wir als ***Kompatibilität*** *(compatibility)*. Wird eine Verträglichkeit zu den Vorversionen gewährleistet, so handelt es sich um eine Abwärtskompatibilität. Im anderen Fall liegt eine Aufwärtskompatibilität vor.

Sind die Systembezogenen Änderungen „gravierend", so verwenden wir dafür einen eigenständigen Begriff, den wir ebenfalls definieren wollen.

> Die ***Migration*** *(migration) ist die Überführung eines Software-Systems auf eine neue operationale Umgebung. Das kann von der Änderung der System-Software (insbesondere des Betriebssystems) bis hin zum Wechsel der Plattform reichen.*

Diese grundlegende Form der Anpassung kann natürlich auch Erweiterungsaspekte beinhalten.

Die Wartungsaktivität der ***Korrektur*** dient schließlich der Beseitigung noch vorhandener Fehler im Software-System. Diese Aktivität impliziert natürlich auch einen zeitlichen Aspekt. Im Fall von Havarien kann die Korrektur nicht erst in Ruhe geplant und „irgendwann" realisiert werden. In der Praxis existieren dafür entsprechende Fehlerklassifikationen, wie beispielsweise die folgende (siehe auch [Lehner 91]).

- *Kategorie E:* so genannte Notfälle, die umgehend zu beheben sind, da sie für eine ordnungsgemäße Software-Produktanwendung unumgänglich sind (z. B. Steuerungsausfall einer Taktstraße),

- *Kategorie 1:* Fehler mit ggf. bedeutenden Auswirkungen auf die Produkt-anwendung, die allerdings eine längere Installationszeit erfordern, aber nicht erst in einer neuen Programmversion berücksichtigt werden können (z. B. Recherchefehler in Digitalen Bibliotheken),

- *Kategorie 2:* Fehler mit möglichen wesentlichen Auswirkungen, die aber in einer neuen Programmversion eingearbeitet werden können (z. B. Ausfall einer Teilfunktion in einem Textverarbeitungssystem),

- *Kategorie 3:* vom Benutzer erkannte Fehler, die relativ geringe Auswirkungen haben und zu einem späteren Zeitpunkt behoben werden können (z. B. Fehler bei der Beschriftung von Menüpunkten).

Wie uns Tabelle 10 zeigt, kann die Korrektur ebenso einen Einstieg in die Spezifika-tionsphase erfordern. Auch bei dieser Wartungsaktivität ist unbedingt der Regres-sionstest erforderlich, um Erfahrungen, wie „jede Fehlerbehebung erzeugt einen neuen Fehler", zu vermeiden. Andererseits ist das Auftreten von Folgefehlern, bei dem durch die Änderung eines Moduls Fehler bei anderen, abhängigen Modulen auftreten können, zu beachten. Man spricht hierbei vom so genannten *Ripple Effect*.

Die *Verbesserung* innerhalb der Wartung bezieht sich vor allem auf die qualitativen Anforderungen oder Merkmale der Effizienz und der Handhabung. Bei der Effizienz geht es dabei um die Verbesserung der Leistung *(performance)* des Systems und des Ressourcenverbrauchs. Das kann insbesondere das so genannte Antwortzeitverhalten in interaktiven Systemen betreffen, ist allerdings bei Echtzeitsystemen ein kritischer Aspekt.

Die Verbesserung der Handhabung eines Software-Produktes bezieht sich zum einen auf den Lernaufwand auf der Grundlage von Hilfesystemen und (Online-) Doku-mentationen und zum anderen auf die Fragen der Ergonomie als Qualität der Arbeitsbedingungen im Umgang mit dem System.

Die *Vorbeugung* befasst sich schließlich mit den Maßnahmen, die die bereits behan-delten Wartungsaktivitäten unterstützten, vereinfachen oder effizienter machen. Das bedeutet beispielsweise:

- die Verbesserung der Dokumentationsqualität für die Vereinfachung der Änderung,
- das Anlegen einer Erfahrungsdatenbank zum Änderungsaufwand, zum Ersatzbedarf für die Ressourcen oder zum Kundenprofil,
- die Erweiterung des CASE-Ansatzes für die Rationalisierung der Wartungsaufgaben,
- der weitere Einbau von Fehlervermeidungstechniken in die Systemkomponenten,
- die ständige Analyse und Überwachung der Komplexität des jeweiligen Software-Systems.

Ein Beispiel einer derartigen Analysetechnik ist in der Abbildung 46 in Form eines *Entscheidungsbaumes (decision tree)* angegeben.

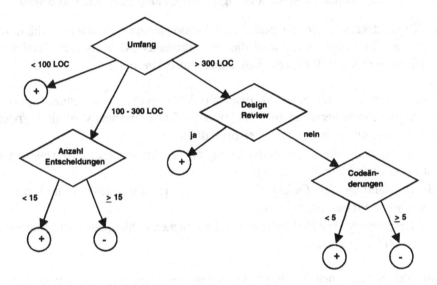

Abb. 46: Entscheidungsbaum zum Auffinden fehleranfälliger Komponenten (mit '-' gekennzeichnet)

Dabei steht LOC für die Anzahl von Programmzeilen *(lines of code)*. Für die Komponenten, für die sich ein Plus in der Bewertung ergibt, ist eine höhere Fehlerwahrscheinlichkeit anzunehmen.

Bei der Software-Wartung bildet natürlich die Entwicklerdokumentation die Grundlage, ist allerdings im Verlaufe der Zeit oftmals nicht mehr aktuell. D. h. sie entspricht nicht exakt der gegenwärtigen Implementation. Es ist also notwendig, aus dem Programmcode die Entwurfsdokumentation oder Teile davon abzuleiten. Diese Technik wird *Reverse Engineering* genannt. Im Zusammenhang mit der anschließenden Änderung des Systems spricht man dabei vom so genannten Reengineering. Aufgrund der praktischen Bedeutung dieser Technologie behandeln wir das Reengineering in

einem gesonderten Abschnitt im dritten Kapitel. Dabei wird auch auf den besonderen
Aspekt der Software-Wiederverwendung *(software reuse)* näher eingegangen.

Nachdem die Änderungen, Verbesserungen und Umstellungen am Software-System
realisiert wurden, sind diese Änderungen dem Auftraggeber zur Verfügung zu stellen,
damit er das sich auf seiner Plattform befindliche System aktualisieren bzw. korrigieren kann. Das erfordert, dass der Anwender genau die Komponenten *(artifacts)*
erhält, die er gemäß der bei ihm befindlichen Systemkonfiguration benötigt. Diese
Verteilung der neuen Produktversion vollzieht sich zwischen den beiden Extremen:

- der einfachen Übergabe der Files, die ausschließlich die geänderten Komponenten betreffen,

- der Bereitstellung eines neuen Setup-Programms, welches automatisch die zu
  ändernden Komponenten in der jeweiligen Anwendung beim Kunden ersetzt.

Eine neue Produktversion, die die geänderten Komponenten *(revisions)* enthält, wird
Release genannt. Im Allgemeinen wird die neue Produktversion als n-te Version mit
einem Postfix zum m-ten Release gekennzeichnet – also *Version n.m* .

Die generelle Verbesserung eines Software-Produkts unter Einbeziehung spezieller
Anpassungen und möglicherweise auch funktioneller Erweiterungen wird als **Software-
Sanierung** *(rejuvenation)* bezeichnet. Beispiele dafür sind:
- die Umstellung der Programme bezüglich der konsequenten Anwendung der
  Strukturierten Programmierung,
- die Einführung der Objektorientierten Entwicklungsmethodik und die entsprechende Produktausrichtung,
- die Beseitigung aller Redundanzen und möglichen Fehlerquellen im Rahmen der
  Jahr-2000-Umstellung.

Damit sind die wesentlichen Wartungsaktivitäten behandelt und wir können uns der
eigentlichen Nutzung als Software-Anwendung zuwenden.

1.2.9 Die Software-Anwendung

Für einen Augenblick wollen wir uns als Software-Entwickler einmal in die Rolle des
Anwenders versetzen. Im gewissen Sinne sind wir das natürlich immer, wie wir im
Abschnitt 1.4 noch sehen werden. Wir definieren zunächst diese Phase in der folgenden
Weise.

> *Die **Software-Anwendung** (software use) ist die Nutzung eines*
> *Software-Produktes in den Phasen der Einführung (delivering),*
> *der kontinuierlichen Nutzung (operation), der zeitweise not-*
> *wendigen Änderung (changing) und schließlich der Ablösung*
> *(replacement).*

Die Einführung wird auf der Grundlage des Einführungskonzeptes realisiert. Dieses Konzept enthält insbesondere:

- die *Schulungsanleitungen (training guidelines)*, die zum einen für die Nutzer *(user)* und zum anderen für die Betreiber *(operator)* der Software erforderlich sind,
- die *Dokumentationen (documentations)*, die die Anwendungsbeschreibung, eine Referenzübersicht und mögliche Fehlerbeschreibungen beinhaltet,
- die *Installations-Tools (setups)* für das Installieren aller Software-Komponenten,
- der *Beschaffungsplan (acquisition plan)* für die Software-Voraussetzungen, die nicht vom Entwickler erfüllt werden,
- der *Organisationsplan (business schedule)*, der die organisatorischen Erfordernisse und Voraussetzungen beinhaltet.

Die Umsetzung des Einführungskonzepts – insbesondere die Schulungen – findet natürlich nicht erst zum Einführungszeitpunkt statt.

Die Nutzungsphase wird in der Praxis auch als so genannter Wirkbetrieb bezeichnet. Grundlage hierfür ist das bereits erwähnte Einsatzkonzept. Dieses Konzept enthält neben den bereits bei der Einführung erwähnten vor allem Nutzungsbegleitende Maßnahmen, wie einen Havarieplan und die kontinuierliche Sammlung von Anwendungserfahrungen und -fehlern *(trouble reports)*.

Die Systemanwender bezeichnen wir als Nutzer *(user)* im Gegensatz zum Auftraggeber *(customer)*, der das System in Auftrag gegeben und letztlich auch bezahlt hat, aber nicht zu den Nutzern gehören muss. Je nach Größe und Art sind hinsichtlich des Personals bei der Systemanwendung die Betreiber *(operator)*, die vom Nutzer Aufträge erhalten und ihn mit bestimmten Formen der Ergebnisse versorgen, und die Administratoren *(administrators)* für die verschiedensten Bereiche der Datenhaltung oder Kommunikationsorganisation erforderlich.

Die Realisierung von Änderungen zum Software-System wird uns einerseits durch die so genannten Releases des Software-Entwicklers und zum anderen durch die Schwere der auftretenden Fehler, wie zum Beispiel einen Havariefall, angezeigt bzw. vorgegeben. Betrifft die Änderung eine bestimmt Menge von Produkten, so sprechen wir von einer Umstellung und definieren wie folgt.

> *Die **Umstellung** (conversion) eines Software-Systems ist eine Anpassung auf der Grundlage gesetzlicher oder technologischer Änderungen, die eine Menge von Systemen oder Produkten betrifft.*

Beispiele derartiger Umstellungen ist der Übergang auf das Internet, Währungsumstellungen, wie zum Beispiel die Euro-Umstellung, oder die Bewältigung des so genannten Jahr-2000-Problems *(Y2K)*.

Zur Software-Anwendung gehört schließlich noch die mögliche Ablösung eines Systems. Das klingt allerdings nur sehr einfach. In den seltensten Fällen ist es möglich, einen gewissen Zeitraum keine Software-Systeme, weder das alte noch das neue, im Einsatz zu haben. Ablöseformen sind daher beispielsweise:

(a) der Ersetzung des Gesamtsystems mit einer Unterbrechung der Systemnutzung,

(b) die schrittweise Ersetzung einzelner Komponenten bei laufendem Betrieb,

(c) die Umstellung des Systems „im eigenen Haus" mit einer Fortsetzung der Nutzung des alten Systems durch Outsourcing,

(d) die Realisierung einer zeitweiligen Parallelität der Nutzung des alten Systems und der Einführung und Erprobung des neuen Systems,

(e) die zeitweilige Emulation des alten Systems auf der bereits neuen Systemplattform.

Die einfachste Form ist die Variante (a). Leider wird sie in den seltensten Fällen auch realisierbar sein.

Damit haben wir auch die wesentlichen Aktivitäten der Software-Anwendung in der Übersicht kennen gelernt und versetzen uns nun wieder in die Rolle des Software-Entwicklers.

1.2.10 Lebenszyklusmodelle

Nachdem wir die Software-Entwicklungs-, -Wartungs- und Anwendungsphasen im Einzelnen behandelt haben, wollen wir uns nun dem Prozess dieses Lebenszyklus insgesamt zuwenden. Wie bereits eingangs erwähnt, verlaufen die Entwicklungsphasen im Allgemeinen nicht streng hintereinander bzw. ist nach jeder Bearbeitung einer Phase diese nicht endgültig abgeschlossen. Aus den nunmehr schon jahrzehntelangen Erfahrungen hat sich gezeigt, dass der Software-Entwicklungsprozess selbst in der Praxis eine spezielle Modellform und -ausprägung besitzt. Dabei haben sich im Allgemeinen zwei Modellarten herausgebildet:

- die *sequentiellen Modelle (sequential life-cycle models)*, die eine relativ strenge Ablauffolge der Phasen zum Ausdruck bringen,

- die *nichtsequentiellen Modelle (nonsequential life-cycle models)*, die auch zyklische Modelle genannt werden und mehr oder weniger „Rücksprünge" *(feedbacks)* aus den unterschiedlichsten Gründen beinhalten.

Wir wollen im Folgenden einige Beispiele zu diesen Modellen betrachten und die grundlegenden Erfahrungen aufzeigen, die jeweils zu diesem Modell geführt haben. Dabei verzichten wir auf die explizite Angabe der Phasenbezeichnungen. Das erste, sequentielle Modell ist das so genannte ***Wasserfallmodell*** *(waterfall model)* in Abbildung 47.

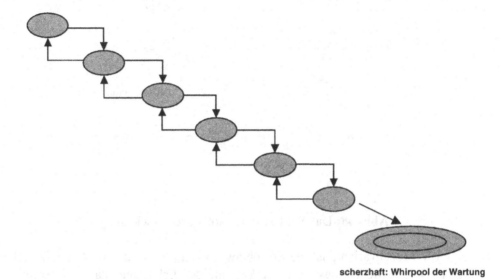

scherzhaft: **Whirpool der Wartung**

Abb. 47: Wasserfallmodell der Software-Entwicklung

Die Phasen sind hierbei nur angedeutet. Es bringt die Erfahrung zum Ausdruck, dass nach jeder realisierten Phase ggf. ein Rückbezug zur vorhergehenden Phase notwendig sein kann. So kann beispielsweise die nicht leistungsgerechte Implementation einer Komponente den erneuten Entwurf unter Berücksichtigung einer die Effizienz sichernden Programmiersprache notwendig machen. Außerdem haben wir, wenn auch zunächst als Scherz „getarnt", mit dieser Abbildung auf die besondere Problematik des Wartungsaufwandes hingewiesen, der uns im Abschnitt 1.5 noch einmal beschäftigen wird und diesen Scherz als bitteren Ernst entlarvt.

Das nächste Modell ist das so genannte ***V-Modell*** *(V model)*. Es ist in der Abbildung 48 angedeutet und bringt gewissermaßen ein „Abtauchen" in die rechnerbezogenen Details bei der Software-Entwicklung zum Ausdruck (siehe auch [Bröhl 95])[18].

---

[18] Das V-Modell stellt, wie in der erwähnten Literatur beschrieben, einen umfangreichen Standard zur Software-Entwicklung insgesamt – einschließlich aller Dokumentationsformen – dar (siehe auch http://www.v-modell.iabg.de). Wir behandeln es hier nur in seinen grundlegenden Aussagen, da die anderen dort genannten Aspekte hier bereits zum Teil behandelt wurden bzw. in den noch folgenden Abschnitten näher erläutert werden.

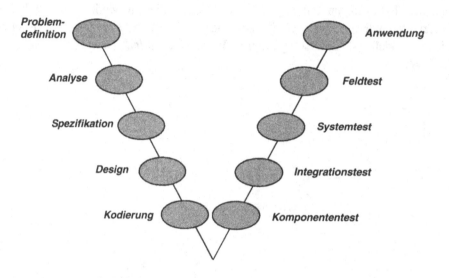

Abb. 48: Das V-Modell der Software-Entwicklung

Bei dieser V-Modellvariante ist die Erprobung noch in den Feld- und Anwendungstest
unterteilt. Das V-Modell basiert vor allem auf der Erfahrung, dass die Software-
Entwicklung zunächst eine Detaillierung erfährt und dann durch Integration und den
jeweiligen Test schrittweise zu einem System zusammengesetzt wird. Es eignet sich
sehr gut zur Visualisierung weiterer software-technischer Erfahrungen. Die Abbildung
49 zeigt einige derartiger Erfahrungen und die dazugehörige Visualisierung durch ein
abstrahiertes V-Modell.

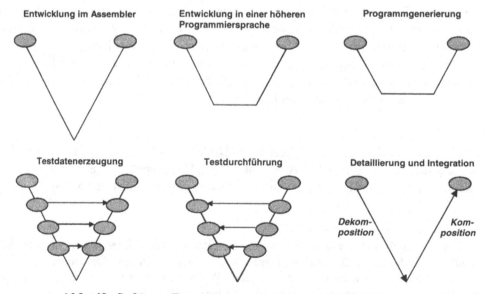

Abb. 49: Software-Entwicklungsprinzipien am V-Modell

Ein weiteres sequentielles Lebenszyklusmodell für die Software-Entwicklung ist das so genannte *Cleanroom Engineering* (Abbildung 50). Die Bezeichnung vermittelt den Eindruck einer besonderen Akribie (siehe [Dyer 92]).

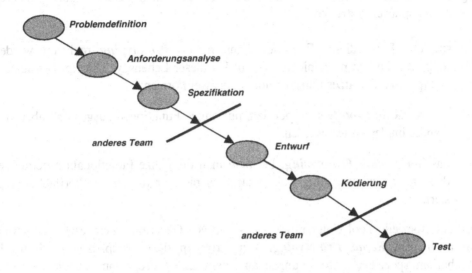

Abb. 50: Software-Entwicklung nach dem Cleanroom Engineering

Bei dieser Methodik wird neben dem Einsatz von Zuverlässigkeitsmodellen und einer strengen Formalisierung vor allem die Erfahrung umgesetzt, dass bei der Übergabe von Entwicklungsergebnissen an ein anderes Team besondere Sorgfalt in die Dokumentation der Ergebnisse investiert wird und das vorhergehende Team motiviert ist, Qualität an die Nachfolger zu liefern. Das setzt natürlich die Anwendung spezieller Bewertungsformen voraus.

Bisher haben wir einige sequentielle Lebenszyklusmodelle beschrieben. Jetzt gehen wir auf ausgewählte nichtsequentielle Entwicklungsformen ein. Ein erstes Beispiel ist die so genannte *evolutionäre Software-Entwicklung*. Abbildung 51 gibt eine einfache Beschreibung des Grundprinzips dabei an.

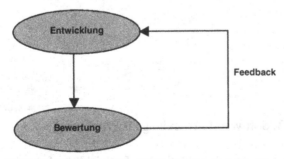

Abb. 51: Grundprinzip der evolutionären Software-Entwicklung

Die Erfahrung, die diesem Modell zugrunde liegt, ist die Tatsache, dass die Umsetzung der Anforderungen bei der Software-Entwicklung nicht auf einmal erfolgen kann bzw. erst beim Entwicklungsergebnis die Validität des Produktes zu erkennen ist. Die dabei möglichen Rückwirkungen *(feedbacks)* können sich auch über mehrere Entwicklungsphasen erstrecken.

Eine spezielle Form dieser Evolution kann mittels **Prototyping** realisiert werden. Abbildung 52 zeigt den prinzipiellen Ablauf bei dieser Lebenszyklusform. Hinsichtlich des prototypischen Ansatzes unterscheidet man zwei Formen:

- das **vertikale Prototyping**, bei dem nur einige Funktionen ausgewählt aber vollständig implementiert werden,

- das **horizontale Prototyping**, bei dem man die ganze Funktionalität betrachtet, diese aber nur andeutungsweise (zum Beispiel nur die Nutzeroberfläche) realisiert.

Wird eine spezielle Tool-Unterstützung in Form von Generatoren eingesetzt, so spricht man auch vom **Rapid Prototyping**. Der Prototyp dient beispielsweise dazu, die Machbarkeit spezieller Anforderungen an einem realen Programm zu erkennen oder nachzuweisen. Der Prototyp kann nur zum reinen Erkenntnisgewinn dienen oder aber selbst bereits den Kern des künftigen Software-Systems darstellen.

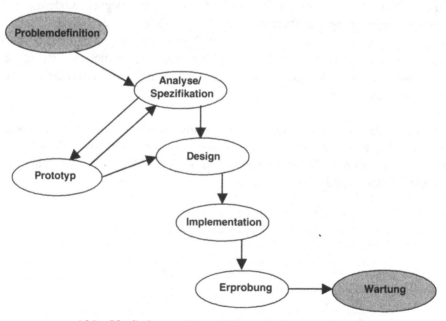

Abb. 52: Software-Entwicklung als Prototyping

Eine weitere, im gewissen Sinne auch evolutionäre Entwicklungsform ist die **inkrementelle Software-Entwicklung** *(incremental software development)*.

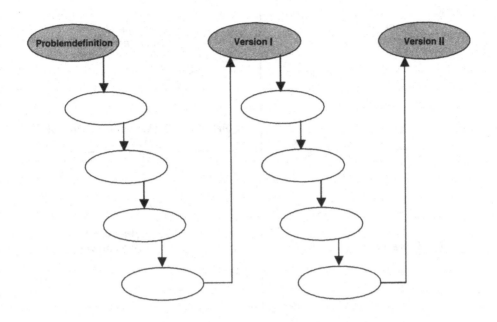

Abb. 53: Inkrementelle Software-Entwicklung

Abbildung 53 veranschaulicht diese Entwicklungsform. Dabei werden die Anforderungen nacheinander umgesetzt und von Anfang an eine Versionsrealisierung vorgenommen.

Eine gewissermaßen erweiterte Art evolutionärer Software-Entwicklung bringt das so genannte *Spiralmodell* zum Ausdruck. Die Abbildung 54 zeigt dieses Modell in einer besonderen, vereinfachten Form. Dabei ist zu erkennen, dass die Evolutionsschritte der Bewertung und des Feedbacks hier noch weiter verfeinert wurden, und zwar um den „Quadranten" der Planungsaktivitäten und der Risikoanalyse. Erst die gründliche Bearbeitung dieser Schritte lässt eine Fortsetzung der Systemrealisierung zu.

Eine besondere Erweiterung hat dieses Modell als so genanntes *WinWin-Spiralmodell* erfahren (siehe [Boehm 98]). Sowohl der Software-Entwickler als auch der Auftraggeber sollen dadurch „gewinnen". Dabei wird eine kooperative, verteilte Entwicklung zugrunde gelegt, die es erfordert, eine größere Flexibilität in den Verarbeitungsstufen zu erreichen. Spezielle Aspekte der Software-Entwicklung müssen ggf. neu ausgehandelt *(negotiated)* oder neu festgelegt werden. Das betrifft die einzusetzenden Mittel, die sich ändernden Teilnehmer (Spezialisten) an der Entwicklung und die aktuellen Zielstellungen.

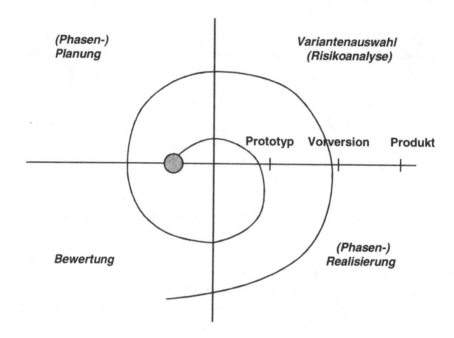

Abb. 54: Software-Entwicklung nach dem Spiralmodell

Im Folgenden wollen wir noch zwei Modelle angeben, die die besondere Dynamik bei der Software-Entwicklung aufzeigen sollen. Eine besonders drastische Erfahrung versucht dabei das so genannte *Whirpool-Modell* auszudrücken (siehe Abbildung 55). Es veranschaulicht, dass der Kern beim Entwicklungszyklus die Vielfalt und Dynamik aufnehmen und verwalten muss, wie zum Beispiel mittels eines Repositories.

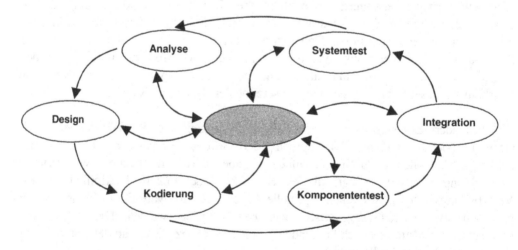

Abb. 55: Das Whirpool-Modell der Software-Entwicklung

Das zweite Modell ist das so genannte ***Fontänenmodell*** *(fountaine model)* (Abbildung 56).

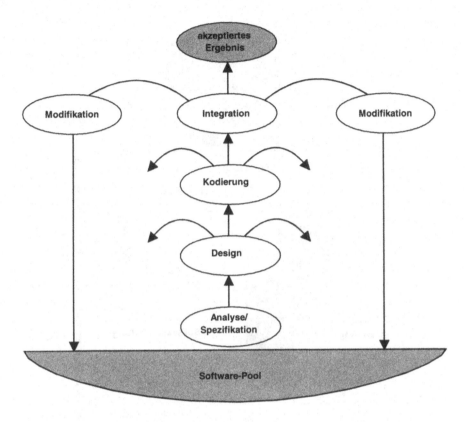

Abb. 56: Das Fontänenmodell der Software-Entwicklung

Es verdeutlicht die Erfahrung, dass sich zum einen im „Software-Pool" alle möglichen Ergebnisse und Zwischenergebnisse des Software-Produktes vereinen und zum anderen ein ständiger Aufwand an Änderungen notwendig ist, um die Fontäne in Aktion und damit die Software am Leben zu erhalten.

Eine besondere Form der Berücksichtigung von sich nahezu ständig ändernden Anforderungen wird durch die ***agile Software-Entwicklung*** gewährleistet (siehe [Cockburn 02] oder [Williams 03]). Eine spezielle Methode ist hierbei das ***Extreme Programming (XP)*** bezeichnet (siehe [Beck 00]). Um eine unmittelbare Entscheidung für geänderte Anforderungen zu erreichen, soll auch ein Vertreter der Auftragsseite dem Entwicklungsteam angehören. Die Qualität bei der im Allgemeinen evolutionären Entwicklung soll durch zwei Vertreter der Software-Entwicklerseite gewährleistet werden, bei der jeweils der eine Entwickler die Ergebnisse des anderen unmittelbar testet.

Die folgende Abbildung soll uns noch einmal den Phasenübergang von der Software-Entwicklung und die allgemeine Rolle der Lebenszyklusmodelle verdeutlichen.

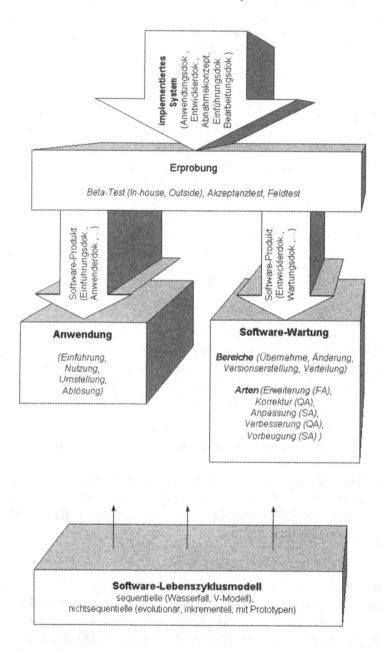

Abb. 57: Übergänge von der Entwicklung zur Anwendung und Wartung

Die Abkürzungen bei den Wartungsarten stehen für die jeweilige Ursache als Änderung der funktionalen Anforderungen (FA), der qualitativen (QA) und der Systembezogenen (SA).

Übungsaufgaben

10. Welche Lebenszyklusphasen unterscheidet man bei der Software-Entwicklung?

11. Welche Korrektheit wird bei der Verifikation und welche bei der Validation untersucht?

12. Geben Sie zu den im Abschnitt 1.2.2 genannten Systembeispielen STEUERN bis TRANSLATER weitere Beispiele qualitativer und Systembezogener Anforderungen an.

13. Beschreiben Sie Hilfsmittel zur Unterstützung der Problemdefinition, die einen wesentlichen Erfahrungshintergrund in dieser Phase bilden.

14. Geben Sie Beispiele für inkonsistente, implizite, messbare und unverträgliche Anforderungen an.

15. Erläutern Sie die Analogiemethode der Anforderungsanalyse an einem konkreten Beispiel.

16. Welche strukturellen Modellierungstechniken werden für die Spezifikation angewendet?

17. Welchen Inhalt hat ein Data Dictionary in der Spezifikationsphase?

18. Geben Sie Beispiele für S-, P- und E-Systeme an.

19. Welche Vor- und Nachteile haben formale und informale Spezifikations-methoden?

20. Nennen Sie Beispiele für nicht implementierbare Systembestandteile.

21. Welche Anforderungen werden vor allem beim Entwurf umgesetzt?

22. Was sind COTS?

23. Beschreiben Sie in einem Komponentendiagramm die Architektur einer Programmierumgebung.

24. Wie ist die stärkste Bindung und schwächste Kopplung von Komponenten definiert?

25. Geben Sie ein sinnvolles Beispiel für einen Hardest-First-Entwurf an.

26. Beschreiben Sie in einem Flussdiagramm die Erfassung und Verarbeitung der Quelltexterzeugung in einer Programmierumgebung.

27. Geben Sie zur Algorithmenbeschreibung „Zähle alle Anweisungen in einem Quelltext, die eine Bedingung bzw. bedingte Verzweigung enthalten" ein Struktogramm an.

28. Beschreiben Sie die Berechnung des gewichteten Durchschnittes einer Wertemenge im Pseudocode.

29. Zeichnen Sie für die Durchführung einer mündlichen Prüfung ein Ereignisdiagramm.

30. Begründen Sie die im Abschnitt 1.2.5 angegebene Klassifikation der Programmiersprachen bezüglich ihrer Entwicklungs- und realisierbaren Systemeffizienz.

31. Nennen Sie Darstellungsmittel und Programmiersprachen für ein imperatives Paradigma.

32. Geben Sie Standardsoftwarebeispiele an und beschreiben Sie deren Anwendungsform.

33. Welche Aufgaben hat die Software-Akquisition?

34. Was versteht man unter einer Software-Konfiguration?

35. Welche Dokumentationsformen werden beim Entwurf vollständig oder teilweise erarbeitet?

36. Nennen Sie grundlegende Formen der Kodierung und beschreiben Sie deren Vor- und Nachteile.

37. Erläutern Sie zwei der im Abschnitt 1.2.6 angegebenen Programmierungstechniken.

38. Welchen Sinn haben Namenskonventionen bei der Software-Entwicklung?

39. Erläutern Sie den Unterschied zwischen Irrtum, Fehler und Fehlverhalten an einem Beispiel.

40. Geben Sie offensive Fehlervermeidungstechniken an und beschreiben Sie deren Grundformen.

41. Was ist der Unterschied zwischen statischen und dynamischen Testmethoden?

42. Geben Sie eine Checkliste zum Review von Programmstrukturanweisungen (while, repeat usw.) an.

43. Was ist das Grundprinzip der symbolischen Programmtestung.

44. Führen Sie zu dem im Abschnitt 1.2.6 angegebenen Pseudocodebeispiel eine Programmverifikation durch.

45. Welche Klassifikation der Testdaten wird beim Black-Box-Test zugrunde gelegt?

46. Geben Sie zu dem in Aufgabe 27 genannten Algorithmenbeispiel die notwendigen Testfälle an.

47. Zeichnen Sie zu dem Algorithmenbeispiel in Aufgabe 27 den Programmfluss-graphen und diskutieren Sie die Abdeckungsmaße zum White-Box-Test.

48. Erläutern Sie zu diesem Programmbeispiel auch die so genannten du-paths und beschreiben Sie die dabei möglichen Fehlerquellen.

49. Welchen Testansatz verfolgt man mit dem Program Slicing?

50. Welche Rolle spielen Testdatengeneratoren, Vergleichsprogramme und Debugger beim Testen?

51. Erläutern Sie die bei der Software-Integration zur Anwendung kommenden Top-Down- und Sandwich-Testmethoden.

52. Was ist ein Big-bang-Test?

53. Geben Sie ein Beispiel für einen Call-Graphen an.

54. Welche wesentlichen Bestandteile hat die Entwicklerdokumentation nach der Implementation?

55. Welche konzeptionellen Bestandteile hat das für die Erprobung erforderliche Abnahmekonzept?

56. Nennen Sie Inhalt und Formen des Betatests.

57. Geben Sie Beispiele als Ursachen für eine Erweiterung, Anpassung, Korrektur, Verbesserung oder Vorbeugung bei der Wartung eines Software-Systems an.

58. Welche Wartungsart ist aus der praktischen Erfahrung heraus die häufigste?

59. Erläutern Sie die Teilkriterien für die Wartbarkeit eines Software-Produktes an einem Beispiel.

60. Was versteht man unter der Migration eines Software-Systems?

61. Welchen Sinn verfolgt eine Kategorisierung auftretender Fehler bei der Software-Anwendung für die Wartung?

62. Wann sind Verbesserungen an einem Software-Produkt unumgänglich?

63. Zeichnen Sie für die Priorisierung der Fehlerkorrektur einen Entscheidungsbaum.

64. Welches Personal ist im Allgemeinen bei der Software-Anwendung erforderlich?

65. Erläutern Sie jeweils zwei sequentielle und nichtsequentielle Lebenszyklusmodelle.

1.3 Das Personal zum Software Engineering

Die personellen Ressourcen der Software-Entwicklung und -Wartung einschließlich deren Kommunikationserfordernisse und -formen zum Auftraggeber und Nutzer bzw. der Entwickler untereinander, sind Inhalt dieses Abschnittes. Da die Software-Entwicklung noch weit entfernt von einem automatisierten und vollständig standardisierten Produktionsprozess ist, scheint diese separate Darstellung, wie wir noch sehen werden, angebracht.

Spätestens seit den Analysen von Brooks in seinem Buch „The Mythical Man-Month" [Brooks 75], der unter anderem auf Produktivitätsunterschiede zwischen Software-Entwicklern von bis zu 1:10 hinwies, ist die besondere Rolle des Personals bei der Software-Entwicklung bekannt. Ebenso wiesen DeMarco und Lister auf diese Problematik hin, indem sie aufgrund ihrer Erfahrungen bei der Projektbearbeitung konstatierten ([DeMarco 91], S. 5): „Die größten Probleme unserer Arbeit sind keine technologischen, sondern soziologische Probleme".

Zum Personal beim Software Engineering zählen nach [Conger 94] die in der Abbildung 58 genannten Gruppen.

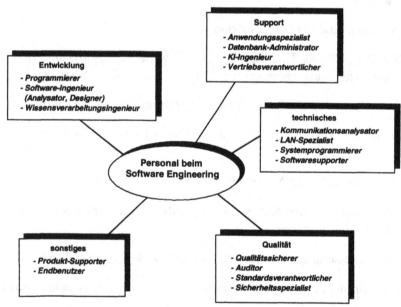

Abb. 58: Personal beim Software Engineering nach Conger

Aufgrund dieser Vielfalt und Vielschichtigkeit wollen wir uns zunächst dem Software-Entwickler zuwenden, dann die grundlegenden Teamformen behandeln und schließlich die Partner des Software-Entwicklers bei der Entwicklung, der Wartung und der Anwendung betrachten.

1.3.1 Der Software-Entwickler

Unter Software-Entwickler wollen wir zunächst das gesamte Personal für die Entwicklung und Wartung von Software-Systemen verstehen. Wir definieren daher wie folgt.

> *Ein **Software-Entwickler** (software developer) ist eine mit speziellen Kenntnissen der Entwicklungsmethodik, bestimmter Paradigmen sowie ausgewählter Anwendungsbereiche versehene Person, die auf der Grundlage vorgegebener Problembeschreibungen oder Entwicklungsdokumente eine oder mehrere Phasen der Software-Entwicklung und -Wartung durchführen kann.*

Die Kenntnisse des Software-Entwicklers werden im Allgemeinen auch als **Berufserfahrung** *(professional experience)* bezeichnet. Je nach der Ausprägung und Ausrichtung dieser Berufserfahrung werden sie auch *Spezialisten* genannt. Beispiele derartiger Spezialisierungen sind:

- nach den Kenntnissen spezieller *Entwicklungsmethoden*: Strukturierte-Analyse-Spezialisten, Experten für die Objektorientierte Entwicklung, Fachleute für formale Methoden, Prototyp-Entwickler,

- nach den *Paradigmenkenntnissen*: COBOL-Programmierer, Spezialisten für logische Programmierung, Experten der visualisierten Programmentwicklung, Systemprogrammierer, Netzwerkadministratoren, Multimedia-Designer,

- nach den Erfahrungen zum *Anwendungsbereich*: Spezialist für Finanzsysteme, Experte für Steuerungssysteme.

Auf der anderen Seite ergibt sich natürlich auch eine Spezialisierung durch die jeweils zu realisierende Entwicklungsphase. Beispiele hierfür sind

- der **Systemanalytiker** *(requirements analyst)* für die Entwicklungsphasen der Problemdefinition, Anforderungsanalyse und Spezifikation,
- der **Systementwickler** *(designer)* für die Phasen der Spezifikation und des Entwurfs,
- der **Software-Akquisiteur** *(acquisitor)* für die Phasen des Entwurfs und der Wartung zur Beschaffung externer Komponenten,
- der **Programmierer** *(programmer)* für die Entwicklungsphasen der Implementation und Wartung,
- der **Software-Tester** *(tester)* für die Phasen der Testung bei der Implementation und für die Erprobung,
- der **Wartungsingenieur** *(maintainer)* für die verschiedenen Phasen der Software-Wartung.

Ob all diese Spezialisten in einer Software-Entwicklungsabteilung benötigt werden, hängt natürlich vor allem von der Größe und Komplexität der zu entwickelnden Systeme ab.

Andererseits erfordern spezielle Tätigkeiten bei der Software-Entwicklung auch ganz bestimmte Qualifikationen. Diese kann man durch ein Studium oder spezielle Weiterbildungsformen in einer allgemeinen (zum Beispiel als Informatiker) oder in einer speziellen Form (beispielsweise als „zertifizierter" Internet-Ingenieur) erwerben. Man unterscheidet beim Software Engineering im Allgemeinen hinsichtlich

- der *Einstiegsqualifikation,* die eine spezielle Ausgangssituation der Kenntnisse eines Entwicklers, die von ihm außerhalb des betrachteten Entwicklungsbereiches zuvor erworben wurde, beschreibt,
- der *Entwicklungsqualifikation,* die die Kenntnisse und Fähigkeiten, die während seiner Tätigkeit in dem betrachteten Entwicklungsbereich erworben wurden, darstellen.

Während der Wert der Einstiegsqualifikation über allgemeine Analysen oder Expertisen nur indirekt bewertet werden kann, ist die im Verlauf der Entwicklungstätigkeit erworbene Qualifikation dem jeweiligen Entwicklungsbereich in seinem Wert für diesen explizit bekannt. Diese Qualifikation kann sich einerseits innerhalb einer Berufsgruppe vollziehen. Das bedeutet beispielsweise für den Programmierer, ständig neue Versionen von Programmiersprachen oder neue Sprachen überhaupt zu erlernen. Während zwischen dem COBOL-85, seinem Wechsel zum strukturierten COBOL und dem Wechsel zum Objektorientierten COBOL jeweils 4 bis 5 Jahre lagen, sind die Abstände zwischen neuen Programmiersprachversionen bzw. wesentlichen Bibliothekserweiterungen bei den Objektorientierten Sprachen bis auf ein halbes Jahr zusammen geschrumpft.

Die andere Qualifikationsrichtung ist mit einem Tätigkeitswechsel verbunden. So sind beispielsweise die Wechsel vom Programmierer zum Wartungsingenieur oder vom Systementwickler zum Software-Akquisiteur zweckmäßig erscheinende Formen. Generell beziehen sich diese Qualifikationsformen auf alle Grundbestandteile des Software Engineering, und zwar auf die Methoden, Werkzeuge, Maße, Standards und Erfahrungen.

Wie oben bereits erwähnt, spielen allerdings auch soziologische Aspekte eine wichtige Rolle für die Effizienz des eingesetzten Personals. Nach [DeMarco 91] sind für eine Zufriedenheit im Software-Entwicklerberuf die folgenden Bedingungen notwendig bzw. hilfreich:

- Es ist ausreichend Zeit für Brainstormings vorzusehen *(schult Kreativität).*

- Für die Einarbeitung in neue Methoden, Techniken und Tools muss genügend Zeit vorhanden sein *(bildet Erfahrungen).*

- Der Entwickler sollte sich mit der Aufgabenstellung identifizieren können *(schafft Motivation).*

- Den Entwickler sind realistische Aufgaben zu übergeben und bei Erfolg auch würdig anzuerkennen *(vermeidet Überforderung).*

- Bei der Neueinstellung von Personen sollte ein Eignungstest vorgenommen werden *(sichert zweckmäßigen Einsatz).*

Auf diese und andere Fragen gehen wir im Abschnitt 1.6 zum Software-Management noch näher ein.

Ein grundlegendes Modell zur Verbesserung der Effizienz und Wirksamkeit des Entwicklungspersonals ist der so genannte ***Personal Software Process (PSP)***[19]. Die grundlegenden Schritte sind dabei die folgenden:

1. das Erlernen der Software-Messung im eigenen Entwicklungsumfeld mit den Messbeispielen der Entwicklungszeit und der Fehlerbestimmung für die jeweilige Entwicklungsphase,

2. das gezielte Anwenden der Software-Messung für ausgewählte Aspekte, wie zum Beispiel die Aufwandsabschätzung einer Programmentwicklung auf der Grundlage zuvor gemachter, *eigener* Erfahrungen bzw. Messungen,

3. die Einbeziehung von Analyse- und Spezifikationstechniken zur Fehlervermeidung und das Erlernen der Bewertung der *eigenen* Leistung bzw. der *eigenen* Leistungsverbesserung,

4. schließlich die Installierung der vorhergehenden Schritte als *persönlichen Prozess,* der eine kontinuierliche Messung, Auswertung und gezielte *persönliche Verbesserung* bewirkt.

Die Grundlage dafür bildet erst einmal eine exakte Planung und Überwachung der eigenen *Aktivitäten,* z. B. in der Form:

Datum	Start	Stopp	Unterbre-chungszeit	Zeitin-tervall	Aktivität	Kommentar	Endekenn-zeichen	Anzahl
. . .	. . .	. . .	. . .	. . .	. . .	. . .	. . .	. . .

Tab. 11: Aktivitätsmerkmale beim PSP

---

[19] Eine detaillierte Beschreibung ist unter http://www.sei.cmu.edu/psp/ von den Entwicklern dieses Modell nachzulesen.

Bei der Anzahl sind jeweils die bewältigten Artefakte, wie beispielsweise Anzahl der Seiten beim Review, Anzahl der kodierten Programmzeilen (Lines of Code (LOC)) usw., anzugeben. Das Endekennzeichen dient der expliziten Anzeige der Beendigung der Aktivität. Die Übersicht ist jeweils für einen Tag bzw. über die Woche hinweg aufzustellen.

Eine weitere Übersicht dient der Darstellung bzw. der Bewertungsmöglichkeit des eigenen Prozesses und beschreibt die eigenen *Jobs*. Die jeweiligen Angaben sind hierfür die folgenden:

1. die Jobnummer, die für jede geplante Aktivität vergeben wird,
2. das Datum für den Jobstart,
3. die Prozessbeschreibung des Jobs, z. B. als Review, Programmierung, Dokumentation usw.
4. die geschätzte Zeit für die Ausführung des Jobs,
5. die geschätzten Einheiten bzw. Artefakte für diesen Job,
6. die benötigte Zeit für den Job (bei Beendigung einzutragen),
7. die benötigten Einheiten für den Job,
8. die so genannte Jobrate: als Zeit dividiert durch die Einheiten,
9. die kumulativ ergänzte Jobzeit für denselben Prozesstyp,
10. die kumulativ ergänzten Jobeinheiten für denselben Prozesstyp,
11. die Gesamtjobrate für denselben Prozesstyp,
12. die maximale Jobrate gleichartiger Jobs,
13. die minimale Jobrate gleichartiger Jobs.

Für eine mögliche Quantifizierung ist nun der Umfang der jeweiligen Aktivitäten zu messen bzw. abzuschätzen. Das kann beispielsweise in der folgenden Form erfolgen:

- die Bestimmung der Zeit für eine Review-Aktivität und die dabei gelesenen Seiten,

- die Ermittlung der Entwicklungszeit eines Programms und die Anzahl der dabei entstandenen LOC.

Speziell für die Programmentwicklung kann dabei auch noch eine weitere Einbeziehung spezieller Programmmerkmale hinzugezogen werden, um die LOC zu wichten und damit auch Abschätzungen für den Programmumfang vornehmen zu können.

Aus den bisher erfassten Informationen können bereits folgende Maßnahmen abgeleitet werden:

- die Erstellung einer Übersicht zu den insgesamt benötigten Zeiten für die jeweiligen Aktivitäten über Wochen oder Monate hinweg,

- eine zweckmäßige Planung (Bündelung, Abgleichung, Projektanpassung) der Jobs für die Realisierung der Aktivitäten,

- eine ggf. weitere Unterteilung der Aktivitäten, wie sie sich aus den Projektmerkmalen ergeben kann, wie zum Beispiel Unterscheidung zwischen geänderten und neuen LOCs, Komponenten-LOCs usw.

Bisher haben wir uns ausschließlich auf die *Zeit* als empirisches Merkmal unserer Aktivitäten bezogen. Wir wären somit in der Lage, den Prozess hinsichtlich einer Zeitverbesserung zu kontrollieren. Ein weiteres wichtigeres Merkmal für die Orientierung auf die Produktqualität sind zum Beispiel die *Fehler* in den verschiedenen Entwicklungsphasen. Es ist somit erforderlich, zu jeder Aktivität bzw. dem zugehörigen Job auch die Fehleranzahl zu erfassen. Diese Fehler können erfasst werden

- durch die jeweils vorgenommenen Reviews bzw. Checklistenanwendungen,

- durch die Compiler-Ausgaben hinsichtlich Syntax- oder Laufzeitfehler,

- durch die bereits in der Anwendung befindlichen Programme.

Die Erfassung, Überwachung und Zielgerichtete Verbesserung auf der Grundlage der Zeit- und Fehlererfassung kann als *PSP erster Stufe* angesehen werden. Ein *PSP höherer Stufe* liegt dann vor,

- wenn die Fehlerbeseitigung als Prozess selbst mit eingeht, d. h. wenn bei einem kontinuierlichen PSP die Fehlerbehebung und die entsprechenden Maßnahmen mit berücksichtigt werden,

- wenn durch den PSP Einfluss auf die Projektplanung und -gestaltung (auch phasenweise) genommen wird.

Auch wenn diese Vorgehensweise den Charakter einer „lokalen Optimierung" in sich trägt, zeigen bisherige Anwendungen auch Verbesserungen der erreichten Produktqualität insgesamt.

Die besondere Qualität der Arbeit des einzelnen Software-Entwicklers ist natürlich für die Arbeit eines ganzen Teams eine grundlegende Voraussetzung. Daher gibt es bereits Ansätze, den PSP in einen *TSP (Team Software Process)* zu überführen. Wir wollen daher zunächst erst einmal die grundlegenden Aspekte und Formen von Software-Entwicklungsteams näher erläutern.

1.3.2 Entwicklungsteams

Für den Einsatz eines Entwicklungsteams gibt es verschiedenen Gründe bzw. Notwendigkeiten. Dazu zählen unter anderem:

- die Komplexität der Problemstellung, die nicht von einem Entwickler realisiert bzw. umgesetzt werden kann,

- die Zeitbegrenzung der Entwicklung, die eine sinnvolle Arbeitsteilung und damit eine Teambearbeitung erfordert,

- die Vielschichtigkeit der Aufgabenstellung, die Erfahrungen und Kenntnisse erfordert, die eine einzelne Person im Allgemeinen nicht besitzt oder besitzen kann,

- die Personalsituation, bei der ggf. Entwickler nur für einen bestimmten Zeitraum zur Verfügung stehen, der nur einen Teil des Entwicklungs-zeitraums ausmacht.

Im Folgenden sollen einige Teamarten auf der Grundlage dieser Erfordernisse kurz aufgelistet werden.

- *Permanentes* vs. *temporäres Team:* Dabei handelt es sich beim permanenten um eine feste Teamzusammensetzung, die jeweils in derselben Zusammensetzung Software-Entwicklungen realisiert. Der Vorteil liegt hier in der *Teamerfahrung.* Der Vorteil temporärer Teams ist wiederum die mögliche Ad-hoc-Auswahl der mit den gerade erforderlichen Kenntnisse und Fähigkeiten versehenen Personen.

- *Homogenes* vs. *heterogenes Team:* Die Homogenität kann sich beispielsweise auf die jeweiligen Charaktere beziehen. Erfahrungsgemäß sind in diesem Fall heterogene Teams zu empfehlen. Abbildung 59 zeigt einige konträre Charaktere bei Software-Entwicklern nach [Pfleeger 98]. Eine andere durchaus sinnvolle Homogenität ergibt sich aus den Kenntnissen. So sind beispielsweise Testteams oder Programmierteams sinnvolle Beispiele hierfür.

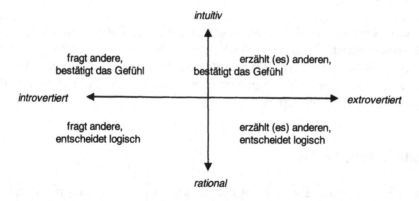

Abb. 59: Arbeitsstile unterschiedlich veranlagter (Software-) Entwickler

- *Spezielles* vs. *universelles Team:* Diese Klassifikation bezieht sich vor allem auf die Fähigkeiten und Erfahrungen. Beispiele für spezielle Teams sind hierbei Entwicklergruppierungen für spezielle Produktklassen oder Paradigmen.

- *Inhouse-* vs. *externes Team:* Hierbei wird nach der „Ansiedlung" des Entwicklungsteams im eigenen Bereich (inhouse) oder außerhalb, beispielsweise durch das Auslagern *(outsourcen)* der Entwicklungsaufgabe an eine andere Firma, unterschieden.

Wird die Software in derartigen Teams entwickelt, so spielen die Kommunikationsformen und -arten eine wichtige Rolle. Wir wollen zunächst die Grundformen dieser Kommunikation beschreiben und uns dann einigen bisher bewährten Team-Strukturen zuwenden. Zur Darstellung dieser Kommunikationsformen wollen wir das so genannte *Anwendungsfalldiagramm (use case diagram)* verwenden. Für den Begriff Anwendungsfall werden auch die Begriffe Geschäftsprozess oder einfach Prozess verwendet. Allerdings verwendet man auch im Deutschen immer häufiger den englischen Begriff. Die Notation dieser Darstellungsform ist in Abbildung 60 angegeben.

Damit ist es möglich, zur Kommunikationsbeziehung auch die jeweilige Form bzw. den Inhalt mit anzugeben. Je nach dem Kontext dieser Kommunikation können die einzelnen Prozesse bzw. Use-Cases in ihren *elementaren Formen* beispielsweise Absprachen, Anweisungen, Nachfragen oder auch Reports sein.

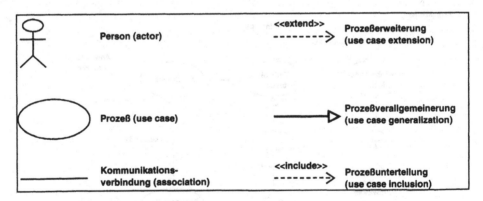

Abb. 60: Notation eines Use-Case-Diagramms

Die Abbildung 61 zeigt die grundlegenden Kommunikationsstrukturen, die in Teams gebräuchlich sind.

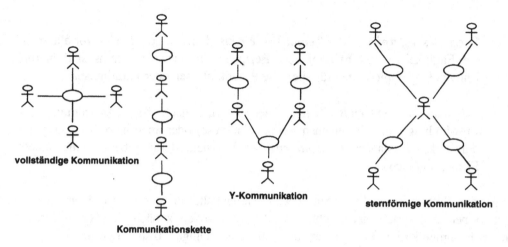

vollständige Kommunikation

Kommunikationskette

Y-Kommunikation

sternförmige Kommunikation

Abb. 61: Grundlegende Kommunikationsstrukturen

Eine komplexere Form der Kommunikation zwischen Software-Entwicklern zeigt die Abbildung 62. Dabei sind bereits spezielle Prozessverbindungsformen angegeben.

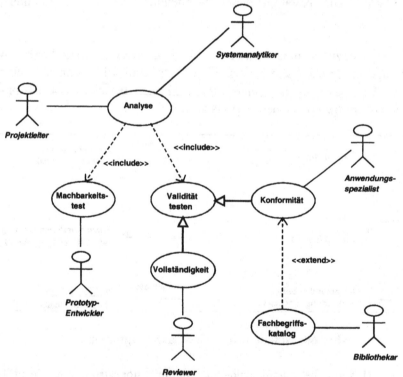

Abb. 62: Kommunikationsformen bei der Anforderungsanalyse

So zeigen die gestrichelten Pfeile, dass es für den jeweiligen Prozess spezielle konkrete Formen gibt, während der hohle Pfeil eine beispielhafte Spezialisierung des Prozesses kennzeichnet. Neuere Versionen des Use-Case-Diagramms lassen auch unmittelbare Verbindungen zwischen den Akteuren zu.

Als erstes wollen wir uns nun dem so genannten *Chefprogrammierer-Team (chief programmer team (CPT))* zuwenden. Diese Teamform wurde bereits 1972 bei IBM erstmals angewandt und inzwischen ergänzt und modifiziert. Das Team setzt sich dabei aus folgenden Personen bzw. -gruppen zusammen.

- Der *Chefprogrammierer (chief programmer):* Diese Person ist zugleich der Leiter des Teams und beschäftigt sich mit der Erarbeitung der Spezifikation auf der Grundlage der auch von ihm durchgeführten Anforderungsanalyse und mit dem Entwurf und der Implementation der kritischen Systemkomponenten. Darüber hinaus überwacht er alle Entwicklungsergebnisse des Teams und leitet die Arbeit insgesamt an.

- Der *Chefprogrammierassistent (assistant chief programmer):* Er ist dem Chefprogrammierer unmittelbar unterstellt und unterstützt ihn bei der Planung und Reduzierung der insgesamt erforderlichen Kommunikation.

- Der *Senior-Programmierer (senior programmer):* Er leitet als erfahrener Mitarbeiter das unmittelbare Programmierteam der so genannten Junior-Programmierer.

- Der *Junior-Programmierer (junior programmer):* Von ihm gibt es mehrere im CPT je nach Aufgabengröße. Er realisiert die Implementation und den Komponententest.

- Der *Bibliothekar (librarian):* Diese Person unterstützt das Programmierteam hinsichtlich Dokumentationen und Programmverwaltung bis hin zur Pflege des Repository.

- Der *Administrator (administrator):* Er unterstützt den Chefprogrammierer beim so genannten Projektmanagement (siehe Abschnitt 1.6).

- Das *Testteam (test team):* Diese Personengruppe realisiert vor allem den Integrations- und Systemtest und bereitet die Erprobung des Software-Systems vor.

Abbildung 63 zeigt die Kommunikationsstruktur dieser Entwicklungsteamform. Durch diese Strukturform werden die bei n Teammitgliedern möglichen $(n^2 - n)/2$ Kommunikationen auf n Pfade reduziert.

Eine weitere Entwicklungsteambildung wird auf der Grundlage einer gleichmäßigen Verteilung der Verantwortlichkeiten auf alle Teammitglieder erreicht. Diese Form bezeichnen wir als **Teamgemeinschaft** *(egoless programming team (EP))*. Die einzelnen Teammitgliedern haben natürlich auch hier unterschiedliche Aufgabenbereiche (Entwurf, Implementation, Test), allerdings werden die jeweiligen Entwicklungsentscheidungen gemeinsam getragen (siehe [Pfleeger 98], S. 95 ff.).

Eine andere Form ist schließlich das so genannte **Operationsteam** *(surgical team (ST))*, welches aus den vier Personengruppen der technischen, administrativen, redaktionellen und dokumentierenden Mitarbeitern besteht (siehe auch [Mayrhauser 90], S. 766 ff.). Die zentrale Person ist hierbei der „Chefoperator", der allerdings die Hauptlast der technischen Realisierung der Software-Entwicklung trägt und hinsichtlich Teamführung und -leitung von den anderen unterstützt wird bzw. aus den Entwicklungserfordernissen auf die notwendigen organisatorischen Maßnahmen schließt.

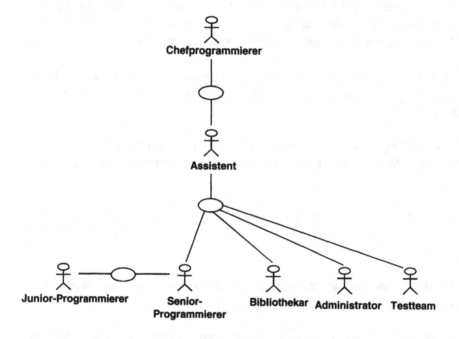

Abb. 63: Kommunikationsstruktur beim Chefprogrammierer-Team

Die speziellen Techniken und Formen von Software-Entwicklungsteams werden uns vor allem noch einmal im Zusammenhang mit der im Abschnitt 3.5 behandelten verteilten Software-Entwicklung beschäftigen.

1.3.3 Partizipatorische Entwicklungsformen

Im vorhergehenden Abschnitt haben wir vornehmlich die aus Software-Entwicklern bestehenden Teamarten betrachtet. Dieser Abschnitt bezieht nun die in den verschiedenen Phasen der Software-Entwicklung und -Anwendung involvierten Personen insgesamt mit ein. Wir erinnern uns an die bereits bei der Behandlung des Software-Lebenszyklus genannten Personen, die insbesondere in den frühen Phasen einbezogen waren. Abbildung 64 verdeutlicht diese Beziehungen noch einmal.

Dabei steht allerdings jede genannte Person für ein Team mit in der Regel jeweils nur einem Ansprechpartner. Der Software-Entwickler ist im Allgemeinen durch den *Projektleiter* vertreten, der für den Zeitraum der Software-Entwicklung die Verantwortung inne hat. Im Allgemeinen wird die Software in so genannten ***Softwarehäusern*** *(software houses)* oder aber in den entsprechenden IT-Abteilungen[20] der Firmen entwickelt.

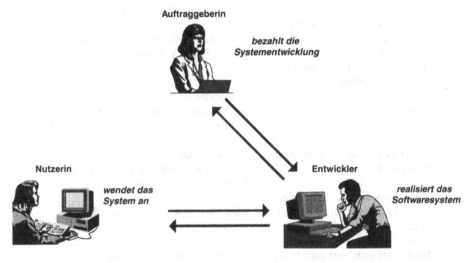

Abb. 64: Beziehungen zwischen Entwickler, Auftraggeber und Nutzer

Derartige IT-Abteilungen sind relativ einheitlich strukturiert. Zum leitenden Personal gehören unter anderem

- der Abteilungsleiter *(chief executive officer (**CEO**))*,
- der ökonomische Leiter *(chief financial officer (**CFO**))*,
- der Leiter Informationsverarbeitung *(chief information officer (**CIO**))*.

In der Literatur werden nahezu ausschließlich die englischen Abkürzungen verwendet.

---

[20] IT steht für Informationstechnologie und hat die klassischen Begriffe wie EDV (elektronische Datenverarbeitung) oder DV abgelöst.

Wir wollen uns nun dem Personenkreis zuwenden, der in der jeweiligen Entwicklungs-, Wartungs- oder Anwendungsphase zusammenarbeitet – also an der jeweiligen Phase *partizipiert*. Bei der Software-Entwicklung haben wir in den frühen Phasen im Allgemeinen die in Abbildung 64 genannten Personen einbezogen. Die Problemdefinition regelt dabei, welche Kommunikationsform dabei möglich ist. So kann beispielsweise festgelegt sein, dass Entwickler X mit dem Nutzer Y die endgültige Form der Nutzeroberfläche des Systems „aushandelt". Andererseits kann auch geregelt sein, dass im Falle von Machbarkeitsproblemen der Auftraggeber sofort zu informieren ist.

Die aus der Erfahrung stammenden Meinungen des Entwicklers auf der einen und des Nutzers bzw. Auftraggebers auf der anderen Seite zeigt die Tabelle 12 (siehe [Pfleeger 98], S. 175).

Entwickler sieht Nutzer	*Nutzer sieht Entwickler*
Nutzer weiß nicht, was er will.	Entwickler versteht nicht die operationalen Erfordernisse.
Nutzer kann nicht artikulieren, was er will.	Entwickler rückt zu sehr die technischen Details in den Vordergrund
Nutzer hat zu viele „politisch motivierte" Anforderungen.	
Nutzer wünscht, alles sofort zu haben.	Entwickler versucht uns zu erzählen, wie wir unseren Job machen sollten.
Nutzer kann seine Anforderungen nicht priorisieren.	Entwickler kann nicht klar die aktuellen Erfordernisse in ein erfolgreiches System umsetzen.
Nutzer lehnen es ab, die Verantwortung für das (fertige) System zu übernehmen.	Entwickler sagt: nicht alles auf einmal.
Nutzer sind nicht verbindlich den Projekten zugeordnet.	Entwickler sind immer im Zeitverzug.
Nutzer sind nicht bereit, Kompromisse einzugehen.	Entwickler fragt Nutzer nach Zeit und Aufwand (auch für Systemnachteile).
Nutzer können keine Restplanung vornehmen.	Entwickler setzen unrealistische Standards für die Anforderungsdarstellung.
	Entwickler können nicht kurzfristige Anforderungsänderungen umsetzen.

Tab. 12: Gegenseitige Sichten von Nutzer und Entwickler

Während des Entwurfes und der Implementation gelten die bereits im Abschnitt 1.3.2 beschriebenen Teamstrukturen. Bei der Erprobung partizipieren wieder der Auftraggeber und der Nutzer an der Arbeit des Software-Entwicklers. Dabei wird insbesondere die Einhaltung der vereinbarten Anforderungen überprüft. Die Struktur solcher Teams in Abhängigkeit von der Projektgröße ist in Tabelle 13 dargestellt. (siehe [Jones 91], S. 222).

Personal	Projektgröße		
	klein	mittel	groß
Projektleiter	1	2	25
Systemanalytiker	3	25	-
Anwendungsprogrammierer	1	5	100
Systemprogrammierer	1	10	-
Projektbibliothekar	1	5	-
Dokumentationsbearbeiter	-	1	20
Datenbankadministrator	-	1	5
Qualitätssicherer	-	1	5
Tester	-	-	10
Performance-Spezialist	-	-	5

Tab. 13: Personalstruktur in Abhängigkeit von der Projektgröße

Auf die Frage, was denn eigentlich ein „großes" Projekt darstellt, gehen wir im Abschnitt 1.5 zur Software-Messung noch einmal näher ein.

Bei der Software-Wartung ist die Verbindung zwischen Nutzer und Wartungs-ingenieur bzw. dem Auftraggeber ebenfalls gegeben. Allerdings hat diese Verbindung eher temporären Charakter.

Im Verlauf der Software-Anwendung ist eine partizipatorische Form während der Einführung und ggf. bei der Umstellung gegeben. Hier partizipiert allerdings der Entwickler bzw. Wartungsingenieur.

1.3.4 Kooperative Technologien

Ein typischer Ansatz für die verteilte Entwicklung ist das so genannte *Computer-Supported Cooperative Work (CSCW)* (siehe [Borghoff 98] und [Greenberg 92]). Allgemeine Anwendungsmerkmale des CSCW, wie sie auch bei der Software-Entwicklung Anwendung finden können, sind beispielsweise:

- der *Informationsaustausch* zwischen den Gruppenmitgliedern in synchroner oder asynchroner Form, z. B. durch

  - so genannte *Face-to-face-Sitzungen*, wie beispielsweise das Videoconferencing, bei dem das **WYSIWIS-Prinzip** *("What you see is what I see.")* gilt,

  - gemeinsame Informations- (News Groups) bzw. Kooperationsbasis,

  - die Unterstützung von Lehr- und Lernsystemen als *Open-Distance-Learning;*

- die *gemeinsame Erstellung* von Dokumenten, zum Beispiel zur gemeinsamen Entwicklung von Software-Systemen oder zur Ver- und Bearbeitung von Dokumenten;

- die *gemeinsame Entscheidungsfindung* beispielsweise für das Projektmanagement oder die gemeinsame (medizinische, geologische, politische usw.) Analyse und Bewertung;

- die *Koordination komplexer Gruppenarbeitsprozesse* z. B. als Firmenmanagement oder als Unterstützung einer weltweit verteilten, ununterbrochenen Produktionsform.

Bei der verteilten Entwicklungsform ist eine zweckmäßige Auswahl der Kommunikationsform zu treffen. Die folgende Tabelle 14 zeigt eine zusammenfassende Darstellung von Kommunikationstechniken und jeweilige Beispiele.

	gleiche Zeit	*unterschiedliche Zeit*
gleicher Ort	**Face-to-face** (z. B. Meeting-Raum)	**asynchron** (z. B. verteilte Projektlanung)
verschiedene Orte	**synchron getrennt** (z. B. verteilter Editor als so genannte Whiteboards)	**asynchron** (z. B. Email)

Tab. 14: Ausgewählte Kommunikationstechniken

Die Möglichkeit unter den verschiedensten Voraussetzungen und Organisations-formen eine kooperative Arbeit im Internet auf der Grundlage des WWW zu realisieren, wird als *Global Software Engineering* bezeichnet. Dabei dient das Internet gewissermaßen selbst als Ressource und Entwicklungsplattform zugleich. Abbildung 65 zeigt eine mögliche Topologie für das Global Software Engineering nach [Gao 98].

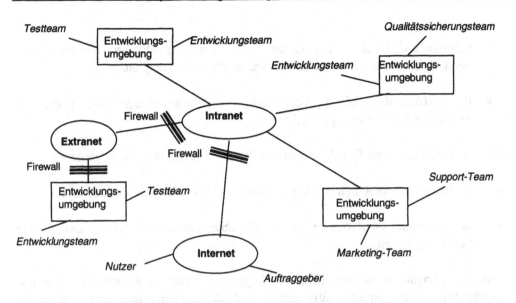

Abb. 65: Netztopologie beim Global Software Engineering

Wir wollen an dieser Stelle allerdings noch einmal darauf verweisen, dass beispielsweise in einem IT-Bereich die Rollenverteilung nicht ganz so einfach bzw. eindeutig ist, wie wir sie hier in ihren Grundformen erläutert haben. Die dabei möglichen Verflechtungen ergeben sich zum Beispiel daraus, dass nahezu gleichzeitig

- die Abteilung gerade eine neue System-Software einer anderen Firme aufgrund neuer Rechnerplattformen *einführt,*

- die gesamte Software für einen speziellen Anwendungsbereich aufgrund von gesetzlichen Änderungen *umgestellt* wird,

- die Anwender anderer Abteilungen der Firma von Mitarbeitern zu einer speziell im IT-Bereich entwickelten Software *geschult* werden,

- die zu einer Entwicklung akquirierten Komponenten durch eine neue Version *ausgetauscht* werden müssen.

Auftraggeber können also zugleich Nutzer oder Entwickler sein oder aber auch umgekehrt.

1.3.5 Teleworking

Die Ausgliederung einer Person bzw. einzelner Tätigkeiten mittels entferntem Zugriff zum Hauptentwicklungsprozess wird *Telearbeit (teleworking)* genannt. Telearbeit unterteilt sich nach [Rensmann 98] in:

- *Telecomputing:* die Verteilung der Arbeit „zum Arbeitenden" hin unter Verwendung der Informations- und Kommunikationstechnologien,

- *Teleworking:* die entfernte Verrichtung der Arbeit von dem Ort, an dem die Arbeitsergebnisse benötigt werden.

Die speziellen räumlichen Gegebenheiten für diese Telearbeit sind im Allgemeinen:

- *innerbetriebliche Arbeitsstätten* als Satellitenbüro oder Teleservicecenter,

- *außerbetriebliche Arbeitsstätte* als Nachbarschaftsbüro, Teleheimarbeit oder mobile Telearbeit.

Günstige Bedingungen für eine Telearbeit liegen vor, wenn die Kommunikations- und Koordinationsanforderungen relativ gering sind, d. h. wenige operative Absprachen bzw. kaum permanente Zugriffe auf Informationen im Unternehmen erforderlich sind. Der Arbeitsinhalt muss längere autonome Arbeitsphasen beinhalten und vor allem abrechenbar sein. Für spezielle Abstimmungen sind Präsenszeiten im Unternehmen erforderlich, die im Rahmen der Telearbeit relativ genau planbar sein müssen. Ist der Anteil der Präsenz im Unternehmen etwa gleich dem Telearbeitsanteil, so handelt es sich um eine *alternierende Telearbeit.* Für die Telearbeit eignen sich beispielsweise insbesondere Daten- und Texterfassungsarbeiten, Schreib- und Redigierarbeiten, die Aufgabenbearbeitung im Rechnungswesen sowie Recherche- und Design-Arbeiten. Im Rahmen des IT-Bereichs sind daher für eine Telearbeit die in der Abbildung 66 angegebenen Tätigkeiten.

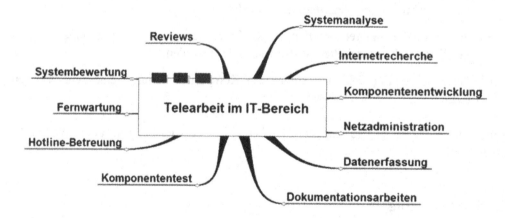

Abb. 66: Telearbeitsgebiete im IT-Bereich

Für den Telearbeiter ist ein besonderes Maß an Eigenverantwortung, Pflichtbewusstsein und vor allem an Selbstmotivation erforderlich. Gerade hierbei können mangelnde Motivation einerseits oder auch permanente Selbstüberschätzung andererseits zu neuen psychologischen Problemen in der Arbeitswelt führen. Ein weiterer allgemeiner Aspekt ist die arbeitsrechtliche Absicherung für diese Beschäftigungsform. Als Maß erfolgreicher Software-Entwicklungstelearbeit zeigen sich auch hierbei die Beherrschung der Entwicklungskomplexität und die Messbarkeit der arbeitsteiligen Komponentenerstellung.

1.3.6 Agiles Software-Entwicklungspersonal

In der heutigen Zeit finden so genannte agile Entwicklungsmethoden immer mehr Verbreitung. Die Agilität bei der Systementwicklung wird wie folgt definiert (siehe [Cockburn 02]):

> „*Agility is dynamic, context-specific, aggressively change-embracing, and growth-oriented. It is not about improving efficiency, cutting costs, or battening down the business hatches to ride out fearsome competitive 'storms'. It is about succeeding and about winning: about succeeding in emerging competitive arenas, and about winning profits, market share, and customers in the very center of the competitive storms many companies now fear.*"

Die allgemeinen Merkmale einer agilen Softwareentwicklung (ASE) sind nach der so genannten *Agile-Allianz* die unter anderem folgende (siehe [Agile 03] bzw. [Williams 03]):

- Die höchste Priorität einer ASE ist die frühe Implementation von Software und die damit mögliche frühe Zufriedenstellung des Auftraggebers.
- Die Software soll in kurzen Zeitintervallen (nur einige Wochen) erstellt werden. Dabei werden jeweils umsetzbare Teilanforderungen berücksichtigt.
- Das primäre Maß für den Arbeitsfortschritt ist anwendbare Software, die inkrementell eine gewisse Menge von Systemanforderungen bereits realisiert.
- Auftraggeber und Entwickler sollten täglich den Ergebnisstand auswerten und ggf. Maßnahmen zur Gewährleistung der Validität festlegen.
- Der beim ASE unbedingt erforderliche Informationsaustausch sollte am besten durch eine Face-to-face-Kommunikation gesichert werden.
- Die Kunst der Entwicklung besteht vor allem in der Fähigkeit, eine Einfachheit aller Systemkomponenten und Integrationsformen zu gewährleisten.
- Ein ASE-Team erreicht in bestimmten Intervallen durch Reflexion eine höhere Effizienz, wobei sich die Teammitglieder in ihrem Verhalten dem Entwicklungsfortschritt anpassen.

Diese Prinzipien scheinen jeden zu überzeugen, sind allerdings nicht ganz unkritisch (siehe [Beck 03], [Boehm 03]). Voraussetzung für das ASE sind kleine Teams (bis zu 10 Mitarbeitern) sowie die Gewährleistung der unmittelbaren Kommunikation untereinander. Die folgende Abbildung 67 verdeutlicht die methodischen Grundprozesse eines ASE, wie sie im Rahmen einer Systementwicklung zur Anwendung kommen können.

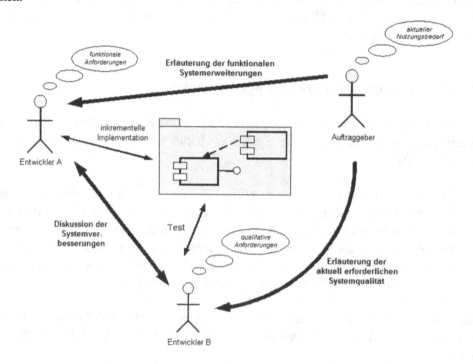

Abb. 67: Kommunikationsstruktur bei der agilen Software-Entwicklung

Der Entwicklungsprozess beginnt natürlich mit einer allgemeinen Problemstellung als Ausgangsdokument. Die weiteren Systemaspekte werden dann allerdings kommunikativ umgesetzt. Durch die permanente Präsenz des Auftraggebers bzw. eines Vertreters mit dessen Kompetenz können weitere geänderte Anforderungen sofort diskutiert und umgesetzt werden. Die beiden Entwickler teilen sich wechselseitig (*peer-to-peer*) die Implementation ausgewählter Anforderungen und den jeweiligen Test dazu, so dass ein inkrementelles Systemwachstum erreicht wird. Voraussetzung dieser dokumentationslosen Entwicklungsform ist allerdings eine hohe Qualifikation der Entwickler selbst, die ausschließlich über eine Pinwand den Projektfortschritt bzw. Bearbeitungsstand anzeigen. Der Vorteil der agilen Web-Systementwicklung ist der hohe Nutzereinfluss bereits zur Entwicklungszeit im Sinne einer bereits diskutierten partizipatorischen Entwicklungsform. Nachteilig kann sich die hierbei entstehende Personengebundene Systemkenntnis für die Wartung dieser Web-Systeme auswirken.

Die Abbildung 68 hebt insbesondere das Merkmal der räumlichen Nähe der paarweise strukturierten Teammitglieder hervor.

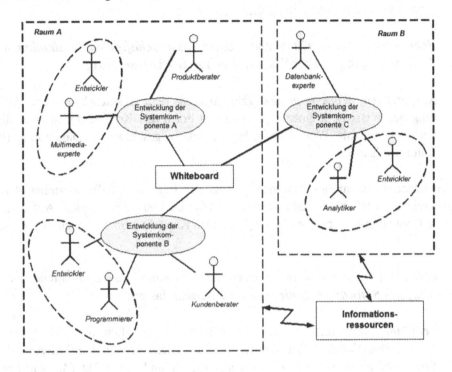

Abb. 68: Personalstruktur zur agilen Software-Entwicklung

Die Anwendung wird zeigen, für welche Entwicklungsgebiete bzw. Systemarten sich diese Teamform besonders eignet.

1.3.7 Communities

Bereits im ersten Abschnitt haben wir hinsichtlich der Spezialisierung des Personals von Berufsgruppen oder Communities gesprochen. Da sich die englische Bezeichnung „eingebürgert" hat, wollen wir diese auch im Folgenden verwenden. Der Erfahrungs- und Wissenshintergrund solcher Communities setzt sich im Allgemeinen zusammen aus:

- *Organisationen, Verbänden* oder *Gremien*, die die jeweilige Berufsgruppe hinsichtlich Aus- und Weiterbildung, Qualifizierung, Erfahrungsaustausch und Wissensverbreitung unterstützt,

- *Firmen, Institutionen* und *Einrichtungen*, die das eigentliche Wirkungsfeld der Vertreter der Berufsgruppe darstellen,

- *Forschungseinrichtungen, Labore* und *Institute,* die der Wissensvermehrung, -erweiterung und -verbreitung dienen,

- *Fachbücher, Zeitschriften* und weitere *wissenschaftliche Publikationen* zur Wissensverbreitung, Fachdiskussion und zum Wissenserwerb,

- *Konferenzen, Workshops* und *Tutorials*, die dem Austausch und der Verbreitung des Wissens in einer komprimierten Form (als Konferenz), in einer diskutierten Form (als Workshop) oder als relativ geschlossene Darstellung (beim Tutorial) dienen.

Die einzelnen Communities bestehen jeweils für bzw. innerhalb spezieller Anwendungsbereiche, Entwicklungsmethodiken, Paradigmen und Technologien. Auf derartige spezielle Communities gehen wir in den folgenden Kapiteln zum Teil noch näher ein.

Wir wollen für das Software Engineering insgesamt die Bestandteile für die *Community des Software-Ingenieurs* kurz zusammenfassen:

- *Verbände:* International sind die beiden, ursprünglich aus der Elektronik stammenden Verbände zu nennen, wie die *IEEE (Institute of Electrical and Eletronics Engineers* unter „*www.ieee.org/*") und die *ACM (Association for Computing Machinery* unter „*www.acm.org/*"). National ist für den Software-Ingenieur die Gesellschaft für Informatik (*GI* unter „*www.gi-ev.de/*") mit dem sogenannten Fachbereich 2 (Softwaretechnologie und Informationssysteme) die geeignete Organisationsform.

- *Forschungseinrichtungen:* International muss man auf jeden Fall das Software Engineering Institute (*SEI* unter „*www.sei.cmu.edu/*") in Pittsburgh und das Software Engineering Laboratory der NASA (*SEL* unter „*fdd.gsfc.nasa.gov/ seltetxt.html*") nennen. In Europa existiert das Europäische Software Engineering Institut (*ESI* unter „*www.esi.es/*") in Bilbao in Spanien. National gibt es verschiedene Forschungsinstitute, wie das Fraunhofersche Institut, wie zum Beispiel die Einrichtung für Software und Systemtechnik in Berlin (*ISST* unter „*www.isst.fhg.de/*") oder die Einrichtung für Experimentelles Software Engineering in Kaiserslautern (*IESE* unter „*www.iese.fhg.de/*").

- *Fachliteratur:* Ein wesentlicher Teil an Fachbüchern zum Software Engineering ist bereits im Literaturverzeichnis in diesem Buch angegeben. Hinsichtlich der Fachzeitschriften zum Software Engineering wollen wir explizit die folgenden anführen:

- *ACM Transactions on Software Engineering and Methodology,*
- *Annals on Software Engineering,*
- *Automated Software Enginnering,*
- *Empirical Software Engineering,*
- *IEEE Transactions on Software Engineering,*
- *Information and Software Technology,*
- *International Journal of Software Engineering,*
- *Journal of Software Maintenance,*
- *Journal of Systems and Software,*
- *Journal of Systems Architecture,*
- *Software Concepts & Tools,*
- *Software Engineering Notes,*
- *Software Quality Journal,*
- *Softwaretechnik-Trends*
- *Software Testing, Verification and Reliability.*

Des Weiteren müssen dann jeweils die Fachzeitschriften des Anwendungs-bereiches, der Technologie und der Paradigmen berücksichtigt werden.

- **Konferenzen:** Zum Software Engineering gibt es „die" internationale Konferenz als *ICSE*, die 2003 bereits zum 25-sten Mal stattfand. Eine weitere, neue Form ist die Software Engineering Konferenzreihe *IASTED* (http://www.iasted.com). Im Europäischen Bereich werden im Allgemeinen Software-Engineering-Konferenzen mit speziellen Ausrichtungen, wie zum Beispiel für die Software-Wartung *(CSMR)*, für den Software-Test *(EuroSTAR)* oder für die Software-Messung *(MAIN)* durchgeführt.

Damit haben wir natürlich nur einige Bereiche einer derartigen Software-Ingenieurs-Community angedeutet, allerdings auch den wesentlichen Rahmen für die oben genannten Grundvoraussetzungen, die zu einem qualifizierten, sich ständig weiterbil-denden Personal bei der Software-Entwicklung führen, genannt.

Trotz der Communities beim Software Engineering sind vom Software-Ingenieur immer noch persönliche Handlungsstrategien, die grundlegenden Methoden und Prinzipien verantwortungsbewusst umzusetzen, erforderlich. Derartige Strategien werden im Allgemeinen als Leitlinien der **Berufsethik** zusammengefasst. Auch für den Informatiker und damit auch den Software-Ingenieur finden wir eine derartige Orientierung unter „*www.gi-ev.de/uebersicht/ethische_leitlinien.html*".

Übungsaufgaben

66. Geben Sie Tätigkeitsbezeichnungen für Software-Entwickler, die in den verschiedenen Entwicklungsphasen zum Einsatz kommen, an.

67. Welche Qualifikationsformen benötigt ein Software-Entwickler für eine konkrete Entwicklungsfirma?

68. Worin besteht die grundlegende Idee des Personal Software Process?

69. Was versteht man jeweils unter einem homogenen, temporären und universellen Entwicklungs-Team.

70. Beschreiben Sie zwei Arten von Kommunikationsstrukturen an einem Beispiel.

71. Welche Struktur hat das Chefprogrammierer-Team?

72. Was ist ein CEO und was ist ein CIO?

73. Wie sieht ein Entwickler den Nutzer bzw. Auftraggeber?

74. Geben Sie mögliche Ursachen für die Nichteinhaltung des WYSIWIS-Prinzips an.

75. Beschreiben Sie eine mögliche Architektur für eine auf Telearbeit beruhende arbeitsteilige Software-Wartung durch ein Komponentendiagramm.

76. Beschreiben Sie weitere mögliche Rollenverteilungen beim Global Software Engineering an.

77. Charakterisieren Sie die Grundmerkmale der agilen Software-Entwicklung.

78. Welche Grundelemente bestimmen eine Community?

1.4 CASE-Tools und Entwicklungsumgebungen

Die Bearbeitung der Phasen der Software-Entwicklung und -Wartung sollte natürlich selbst auch durch den Computer unterstützt werden. Diese Hilfsmittel bezeichnet man als Software-Werkzeuge, die wir wie folgt definieren wollen.

> *Unter **Software-Werkzeugen** (software tools) verstehen wir alle rechnergestützten Hilfsmittel zur Unterstützung der Entwicklung und Wartung eines Software-Produktes.*

In der Literatur wird für Software-Werkzeuge einfach der Begriff Tool[21] verwendet. Auch wir haben diesen Begriff bereits angewandt und dabei zunächst ein intuitives Verständnis vorausgesetzt. Die obige Tool-Definition scheint nahezu alle Facetten programmtechnischer Hilfsmittel einzuschließen und doch besitzt sie folgende Abgrenzungen:

- Sie schließt die rechnergestützten Hilfsmittel zur Produktanwendung aus, da diese dem Produkt oder dem jeweiligen System insgesamt zugeordnet werden.

- Sie unterscheidet deutlich zwischen einem (rechnergestützten) Hilfsmittel schlechthin, wie zum Beispiel einem Textverarbeitungssystem, und den zur Software-Entwicklung und –Wartung vorhandenen oder benötigten.

- Sie verweist auf die Unterstützung und fordert nicht die vollständige Automation, die gegenwärtig nicht vorhanden bzw. auch nur begrenzt realisierbar ist.

In unserem Sinne ist das Textverarbeitungssystem zunächst nur ein Anwendungssystem. Allerdings ist für einen Schriftsteller dieses System auch ein Werkzeug bzw. ein Tool. Um uns noch klarer von einer derartigen „Tool-Landschaft" abzugrenzen, versehen wir „unsere" Tools mit einem Präfix, der auf die Rechnerstützung *(computer-aided)* und die Software-Entwicklung hinweist, und zwar als *CASE-Tool (computer-aided software engineering tool)*.

Bevor wir auf die speziellen Fähigkeiten derartiger Tools näher eingehen, wollen wir uns gemäß ihrer Anwendungsform und Ausprägung einigen Klassifikationen für CASE-Tools zuwenden.

---

[21] Im Englischen wird der Begriff Tool beim Software Engineering noch weitreichender verwendet. Er bezeichnet hierbei auch Handlungsvorschriften oder Regeln, die nicht rechnergestützt sind.

1.4.1 Die Klassifikation der CASE-Tools

CASE-Tools für die so genannten frühen Phasen der Software-Entwicklung, also von der Problemdefinition bis zum Entwurf, bezeichnen wir als *Upper CASE-Tools*. Die Software-Werkzeuge für die unteren bzw. „späten" Entwicklungsphasen, also die Implementation mit den verschiedenen Testformen, bezeichnen wir als *Lower CASE-Tools.*

Die CASE-Tools können dabei innerhalb einer Entwicklungsphase angewendet werden bzw. alle Aufgaben einer Entwicklungsphase abdecken. Realisieren CASE-Tools die Aufgaben mehrerer Entwicklungsphasen, so nennen wir sie integrierte CASE-Tools, oder kurz *I-CASE*. Im Verlauf der Software-Wartung steht man häufig vor der Aufgabe, aus dem Programmcode den dazugehörigen Entwurf bzw. die Dokumentation abzuleiten. Wir haben derartige Aufgaben bereits als Reengineering zusammengefasst. CASE-Tools für diesen Bereich werden deshalb auch als *CARE-Tools (computer-aided reengineering tools)* bezeichnet.

Auf das für eine ingenieurmäßige Entwicklung notwendige Maßsystem haben wir schon hingewiesen. Tools, die dieser Aufgabe als Analyse-, Mess- oder Bewertungs-Tools dienen, fassen wir unter der Bezeichnung *CAME-Tools (computer-assisted measurement and evaluation tools)* zusammen.

Abbildung 69 zeigt die Einordnung der bisher genannten Tools in die Software-Entwicklung.

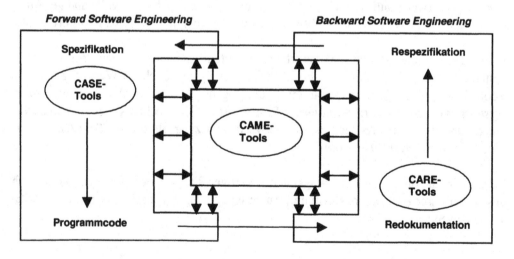

Abb. 69: CASE-Tools bei der Software-Entwicklung

Eine weitere Bezeichnung für CASE-Tools ergibt sich aus der Art und Weise ihrer Zusammenfassung. Handelt es sich um eine „lose" Sammlung von Tools für eine spezielle Entwicklungsmethodik oder einen Anwendungsbereich, so bezeichnen wir diese Form als *Werkzeugkasten (software development toolkit)*. In diesem Fall nennt man das einzelne Tool auch *Baustein (component)*.

Ist diese Tool-Menge unter einer einheitlichen Form, zum Beispiel einer graphischen Nutzeroberfläche, zusammengefasst, so bezeichnen wir diese als *Entwicklungsplatz (software development workbench)*. Für den Software-Anwender werden diese Arbeitsplätze auch *Desktops* genannt.

Eine weitere Klassifikation zu CASE-Tools ergibt sich aus ihrer Leistungsfähigkeit, die sich im Laufe der Zeit ergeben hat, und zwar als *CASE-Tool-Generationen.* So spricht man beispielsweise von *CASE-Tools erster Generation*, wenn diese nur jeweils eine Entwicklungsphase abdecken, sonst nennt man sie *CASE-Tools zweiter Generation*.

1.4.2 Beispiele für CASE-Tools

Wir wollen uns einige Arten von CASE-Tools ansehen, die in den jeweiligen Entwicklungs- und Wartungsphasen zur Anwendung kommen (könnten). Wir beginnen bei der Problemdefinition.

CASE-Tools für die Problemdefinition

In der Problemdefinition ist ein Dokument als Aufgabenstellung zu formulieren. Dieses Dokument besteht vor allem aus fachspezifischem Text mit eingefügten Bildern, Skizzen oder Diagrammen. Daher kann hier ein *Textverarbeitungssystem* auch als CASE-Tool verwendet werden.

Da allerdings dieser Text vielfältige inhaltliche Bezüge zum Anwendungsbereich und zur Software Engineering Community aufweist, ist es zweckmäßig, diese Bezüge auch permanent im Dokument zu integrieren, beispielsweise als so genannte Links. Damit bieten sich Hypertext-Dokumente an, die beispielsweise auf der HTML *(hypertext markup language)* beruhen. Setzt man beispielsweise voraus, dass ein Großteil dieser Hyperlinks im Internet oder Intranet vorhanden sind, eignet sich zum Beispiel der *Netscape Editor* als CASE-Tool. Abbildung 70 zeigt die Nutzeroberfläche des Internet Explorers für die Hypertexterfassung.

Die Phase der Problemdefinition beinhaltet vor allem kommunikative Aktivitäten, so dass beispielsweise für Brainstormings *Videokonferenzsysteme* verwendet werden können.

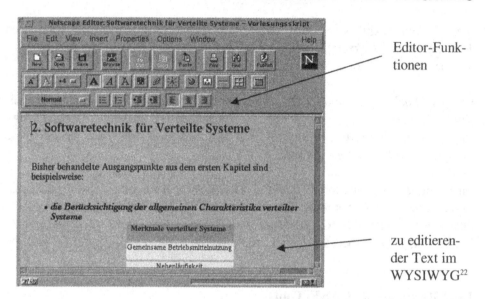

Abb. 70: Editieren von Hypertexten mit dem Netscape-Editor

Abbildung 71 zeigt die Oberfläche des so genannten *MBone-Systems (multicast backbone system)* auf das wir im zweiten Kapitel noch kurz eingehen werden.

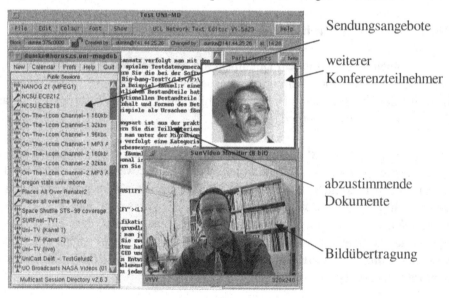

Abb. 71: Videokonferenz mit dem MBone-System

---

[22] Diese Abkürzung steht für „What you see is what you get" und bringt zum Ausdruck, dass das im Allgemeinen mit (HTML-) Steuerbefehlen erzeugte Seitenlayout unmittelbar auch zu sehen ist.

CASE-Tools für die Anforderungsanalyse

Die Anforderungsanalyse dient in erster Linie der inhaltlichen Prüfung der in der Problemdefinition formulierten Aufgaben. Die Möglichkeiten des Computer-Einsatzes beziehen sich beispielsweise auf die Begriffskontrolle auf der Grundlage eines Fachwörterbuches, dem so genannten *Thesaurus*. CASE-Tools hierfür sind einfache *Datenbanksysteme*. Sind jedoch die Anforderungen inhaltlich nachzuprüfen, so muss in entsprechenden eigenen oder extern verfügbaren Informationsressourcen recherchiert werden. Im Internet gibt es dazu unter Anderem folgende Möglichkeiten:

- die allgemeine Suche mit Hilfe der dort zur Verfügung stehenden *Suchmaschinen,*

- die konkrete Suche in speziell dafür geeigneten *Digitalen Bibliotheken,*

- die Auswertung der Informationsangebote so genannter *Experience Factories,* beispielsweise als Sammlung relativ allgemeingültiger Experimente.

Die Abbildung 72 zeigt die Experimentsammlung zur Software-Entwicklung im Magdeburger Software Measurement Laboratory (SML@b), die als Vergleich herangezogen werden kann (*siehe* „*http://ivs.cs.uni-magdeburg.de/sweng/us/experimente/*").

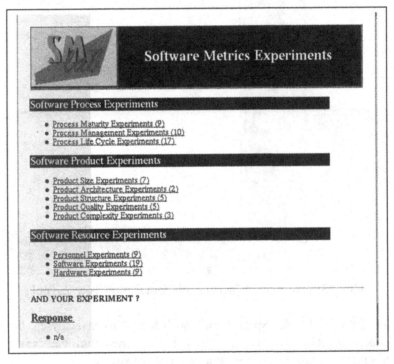

Abb. 72: Die Sammlung von Experimenten im SML@b

Bei der Anforderungsanalyse müssen ggf. auch Prototypen erstellt werden. Dafür sind *Programmiersysteme* sinnvoll, mit der man insbesondere die Nutzeroberfläche schnell implementieren kann. Beispiele dafür sind die heutigen Objektorientierten Systeme, wie *Delphi, Enterprise JavaBeans* und *Visual Works* bzw. *Smalltalk*.

CASE-Tools für die Spezifikation

In der Spezifikation steht die Modellierung des zu entwickelnden Systems im Vordergrund. Je nach formaler oder informaler Grundlage haben die CASE-Tools für diese Phase einen größeren zeichen-, text- oder Grafikbezogenen Anteil. Andererseits spielt auch die Ausrichtung der Modellierung, ob zum Beispiel daten-, funktions- oder Ereignisbezogen, eine wichtige Rolle. Dazu sind entsprechende *Modellierungs-Tools* notwendig. Abbildung 73 zeigt uns die Modellierung einer Prozessinteraktion durch das Use-Case-Diagramm mit dem *Rational-Rose-Tool*[23].

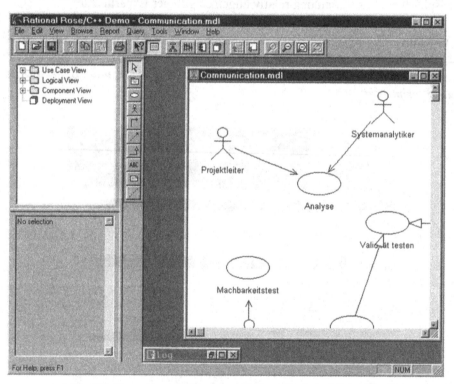

Abb. 73: Prozessmodellierung mit dem Rational-Rose-Tool

Andererseits sind auch bei der Spezifikation noch Machbarkeitsanalysen, insbesondere zur Problemkomplexität, erforderlich. Hierbei sind wiederum die bereits bei der Anforderungsanalyse genannten CASE-Formen anwendbar.

---

[23] Warum wir hier nicht ein einfaches Graphik-Tool, wie den Designer oder Corel Draw, verwendet haben, gehen wir im nächsten Abschnitt noch näher ein.

Das im Verlauf der Spezifikation entstehende Wörterbuch oder Repository ist eine besondere Anforderung an das CASE-Tool zur Modellierung und ist dabei unbedingt zu integrieren. Dies gilt auch im Falle einer Wissensbasierten Entwicklungsform.

CASE-Tools für den Entwurf

Bei der Unterstützung dieser Phase geht es zum einen um die Weiterführung der Modellierung unter Beachtung der Soft- und Hardware-Anforderungen und zum anderen um die Auswahl der effizientesten Implementationsform und damit verbundene Systemarchitektur, wie sie möglicherweise explizit in den Anforderungen der Problemstellung vorgegeben ist. Abbildung 74 zeigt die spezielle Einstellung von Enterprise-JavaBeans-Komponenten mit der so genannten *J2EE-Umgebung*.

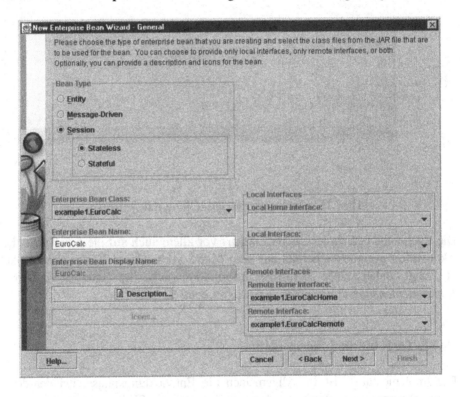

Abb. 74: Enterprise JavaBeans-Einstellung in der J2EE-Umgebung

Die Beschreibung eines Algorithmus als Programmiervorgabe zeigt die Darstellung eines Programmablaufplanes mit dem *Visio-Tool* in Abbildung 75.

Für die Unterstützung bei der Lösungssuche sind wiederum entsprechende **Recherche-Tools** anzuwenden. Andererseits muss dabei auch beachtet werden, dass insbesondere auch beim Entwurf entsprechendes Wissen in Form von Lösungsvarianten entsteht. Recherche und Speicherung bedingen sich also einander.

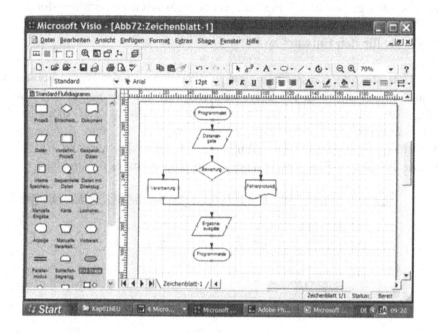

Abb. 75: Struktogrammdarstellung mit dem Visio-Tool

Die Recherche bezieht sich beim Entwurf vor allem auch auf die gezielte Suche für die Akquisition geeigneter, bereits auf dem Markt vorhandener Komponenten. Abbildung 76 zeigt daher einer derartige Informationssuche im Internet in der *Assets-Komponentensammlung* (unter *„www.asset.com/"*).

CASE-Tools für die Implementation

Die Implementation ist im Allgemeinen die Entwicklungsphase, bei der der höchste Automatisierungsgrad bzw. die damit verbundene CASE-Tool-Unterstützung vorliegt. Die eigenständige Realisierung dieser Phase wird durch so genannte **Program-mierumgebungen** vorgenommen. Diese unterstützen das Editieren, den Komponenten- und zum Teil den Systemtest.

Abbildung 77 zeigt eine solche Programmierumgebung für die Sprache Java, das *Forte for Java.*

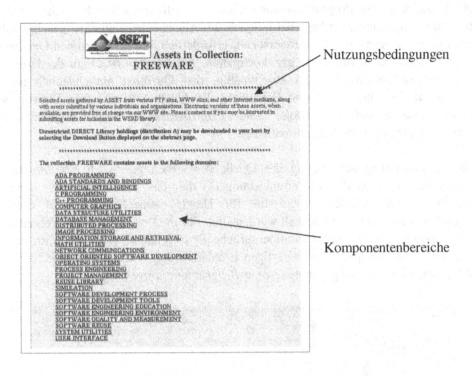

Abb. 76: Komponentensuche im Internet

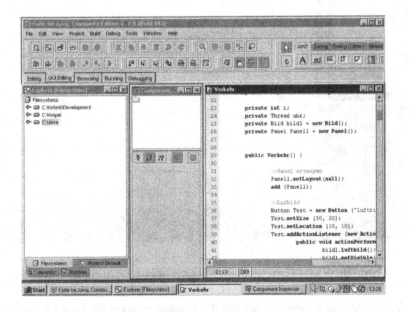

Abb. 77: Programmentwicklung mit dem Forte for Java

Die Einhaltung von Programmierkonventionen ist allerdings durch solche Programmierumgebungen nur sehr begrenzt möglich. Im Allgemeinen sind dazu „nachgestellte" Programme, so genannte *Postprozessoren,* erforderlich, die den erzeugten Quelltext in dieser Hinsicht überprüfen und ggf. korrigieren. Andererseits ist es auf der Grundlage eines Programmentwurfs nicht zweckmäßig, den Quelltext ausschließlich manuell einzugeben. Die dabei mögliche Erzeugung des Quelltextes aus dem Entwurf wird mittels „vorangestellten" Tools, also *Präprozessoren* bzw. allgemein auch *Programmgeneratoren* genannt, realisiert.

Für die (testweise) Ausführung des Quellcodes stehen ggf. auch *Emulatoren* zur Verfügung. Das sind Laufzeitumgebungen, die die künftige/andere Hardware „simulieren". So werden Programme für Handys zunächst auch auf dem PC abgearbeitet auf dem sie entwickelt worden sind. Für die Darstellung von Webseiten auf dem Handy gibt es als Implementationssprache die so genannte WML *(wireless markup language).* Ein Beispiel einer derartigen Emulation der WML auf dem PC zeigt die Abbildung 78 mit der so genannten *Nokia-Programmierumgebung.*

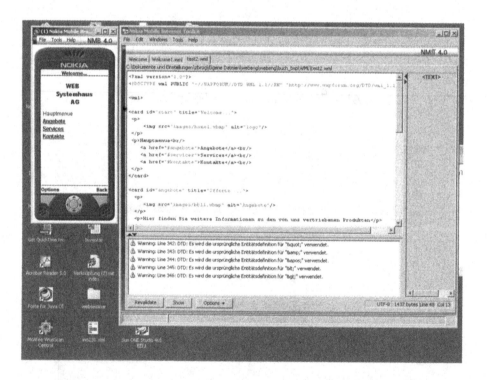

Abb. 78: WML-Generierung mit der Nokia-Programmierumgebung

Die Aufgaben der Programmtestung bei der Implementation sind im Allgemeinen in den Programmierumgebungen integriert. Das gilt bereits für das Editieren, das zumeist

Syntaxgesteuert verläuft und dabei bereits beim Eingeben des Quellcodes einige Syntaxfehler, wie beispielsweise eine falsche Anweisungsbezeichnung, sofort anzeigt. Die übrigen Syntaxfehler werden dann beim Übersetzen des Programms ermittelt.

Beim dynamischen Test ist beispielsweise die erreichte Testabdeckung zu bestimmen. Abbildung 79 zeigt eine derartige Testanalyse mit dem ***Test- und Analyse-Tool Logiscope***. Dabei bedeutet die gestrichelte Linie, dass dieser Zweig beim Test nicht durchlaufen wurde.

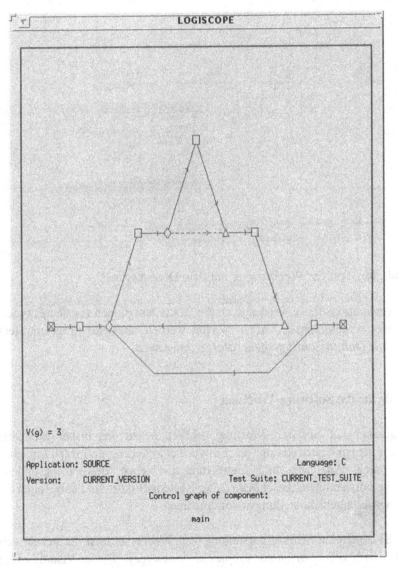

Abb. 79: Bewertung der Testabdeckung mit dem Logiscope-Tool

Eine weitere Form des Systemtests besteht in der Anwendbarkeit der Zielumgebung. Die folgende Abbildung 80 zeigt den Test von HTML-Text für spezielle Webbrowser-Versionen mit der Entwicklungsumgebung *Dreamweaver*.

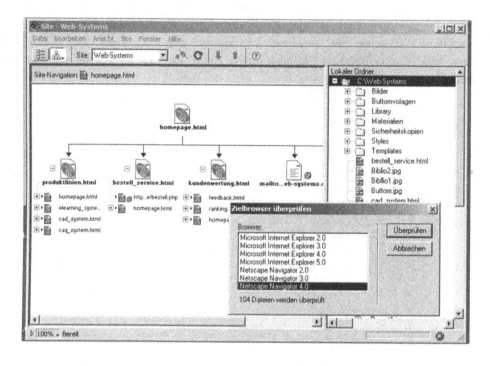

Abb. 80: Test der Webbrowser mit dem Dreamweaver

In der Implementationsphase werden auch die Dokumentationen für den Entwickler und den Anwender abgeschlossen. Auch hierfür werden spezielle programm-technische Hilfsmittel, wie *Dokumentationsgeneratoren*, eingesetzt.

CASE-Tools für die Software-Wartung

Zu den Aufgaben der Software-Wartung gehören neben den bisher genannten Aufgaben einer erneuten Spezifikation, der Entwurfserweiterung und ihrer Implementation vor allem auch Analysen und Bewertungen. Neben dem insbesondere beim Reengineering notwendigen „Erschließen" der Systemstruktur sind dabei auch Struktur- oder Leistungsverhaltensdarstellungen vorzunehmen.

Abbildung 81 zeigt eine Strukturdarstellung von Webressourcen mit der so genannten WebOOGL (*web object-oriented graphical language*). Diese Visualisierungsform verdeutlicht vor allem mögliche strukturelle Konzentrationen und die damit verbundenen, höheren Wartungsaufwände.

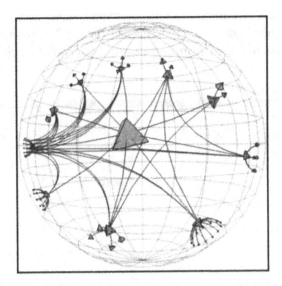

Abb. 81: Webvisualisierung mit der WebOOGL

Neben diesen Analyseformen am unmittelbar zu erweiternden oder zu ändernden Programm sind auch anwendungsbegleitende Analysen durchzuführen, wie zum Beispiel die laufende Fehleranalyse. Hierbei sind einfache *Statistik-Tools* anwendbar. Abbildung 82 zeigt eine derartige Analyse der Fehlerhäufigkeit mit wachsender Modulgröße.

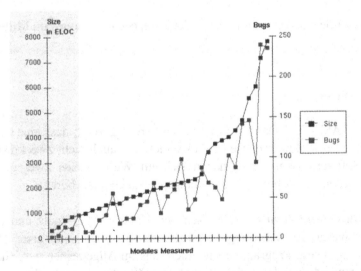

Abb. 82: Analyse des Modulumfangs zur Fehlerhäufigkeit

Neben dieser Fehleranalyse sind vor allem Leistungsbewertungen des Systems vorzunehmen. Dazu werden als CASE-Tools *Performance-Tools* verwendet. Sie bewerten allerdings vor allem auch das Plattformbezogene Leistungsverhalten.

Schließlich stellt das Konfigurationsmanagement (siehe auch Abschnitt 1.6) eine wesentliche Wartungsaufgabe dar. Ein Beispiel für die Toolbasierte Darstellung einer Systemkonfiguration mit dem *Konfigurationsmanagement-Tool* QVCS zeigt Abbildung 83.

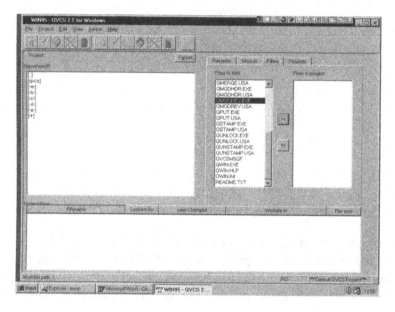

Abb. 83: Konfigurationsübersicht mit dem QVCS-Tool

Dabei stehen die File-Strukturen und deren Zeitbezogenen Versionen im Mittelpunkt der Analyse.

Integrierte CASE-Tools

Die bisherigen CASE-Tool-Darstellungen haben bereits gezeigt, dass eine Orientierung auf eine einzelne Entwicklungsphase kaum möglich und auch nicht zweckmäßig ist. Im Bereich des Software Engineering haben sich im Wesentlichen zwei grundlegende Formen der Bearbeitung mehrerer Entwicklungsphasen herausgebildet.

*   Die *Entwicklungs-Tools* entsprechen den Upper-CASE-Tools und decken die frühen Phasen ab. Allerdings ermöglichen sie auch eine erste Programmgenerierung. Diese Programme sind allerdings im Allgemeinen nur „Skelette", d. h. sie sind durch Datendefinitionen gemäß der Syntax der verwendeten Programmiersprache oder durch das explizite Formulieren der erforderlichen Anweisungen noch zu ergänzen. Hierbei ist also weiterhin eine Programmierumgebung zu verwenden. Die Entwicklungs-Tools gewährleisten jedoch in hohem Maße eine Systemkonsistenz und -validität.

- Die ***Programmier-Tools*** sind Programmierumgebungen mit zusätzlichen Visualisierungsmöglichkeiten der Programm- oder Systemstruktur. Sie gewährleisten damit die endgültige Machbarkeit des Software-Systems durch seine Realisierung, allerdings ist die Möglichkeit nicht vorhandener Validität durch subjektive Anforderungsinterpretationen noch nachträglich zu überprüfen.

Um dennoch eine vollständige Entwicklungsunterstützung zu erreichen, sind CASE-Tools unterschiedlicher Funktionen zu *integrieren*. Auf diese Problematik gehen wir im nächsten Abschnitt näher ein[24].

1.4.3 Aufbau und Wirkungsweise von CASE-Tools

Zunächst sind CASE-Tools auch Software-Produkte, d. h. es gelten die gleichen Probleme hinsichtlich der Machbarkeit, der Effizienz oder der Qualität. Hinsichtlich der Machbarkeit bedeutet das, dass erst einmal die Automatisierbarkeit eines Entwicklungsschrittes zu überprüfen ist. Wir haben CASE-Tools zwar als Unterstützungsmittel definiert, wünschen uns aber natürlich nach Möglichkeit eine nahezu automatische Umsetzung bzw. Realisierung von Entwicklungsschritten. Eine derartige Automation ist beispielsweise bereits erreicht bei

- der Programmübersetzung vom Quelltext in den erforderlichen Maschinencode,

- der Erzeugung von Programmfluss- oder Callgraphen aus Quelltexten,

- dem Konsistenztest innerhalb eines Data Dictionary hinsichtlich eindeutiger Komponentenbezeichnungen.

Nur einen sehr schwachen Grad der Automatisierung lassen beispielsweise solche Entwicklungsaktivitäten zu, wie

- die Reviews von Entwicklungsdokumenten,

- die Validitätskontrolle von entwickelten Systemkomponenten,

- die Brainstormings zur Problemdefinition und Spezifikation.

Eine grundlegende Architekturbeschreibung von CASE-Tools ist in Abbildung 84 angegeben (siehe auch [Lewis 91]).

---

[24] Eine umfangreiche Übersicht zu weiteren CASE-Tools ist im WWW unter http://www.qucis.queensu.ca/Software-Engineering/tools.html zu finden.

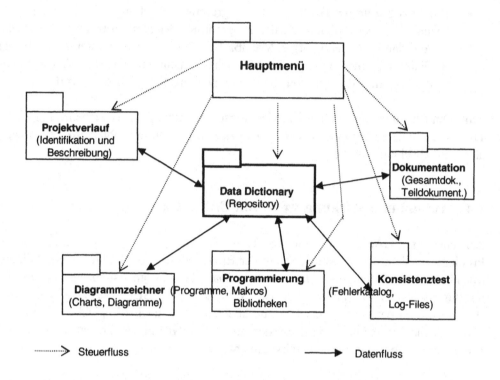

Abb. 84: Allgemeine Architektur von CASE-Tools

Aus dem Zusammenwirken dieser CASE-Komponenten leiten sich unter anderem folgende Anforderungen ab:

- Diagrammbezogene Tools müssen nicht nur zeichnen, sondern auch die Topologie und damit zusammenhängende Beziehungen speichern und diese hinsichtlich der Methodenbezogenen Konsistenz prüfen.

- Bei der Schrittweisen Entwicklungsunterstützung ist die Durchgängigkeit in Form einer Verfeinerung bzw. Modularisierung zu gewährleisten.

- Zur „Rückwärtskontrolle" im Sinne der Verifikation sind Analysen und Testformen zur Verfügung zu stellen. Generell ist dabei allerdings zu beachten, dass im Allgemeinen bei der Vorwärtsentwicklung bestimmte Informationen oder Komponenten „verloren gehen". So wie man beispielsweise bei der Disassemblierung eines Maschinenprogramms auch nicht mehr die symbolischen Variablenbezeichnungen erhalten kann.

Die Abbildung 84 verdeutlicht außerdem die Notwendigkeit einer entsprechenden Zusammenfassung, und zwar als Integration. Wir definieren daher wie folgt.

> *Eine **Tool-Integration** (tool integration) ist die Zusammenfassung von Komponenten für eine spezielle oder ganzheitliche Aufgabe im Rahmen des Software Engineering in den Formen der **Komposition** (z. B. durch eine einheitliche Präsentation), der **Aggregation** (als Daten- oder Steuerungsbezogene Form) oder der **Assoziation** (beispielsweise als Plattformverbindung).*

Abbildung 85 veranschaulicht diese Integrationsformen am Beispiel ausgewählter CASE-Tools (siehe [Wasserman 90]). Dabei wird eine Integration über die Entwicklungsphasen hinweg auch als *horizontale Integration* bezeichnet, im Gegensatz zu den CASE-Tool-Ebenen pro Phase als so genannte *vertikale Integrationsform.*

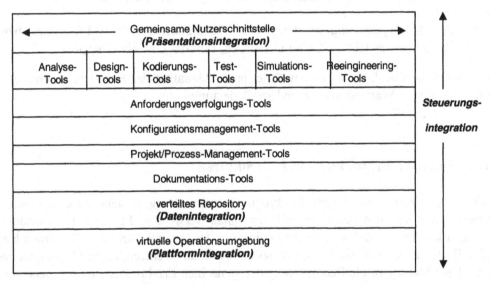

Abb. 85: CASE-Tool-Integrationsformen

Die CASE-Tools bzw. Komponenten, die den Zugriff zu den eigentlichen Entwicklungsfunktionen gewährleisten und die Nutzeroberfläche bilden, werden als **Front-End-Tools** bezeichnet. Die Komponenten, die für die Tool-Integration gewissermaßen „im Hintergrund" zum CASE-Tool-Nutzer wirken, werden als **Back-End-Tools** bezeichnet.

Ein weiterer Aspekt der Anwendung bzw. Ausrichtung von CASE-Tools ist deren Nutzung für die Erstellung von CASE-Tools selbst, als Werkzeuge für die Software-

Werkzeugerstellung. Da es sich auch bei diesen CASE-Tools schlechthin um Software-Systeme handelt, sind auch hier alle Hilfsmittel der Software-Entwicklung überhaupt anwendbar. Allerdings gilt für die Tools zur Entwicklung von CASE-Tools ein besonderer Qualitätsanspruch. Andererseits haben CASE-Tools natürlich auch eine spezielle Form und einen speziellen Inhalt von Eingabe- und Ausgabegrößen, und zwar die jeweiligen Entwicklungsdokumente der Lebenszyklusphasen. Die durch CASE-Tools in den einzelnen Phasen zu bearbeitenden „Größen" sind beispielsweise

- für die *Problemdefinition*: Anforderungsdokument, Begriffskatalog,

- für die *Anforderungsanalyse*: bestätigtes Anforderungsdokument, Versionsplanung, Machbarkeitsanalyse, Begriffskatalog, Erfahrungsdatenbank,

- für die *Spezifikation*: bestätigte Anforderungen, Methodengestützte Produktmodelle, Data Dictionary, Testfälle, aktualisierter Entwicklungsplan,

- für den *Entwurf*: Methodengestützte Architekturmodelle, Algorithmenbeschreibungen, erweiterte Testfälle, Data Dictionary, Dokumentationen,

- für die *Implementation*: Quellcode, Qualitätsreport, Data Dictionary bzw. Repository, endgültige Dokumentationen, Einsatz- und Wartungsplan.

Die durch die CASE-Tools zu gewährleistende Aktualität der Entwurfsdokumente ist für die Software-Wartung von besonderer Bedeutung.

1.4.4 Software-Entwicklungsinfrastrukturen

Wir haben bereits den Begriff der Programmierumgebung in seiner umgangssprachlichen Form und den damit intendierten Inhalt verwendet. Für eine Entwicklungsinfrastruktur im Sinne des Software Engineering fordern wir allerdings die Anwendung aller Bestandteile, wie eine Entwicklungsmethodik, die Werkzeuge, ein Maßsystem, die jeweiligen Standards, die Bereitstellung der gemachten Erfahrungen und gegebenenfalls auch den Bezug zur (Entwicklungs-) Community. Darüber hinaus sollen für derartige Infrastrukturen das World Wide Web genutzt werden, welches eine permanente Verbindung und Kommunikation unterstützt.

CASE-Tools implizieren im Allgemeinen nur eine spezielle Methodik, die dafür notwendige Werkzeugunterstützung und die Einhaltung einiger Standards. Wir definieren daher eine Software-Entwicklungsinfrastruktur in folgender Weise.

> *Eine Software-Entwicklungsinfrastruktur (software development infrastructure) ist ein Methodengestützter und Tool-basierter Entwicklungsplatz, der die entsprechenden Möglichkeiten der Software-Messung, der Anwendung der gültigen Standards und Erfahrungen der jeweiligen Entwicklungs-Community unterstützt und dabei Web-Technolgien verwendet.*

Warum wir als Entwicklungsinfrastruktur nicht einfach ein Methodengestütztes Werkzeug mit dem entsprechenden Maßsystem verwenden bzw. definieren können, zeigt uns der Abschnitt 1.5 zur Software-Messung.

Bereits im ersten Abschnitt dieses Kapitels haben wir die Software-Entwicklung als ein Projekt, welches die spezifischen Merkmale eines Prozesses besitzt, spezielle, insbesondere personelle Ressourcen benutzt und der Erstellung eines Software-Produktes für einen bestimmten Anwendungsbereich dient, beschrieben. Deshalb hat eine Entwicklungsinfrastruktur in ihrer vollen Ausprägung die in der Abbildung 86 skizzierte Form.

Software-Entwicklungsinfrastruktur

CASE-Tools:

zur Produktenwicklung
zur Prozessunterstützung
zur Ressourcenbereitstellung
zum Anwendungsbereich

Messsysteme:

zur Produktenwicklung
zur Prozessunterstützung
zur Ressourcenbereitstellung
zum Anwendungsbereich

Standards:

zur Produktenwicklung
zur Prozessunterstützung
zur Ressourcenbereitstellung
zum Anwendungsbereich

Erfahrungen:

zur Produktenwicklung
zur Prozessunterstützung
zur Ressourcenbereitstellung
zum Anwendungsbereich

Community:

zur Produktenwicklung
zur Prozessunterstützung
zur Ressourcenbereitstellung
zum Anwendungsbereich

Abb. 86: Volle inhaltliche Ausprägung einer Software-Entwicklungsinfratsruktur

Zu den dabei notwendigen und möglichen Formen des Messsystems und der Erfahrungen gehen wir im nächsten Abschnitt näher ein. Hinsichtlich der Web-Anbindung ergeben sich dabei die CASE-Tool-spezifischen Inhalte, wie zum Beispiel:

- die Tool-Vertreiber-Hotlines für sofortige Rückfragen und Informationsdiensten überhaupt,

- die Angabe alternativer Tool-Anbieter für einen möglicherweise notwendigen Wechsel der CASE-Tool-Anwendung,

- die operative Ergänzung von Tool-Updates über das Web nach Bedarf bzw. Intention,

- die Versionsinformationen für die neueste Entwicklung der zugrunde liegenden Methode,

- die Intention und Organisation von Ad-hoc-Entwicklungsteams für spezielle Entwicklungsaufträge und -aufgaben,

- die Möglichkeit ein so genannten Fernwartung durch Vertreiber, Anbieter oder sonstigen Servicecenter,

- die Kommunikationsmöglichkeiten mit anderen Entwicklern bzw. dem Projektleiter.

Wir wollen im Folgenden zwei Entwicklungsinfrastrukturen für unterschiedliche Software-Entwicklung und -Anwendung angeben. Das erste Beispiel dient der Entwicklung von Java-basierten Anwendungsprogrammen auf der Grundlage der Entwicklungsform mit der Unified Modeling Language (UML).

JAVA–SOFTWARE–ENTWICKLUNGSUMGEBUNG

Die folgende Entwicklungsumgebungsbeschreibung beinhaltet **WEB–Links** für die notwendigen Bereiche bei einer Software–Entwicklung in JAVA. Die fünf Aspekte unterteilen sich jeweils in Hinweise zur **Produkterstellung**, zum **Software–Prozess**, zu den dafür erforderlichen **Ressourcen** und zum jeweiligen **Anwendungsbereich**.

Java–CASE–Tools	*Java–Messsysteme*	*Java–Standards*
Produkt: JCC, Java Syntax Prozess: Entw.Umgebung Ressourcen: JavaVirtualMachine, JavaWorkshop JVM–Zwischensprache Anwendungsbereich: Java–Tutorial	Produkt: Java Security Prozess: Java Certification Ressourcen: OO–CAME Anwendungsbereich: Java–FAQ's	Produkt: Java2SDK, Java Coding Standard Prozess: Java Technology Ressourcen: Java–Tutorial(deutsch) Anwendungsbereich: The Java Repository

Java–Erfahrungen	*Java–Community*
Produkt: Java–Beispiele Prozess: Java–FAQ Ressourcen: Java Lobby Anwendungsbereich: Java Report	Produkt: JavaNewsgroup, JavaBoutique Prozess: Java–FAQ, Kaffee&Kuchen, JavaUK Ressourcen: Java–Bücher, Java Corner Anwendungsbereich: Java Programmers FAQ

Abb. 87: Java-basierte Software-Entwicklungsinfrastruktur

Auf diese Entwicklungsform gehen wir im Detail noch später ein. Jetzt wollen wir uns nur einmal den allgemeinen Aufbau einer derartigen *Java-Entwicklungsinfrastruktur* ansehen. Abbildung 87 zeigt eine derartige Infrastruktur, wie sie an der Universität Magdeburg („http://se.cs.uni-magdeburg.de/case.html") aufgebaut und genutzt wird. Wir haben sie als noch als Umgebung bezeichnet, da hierbei noch ausschließlich einfache Weblinks zu den jeweiligen Aspekten der Infrastruktur angegeben sind und noch keine operationalen Verbindungen bestehen. Dabei wurde zunächst eine vorrangig Produktbezogene Ausprägung der Entwicklungsumgebung vorgenommen. Die Systementwicklung wird durch das so genannte *Rational Rose Tool* unterstützt, welche UML-gerechte Entwicklungsdokumente erzeugt und erste Java-Skelette generiert. Für die Messung der Java-Programme im Sinne einer Qualitätsbewertung wurde ein spezielles Mess-Tool integriert, während der Test durch die zugrunde gelegte Programmierumgebung (*Forte for Java* oder auch *NetBeans IDE*) unterstützt wird. Die Community ist bei der UML und Java besonders umfangreich im Internet vertreten und prägt daher auch die dazu gewährte Unterstützungsform. Das gilt auch für die bereits umfangreiche Nachnutzungsmöglichkeit angebotener Anwendungs-komponenten auf diesem Gebiet.

Ein weiteres Beispiel sei eine Umgebung zur Anwendungsentwicklung von Programmen für den PALM-Rechner. Die Implementationssprache ist im Allgemeinen C, so dass die CASE-Tools sich auch auf diese Sprache beziehen. Diese Entwicklungsinfrastruktur ist ebenfalls unter der „http://se.cs.uni-magdeburg.de/" einzusehen. Abbildung 88 zeigt die Oberfläche dieser *PALM-Entwicklungs-infrastruktur.*

PALM–SOFTWARE–ENTWICKLUNGSUMGEBUNG

Die folgende Entwicklungsumgebungsbeschreibung beinhaltet **WEB–Links** für die notwendigen Bereiche bei einer Software–Entwicklung für den PALM. Die fünf Aspekte unterteilen sich jeweils in Hinweise zur **Produkterstellung**, zum **Software–Prozess**, zu den dafür erforderlichen **Ressourcen** und zum jeweiligen **Anwendungsbereich**.

Palm–CASE–Tools	*Palm–Messsysteme*	*Palm–Standards*
Produkt: CodeWarrior, Quartus Prozess: UnixPalm Ressourcen: Massena, PalmOS, virtJavaPalm Anwendungsbereich: Downloads, Shareware	Produkt: CAME-Tools für C Prozess: CAME-Tools Ressourcen: Anwendungsbereich:	Produkt: PALM–Firma Prozess: Ressourcen: Programmierhandbuch Anwendungsbereich: Medizin

Palm–Erfahrungen	*Palm–Community*
Produkt: PalmGear Prozess: Programmer Ressourcen: GCC Anwendungsbereich: Newsgroups	Produkt: DevZone Prozess: Pila Ressourcen: Jump Anwendungsbereich: PalmForum, PalmEurope

Abb. 88: Eine Software-Entwicklungsinfratsruktur für die PALM-Anwendungsprogrammierung

Analog der Java-Community ist auch hier ein umfangreiches Angebot im Internet zu nachnutzbaren Komponenten, Entwicklungserfahrungen und -diensten vorhanden. Die Besonderheit bei der Entwicklung von PALM-Software besteht allerdings darin, dass diese emulativ erfolgt. Das bedeutet, dass der Zielrechner selbst bei der Entwicklung nicht zur Anwendung kommt.

Die beiden genannten Beispiele zeigen allerdings auch, dass auf dem Gebiet wirklicher Entwicklungsinfrastrukturen noch umfangreiche Komponentenerstellungs- und -integrationsarbeit zu leisten sind (siehe auch „http://www.methods-tools.com/").
Diese Umgebungen unterstützen gegenwärtig die Entwicklung in einer „statischen" Form zumeist durch Web-Links. Ihre künftige Agentenbasierte Ausprägung stellt dann eine wirklich *operationelle* Entwicklungsinfrastruktur dar (siehe auch [Gronbeck 99]).

Übungsaufgaben

79. Erklären Sie die Aufgaben von Upper-CASE-Tools und geben Sie Beispiele an.

80. Welche Funktionen werden durch CARE- und CAME-Tools realisiert?

81. Nennen Sie zu jeder Entwicklungsphase ein geeignetes CASE-Tool und erläutern Sie dessen Anwendungsvorteile und ggf. -probleme.

82. Wählen Sie eine Programmierumgebung aus und geben Sie die dazugehörige Architektur in einem Komponentendiagramm an.

83. Welche Tool-Integrationsformen gibt es und welche durch CASE-Tools inhaltlich zu lösenden Aufgaben erfordern diese Integrationen?

84. Wählen Sie eine Programmierumgebung aus und erarbeiten Sie die dafür notwendigen Bestandteile für eine Entwicklungsinfrastruktur.

1.5 Software-Messung

Wie bereits im ersten Abschnitt erwähnt, benötigen wir für eine ingenieurmäßige Software-Entwicklung und -Wartung ein entsprechendes *Maßsystem*. Neben den physikalischen Maßen, wie Zeit, Größe usw. kommen dabei so genannte Software-Maße zur Anwendung, die wir im Folgenden Abschnitt näher behandeln wollen.

1.5.1 Software-Maße und -Metriken

Software-Maße *(software measures)* beziehen sich auf Attribute von ein oder mehrere Objekte bzw. Komponenten der Software-Entwicklung, -Wartung oder -Anwendung. Ein Messobjekt *(measurement object)* kann ein Quellprogramm, eine graphische Nutzeroberfläche oder aber auch der Software-Entwickler selbst sein. Die Anwendung eines Software-Maßes bezeichnen wir als Software-Messung und definieren sie in Anlehnung an [Fenton 96] in folgender Weise:

> *Die **Software-Messung** (software measurement) ist der Prozess der **Quantifizierung** von Attributen der Objekte bzw. Komponenten des Software Engineering mit der Ausrichtung auf spezielle **Messziele** (measurement goals) und der ggf. Einbeziehung von **Messwerkzeugen** (measurement tools).*

Die Messziele können dabei sehr unterschiedlicher Art sein und sich auf alle Komponenten der Software-Entwicklung, wie den Produkten, den Prozessen oder den Ressourcen, beziehen. Beispiele derartiger Messziele sind:

- die Bestimmung der Größe eines Programms,
- die Bewertung der Benutzerfreundlichkeit eines Software-Systems,
- die Ermittlung der durchschnittlichen Antwortzeit eines Recherchesystems,
- die Bestimmung der Zuverlässigkeit einer Softwarebasierten Robotersteuerung,
- die Abschätzung der Bearbeitungszeit und der -kosten einer Systementwicklung auf der Grundlage einer vorgegebenen Problemstellung,
- die Bewertung der Programmiererfahrung eines ausgewählten Entwicklungsteams,
- die Bewertung der Korrektheit eines Programmiersystems,
- die Einschätzung der Tauglichkeit von einzusetzender Standardsoftware im zu entwickelnden Gesamtsystem,
- die Bestimmung der Produktivität unterschiedlicher Entwicklungsteams.

Die Messziele sind bei der Software-Entwicklung im Allgemeinen in den qualitativen und prozessspezifischen Anforderungen explizit oder implizit festgelegt. Gegebenenfalls können sie auch mit den Systembezogenen Anforderungen verknüpft sein.

Die oben angegebenen Messzielbeispiele beinhalten neben den bereits aus der Physik bekannten Merkmale, wie Größe und Zeit, auch solche, wie Benutzerfreundlichkeit, Zuverlässigkeit, Tauglichkeit, Programmiererfahrung und Korrektheit. Wir nennen derartige Charakterisierungen *empirische Merkmale (empirical aspects* oder *viewpoints),* da es sich hierbei um Bewertungsaspekte handelt, die auf die Erfahrung bzw. dem Wissenshintergrund der Software-Entwicklung und –Anwendung beruhen.

Bevor wir uns dem unmittelbaren Messen zuwenden, wollen wir noch andere Formen der Bewertung empirischer Aspekte betrachten. Diese Bewertungen können dabei zunächst in Form so genannter allgemeiner *Gesetze (software engineering laws)* der Software-Entwicklung erfolgen, wie beispielsweise in den Formen (siehe [Arthur 92] oder [Endres 2003]):

- *Gesetz der kontinuierlichen Veränderung*: Dieses Gesetz weist vor allem auf die Tatsache der Veränderung aller an der Software-Entwicklung beteiligten Komponenten hin. So z. B. auch die Veränderung im Anwendungsbereich, die wiederum Veränderungen bzw. Anpassungen vorhandener Software-Produkte nach sich zieht.

- *Gesetz der wachsenden Entropie*: Die Entropie eines Systems kennzeichnet seine „Unstrukturiertheit" bzw. „Undurchsichtigkeit" im Verlauf der Wartung eines Software-Systems.

- *Das Gesetz des statistisch gleichmäßigen Wachstums:* Dieses Gesetz bezogen auf die Software-Entwicklung bedeutet, dass ungeachtet teilweise stochastischer Veränderungseffekte, im statistischen Sinne (Varianz, Verteilung usw.) ein gleichmäßiges Wachstum (hinsichtlich Komplexität, Umfang usw.) zu verzeichnen ist.

- *Das 7±2 Gesetz von Miller*: Es besagt, dass in einem Moment nie mehr als 7±2 Dinge bzw. Informationen betrachtet werden sollten.

- *Das Pareto-Gesetz:* Es bringt zum Ausdruck, dass im Allgemeinen jeweils 20 % der Komponenten eine 80 %-ige Auswirkung haben.

Eine unmittelbare Darstellungsform von (empirischen) Erfahrungen bzw. Messungen sind *Diagramme (diagrams),* wie zum Beispiel als Kurvenverlauf in einem Koordinatensystem. Abbildung 89 zeigt einige grundlegende Formen derartiger Diagramme. Damit kann einerseits ein Trend oder allgemeine Verhältnisse von Bewertungsgrößen oder aber die genaue Werte- bzw. Ergebnisbestimmung dargestellt werden.

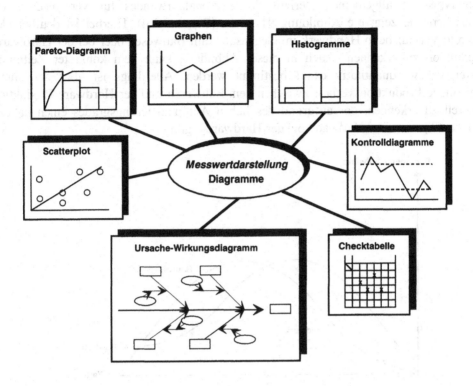

Abb. 89: Diagrammformen zur Darstellung von Erfahrungen oder Messwerten

So kennzeichnet Abbildung 90 die allgemeine Entwicklung der Kostenverhältnisse zwischen der Soft- und Hardware in Form einer generellen Trenddarstellung. Das konkrete Kostenverhältnis kann daraus nicht entnommen werden.

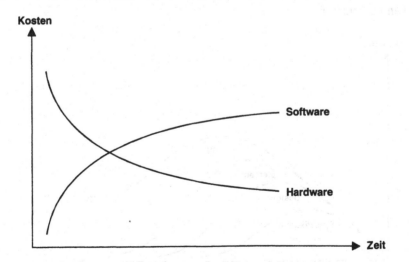

Abb. 90: Entwicklung der Kostenverhältnisse von Hard- und Software

Den typischen allgemeinen Verlauf des Personalaufwandes für verschiedene In-
dustriebereiche zeigt die Abbildung 91 (siehe [Putnam 96]). Hierbei ist deutlich der
diskrete Verlauf beim Handwerk im Gegensatz zum Bauwesen oder bei der Hardware-
Produktion zu erkennen. Auch in dieser Abbildung kann kein konkreter Zeitpunkt
bewertet bzw. quantitativ exakt bestimmt werden. Allerdings ist aber der unterschiedliche Produktionsverlauf zwischen dem Bauwesen und der Hardware-Produktion
generell zu erkennen, der aufgrund des hohen Automatisierungsgrades einen nahezu
gleichmäßig verteilten Aufwand bei der Hardware ergibt.

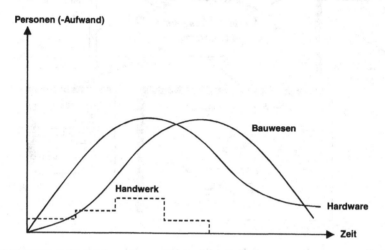

Abb. 91: Personalaufwand in verschiedenen Produktionsbereichen

Die Abbildung 92 zeigt die diesbezüglichen Charakteristiken für die Software-
Entwicklung und -Wartung. Während die Aufwände für die Phasen der Entwicklung
recht schnell deutlich zurückgehen, wird der nahezu konstante, relativ hohe Wartungsaufwand erkennbar.

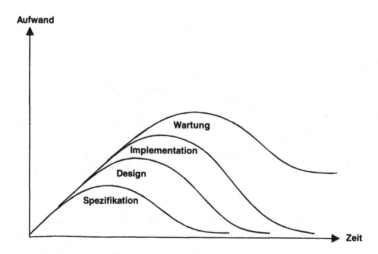

Abb. 92: Aufwandsverteilung bei der Software-Entwicklung und -Wartung

Das Aufwandsverhältnis zwischen der Anzahl entwickelter Komponenten und deren Integration zeigt Abbildung 93. Die dabei vorgenommene Summation der Aufwände ergibt die so genannte „Badewannenkurve".

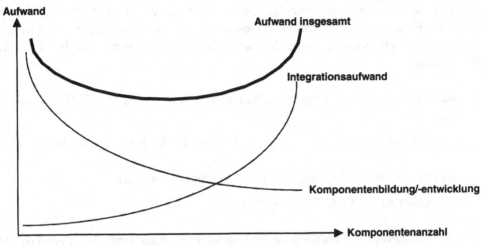

Abb. 93: Aufwandsverlauf bei der Komponentenentwicklung

Die Abbildung verdeutlicht das prinzipielle Problem, dass die Zerlegung eines Systems in Komponenten bei der Spezifikation ab einer bestimmten, hier nicht näher ausgewiesenen Anzahl dieser Komponenten hinsichtlich des Aufwandes ineffizient wird.

Neben solch allgemeinen Charakterisierungen werden Erfahrungen auch durch so genannte *Faustregeln (rules of thumb)* beschrieben. Beispiele derartige Faustregeln sind (siehe [Basili 01], [Boehm 87], [Dumke 96], [Jones 98]):

- Jeder Dollar für die Software-Entwicklung kostet zwei Dollar bei der Software-Wartung.
- Mehr als 99 Prozent aller auf einem Rechner verarbeiteten Instruktionen stammen aus COTS-Systemen.
- Ein Entwickler schafft bei der Erstellung von Software-Produkten ca. 250 Programmzeilen im Monat.
- Mehr als die Hälfte aller Features in großen kommerziellen Anwendungssystemen bleiben ungenutzt.
- Entwickelte Programme haben noch ca. 3 Fehler pro 1000 Programmzeilen.
- Das Aufwandsverhältnis der Erstellung eines Programms zu einem Software-Produkt beträgt ca. 1 : 3.
- Die Behebung eines Software-Fehlers während der Implementation ist einhundert Mal teurer als in der Entwurfsphase.
- Neue Software-Produktversion kommen alle acht bis neun Monate auf den Markt, wobei im Allgemeinen nur die letzten drei Versionen unterstützt werden.

- Der benötigte Speicherplatz und die Zugriffszeit eines Recherchesystems stehen in umgekehrtem Verhältnis zueinander.

Eine weitere Darstellungsform von Erfahrungen beim Software Engineering sind die funktionale Beschreibung mehrerer Einflussgrößen durch *Formeln (formulas)*. In der Physik sind Formeln, wie das Ohmsche Gesetz oder die Berechnung der Fallbeschleunigung, hinlänglich bekannt. Beim Software Engineering lauten derartige Formeln beispielsweise

- die Abschätzung der Projektbearbeitungszeit nach [Conger 94], S. 16, in der Form

    geschätzte Zeit = (optimistische + 2 * realistische + pessimistische)/4,

- die Berechnung der Produktivität in der bewährten Form als

    Produktivität = Produktumfang / Zeit,

- die Schätzung der anfallenden Dokumentationsseiten beim Software-Produkt (siehe [Thaller 93], S. 100) als

    Dokumentationsseiten = 0,0347 * Programmzeilen^{0,93},

- die Bewertung der Einfachheit der Lesbarkeit von Dokumenten nach dem so genannten Flesh-Index (siehe [Lehner 92]) in der Form

    Lesbarkeit = 206,85 – 0,846*WL – 1,105*SL,

    mit *WL* als durchschnittliche Wortsilbenanzahl und *SL* als durchschnittliche Wortanzahl pro Satz,

- die Abschätzung des Entwicklungsaufwandes in Personenjahren zum Zeitpunkt *t* nach Putnam (siehe [Putnam 92]) in der Form

    Aufwand = Gesamtaufwand/td^2 * t * e$^{-a/2}$,

    mit *td* als Gesamtentwicklungsdauer und *a= (t/td)^2* . Die Zusammenfassung der in Abbildung 89 gegebenen Kurven kann beispielsweise durch diese Formel beschrieben werden und bildet die so genannte *Rayleigh-Kurve.*

Generell können in diesen Formeln natürlich alle möglichen Arten mathematischer Funktionen zur Anwendung kommen, wie zum Beispiel (siehe auch [Deininger 95]):

- *algebraische Funktionen,* beispielsweise als ganzrationale, gebrochen- und nichtrationale Funktionen,

- *transzendente Funktionen,* zum Beispiel als trigonometrische, hyperbolische, Exponential- oder Logarithmusfunktionen.

Dabei können diese Funktionen ein- oder mehrdimensional auftreten. Die durch derartige Funktionen berechneten Größen werden auch **Kennzahlen** *(characteristics)* genannt.

Weitere Beispiele von Formeln zur Berechnung spezieller Kennzahlen mit Angabe des jeweiligen Wertebereichs im Folgenden aufgelistet (siehe [Dumke 92], [Dumke 02] oder [Thaller 94]).

- Die Bewertung der Inkonsistenz der Problemstellung hinsichtlich ihrer Anforderungen als

$$Inkonsistenz = N_1/(N_1 + N_2 + N_3) * 100$$

mit N_1 als Anzahl von Anforderungen, die zu Inkonsistenzen führen, N_2 als Anzahl der Anforderungen, die Unvollständigkeit implizieren und N_3 als Anzahl der Anforderungen, die zu Missverständnissen führen. Der Werte-bereich umfasst die prozentualen Angaben von 0 bis 100.

- Die Angabe der Programmzeilen als *Lines of Code (LOC)* in den Varianten

  - Anzahl aller Programmzeilen,
  - Anzahl aller abarbeitbaren Zeilen (ohne die Definitionen, Deklarationen und reinen Kommentarzeilen),
  - Anzahl aller geänderten Programmzeilen,
  - Anzahl wieder verwendeter Programmzeilen,
  - Anzahl der mit einem Kommentar versehenen Zeilen.

Der Wertebereich umfasst die positiven ganzen Zahlen.

- Die Bestimmung der so genannten psychologischen Komplexität eines Programms nach McCabe als

$$Programmkomplexität = Anzahl\ Entscheidungen\ +\ 1\ .$$

Auch hier besteht der Wertebereich aus den positiven ganzen Zahlen.

- Die Bewertung der Stabilität eines Software-Produkts in der Form

$$Stabilitätsindex = (F_{ges} - (F_{neu} + F_{änd} + F_{del}))/F_{ges}$$

mit F_{ges} als Gesamtzahl der Systemfunktionen, F_{neu} als neue Funktionen im geänderten Release, $F_{änd}$ als geänderte Funktionen im neuen Release und F_{del} als nicht mehr·vorhandene Funktionen im neuen Release. Diese Kennzahl ist ein typisches Beispiel für eine *Normierung*, bei der durch die Gesamtzahl dividiert wird und somit stets ein Wertebereich zwischen 0 und 1 erreicht wird.

- Die Berechnung der potentiell möglichen Kommunikationsverbindungen in einem Entwicklungsteam aus n Mitgliedern mittels

$$Verbindungen = n(n-1)/2$$

mit dem Wertebereich 0, 1, 3, 6, 10 usw.

- Die Berechnung der *Halbwertszeit (half-life)* von Software-Systemen[25] in der folgenden Form

$$Halbwertszeit = 5 * \Delta t_{version}$$

Mit $\Delta t_{version}$ als durchschnittliche Zeit zwischen zwei Systemversionen.

Die Wertebereiche dieser Kennzahlen reichen also von einem stetigen Zahlenbereich, über diskrete Folgen bis hin zu einer begrenzten Anzahl von Klassifikationswerten. Für eine vergleichende oder zusammengefasste Anwendung von Kennzahlen erweist sich ein Wertebereich, in dem die Zahlen stets den gleichen „Abstand" haben, als sehr zweckmäßig. Wir definieren daher wie folgt (siehe auch [Poels 99], [Whitmire 97] und [Zuse 98]).

---

*Eine **Software-Metrik** (software metric) ist gemäß der **Maß-theorie** (measure theory) eine **Abstandsfunktion** (distance), die Attributen von Software-Komponenten Zahlen (-bereiche) zuordnet.*

Die Abstandsfunktion ist dabei in folgender Weise definiert: Für eine Metrik m als funktionale Abbildung von Elementen a einer Menge A auf die Menge der positiven reellen Zahlen $\mathbb{R}$ gilt

1. $\forall a_1, a_2 \in A$ gilt $m(a_1, a_2) \in \mathbb{R}$,   *Wertebereich,*
2. $\forall a_1, a_2 \in A$ gilt $m(a_1, a_2) = 0$ für $a_1 = a_2$,   *Identität,*
3. $\forall a_1, a_2 \in A$ gilt $m(a_1 \cup a_2) \leq m(a_1) + m(a_2)$,   *Additivität,*
4. $\forall a_1, a_2 \in A$ gilt $m(a_1, a_2) = m(a_2, a_1)$,   *Kommutativität,*
5. $\forall a_1, a_2, a_3 \in A$ gilt $m(a_1, (a_2, a_3)) = m((a_1, a_2), a_3)$,   *Assoziativität,*
6. $\forall a_1, a_2, a_3 \in A$ gilt $m(a_1, a_3) \leq m(a_1, a_2) + m(a_2, a_3)$,   *Transitivität.*

Die Abschwächung der Transitivität und Additivität ($\leq$) dient der Berücksichtigung nahezu beliebiger Berechnungsformen im oben genannten Sinne. Metriken spannen also mehrdimensionale Räume auf, in denen die Metrikenwerte Punkte darstellen. Damit sind wir bereits in der Lage, quantitative Vergleiche von Attributswerten vorzunehmen.

---

[25] Die hier vorgenommene Bewertung geht von der Annahme aus, dass nach ca. 5 Versionen eines Software-Systems eine Abwärtskompatibilität nicht mehr gegeben ist.

Allerdings bleibt ihre empirische Bewertung größtenteils noch offen bzw. ist vom konkreten Anwendungsumfeld abhängig. Die zuvor genannten Formeln bzw. Kennzahlen, aber auch die Faustregeln und schließlich die SE-Gesetze sind in diesem Sinne Metriken.

Das eigentliche Software-Messen führt uns zu den Software-Maßen (siehe [Fenton 96], [Munson 03] oder [Zuse 98]), die wir wie folgt definieren.

> *Ein **Software-Maß** (software measure) ist gemäß der **Mess-theorie** (measurement theory) eine mit einer **Maßeinheit**[26] (unit) versehene **Skala** (scale), die in dieser Form ein Software-Attribut bewertet bzw. messbar macht.*

Beim Software-Maß ist die empirische Bedeutung also im Allgemeinen durch eine Maßeinheit ausgedrückt. Einfache Beispiele hierfür sind die Zeitmessungen bei der Software-Anwendung (*Laufzeit, Antwortzeit, Verweilzeit*) oder die pekuniären Maße bei der Nutzunsanalyse (*Return on Investment, Wartungskosten, Personalaufwand*).

An dieser Stelle wollen wir allerdings auch darauf hinweisen, dass die Verwendung der Begriffe Metrik und Maß international durchaus nicht einheitlich ist. So fasst man beispielsweise im nordamerikanischen Bereich oftmals unter *Software Metrics* alle möglichen Verfahren und Methoden sowohl zur qualitativen als auch zur quantitativen Messung *und* Bewertung zusammen. Der Begriff *Measure* charakterisiert hingegen den einzelnen konkreten Messvorgang und bildet somit den Wertebreich einer (allgemeineren) Metrik. In diesem Sinne kann auch eine Metrik über eine Maßeinheit verfügen (siehe [Dumke 01], [Ebert 96], [Munson 03] oder [Zuse 98]). Wir wollen es allerdings bei der oben angegebenen Differenzierung belassen, da hierdurch insbesondere eine exaktere Charakterisierung der Entwicklung von Metriken und deren Zielgerichtete Anwendung möglich sind.

Durch die Entwicklung und Anwendung ständig neuer Paradigmen und Technologien steht man jedoch vor der Aufgabe, immer neue Bewertungsformen und eben Maße zu finden. Daher wollen wir die Aspekte und den Prozess einer Maßdefinition und vor allem dessen Anwendung innerhalb der Software-Messung im Folgenden näher beleuchten.

1.5.2 Software-Messung und -Bewertung

Bei einem Software-Maß bestimmt die Skala die homomorphe Abbildung der beispielsweise als Metrik bestimmten Quantifizierung – als *numerisches Relativ* – auf die empirische Bewertung bzw. Bedeutung – als *empirisches Relativ*. Die allgemeinen Aspekte dieser Abbildung verdeutlicht die Abbildung 94.

---

[26] Gegebenenfalls wird auch nominales oder ordinales „Messen" zugelassen. Dann entfällt die Maßeinheit.

Diese Abbildung ist sehr kompakt und wird uns für den Rest dieses Kapitels als systematisierende Grundlage dienen.

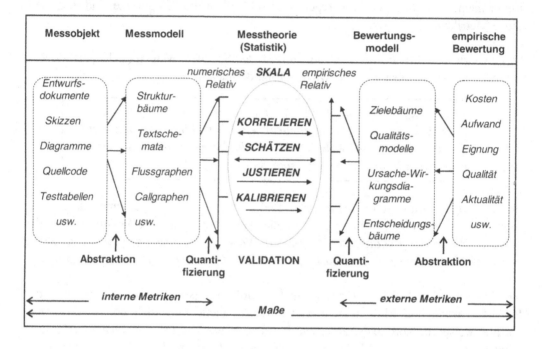

Abb. 94: Aspekte der Software-Messung

Wir wollen nun einige Aspekte in dieser Skizze kurz erläutern und beginnen mit dem komplizierteren mittleren Teil. Auf die Validation selbst gehen wir dabei weiter unten im Zusammenhang mit der Beschreibung der Entwicklung von Software-Maßen noch näher ein. Die Skalenbezogenen bzw. statistischen Begriffe haben hierbei folgende Bedeutung:

- **Korrelieren** *(correlation):* die statistische Untersuchung eines möglichen gleichartigen Verhaltens der Modellbewertung zu seiner empirischen Interpretation,
- **Schätzen** *(estimation):* die Formelbasierte Abschätzung von empirischen Eigenschaften spezieller Modellausprägungen einerseits bzw. die Abschätzung von Modellaspekten aufgrund vorgegebener empirischer Größen andererseits,
- **Justieren** *(adjustment):* das „Einstellen" eines Softwaremaßes hinsichtlich seiner empirischen Bewertung aufgrund einer speziellen Anwendungs-bezogenheit,
- **Kalibrieren** *(calibration):* das Verändern des numerischen Relativs zum vorgegebenen, empirischen Relativ.

Zur Messung bzw. Bewertung von Software kommen auch andere als verhältnis- oder ratioskalierte Formen zur Anwendung. Deshalb wollen wir zunächst noch einige

Skaleneigenschaften und Merkmale aus der Statistik anführen. Die detaillierten Definitionen und Techniken sind allerdings in der entsprechenden Literatur nachzulesen (siehe [Backhaus 96] und [Kähler 95]).

Die folgende Tabelle 15 zeigt die Skalenbezogene Anwendbarkeit (siehe auch [Fenton 93], S. 437) ausgewählter, statistischer Methoden[27].

Skalentyp	Beispiel	definierte Relationen	anwendbare Statistiken	anwendbare Testmethoden
nominalskaliert	Bezeichnung	Äquivalenz	Häufigkeitsverteilung, Modus, Kontingenz	nichtparametrische Testmethoden
ordinalskaliert	Rangfolge	Äquivalenz, größer oder gleich	Verteilung, Median, Kendall- und Spearman-Korrelation, Assoziation	(keine Verteilung vorausgesetzt)
intervallskaliert	Temperatur °C (Celsius)	Äquivalenz, größer oder gleich, Verhältniswert in einem Intervall	arithmetisches Mittel, Standardabweichung, Pearson-Korrelation, multiple Korrelation	parametrische und nichtparametrische Testmethoden
verhältnis- skaliert (ratioskaliert)	Temperatur °K (Kelvin)	Gleichheit, größer oder gleich, Verhältniswert von je zwei Werten	geometrisches Mittel, Variationskoeffizient, alle obigen	

Tab. 15: Eigenschaften verschiedener Skalentypen

Während man die Nominal- und Ordinalskalierte Messformen als *qualitative Methoden* kennzeichnet, handelt es sich bei der Intervall- und Ratioskalierten Form um so genannte *quantitative Methoden* (siehe [Munson 03]). Einige Beispiele für die jeweiligen Skalentypen sind im Folgenden angegeben:

- *nominalskaliert:* Die Identifikation von Software-Tools oder die dichotome Kennzeichnung einer Eigenschaft, wie zum Beispiel einer ISO-9000[28]-Zertifizierung mit den Ergebnissen 'ja' oder 'nein':

- *ordinalskaliert:* Die Bewertung von CASE-Tools hinsichtlich Stabilität, Flexibilität und ähnlichem in einer platzierenden, also ordnenden Art und Weise.

---

[27] Auf die sogenannte Absolutskala gehen wir hierbei nicht ein, da diese beim Software Engineering bisher kaum Anwendung findet.

[28] ISO 9000 ist ein allgemeiner, generell in der Industrie eingesetzter Standard zur Bewertung des Herstellungsprozesses und besitzt eine spezielle Ausprägung für die Anwendung im Software Engineering. Wir gehen darauf im folgenden Kapitel noch näher ein.

Im gewissen Sinne ist auch die oben genannte ISO-9000-Zertifizierung eine ordinale Form, wenn man beispielsweise der Zertifizierung ('ja') eine höhere Bedeutung zukommen lässt.

- *ratioskaliert:* Tool-Preise; Tool-Leistungsverhalten, Tool-Anwendungszeit-räume u. ä. m.

Im Folgenden wollen wir die Skalenbestimmung gemäß der Messtheorie an einem Beispiel, welches in Abbildung 95 angedeutet ist, näher beschreiben.

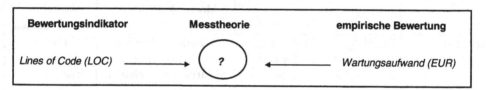

Abb. 95: Messung des Wartungsaufwandes durch LOC

Es wird also der Prozess betrachtet, wie wir von einer *LOC-Metrik* zu einem *LOC-Maß* gelangen können. Der Wartungsaufwand sei hierbei die empirische Bewertung der LOC-Metrik. Eine messtheoretische Untersuchung von LOC soll bezogen auf den Wartungsaufwand die folgende Aussage

„je größer die Anzahl der LOC, desto größer der Wartungsaufwand"

als Einheitsbezogenes Maß bestätigen. Aus der Messtheorie ist bekannt, dass zu einem numerischen relationalen System (hierbei dem LOC) und einem empirischen relationalen System (hierbei die Wartungsaufwandsbewertung) ein *Homomorphismus* zu bestimmen ist, der die Grundlage für die Messwertinterpretation darstellt. Um beispielsweise die Verhältnisskalierung nachzuweisen, ist die Gültigkeit folgender Axiome zu prüfen (siehe [Zuse 98], S. 180 ff.):

Für die Programme P1, P2, P3, P4, das Maß μ, die empirische Bewertung π und die Konkatenation $\circ$ von Programmen gelte:

- **Axiom 1:** die schwache Ordnung, d. h. es gilt $\mu(P1) \geq \mu(P2) \approx \pi(P1) \geq \pi(P2)$.

Im Weiteren gelte $\mu(P1 \circ P2) = \mu(P1) + \mu(P2) \approx \pi(P1) + \pi(P2) = \pi(P1 \circ P2)$ und

- **Axiom 2:** die schwache Assoziativität, d. h. aus $\mu((P1 \circ P2) \circ P3) = \mu(P1 \circ (P2 \circ P3)) = \mu(P1) + \mu(P2) + \mu(P3) \approx \pi(P1) + \pi(P2) + \pi(P3) = \pi((P1 \circ P2) \circ P3) = \pi(P1 \circ (P2 \circ P3))$,

- **Axiom 3:** die schwache Kommutativität, d. h. es gilt $\mu(P1 \circ P2) = \mu(P2 \circ P1) \approx \pi(P1 \circ P2) = \pi(P2 \circ P1)$,

- **Axiom 4:** die schwache Monotonie, d. h. es gilt $\mu(P1) \geq \mu(P2)$ folgt $\mu(P1 \circ P3)$ $\geq \mu(P2 \circ P3)$ und ebenso für $\pi(P1) \geq \pi(P2)$ folgt $\pi(P1 \circ P3) \geq \pi(P2 \circ P3)$,

- **Axiom 5:** als Archimedisches Axiom, d. h. es gibt eine Zahl n, so dass für $\mu(P1) \leq \mu(P2)$ und $\mu(P3) > \mu(P4)$ gilt $\mu(P1 \circ nP3) \geq \mu(P2 \circ nP4)$ und analog für π.

Das Archimedische Axiom soll verhindern, dass unser Messwertebereich nicht einen „Ausreißer" enthält, der bei einer Messwertverknüpfung andere Werte „kompensiert".

Insbesondere durch das zweite Axiom haben wir uns hier auf so genannte *additive Maße* beschränkt. Die Messtheorie lässt allerdings auch andere Homomorphismen zu, auf die wir hier aber nicht weiter eingehen werden (siehe dazu [Whitmire 97] und [Zuse 98]).

Für die LOC-Metrik selbst sind die Verhältnisskalierten Eigenschaften einfach zu zeigen. Man erkennt sofort die Gültigkeit der Gleichungen:

$$LOC(P1 \circ P2) = LOC(P1) + LOC(P2),$$
$$LOC((P1 \circ P2) \circ P3) = LOC(P1 \circ (P2 \circ P3)) =$$
$$LOC(P1) + LOC(P2) + LOC(P3),$$
$$LOC(P1 \circ P2) = LOC(P2 \circ P1),$$
$$\text{für } LOC(P1) \geq LOC(P2) \text{ folgt } LOC(P1 \circ P3) \geq LOC(P2 \circ P3),$$
$$\text{es gibt eine Zahl n so dass für } LOC(P1) \leq LOC(P2) \text{ und}$$
$$LOC(P3) > LOC(P4) \text{ gilt } LOC(P1 \circ nP3) \geq LOC(P2 \circ nP4).$$

Diese Einfachheit verleitet allerdings manchen dazu, die LOC-Metrik gleich als LOC-Maß zu verwenden (siehe [Briand 96]). Das ist zwar sehr bequem, aber für die Beantwortung von Fragestellungen zur Software-Entwicklung nicht sehr hilfreich.

Die Übertragung dieser Eigenschaften der LOC-Metrik im Sinne des Homomorphismus (in der Axiomenauflistung mit „$\approx$" symbolisiert) auf die empirische Bewertung ist dagegen schon schwieriger. Für den Wartungsaufwand W (hierbei in EUR ausgedrückt) müsste erst einmal uneingeschränkt gelten:

$$W(P1 \circ P2) = W(P1) + W(P2),$$
$$W((P1 \circ P2) \circ P3) = W(P1 \circ (P2 \circ P3)) =$$
$$W(P1) + W(P2) + W(P3),$$
$$W(P1 \circ P2) = W(P2 \circ P1),$$
$$\text{für } W(P1) \geq W(P2) \text{ folgt } W(P1 \circ P3) \geq W(P2 \circ P3),$$
$$\text{es gibt eine Zahl n so dass für } W(P1) \leq W(P2) \text{ und}$$
$$W(P3) > W(P4) \text{ gilt } W(P1 \circ nP3) \geq W(P2 \circ nP4).$$

Die Geltung dieser Axiome können wir mittels expliziten Kostenmessungen vornehmen, die für die ausgewählten Programme gelten. Wenn wir diese Gültigkeit gezeigt haben, gilt also allgemein $LOC(P1) + LOC(P2) \approx W(P1) + W(P2)$ und damit schließlich

$$W(P) = faktor * LOC(P) \ [EUR] \ .$$

Wir haben damit aus der LOC-Metrik ein LOC-Maß mit der Maßeinheit EUR hergeleitet. Damit sind beispielsweise die folgenden Aussagen unter Einbeziehung der oben genannten allgemeinen empirischen Bewertung sinnvoll:

- Ein Programm P1, welches im Sinne von LOC doppelt so lang wie ein Programm P2 ist, hat auch einen doppelt so großen Wartungsaufwand.

- Das Hinzufügen nur einer einzigen Programmzeile zu einem Programm erhöht den Wartungsaufwand um genau $1 * faktor$ Euro.

- Eine bestimmte Programmmenge hat einen durchschnittlichen Wartungsaufwand von *EUR-Einheiten*.

Gilt für den Wartungsaufwand die Verhältnisskalierung nicht, jedoch die schwache Ordnung (Axiom 1), so liegt eine Ordinalskala vor, und wir können zumindest die folgenden Aussagen nach einer LOC-Messung treffen:

o Das längere Programm P1 hat einen höheren Wartungsaufwand als das kürzere Programm P2.

o Das längste Programm P3 hat den höchsten Wartungsaufwand.

Man beachte, dass dieses Ergebnis keinerlei weitere Programmindikatoren berücksichtigt. Es steht zum Beispiel auch im Widerspruch zu der Erfahrung, dass wohlstrukturierte Programme im Sinne der Strukturierten Programmierung im Allgemeinen länger als nicht wohlstrukturierte Programme sind, aber einen geringeren Wartungsaufwand verursachen.

Andererseits werden wir im nächsten Kapitel zeigen, dass die Kosten einer Programmerstellung sich stets in einem sehr komplexen Kontext (Programmier-sprache, Programmiererfahrung, Zeitrahmen für die Entwicklung usw.) ergeben und somit unser obiges Ergebnis zumeist auch nur in einer speziellen Umgebung seine Gültigkeit besitzt.

Wir wollen nun einige Maßbeispiele angeben, die eine Grundlage unseres Maßsystems für das Software Engineering sein könnten:

- Die Abschätzung des personellen Aufwandes der Software-Entwicklung nach der so genannten *COCOMO*[29]-Modell erfolgt in der Form

$$Aufwand = a \; KLOC^{\,b}$$

mit *a* als Projektmerkmal (2,4 für einfache, 3,0 für mittlere und 3,6 für komplexe bzw. eingebettete Systeme) und *b* als Exponent für dieselbe Charakterisierung mit den Werten 1,05, 1,12 und 1,2. KLOC steht für *Kilo Lines of Code* – also Tausend Programmzeilen. Der Definitionsbereich ist hierbei positiv reellwertig und unbegrenzt. Die Aufwandsangabe ist als Anzahl von Monaten für eine Person zu interpretieren.

- Die aus der Hardware-Produktion bereits bekannten Messungen zur Beschreibung des Verhaltens beim Auftreten eines Fehlers können auch hierbei angewandt werden Zwischen dem Auftreten eines Fehlers und seiner Behebung stehen die Zwischenschritte der Fehlerlokalisierung und Fehlerbestimmung bzw. -diagnose. Die entsprechenden Maße lauten daher (siehe [Peled 01]):

    - *MTFD (mean time between failure and disclosure)* als durchschnittliche Zeit zwischen dem Auftreten eines Fehlers und seiner Lokalisierung,

    - *MTDD (mean time between disclosure and diagnosis)* als mittlere Zeit zwischen Fehlerlokalisierung und -diagnose,

    - *MTDR (mean time between diagnosis and repair)* als mittlere Zeit zwischen der Fehlerdiagnose und seiner Behebung,

    - *MTFR (mean time between failure and repair)* als mittlere Zeit zwischen dem Auftreten eines Fehlers und seiner Behebung,

    - *MTBF (mean time between failures)* als durchschnittliche Zeit zwischen dem Auftreten zweier Fehler.

- Aus der Ökonomie können eine Reihe von Maßen übernommen oder angepasst werden, wie zum Beispiel (siehe auch [Möller 93], [Poulin 97] und [Putnam 92]):

    - die *Projektdauer* als Zeitraum zwischen dem Projektbeginn und der tatsächlichen Produktfreigabe, die im Allgemeinen in Monaten angegeben wird,

    - die (durchschnittliche) *Termintreue* als Zeitdifferenz zwischen den gesetzten Terminen zu den realen Entwicklungszeiten (im Allgemeinen in Monaten bestimmt),

    - die *Entwicklungskosten* als Produkt aus den Personenmonaten für die Systementwicklung und den monatlichen Personalkosten,

---

[29] Die Abkürzung COCOMO steht für Constructive Cost Model und wurde von Barry Boehm Anfang der 80-er Jahre entwickelt. Auf diese Methode gehen wir insbesondere unter Berücksichtigung ihrer aktuellen Ausprägung im folgenden Kapitel noch näher ein.

- die **Kosteneinsparung durch Wiederverwendung** *(development cost avoidance, DCA)* in der Form

$$DCA = 0{,}8 * RSI * C$$

  mit *RSI (reused source instructions)* als Anzahl wiederverwendeter Programmanweisungen und *C* als Kosten für den neu zu entwickelnden Programmcode.

- Die Bewertung des **Leistungsverhaltens** des Software-Produktes basiert ebenfalls auf Maßen, wie die durchschnittliche Abarbeitungszeit, die maximale Antwortzeit oder die mittlere Installierungszeit (siehe [Dumke 01a], [Lilja 00], [Menasce 00] oder [Schmietendorf 03]).

Wenn wir das gesamte „Messfeld" des Software Engineering hinsichtlich der Produkte, der Prozesse und der Ressourcen betrachten, erscheint uns diese Auswahl von Software-Maßen natürlich zu gering. Obwohl sich diese Auflistung erweitern lässt, verfügen wir gegenwärtig noch nicht über ein ausreichendes Maßsystem. Um aber dennoch die Software-Entwicklung, -Wartung und -Anwendung in ingenieur-technischer Hinsicht durch die Software-Messung zu unterstützen, definieren wir unser für das Software Engineering notwendige Maßsystem in der folgenden erweiterten Form.

> *Das **Maßsystem** (system of measures) beim Software Engineering ist eine Menge von vorhandenen Software-Maßen, -Kennzahlen und -Metriken, die sich auf alle wesentlichen Aspekte der Software-Entwicklung und -Wartung beziehen und in ihrer Anwendung aufgrund von Beobachtungen, Analysen, und kontrollierten Experimenten durch die Definition und den Einsatz neuer Maße oder Metriken **kontinuierlich erweitert**, angepasst und verbessert wird.*

In dieser Entwicklung liegt auch der Grund, weshalb es gegenwärtig noch keinen internationalen Standard zu einem Software-Maßsystem gibt, sondern zunächst nur einen IEEE-Standard für die Vorgehensweise bei der Definition von Software-Maßen [IEEE 93]. Abbildung 96 beschreibt die grundlegenden Schritte dabei.

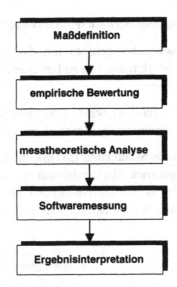

Abb. 96: Allgemeine Vorgehensweise bei einer Maßdefinition

Die empirische Bewertung und die messtheoretische Analyse haben wir bereits an einem Beispiel erläutert. Die Software-Messung umfasst die Lösung folgender Problemstellungen:

- das *Repräsentanzproblem:* die Forderung, dass das Maß erst einmal eine zahlenmäßige Darstellung (als Messwert bzw. numerisches Relativ) für die gemessene Eigenschaft liefert;

- das *Eindeutigkeitsproblem:* als Gleichartigkeit (Eindeutigkeit) des Verhaltens von mehreren Repräsentationen für ein und dieselbe (empirische) Eigenschaft;

- das *Bedeutungsproblem:* als Beibehaltung der richtigen (empirischen) Bedeutung im Sinne der Interpretation trotz zulässiger Messwerttransformationen;

- das *Skalierungsproblem:* als Art und Weise der Bestimmung der jeweiligen Skalierung für die Software-Metrik bzw. für das Maß. Generell gilt, dass stets ein höheres Skalenniveau auf ein niederes zurückgeführt werden kann.

Für die ***Ergebnisinterpretation*** *(exploration)* sind gegebenenfalls statistische Verfahren einzusetzen, die die Messprobleme analysieren und verstehen helfen. Eine Zuordnung zum Skalenniveau kann der Tabelle 15 entnommen werden (siehe auch [Backhaus 96], [Juristo 01] und [Kitchenham 96]).

- hinsichtlich der so genannten ***Strukturprüfenden Verfahren*** (siehe Tabelle 16).

- hinsichtlich der so genannten *Strukturentdeckenden Verfahren:*

    * **Faktorenanalyse:** dabei geht es um die so genannte Bündelung der Variablen bzw. Merkmalen von zu bewertenden Objekten nach speziellen Bewertungskriterien,

    * **Clusteranalyse:** hierbei wird eine Bündelung der Objekte nach bestimmten, zu variierenden Merkmalsausprägungen vorgenommen,

    * **Multidimensionale Skalierung (MDS):** die Positionierung von Objekten in einem vorgegebenen Merkmalsraum ist Gegenstand der MDS. Diese Methode ist sowohl strukturentdeckend als auch strukturprüfend und stellt eine Alternative zur Faktorenanalyse dar.

    *

		unabhängige Variable			
	Skalentyp	*metrisch*[30]	*ordinal*	*nominal*	*indirekt*
	metrisch	**Regressions-analyse** (Prognosen)	**Multidimen-sionale Skalierung** (subjektive Wahrneh-mungsanalyse)	**Varianz-analyse** (Experiment-analyse)	
	ordinal		**Conjoint-Measurement** (Gesamtnutzen-urteile)		
abhän-gige Variable	*nominal*	**Diskrimi-nanz-analyse** (Klassifizie-rung)		**Kontingenz-analyse** (Klassifizie-rung)	
	indirekt				**Kausal-analyse** (LISREL[31]-Verfahren)

Tab. 16: Strukturprüfende statistische Verfahren

Der genaue Inhalt dieser Methoden ist der entsprechenden Literatur zu entnehmen. Einige einfache Beispiele für die oben genannten statistischen Verfahren bezogen auf die Bewertung von CASE-Tools gibt die Tabelle 17 an.

---

[30] metrisch steht hier für intervall- oder ratioskaliert
[31] LISREL bedeutet *Linear Structural Relationship*

Methode	Beispiele von Analyseaufgaben zu CASE-Tools
Regressionsanalyse	Anzahl Entwicklungsfunktionen zum Toolpreis
Varianzanalyse	Art der Entwicklungsfunktion und Toolpreis
Diskriminanzanalyse	Zusammenhang von Entwicklungsmethode zur Fehlerfreiheit
Kontingenzanalyse	Zusammenhang zwischen Entwicklungsmethode und Life-Cycle-Phase
Faktorenanalyse	Wirkungsgradmerkmale von CASE-Tools
Clusteranalyse	CASE-Tools bzgl. Stabilität, Flexibilität usw.
LISREL-Analyse	CASE-Tool-Verbreitung nach ISO9000-Zertifikations-niveau
Multidimensionale Skalierung	Wirkungsdifferenz zwischen CASE-Tools
Conjoint-Measurement	Zusammenhang zwischen ordinal bewerteter Stabilität und Flexibilität bei CASE-Tools

Tab. 17: Beispiele für multivariate Analysen

Die Anwendung des Maßsystems durch die Software-Messung wird durch die so genannten **Messmethoden** *(measurement methods)* vorgenommen. Gemäß unserer Definitionserweiterung für das Maßsystem beschränken sich diese nicht nur auf die eigentliche Software-Messung selbst. Wir wollen daher im Folgenden auf die gebräuchlichsten Formen kurz eingehen.

Evaluierungen *(evaluations)*: Sie basieren im Allgemeinen auf Klassifikations-techniken, wie zum Beispiel mit einem Fragebogen, der einen oder mehrere Merkmale beinhaltet und zumeist eine Bewertung in Tabellenform, wie in der Tabelle 18 zu sehen ist, vornimmt. Diese Bewertungsskala ermöglicht eine Klassifikation des Bewertungsmerkmals. Statt einer Bewertungsskala kann auch eine einfache Beant-wortung der Frage mit *Ja* oder *Nein* zur Anwendung kommen. Ein Beispiel hierfür ist die Bewertung nach dem Capability-Maturity-Modell (siehe Abschnitt 1.6) oder nach dem klassischen ISO-9000-Standard (nächstes Kapitel).

Bewertung	empirische Bedeutung
1	*unbedeutend*
2	*wenig bedeutend*
3	*bedeutend*
4	*stark bedeutend*
5	*außerordentlich bedeutend*

Tab. 18: Beispiel einer empirischen Bewertung zu einem Merkmal

Evaluierungen liefern eine Vergleichsmöglichkeit bzw. eine ordinale (platzierende) Bewertung. „Gemessen" wird die Rangfolge bzw. die Einordnung bezüglich vorge-gebener Kriterien. Eine Evaluierung kann in verschiedenen Ebenen vorgenommen werden ([Hausen 93], S. 25 ff.). Sie ergeben sich durch den Ansatz der Bewertung hinsichtlich der bewerteten Entwicklungs- oder Produktkomponenten, der Zielgruppe, wie zum Beispiel Entwickler, Auftraggeber oder Anwender, sowie aus den zur Bewertung verwendeten Indikatoren bzw. Merkmalen, die in den oben genannten Modellen und Standards bereits vereinheitlicht und festgeschrieben sind. Im anderen Falle ergibt sich die Notwendigkeit, die Bewertungsformen jeweils erst zu definieren bzw. für die erhaltenen Ergebnisse Interpretationshilfen (Tabellen und dergleichen) zur Verfügung zu stellen. Damit kann eine *Wichtung* der Zwischenergebnisse zur Bewertung der unterschiedlichsten, komplexeren Bewertungsmerkmale verbunden sein. Die Messwerte werden mit statistischen Verfahren wie beispielsweise

- Verteilungsübersichten,
- prozentuale Anteildarstellungen,
- Häufigkeitsanalysen u. ä. m.

aufbereitet. Evaluierungen erfordern oft Nachuntersuchungen zur Tauglichkeit der Bewertungskriterien, denn eine ständig anwachsende, repräsentative Anzahl an bewerteten Komponenten führt zumeist zu einer Modifikation der zugeordneten Wichtungsfaktoren.

Assessments: Assessments gehören prinzipiell ebenfalls zu den Evaluierungen (siehe [Kitchenham 97] oder [McGarry 02]). Allerdings beziehen sie sich auf einen speziellen Zeitpunkt und schließen andere Skalierungsformen, wie beispielsweise auch die Verhältnisskalierte Bewertung bzw. Messung mit ein. Im Rahmen der Software-Entwicklung werden sie bei der Anforderungsanalyse beispielsweise als Ist-Zustandsanalyse eingesetzt. Die Betonung liegt also hierbei auf die für einen Augenblick und der damit verbundenen konkreten Situation geltende Bewertung von Software-Produkten, -Prozessen und -Ressourcen.

Kontrollierte Experimente *(controlled experiments)*: Experimente dienen der Bestätigung oder Widerlegung von Hypothesen, die wiederum Ausgangspunkt für die Aufstellung von Metriken oder dem empirischen Nachweis der Gültigkeit von Software-Maßen sein können. Die Kontrolle des Experiments bezieht sich auf die genaue Planung der Experimentvoraussetzungen, -ziele und -durchführung (siehe [Prechelt 01], [Wohlin 00] oder [Zelkowitz 98]). Für das Software Engineering wurde daher eine Beschreibungsvorgabe entwickelt, die in Abbildung 97 dargestellt ist [Basili 86].

Wir wollen die beispielhafte Untersetzung dieser Experimentbeschreibung den Übungen zu diesem Abschnitt zuschreiben.

DEFINITION					
Motivation	**Objekt**	**Zweck**	**Anwendersicht**	**Anwendungs-bereich**	**Projektart**
- Verstehen	- Prozess	- Charakteri-sierung	- Entwickler	- Projektteam	- 1:1 (Projekt zu Team)
- Bewerten	- Produkt		- Wartungsing.		
- Managen	- Ressource	- Bewertung	- Projektmanager	- Software-Projekt	- 1 : n
- Modellieren		- Abschätzung	- Firmenmanager		
- Erlernen		- Motivierung	- Auftraggeber		- n : 1
- Verbessern	- Metrik		- Anwender		
- Validieren	- Modell		- Wissenschaftler		- n : m
- Integrieren	- Theorie				

PLANUNG		
Entwurf	**Kriterien**	**Messung**
- Experimentkomponenten	- externe bzw. direkte (Kosten, Fehler, Zuverlässigkeit usw.)	- Metrikdefinition
		- Metrikvalidation
- Anwendung statistischer Analysemethoden	- interne bzw. indirekte (Um-fang, Modulkopplung usw.)	- Messdatenanalyse
		- Messdatenbewertung

DURCHFÜHRUNG		
Vorbereitung	**Realisierung**	**(Mess-) Datenanalyse**
- Pilotstudie	- (Mess-) Datenermittlung	- Datendarstellung
- Teilnehmerschulung	- Datenüberprüfung	- statistische Datenaufbereitung

INTERPRETATION		
Interpretationskontext	**Extrapolation**	**weitere Arbeiten**
- Statistische Methoden	- Auswahl repräsentativer Ergebnisse	- Hinweis auf neue Fragestel-lungen
- Studienzweck	- weitere statistische Analysen und Tests	- neue Experimentideen
- Untersuchungsbereich		

Abb. 97: Beschreibung eines kontrollierten Experiments

Merkmalsabschätzung *(estimation)*: Die Merkmalsabschätzung erfolgt durch Bewertung in Form einer vorgegebenen Formel bzw. allgemeinen Berech-nungsvorschrift für ein spezielles Merkmal bzw. einer Merkmalsgruppe. Das Schätzen dient der Vorhersage spezieller, zu erwartender Charakteristika der Software-Entwicklung und -Wartung dar. Beispiele derartiger Schätzaufgaben sind:

- die Schätzung der Kosten der Software-Entwicklung der folgenden Entwick-lungsphase bzw. für den Rest der Entwicklung,

- die Abschätzung des Nutzen-Verhältnisses eines Einsatzes von Standardsoft-ware bzw. COTS oder GOTS[32],

- die Abschätzung der Qualitätsmerkmale nach der ISO 9126 bzw. speziell der Testqualität, Stabilität u. a. m.,

---

[32] Government off-the-shelf-Tools

- die Aufwandsabschätzung für spezielle Ereignisse, die den gesamten IT-Bereich betreffen, wie beispielsweise die Jahr-2000- oder die Euro-Umstellung,

- die Aufwandserhebung für einzelne Entwicklungsphasen, wie z. B. für die Objektorientierte Analyse, für die Erstellung eines Designmodells, für die Implementierung, für einen Integrationstest, für die fachliche Abnahme oder für den Wartungs- und Pflegeaufwand der Software,

- die Abschätzung der projektunabhängigen Aufwände für den Prozess und die Ressourcen, wie z. B. für ein Sicherheitskonzept, für die Ausbildung der Softwareentwickler, zur Bereitstellung der Entwicklungsinfrastruktur oder für das Projektmanagement.

Generell geht es also um die Abschätzung der Software-Charakteristika für den Zeitpunkt t_i mit $t_i > t_{aktuell}$. Eine *Schätzaufgabe (estimation task)* besteht in der Vorhersage *(prediction)* derartiger Merkmale. Formal gilt für die Schätzung P

$$P = f(M, \Sigma)$$

mit $M = \{\mu_1, \mu_2, \ldots, \mu_n\}$ als Menge der in die Schätzung eingehenden gegebenen/*gemessenen* Größen und $\Sigma = \{\sigma_1, \sigma_2, \ldots, \sigma_m\}$ als Menge der eingehenden *geschätzten* Größen. Durch eine Schätzung P können auch mehrere Merkmale gleichzeitig vorhergesagt werden, d. h. es gilt $P = \{\pi_1, \pi_2, \ldots, \pi_k\}$. Die verschiedenen Niveaustufen einer Schätzung sind vereinfacht in Abbildung 98 dargestellt.

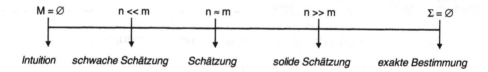

Abb. 98: Stufen der Merkmalsschätzung

Die in die Schätzung eingehenden Größen selbst können folgende Merkmale aufweisen

- die funktionale Zuordnung basiert auf einer *algorithmischen Beschreibung* zur Berechnung bzw. Bestimmung der Schätzgröße(n),

- die eingehenden noch zu schätzenden Größen σ_i erfordern die Anwendung von (multivariaten) *statistischen Analyseverfahren*,

- für die eingehenden Messgrößen μ_i sind *paradigmenverwandte Erfahrungswerte* vorhanden,

- die ermittelten Schätzgrößen π_i können über ein *Analogon* auf der Grundlage einer bzw. einzelner Ausgangsgröße(n) bestimmt werden,

- die Eingangsgrößen sind strukturiert, d. h. es kann eine *Bottom-up-* oder *Top-down-Abschätzung/Berechnung* erfolgen.

Eine allgemeine Klassifizierung nach Boehm [Boehm 86] ist in der Abbildung 99 angegeben.

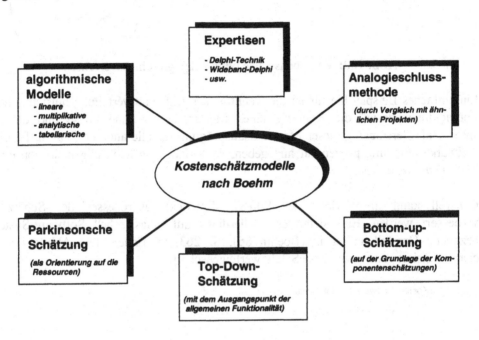

Abb. 99: Schätzmodelle nach Boehm

Als *algorithmisches Modell* kann beispielsweise das bereits oben genannte COCOMO-Modell verwendet werden. Ist man in der Lage, die zu erwartende Programmzeilenanzahl zu schätzen, so kann man den zu erwartenden Entwicklungsaufwand bestimmen bzw. abschätzen.

Expertisen werden vorgenommen, wenn $M = \emptyset$ gilt, d. h. wenn ausschließlich Schätzgrößen σ_i gegeben sind bzw. die Intuition und Erfahrung von Experten die Grundlage der Aufwandsschätzung bilden. Eine Methode hierfür ist beispielsweise die so genannte *Delphi-Methode,* bei der eine unabhängige, anonyme Expertenbefragung vorgenommen, das Ergebnis zusammengefasst wird und Ausgangspunkt für eine erneute unabhängige, anonyme Expertenbefragung darstellen kann. Sind Absprachen zwischen den Experten zugelassen, so handelt es sich um eine *Wideband-Delphi-Methode.*

Analogieschlussmethoden verwenden formalisierte Erfahrungen als Analogon für die Berechnung des Schätzwertes in der in Abbildung 100 gegebenen Form.

gegebene Erfahrung   gegebene Einzelschätzung   berechnete Gesamtschätzung

$$
\begin{pmatrix}
\sigma_1 = x_1 \\
\sigma_2 = x_2 \\
\\
\cdots \\
\\
\sigma_n = x_n
\end{pmatrix}
\qquad
\begin{bmatrix}
\pi_i = y_i
\end{bmatrix}
\qquad
\begin{pmatrix}
\pi_1 = f(x_1, y_i) \\
\pi_2 = f(x_2, y_i) \\
\cdots \\
\pi_{i-1} = f(x_{i-1}, y_i) \\
\\
\pi_{i+1} = f(x_{i+1}, y_i) \\
\cdots \\
\pi_n = f(x_n, y_i) \, .
\end{pmatrix}
$$

Abb. 100: Vorgehensweise beim Analogieschlussverfahren

Ein einfaches Beispiel hierfür ist die Kenntnis der Aufwandsverteilung hinsichtlich der Entwicklungsphasen, die Kenntnis eines Merkmales für eine Phase und die entsprechende Berechnung dieser Merkmalsausprägung für alle anderen Phasen. Ist diese Aufwandsverteilung prozentual angegeben, so spricht man auch allgemein von einem *Prozentsatzverfahren*.

Generell kann im Verlauf des Software-Entwicklungsprozesses der Schätzwert verbessert werden. Eine detaillierte, allerdings auf „klassische" Software-Systeme bezogene Darstellung ist in [Boehm 86], S. 263, zu finden. Die Abbildung 101 charakterisiert ganz grob diese Schätzwerteigenschaft.

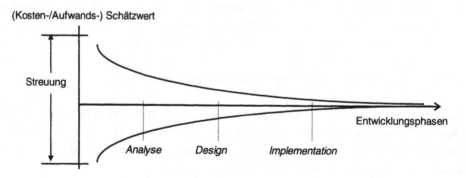

Abb. 101: Verbesserung der Schätzung im Verlauf der Software-Entwicklung

Modellbezogene Software-Messung *(model-based software measurement)*: Die Modellbezogene Software-Messung erfolgt *indirekt* über ein Modell oder über abgeleitete Zwischensprachen (wie z. B. Syntaxtabellen oder Metasprachen).

Bei einer Modellanwendung ergibt sich jedoch häufig die typische, allgemeine Situation in der Softwaretechnik und zwar [Pfleeger 97] „The lack of models in software engineering is symptomatic of a lack of system focus."

Außerdem wird bereits bei der Modellbildung bzw. -auswahl die empirische Bewertungsbreite möglicherweise eingeschränkt. So kann man beispielsweise mit einem Steuerflussgraphen eines Programms keine Datenflusskomplexität hinsichtlich der Datenhaltungs-"Kosten" bewerten. Andererseits ermöglicht beispielsweise erst das Modell ein ggf. Verhältnisskaliertes, numerisches Relativ aufstellen zu können und so einen wichtigen Schritt in Richtung Maß vorzunehmen. Wir wollen an dieser Stelle noch vermerken, dass wir eine Verhältnisskalierung auf einem Relativ (numerisch oder empirisch) als *potentiell verhältnisskaliert* bezeichnen wollen. Für eine „volle" Verhältnisskalierung steht dann der Nachweis des anderen Relativs noch aus, ist aber auch noch nicht ausgeschlossen.

Beispiele für derartige Modelle und einige Metriken zu diesen Modellen sind in der folgenden Tabelle 19 angegeben (siehe auch [Dumke 92] und [Pfleeger 02]).

Modell	Metriken	mögliche empirische Bewertung
Steuerflussgraph	- Anzahl Testpfade	Testbarkeit
	- Anzahl Knoten	Programmgröße
	- Anzahl Verschachtelungen	Verständlichkeit
Callgraph	- Anzahl der Ebenen	Systemkomplexität
	- maximale Aufrufe eines Moduls	Änderbarkeit
	- Anzahl singulärer Module	Entwurfsfehler
Quellcode ohne Deklarationen	- Anzahl ausführbarer Anweisungen	Programmvolumen
	- Anzahl Unterprogrammaufrufe	Wartbarkeit

Tab. 19: Beispiele Modellbezogener Metriken

Weitere Modelle behandeln wir in Verbindung mit der Darstellung spezieller Entwicklungstechnologien und -paradigmen.

Direkte Software-Messung *(direct measurement)*: Hierbei wird eine Software-Eigenschaft „unmittelbar" (direkt) gemessen, wie zum Beispiel die Codelänge, die Abarbeitungszeit und der verwendete Speicherumfang. Eine empirische Bewertung auf der Grundlage einer externen Variablen entfällt bzw. ist in der numerischen Charakterisierung bereits enthalten. Die Metriken bei der direkten Software-Messung stellen im Allgemeinen Maße mit einer Verhältnisskalierung dar.

Aus diesen Messmethoden kann man auch eine pragmatische Vorgehensweise erkennen. Da wir in den meisten Fällen keine geeigneten (Ratioskalierten) Maße zur Verfügung haben, können/müssen wir die nächst „schwächere" Form verwenden. Die folgende Abbildung 102 zeigt ein Beispiel für eine derartige Abstufung.

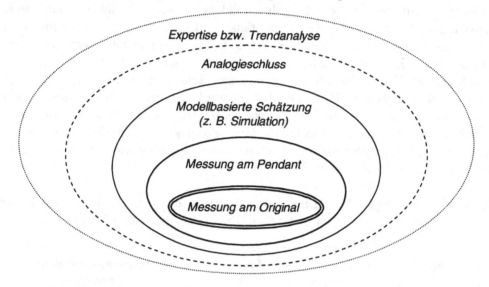

Abb. 102: Niveaustufen einer Messbasierten Bewertung

Die bisher angegebenen Mess- und Bewertungsmethoden sind natürlich nur mittel zum Zweck. Sie sind im Allgemeinen in einen Kontext eingebettet, der beispielsweise einen bestimmten Bereich der Software-Entwicklung, -Wartung oder -Anwendung *bewertet,* *verbessert* oder gar *kontrolliert.* Dafür wurde ein allgemeiner Standard definiert, der *ISO 15939,* dessen Komponenten in der folgenden Abbildung 103 angegeben sind (siehe [McGarry 02]).

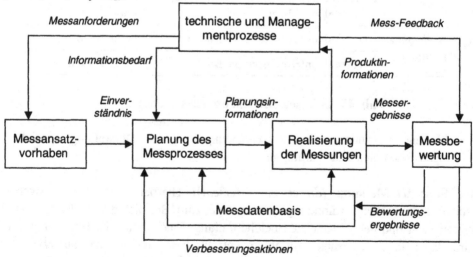

Abb. 103: Der ISO 15939 - Messstandard

Wir erkennen, dass die Software-Messung insbesondere von allgemeinen technischen und Managementprozessen initiiert wird bzw. diese Prozesse bewertbar und damit auch kontrollierbar macht. Aus den bisherigen Ausführungen erkennen wir, dass dabei die *Messbewertungsbasis* eine besondere Komplexität und Vielschichtigkeit als Basis für den gesamten Entwicklungsprozess besitzt.

1.5.3 Messwerkzeuge

Im Folgenden wollen wir uns der Frage nach dem bereits eingangs genannten Messsystem zuwenden. Ein Software-Messtool sei nach [Dumke 96] hinsichtlich seiner Funktionalität und Zielausrichtung wie folgt definiert.

> *Ein **Software-Messtool** (metrics tool) sei ein Software-Werkzeug, welches Komponenten eines Software-Produktes oder der Software-Entwicklung in ihrer Quellform oder transformierten Form (z. B. als Modell) einliest und nach vorgegebenen Verarbeitungsvorschriften numerisch oder symbolisch auswertet.*

Diese Verarbeitungsvorschriften sind durch die jeweilige Software-Metrik bzw. das Software-Maß definiert. Andererseits haben wir bereits unterschiedliche Messmethoden kennen gelernt, die nicht im eigentlichen Sinne einem Messen entsprechen. Auch hierbei werden Tools verwendet, die im obigen Sinne keine wirklichen Mess-Tools darstellen, für die Zielgerichtete Anwendung der jeweiligen Messstrategie aber notwendig sind. Es gelte daher zusätzlich gemäß [Dumke 96] die folgende Definition.

> *Tools für die **Software-Messung** (measurement tools) sind sowohl Messtools als auch Software-Werkzeuge, die der Ausprägung der jeweiligen Messstrategie, der Aufbereitung der Messobjekte oder der statistischen Auswertung bzw. Darstellung der Messergebnisse dienen.*

Für die Tools zur Software-Messung haben wir bereits den Begriff *CAME-Tools* eingeführt. Sie sind im Allgemeinen in die jeweiligen Meßmethoden integriert. Eine derartige Modellbezogene Messstrategie und eine entsprechende Mess-Toolzuordnung sind in Abbildung 104 dargestellt.

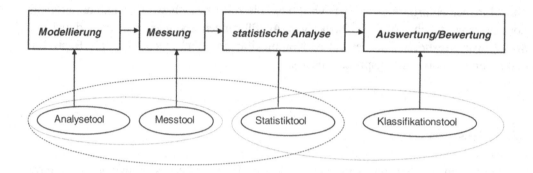

Abb. 104: Tool-Unterstützung der Software-Messung und -Bewertung

Die gestrichelten Umrandungen kennzeichnen einige kombinierte Formen. Im Idealfall werden alle Bereiche abgedeckt, die entsprechenden Tools sind dann aber zumeist auf ein spezielles Paradigma eingegrenzt. Andere Einbettungsformen ergeben sich aus der Anwendung auf den Software-Entwicklungsprozess, das Software-Produkt oder die im Allgemeinen eingehenden Ressourcen. Hinsichtlich des Prozesses gibt es wiederum eine Entwicklungsphasenbezogene Einbettung bzw. Zuordnung u. a. m.

Im Folgenden soll eine Auflistung einiger Tool-Oberflächen einen groben Eindruck über die Anwendungsform, die Oberflächenart und die Funktionalität vermitteln. Eine Prozessbewertung mit dem *SynQuest-Tool*, welches auf der so genannten Bootstrap-Methode (einer Modifikation der ISO 9000) beruht, zeigt die Abbildung 105. Die grundlegende Funktionsweise derartiger Tools besteht:

- in der Bereitstellung eines Fragenkataloges für die Einschätzung oder Bewertung des Software-Entwicklungsprozesses,

- in der einzelnen Beantwortung dieser Fragen auf der Grundlage einer jeweils zugeordneten Erklärung und der Einbeziehung spezieller Bewertungsaspekte (hierbei „Existenz", „Dokumentation" usw.),

- in der Möglichkeit einer zusammenfassenden Visualisierung der Bewertungs-ergebnisse in Diagrammen,

- in der Auswertungsmöglichkeit, wie hier beim SynQuest-Tool, in Form von Verbesserungshinweisen und -vorschlägen.

Derartige Tools realisieren also keine unmittelbare Software-Messung an speziellen Messobjekten, sondern unterstützen die sonst manuell auszuführende Erhebung von Bewertungsaspekten und deren flexible Visualisierung und Analyse.

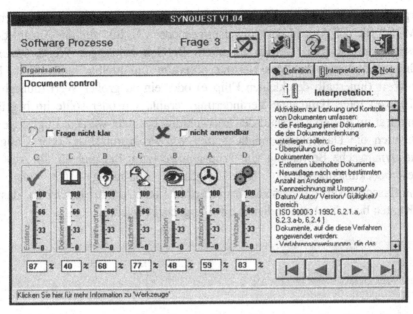

Abb. 105: Bewertung des Software-Prozesses mit dem SynQuest-Tool

Zur Programmbewertung wollen wir im Folgenden das *Logiscope-Tool* betrachten. Eine *Kiviat-Diagrammbewertung* für einen C-Quellcode im zeigt die Abbildung 106.

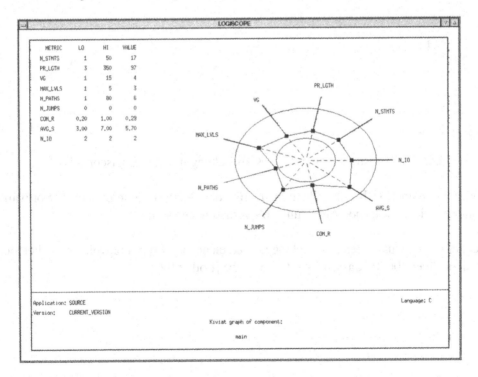

Abb. 106: Messdatenauswertung mit dem Logiscope-Tool

Die Ergebnisse der Messwertbestimmung für die jeweiligen Metriken, wie „N_STMTS" für die Anzahl der Anweisungen oder „N_IO" für die Anzahl der Ein- und Ausgabeanweisungen, werden in einem Bereich zulässiger Werte (*thresholds*) eingeordnet und somit die Messwertinterpretation unmittelbar unterstützt. Ein zu geringer Wert (innerhalb der kleinen Ellipse) oder ein zu großer Wert (außerhalb der großen Ellipse) muss dann eine Veränderung veranlassen oder sollte im begründeten Fall zumindest im weiteren Verlauf der Entwicklung beachtet werden. Logiscope besitzt natürlich auch die Darstellungsmöglichkeiten von Programmfluss- oder Callgraphen sowie die dynamische Bewertung von Programmen (zum Beispiel für die Anwendung der Testabdeckungsmetriken). Die folgende Abbildung 107 zeigt einen Programmflussgraphen, bei dem die gestrichelten Linien darauf hinweisen, dass diese Zweige/Kanten beim Test mit realisiert bzw. abgedeckt wurden.

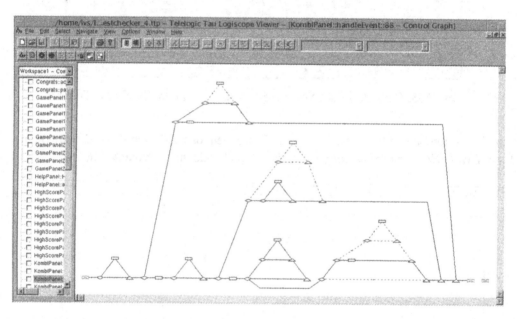

Abb. 107: Visualisierung der Testabdeckung mit dem Logiscope-Tool

Logiscope eignet sich vor allem auch für die Analyse umfangreicher Software-Produkte, wie die folgende Abbildung 108 verdeutlichen soll.

Das bei einer industriellen Anwendung zu verzeichnende Programmvolumen belief sich dabei auf über 30000 Klassen C++-Code (siehe [Lother 02]).

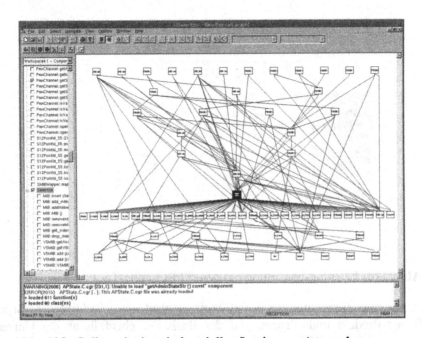

Abb. 108: Callgraph einer industriellen Logiscope-Anwendung

Das Justieren der Messbewertungsgrößen mit dem an der Universität Magdeburg entwickelten Prolog-Messtool *(PMT)* zeigt die Abbildung 109.

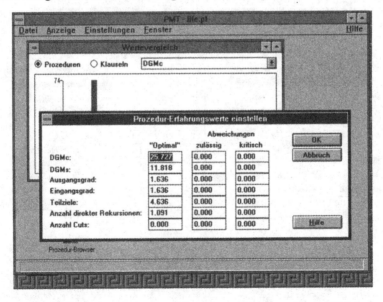

Abb. 109: Messwertjustierung beim PMT-Tool

Die Leistungsmessung als so genanntes *Benchmarking* mit dem SPEC-JVM-Tool deutet die folgende Abbildung 110 an. Es zeigt die Messmöglichkeiten für Java-basierte verteilte Systemanwendungen.

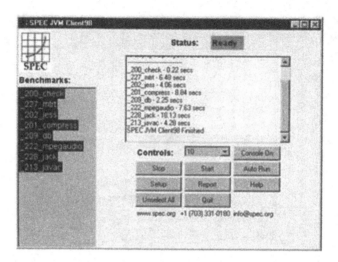

Abb. 110: Leistungsbewertung mit dem SPEC-JVM-Tool

Das *Mapping* einer Bewertung der Kundenzufriedenheit mit „objektiven" Messgrößen zum Software-Produkt und -Prozess auf der Basis des ebenfalls an der Universität Magdeburg entwickelten *COSAM-Tools* zeigt die folgende Abbildung 111.

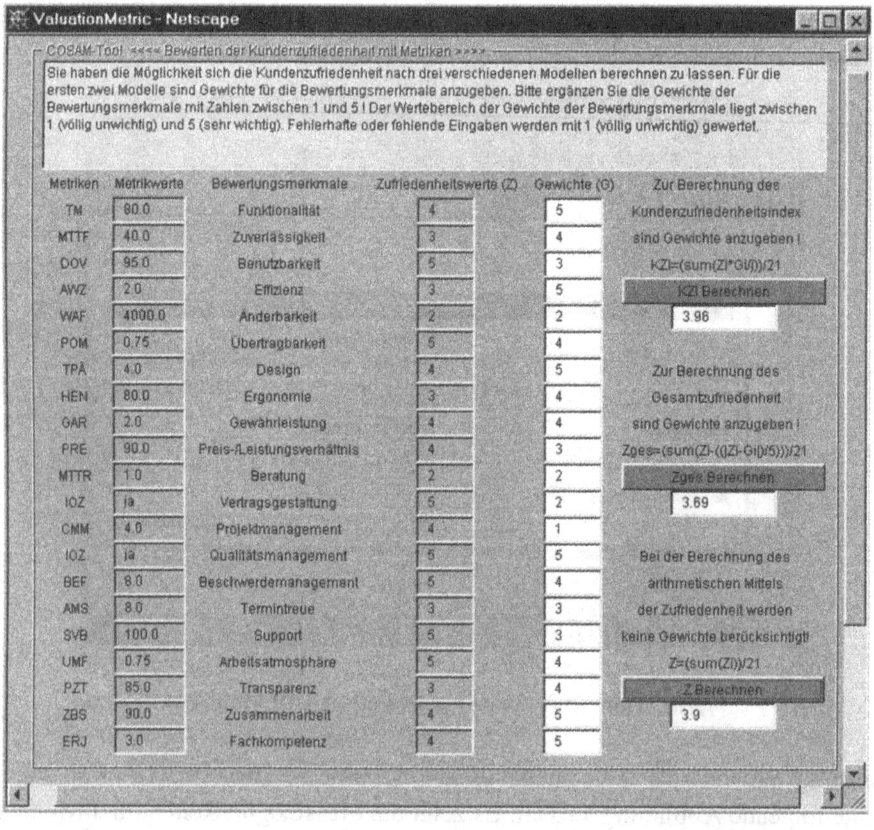

Abb. 111: Metrikenbasierte Bewertung der Kundenzufriedenheit

Auf der linken Seite sind dabei die Abkürzungen der Metriken zu erkennen, wobei MTTF und MTTR die oben bereits genannten Maße darstellen und beispielsweise CMM für die Capability-Maturity-Modellstufe und IOZ für die ISO-9000-Zertifizierung steht (siehe nächstes Kapitel). Unabhängig von den Metriken können rechts die Zufriedenheitswerte und die dazugehörigen Wichtungen eingetragen werden und die Zufriedenheit nach einer der drei angegebenen Formeln abgeschätzt werden.

Eine einfache Messdatenauswertungsform mit *Excel* zeigt die folgende Abbildung 112, die für eine spezielle Programmmenge die Korrelation der LOC-Metrik mit der McCabe-Metrik (als Anzahl der Entscheidungen in einem Programm) untersucht.

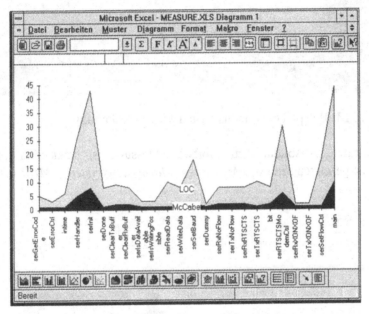

Abb. 112: Messdatenauswertung mit Excel

Die Abbildung 113 zeigt schließlich ein Beispiel einer industriellen Messdatenhaltung, wobei hierbei gerade Messwerte vom so genannten *Metrics-One-Tool* aufgenommen und eingeordnet werden.

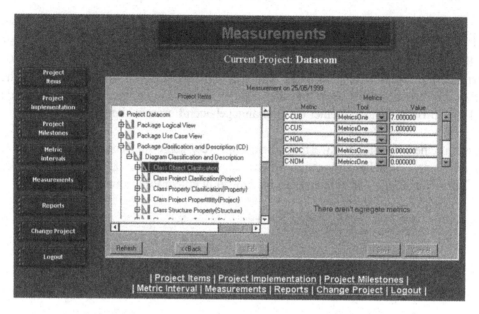

Abb. 113: Beispiel einer industriellen Messdatenhaltung

Eine Toolgestützte Ausbildung zur Software-Messung ist schließlich mit dem in Abbildung 114 gezeigten *Software-Messungs-Informationssystems* (*MIS*) möglich.

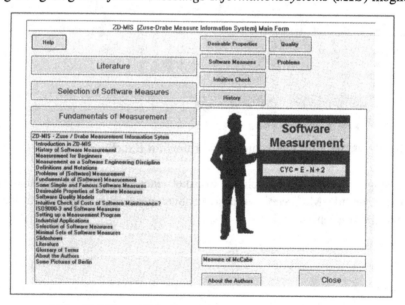

Abb. 114: Das MIS-Tutorial zur Software-Messung

Dieses Tutorial enthält neben allgemeinen Informationen zur Software-Messung, zu den Metriken und zu einer umfangreichen Literaturübersicht auch eine Bewertungsform für Software-Maße mit den unterschiedlichsten Skalierungseigenschaften.

Zum Abschluss dieser Toolauflistung wollen wir auf einen gegenwärtigen Trend verweisen, der einerseits die Aufgaben der einheitlichen Übersicht zu den vielfältigen Toolgestützten Mess- und Bewertungsformen zu bewältigen versucht und andererseits dabei die modernen Web-Technologien verwendet. Es handelt sich hierbei um die so genannten *Measurement Cockpits* oder auch *Measurement Dashboards*. Eine erste Form eines derartigen *Software-Messportals* für die so genannten *Functional Size Measurement (FSM)* Methoden. wie es an der Universität Magdeburg entwickelt wird, zeigt uns die Abbildung 115.

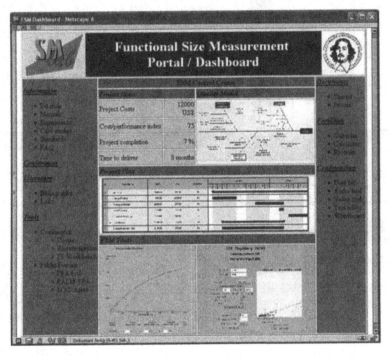

Abb. 115: Beispiel eines Software-Messportals

Der Einsatz von Mess-Tools muss dabei also an die Software-Entwicklungsinfrastruktur angepasst werden, was eine sinnvolle Tool-Integration und zweckmäßige Visualisierungsform erfordert.

Zusammenfassend zur Behandlung der Software-Messung haben wir in einer Übersicht in Abbildung 116 noch einmal die wichtigsten Aspekte dieses aktuellen Teilgebietes des Software Engineering an.

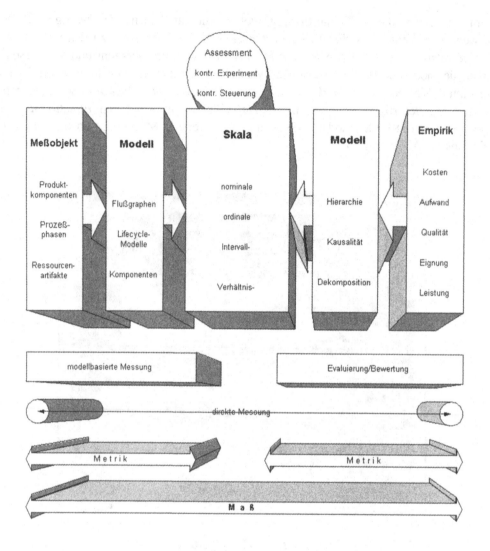

Abb. 116: Software-Messaspekte und Messformen

Übungsaufgaben

85. Welche drei Bestandteile bestimmen die Software-Messung?

86. Begründen Sie das Entropie-Gesetz an einem selbst gewählten Beispiel.

87. Machen Sie sich mit den möglichen Diagrammformen zur Messwertdarstellung vertraut und erläutern Sie den Unterschied zwischen einem Balkendiagramm und einem Histogramm.

88.   Erklären Sie den Aufwandsunterschied zwischen der Hard- und Software- Entwicklung.

89.   Was sagt die so genannte Badewannenkurve aus?

90.   Geben Sie Faustregeln zur Programmier-Produktivität und Programm-Fehlerrate an.

91.   Berechnen Sie den Anteil an Dokumentationsseiten für ein Software-System mit 10000 Programmzeilen.

92.   Bewerten Sie die Lesbarkeit nach dem Flesh-Index für eine Seite dieses Buches und für einen Abschnitt in der Tageszeitung und erläutern Sie die möglichen Unterschiede.

93.   Erweitern Sie die Liste möglicher LOC-Metriken um eigene Beispiele bzw. Definitionen.

94.   Erläutern Sie die einzelnen Skalentypen und geben Sie Beispiele aus dem täglichen Leben dazu an.

95.   Nennen Sie die wesentlichen Unterschiede zwischen Justieren und Kalibrieren.

96.   Mit welcher empirischen Bedeutung kann die LOC-Metrik als Maß verwendet werden?

97.   Welche Problematik ergibt sich bei der Anwendung der MT-Maße für Programme hinsichtlich der Schlussfolgerungen für die Korrektheit?

98.   Erläutern Sie die Schritte zur Definition eines Software-Maßes nach dem IEEE-Standard anhand eines selbst gewählten Beispiels.

99.   Welche Bedeutung haben statistische Analyseverfahren für die Software-Messung?

100. Geben Sie Beispiele aus der Software-Entwicklung für eine Varianz- und Diskriminanzanalyse an und beschreiben Sie die damit gezeigten bzw. bewiesenen statistischen Aussagen.

101. In welchen Fällen ist eine (indirekte) Kausalanalyse beim Software Engineering sinnvoll?

102. Nennen Sie Beispiele zur Unterstützung der Software-Wartung durch Clusteranalysen.

103. Beschreibung Sie die Planung und Durchführung einer Evaluierung zur Bewertung der Kundenzufriedenheit.

104. Was versteht man beim Software Engineering unter Assessment? Geben Sie ein Beispiel dafür an.

105. Welche Bedeutung haben kontrollierte Experimente bei der Software-Entwicklung?

106. Beschreiben Sie ein kontrolliertes Experiment zur Bestimmung des besten Programmierers in einem Entwicklungsteam.

107. Nennen Sie Merkmale eines kontrollierten Experiments zum Verstehen eines neuen Paradigmas.

108. Gegeben seien die Aufwandsverhältnisse für die Software-Entwicklung als Problemdefinition 5%, Anforderungsanalyse und Spezifikation 25 %, Entwurf 30 % und Implementation 40 %. Für ein aktuelles Entwicklungsbeispiel ist der Aufwand für die Problemdefinition mit 2 Personenmonaten bekannt. Leiten Sie den Aufwand für die anderen Entwicklungsphasen nach dem Analogieschlussverfahren ab.

109. Geben Sie zu einem vorgegebenen Programm den Programmflussgraphen an und diskutieren Sie die daraus ableitbaren Metriken und deren empirische Bedeutung.

110. Analysieren Sie das direkte Maß der Aufrufgeschwindigkeit einer Web-Seite im Internet.

111. Welche Tool-Komponenten kommen bei der Software-Messung zum Einsatz?

112. Beschreiben Sie die Mess- bzw. Bewertungstechniken für eine ausgewählte Prozessbewertung.

113. Welche Visualisierungsformen sind bei der Programm-Modellierung und der damit verbundenen Bewertung sinnvoll?

114. Erläutern Sie die Bewertungstechnik eines Kiviat-Diagramms an einem Beispiel.

115. Wann sind Erläuterungen zu den Werten bei der Modellbasierten Software-Messung sinnvoll?

116. Beschreiben Sie den Sinn und die Vorgehensweise beim Toolgestützten Justieren in CAME-Tools.

117. Was versteht man unter Measurement Dashboards?

1.6 Software-Management

Den Prozess der Erstellung eines Software-Systems bzw. eines Software-Produktes haben wir bereits als Software-Projekt bezeichnet und definiert. Ein solches Projekt ist allgemein durch die Prozessmerkmale gekennzeichnet, die die Anwendung spezieller Methoden, Techniken und Tools im Rahmen der Software-Entwicklung, -Wartung und -Anwendung betrifft. Wir haben bei der Betrachtung der Software-Prozesse bisher vor allem die methodischen Aspekte behandelt. Spätestens jedoch im Abschnitt 1.3 zum Personal beim Software Engineering wurde deutlich, dass vor allem auch organisatorische und administrative Methoden zum Einsatz kommen, und zwar als Management. Wir definieren daher wie folgt.

> Das **Software-Management** *(software management) ist die Planung, Überwachung und Steuerung des Prozesses und der dabei einzusetzenden Ressourcen zur Entwicklung, Wartung und Anwendung von Software-Systemen.*

Wir wollen uns zunächst den allgemeinen Grundlagen des Software-Managements widmen und dann auf die speziellen Formen bei der Entwicklung, der Wartung und der Anwendung gesondert eingehen. Dabei betrachten wir erst einmal einige Ursachen für mögliche Probleme beim Software-Management.

1.6.1 Probleme beim Software-Management

Bereits bei der Spezifikation von Software-Systemen haben wir auf die Problematik bei der umzusetzenden Komplexität der Problemstellung hingewiesen. In analoger Weise ergibt sich eine derartige Komplexität bei der Software-Entwicklung und -Wartung selbst. Das bedeutet, dass Umfang und/oder Struktur der Komponenten im allgemeinsten Sinne nicht mehr überschaubar und damit beherrschbar werden. Abbildung 117 deutet diese Vielfalt für die bei der Software-Entwicklung entstehenden Dokumente an.

Die Komponenten beim Software Engineering besitzen unter anderem folgende allgemeine Ausprägungen:

- eine *Basissoftware- bzw. Plattformbezogenheit (b)*,
- eine *Entwicklungsteambezogenheit (e)*,
- eine *Softwarebereichs- bzw. Projektbezogenheit (f)*,
- eine *Entwicklungsmethodenbezogenheit (m)*,
- eine *Anwendungs- oder Produktbezogenheit (p)*.

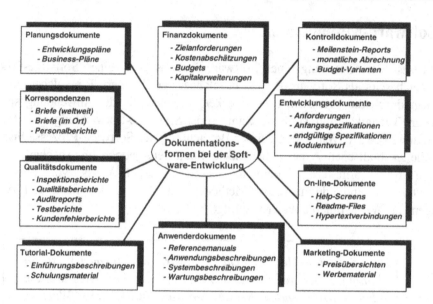

Abb. 117: Beispiele für Entwicklungsdokumente

Schließlich könnte man nach allgemeinen, nicht näher spezifizierten Erfahrungen auch eine *Zeitbezogenheit (t)* konstatieren. Für die Komponenten würde sich damit die in Abbildung 118 angedeutete Dimensionierung ergeben.

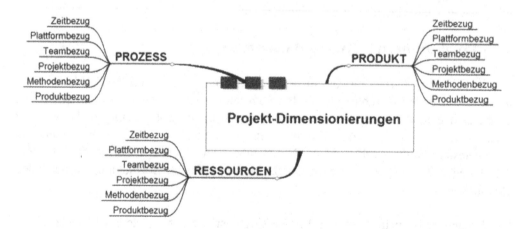

Abb. 118: Dimensionierung der Komponenten beim Software Engineering

Diese Dimensionierung verringert sich, wenn es für einen dieser Aspekte/ Dimensionen einen festen nicht variierbaren Standard gäbe. Auch wenn die SE-Standards genau dies anstreben, kann man nicht davon ausgehen, dass zum Beispiel unterschiedliche Teams oder die Anwendung unterschiedlicher Entwicklungsmethoden jeweils zu identischen Produktmerkmalen führen.

Konkrete Beispiele dieser Vielfalt beim Software Engineering zeigt schließlich die Tabelle 20.

Komponentendimension	Beispiele
Basissoftwarebezug	**b1:** Unix/Workstations
	b2: Unix/PC
	b3: Windows/PC
	. . .
Entwicklungsteambezug	**e1:** permanente Gruppierung
	e2: temporäre/Projektbezogene Gruppe
	e3: partizipatorische/heterogene Gruppe
	. . .
Projektbezug	**f1:** Prototypentwicklung
	f2: Rationalisierungsentwicklung
	f3: Auftragsentwicklung
	. . .
Entwicklungsmethodenbezug	**m1:** Strukturierte Analyse
	m2: Objektorientierte Entwicklung
	m3: Anwendung formaler Methoden
	. . .
Produktbezug	**p1:** Informationssystem
	p2: Anlagensteuerung
	p3: Kommunikationssystem
	. . .

Tab. 20: Beispiele der Komponentenvielfalt beim Software Engineering

Wir wollen einige Beispiele anführen, die insbesondere zur Vielfalt in den verschiedenen Bereichen der Software-Entwicklung, -Wartung und -Anwendung beitragen. Zunächst nennen wir einige typische ***Probleme beim Software-Prozess***, die die Komplexität erhöhen, wie beispielsweise:

- eine Verzettelung durch Orientierung auf zu viele Plattformen bzw. angewendete Programmiersprachen (*Anz(b) >> 1*),

- die Beteiligung zu vieler Personen/Entwickler bzw. zu vieler Entwicklungsteams (*Anz(e) >> 1*),

- die Gewährung zu vieler Entwicklungskulturen bzw. Projektarten (als *Anz(f) >> 1*),

- die Situation einer kaum noch beherrschbaren Methodenvielfalt im Entwicklungsbereich (*Anz(m) >> 1*),

- die Erreichung einer zu hohen Produktvielfalt (*Anz(p) >> 1*).

Typische *Probleme beim Software-Produkt*, die insbesondere im Verlauf eines Projektes bzw. der Produktentwicklung auftreten, sind:

- für die Software-Produktkomponente(n) S und der Produktdokumentation(en) D gilt im Allgemeinen

  * $D_{spezifikation}(t_1) \neq D_{design}(t_2)$ für $t_1 << t_2$, die Differenz zwischen den Dokumenten kennzeichnet hierbei eine nicht vorhandene verifizierte Äquivalenz,
  * $D_{design}(t_2) \neq S_{implementation}(t_3)$ für $t_2 << t_3$,
  * $D_{design}(t)$ mit $t = const$, d. h. keine Design-Anpassung bei der Wartung,

- die Komplexität des Software-Produktes wächst kontinuierlich im Verlauf der Software-Wartung,

Wir wollen anhand konkreter Projekterfahrungen diese allgemeinen Problembereiche etwas untersetzen. Tabelle 21 enthält einige der von [Cockburn 98] zusammen getragenen Projektmerkmale.

Projektmerkmale	Erfahrungen
Projekt A: Einführung der Objektorientierten (OO) Technologie am laufenden System, Dauer: 6 Monate, 5-10 Entwickler	**positiv:** zuerst Unternehmensmodell aufgestellt, dann Nutzeroberfläche; Umstellung jeweils von Freitag bis Montag; Projekt leitete erfahrener Projektmanager für iterative Entwicklung
Projekt B: iterative Verbesserung eines Smalltalk-Systems, 10-20 Mitarbeiter, Dauer: 1 Jahr	**negativ:** Programmierer hatten keine OO-Erfahrung; der erste Ansatz war ein Prototyp ohne vorherige Effizienzanalyse; Projekt wurde nach einigen Prototyplösungen ergebnislos eingestellt
Projekt C: Migration eines Systems von C auf C++, ca. 600 Mitarbeiter, Dauer: einige Jahre	**negativ:** die ersten Migrationskomponenten waren ineffizient und mussten sämtlichst überarbeitet werden, denn es handelte sich um C-Programmierer, die C++ im realen Projekt erst erlernten; es kam zu einem Zeit- und Imageverlust
Projekt D: Entwicklung eines Echtzeitsystems in Smalltalk, ca. 20 erfahrene OO-Entwickler, Dauer: einige Monate	**positiv:** durch die gegebene Entwicklererfahrung und die Anwendung von Generierungs- und Mess-Tools gelang es, eine Echtzeitanwendung in Smalltalk zu implementieren
Projekt E: Implementation einer verteilten Anwendung, 10-20 Mitarbeiter, Dauer: 1 Jahr	**negativ:** die Entwickler führten erstmals die OO-Technologie ein und waren der Ansicht, OO-Sprachen seien einfach nur eine andere, weitere Programmiersprache; außerdem wurde die OO-Modellierung in naiver Weise aus der „realen Welt" und nicht vom Unternehmensmodell abgeleitet; nach einem Jahr lagen keine verwertbaren Ergebnisse vor

Tab. 21: Erfahrungen realer Industrieprojekte

Die Beherrschung dieser Komplexitätsformen in allen Phasen und Bereichen der Software-Entwicklung, -Wartung und -Anwendung ist Gegenstand des *Software-Managementproblems*.

1.6.2 Grundlegende Methoden des Software-Management

Das Software-Management dient dem bestmöglichen zeitlichen und kostengünstigsten Ablauf geplanter Aktivitäten und Prozesse beim Software Engineering. Im Rahmen des Software-Lebenszyklus haben wir bereits Aktivitäten bzw. Schritte oder Phasen kennen gelernt. Beim Software-Management werden teilweise diese Schritte benutzt oder nach weiteren Planungs- und Kontrollmethoden untersetzt. Die allgemeinen Ziele und Realisierungsschritte beim Software-Management zeigt der in Abbildung 119 dargestellte Managementzyklus (siehe [Kennet 99] oder [Page-Jones 91]).

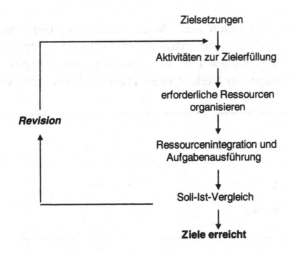

Abb. 119: Der Software-Managementzyklus nach Page-Jones

Der Soll-Ist-Vergleich wird an so genannten *Kontrollpunkten* (*check points*) in Form eines Assessments durchgeführt und beruht auf folgenden Ausgangsdaten (siehe auch [Aggteleky 92]).

- *Plandaten:* zum Entwicklungsstand und der noch verfügbaren Ressourcen,

- *Risikodaten:* zur Bewertung von Varianten und Alternativen,

- *Kostenanalysen:* zur Budget-Überwachung und Zielgerichteten Einflussnahme,

- *Änderungsanalysen:* zur Erfassung der Prozessdynamik während der Produktentwicklung,

- *Reviews und Audits:* zur Situationsbeschreibung des Software-Produktes in all seinen Entwicklungsstufen.

Bereits bei der Behandlung des Software-Lebenszyklus haben wir auf den iterativen Charakter hingewiesen. Wir definieren daher an dieser Stelle diese Iteration noch einmal explizit (siehe auch [Royce 98]).

> *Die **Iteration** (iteration) im Verlauf der Software-Entwicklung ist die Umsetzung einer Anforderungsänderung, die den erneuten Durchlauf einer Entwicklungsphase zur Folge hat.*

Diese Iteration ist ein wesentlicher Grund für den zyklischen Ansatz beim Software-Management.

Wir wollen uns deshalb einigen Visualisierungstechniken für die Projektplanung und der damit möglichen Kontrolle zuwenden.

Die **PERT-Methode** *(Program Evaluation and Review Technique)* dient der Darstellung des kausalen Zusammenhangs der Management-Aktivitäten durch einen gerichteten Graphen als Netz. Die Notation ist in Abbildung 120 angegeben. Die Knotenbewertung stellt die jeweilige, im Verlauf eines Prozesses realisierte Aktivität dar.

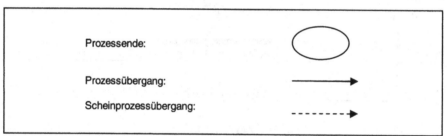

Abb. 120: Notation der PERT-Diagramme

Der Scheinprozessübergang dient der Vervollständigung eines PERT-Diagrammes zu einem Netz und drückt die Fortsetzung ohne eine zu realisierende Aktivität aus. Die Möglichkeit der Kantenbewertung wird bei den PERT-Diagrammen für die Angabe zeitlicher Restriktionen verwendet. Eine Zeitdauer kann in den Formen:

- der optimistischen Dauer (OD),

- der wahrscheinlichen Dauer (WD),

- der pessimistischen Dauer (PD)

angegeben werden und dient dem Management als Hinweis für mögliche Handlungsspielräume.

Die Abbildung 121 beschreibt ein PERT-Diagrammbeispiel für den vereinfachten Prozess der Software-Entwicklung.

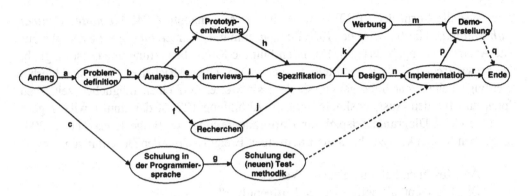

Abb. 121: PERT-Diagramm für den Prozess der Software-Entwicklung

Die zu diesem PERT-Diagramm gehörenden Kantenbewertungen zeigt Tabelle 22.

Kante	OD	WD	PD	Kante	OD	WD	PD
a	2	4	7	j	6	8	10
b	14	21	30	k	7	12	21
c	14	21	30	l	60	75	90
d	8	12	33	m	7	14	18
e	3	5	8	n	200	230	260
f	4	6	12	o	0	0	0
g	8	14	21	p	4	7	14
h	30	36	40	q	0	0	0
i	4	6	12	r	14	16	18

Tab. 22: Zeitangaben in Tagen zum PERT-Diagramm in Abbildung 121

Dabei werden die Scheinprozessübergänge mit '0' bewertet, da hierbei keine Aktivität zu realisieren ist, die somit auch keinen Zeitaufwand impliziert. Aus dieser Tabelle lassen sich beispielsweise folgende Projektcharakteristika ableiten:

- die *kürzeste Projektdauer:* als Summe der optimistischen Zeitangaben für den Basispfad[33],
- die *längste Projektdauer:* als Summe der pessimistischen Zeitangaben,
- die *Varianz* der einzelnen Prozesszeiten.

---

[33] Im PERT-Diagramm sind die sogenannten Basispfade diejenigen Pfade ohne Scheinübergänge, die auch explizit für die Projektdauerschätzung zugrunde gelegt werden.

Der Einsatz von PERT-Diagrammen zum Software-Management erfordert im Verlauf der Prozessrealisierung eine ständige Aktualisierung dieser Diagramme.

Eine spezielle Form der PERT-Methode ist die so genannte **CPM-Methode** *(Critical Path Method)*. Hierbei wird das PERT-Diagramm mit einer *Zeitachse* versehen, die nur eine Art der Zeitangabe erlaubt. Damit entfällt die Kantenbewertung und es ist möglich, den *zeitkritischen Verlauf* unmittelbar zu erkennen. Die gestrichelten Pfeile sind hierbei allerdings keine Scheinübergänge, sondern sie weisen auf einen möglichen zeitlichen Spielraum für den Ausgangsknoten hin. In Abbildung 122 ist das immer wieder gern benutzte CPM-Diagrammbeispiel zur Kaffeezubereitung aus [Page-Jones 91], S. 308, angegeben. Dabei kennzeichnen die Buchstaben Ereignisse mit den Bedeutungen

> A: „Kessel enthält ausreichend Wasser",
> B: „Tasse enthält nötige Menge Kaffeepulver",
> C: „Wasser kocht",
> D: „heißer schwarzer Kaffee in der Tasse".

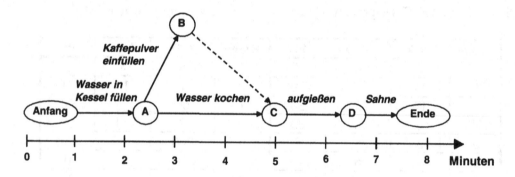

Abb. 122: CPM-Diagramm zur Kaffee-Zubereitung

Der **kritische Weg** ist mit durchgehenden Pfeilen gekennzeichnet, während ein gestrichelter Verlauf eine Wahl innerhalb eines Zeitintervalls zulässt. So kann im obigen Beispiel das Einfüllen des Kaffeepulvers irgendwann in den zur Verfügung stehenden 2,5 Minuten erfolgen.

Als letzte Darstellungsmethode für das Software-Management wollen wir uns dem **Gantt-Diagramm** (bezeichnet nach Lawrence Gantt) zuwenden. Die Notation derartiger Diagramme besteht dabei lediglich aus so genannten Zeitintervallbalken und der Markierung der Kontrollpunkte als so genannte **Meilensteine** *(milestones)*. Die Darstellung der Gantt-Diagramme erfolgt im Allgemeinen in Form einer Einordnung in ein Koordinatensystem mit den Prozessen bzw. Aktivitäten als Ordinate und der Zeit als Abzisse.

Abbildung 123 zeigt ein vereinfachtes Gantt-Diagramm für die Software-Entwicklung nach einem Firmenprozesshandbuch [Siemens 91]. Die darin enthaltenen Meilensteine haben folgende Bedeutung: P10 - Problemstellung abgeschlossen, A10 - Sollkonzept formuliert, T10 - Fachkonzept bzw. DV-Grobkonzept abgeschlossen, T30 - integriertes Produkt vorliegend, T50 - Systemtest abgeschlossen, B70 - Produkt zur Lieferung freigegeben, B90 - Betreuungs-Ende.

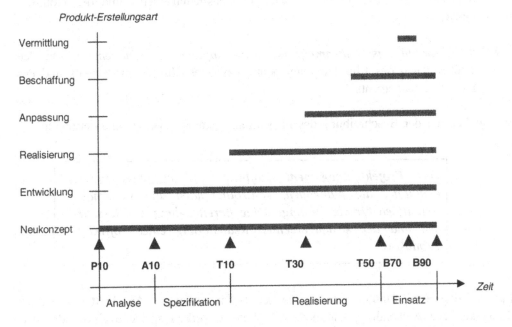

Abb. 123: Beispiel eines Gantt-Diagramms zur Software-Erstellung

Mit diesen Diagrammen sind wir in der Lage, die allgemeinen Aktivitäten bzw. Prozesse der Software-Entwicklung, -Wartung und -Anwendung zu modellieren und den zeitlichen Erfordernissen anzupassen. Im nächsten Abschnitt wollen wir uns den Managementmethoden beim Software Engineering zuwenden, die sich vor allem mit der Kostenproblematik und den qualitativen Aspekten beschäftigen.

1.6.3 Software-Management bei der Entwicklung, Wartung und Anwendung

Gemäß dem unterschiedlichen Charakter der Software-Entwicklung, der Wartung und der Software-Anwendung unterscheiden sich auch die Software-Managementformen und -inhalte. Wir wollen daher zunächst erst einmal allgemein diese spezifischen Managementinhalte angeben und dann ausgewählte Formen näher beschreiben. Als Managementformen beim Software Engineering unterscheiden wir (siehe auch [Reifer 93]):

- das *Entwicklungsmanagement* *(software development management)* mit den Teilbereichen des Projektmanagements, des Qualitätsmanagements und des Konfigurationsmanagements,

- das *Wartungsmanagement* *(software maintenance management)* mit den Komponenten des Konfigurations- bzw. Versionsmanagements und des Nothilfemanagements,

- das *Anwendungsmanagement* *(software application management)* mit den Teilbereichen des Einsatzmanagements, des Umstellungsmanagements und des Havariemanagements.

Wir wollen mit der Beschreibung des Projektmanagement beginnen und definieren wie folgt.

> Das **Projektmanagement** *(software project management)* beinhaltet die planenden, kontrollierenden und steuernden Aktivitäten für die termingerechte Bereitstellung der Ressourcen und der kostengerechten Realisierung eines Software-Produktes.

Für die allgemeine Planung können die bereits im vorherigen Abschnitt behandelten Techniken zur Anwendung kommen. Allerdings erfordern spezielle Umstände bzw. Probleme auch spezielle Planungstechniken. Beispiele so genannter Risikomerkmale sind (siehe [Boehm 93] oder [Putnam 97]):

1. die Fluktuation des Personals,
2. unrealistische Planung und begrenzte finanzielle Mittel,
3. die Entwicklung falscher Funktionalität,
4. die Entwicklung der falschen Nutzeroberfläche,
5. das so genannte Vergolden von Anforderungen,
6. nicht endender Anforderungsänderungen,
7. die Änderung externer Leistungsanforderungen,
8. die Umstellung der extern vorgesehenen Komponenten,
9. Echtzeitanforderungsänderungen,
10. die Überschätzung des „State of the Art" beim Entwicklungsparadigma.

Die Beherrschung derartiger Probleme innerhalb des Projektmanagement hat zu der besonderen Form des *Risikomanagement (risk management)* geführt. Die für die jeweiligen Risiken einzusetzenden Techniken und Mittel nach Rook zeigt uns Abbildung 124 (siehe [Pfleeger 98] oder auch [Singpurwalla 99]).

Das Grundanliegen des Risikomanagement besteht in der rechtzeitigen Bestimmung von Risikofaktoren bzw. der mit einem hohen Risiko behafteten Bereiche bei der Software-Entwicklung. Daraus leiten sich die entsprechenden Maßnahmen zur Absicherung, Ressourcenerweiterung oder der Änderung der Entwicklungsvariante ab.

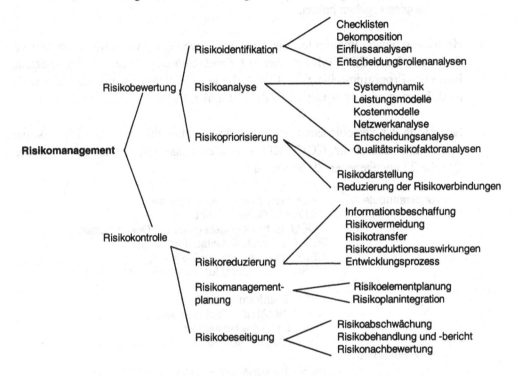

Abb. 124: Methoden und Techniken des Risikomanagement

Ein weiteres Anliegen des Projektmanagement besteht im möglichst frühzeitigen Abschätzen der benötigten Ressourcen für die Software-Entwicklung. Dazu haben wir bereits im Abschnitt zur Software-Messung auf die jeweiligen Schätzmethoden hingewiesen. Im Folgenden wollen wir zwei grundlegende Methoden näher beschreiben.

Wir wollen uns zunächst dem bereits erwähnten *COCOMO-Modell* zuwenden (siehe [Boehm 86] und vor allem [Boehm 00]) und zwar in seiner aktuellen Form als das *COCOMO II.2000*. Das *Constructive Cost Model* schätzt die Kosten verschiedener Aspekte bzw. Teilbereiche bei der Software-Entwicklung und -Wartung ab. Das Vorgehen zur Ableitung derartiger Schätzmodelle ist Folgendes:

1. Auswahl von „typischen" bereits realisierten Industrieprojekten zur Software-Entwicklung möglichst unterschiedlicher Systemarten, über die umfangreiche

Detailkenntnisse vorhanden sind (auf die verschiedenen Systemarten gehen wir im folgenden Kapitel noch näher ein),

2. Notieren der verschiedensten benötigten Aufwände an Kosten, Personal und Zeit, wie sie sich in den einzelnen Entwicklungsphasen und angewendeten Technologien ergeben haben,

3. Herleitung einer Invariante, die mit den jeweiligen Aufwänden korrelieren (könnten): beim COCOMO ist dies der *Produktumfang (size)* als eine spezielle Form der Programmzeilenzahl (LOC), die je nach Schätzform auch die Anzahl modifizierten oder angepassten Codes darstellen kann,

4. Auflistung der verschiedenen Systemmerkmale zum Produkt, zum Prozess und den Ressourcen: beim COCOMO sind dies insgesamt die in der folgenden Tabelle 23 angegebenen 29 Merkmale:

Produktattribute:
CPLX: Komplexität des Produktes,
DATA: Größe der Datenbasis,
DOCU: Entwicklungsbegleitende Dokumentation,
RCPX: Zuverlässigkeitsanforderungen,
RELY: geforderte Zuverlässigkeit,
RUSE: Entwicklung für die Wiederverwendung,

Hardwareeigenschaften:
PVOL: Plattformdynamik,
STOR: benötigter Speicherplatz,
TIME: benötigte Rechenzeit,
TURN: Zugangsformen,

Personalattribute:
ACAP: Fähigkeit zur Analyse,
APEX: Anwendungserfahrungen,
LTEX: Erfahrungen mit der Programmiersprache,
PCAP: Programmierkenntnisse,
PCON: Personalstabilität,
PDIF: Plattformschwierigkeiten,
PERS: Personalfähigkeiten,
PLEX: Plattformerfahrungen,
PREX: Personalerfahrungen,
TEAM: Teamstabilität,

Projektattribute:
FCIL: Einsatzmöglichkeiten,
FLEX: Entwicklungsdynamik,
MODP: moderne Programmierpraktiken,
PREC: Erstentwicklungsform,
RESL: Risikomanagement,
PMAT: Prozessgüte nach dem CMM (s. u.),
SITE: Entwicklungsteamverteilung,
SCED: erforderliche Entwicklungszeit,
TOOL: Anwendung von CASE-Tools.

Tab. 23: Entwicklungscharakteristika beim COCOMO

5. Schließlich: Realisierung umfangreicher statistischer Analysen, um dann zu den endgültigen Schätzformeln zu gelangen.

Beim COCOMO II.2000 berechnen bzw. schätzen wir zunächst den ***Personalaufwand PM*** für die Produktentwicklung nach der folgenden Formel:

$$PM = A \times Size^E \prod_{i=1}^{n} EM_i + PM_{Auto}$$

Diese Formel ist deutlich komplizierter, als die auf Seite 180 angegebene, beinhaltet allerdings dieselbe Intention. Während A einen jeweils speziell „eingestellten" Wert als *kalibrierbaren Aufwandskoeffizienten* darstellt, ergibt sich E aus der folgenden Berechnung:

$$E = B + 0{,}01 \times \sum_{j=1}^{5} SF_j$$

B ist dabei wiederum ein *kalibrierbarer Wert*, den wir weiter unten noch konkret angeben werden, und die SF_j sind die *Skalierungsfaktoren* PREC, FLEX, RESL, TEAM und PMAT (siehe oben).

Die EM_i in der obigen Formel sind die *Aufwandsmultiplikatoren* und zwar RCPX, RUSE, PDIV, PERS, PREX, FCIL und SCED für die Produktentwicklung (s. o.) und die restlichen oben aufgeführten für die Produktwartung.

Schließlich beinhaltet die obige Formel noch ein PM_{Auto}, welches den Aufwand in Personenmonaten für die automatische Codeerschließung und wie folgt berechnet wird:

$$PM_{Auto} = (adaptedSLOC \times (AT/100))/ATPROD \,,$$

wobei *SLOC* für die Quellcodezeilenanzahl, *adaptedSLOC* für Codezeilen, die zu übernehmen bzw. nur anzupassen sind, *AT* für den Prozentsatz der adaptedSLOC, die durch ein Reengineering automatisch „erschlossen" worden sind, *ATPROD* die Produktivität der automatischen Erschließung bzw. Translation von Quellcodezeilen.

Nach der obigen Formel könnten wir nun Berechnungen bzw. Schätzungen vornehmen, wenn wir einerseits die von Boehm vorgeschlagenen Werte für die Aufwandsberechnung für $A = 2{,}94$ und für $B = 0{,}91$ verwenden und andererseits auch Wertvorgaben für die Skalierungsfaktoren und Aufwandsmultiplikatoren zur Verfügung hätten. Dafür wird in COCOMO die folgende Tabelle 24 verwendet. Diese Faktoren sind in jeweils von links nach rechts aufsteigend definiert, also *extra low (XL), very low (VL), low (L), normal (N), high (H), very high VH), extra high (XH)* und *productivity related (PR)*, und der zu verwendende Einflusswert in entsprechenden aufsteigenden oder fallenden Folge. Für die Size-Angabe könnten wir zunächst ein so genanntes *KSLOC* als Kilo SLOC verwenden.

COCOMO II.2000-Skalierungsfaktoren									
Merkmal	Symbol	XL	VL	L	N	H	VH	XH	PR
Skalierungsfaktoren									
PREC	SF1		6,20	4,96	3,72	2,48	1,24	0,00	1,33
FLEX	SF2		5,07	4,05	3,04	2,03	1,01	0,00	1,26
RESL	SF3		7,07	5,65	4,24	2,83	1,41	0,00	1,39
TEAM	SF4		5,48	4,38	3,29	2,19	1,10	0,00	1,29
PMAT	SF5		7,80	6,24	4,68	3,12	1,56	0,00	1,43
Aufwandsmultiplikatoren (Wartung)									
RELY	EM1		0,82	0,92	1,00	1,10	1,26		1,54
DATA	EM2			0,90	1,00	1,14	1,28		1,42
CPLX	EM3		0,73	0,87	1,00	1,17	1,34	1,74	2,38
RUSE	EM4			0,95	1,00	1,07	1,15	1,24	1,31
DOCU	EM5		0,81	0,91	1,00	1,11	1,23		1,52
TIME	EM6				1,00	1,11	1,29	1,63	1,63
STOR	EM7				1,00	1,05	1,17	1,46	1,46
PVOL	EM8			0,87	1,00	1,15	1,30		1,49
ACAP	EM9		1,42	1,19	1,00	0,85	0,71		2,00
PCAP	EM10		1,34	1,15	1,00	0,88	0,76		1,76
PCON	EM11		1,29	1,12	1,00	0,90	0,81		1,51
APEX	EM12		1,22	1,10	1,00	0,88	0,81		1,51
PLEX	EM13		1,19	1,09	1,00	0,91	0,85		1,40
LTEX	EM14		1,20	1,09	1,00	0,91	0,84		1,43
TOOL	EM15		1,17	1,09	1,00	0,90	0,78		1,50
SITE	EM16		1,22	1,09	1,00	0,93	0,86	0,80	1,53
SCED	EM17		1,43	1,14	1,00	1,00	1,00		1,43
Aufwandsmultiplikatoren (Entwicklung)									
RCPX	EM1	0,49	0,60	0,83	1,00	1,33	1,91	2,72	5,55
RUSE	EM2			0,95	1,00	1,07	1,15	1,24	1,31
PDIF	EM3			1,00	1,00	1,00			1,00
PERS	EM4	2,12	1,62	1,26	1,00	0,83	0,63	0,50	4,24
PREX	EM5	1,59	1,33	1,12	1,00	0,87	0,74	0,62	2,56
FCIL	EM6	1,43	1,30	1,10	1,00	0,87	0,73	0,62	2,31
SCED	EM7		1,43	1,14	1,00	1,00	1,00		1,43

Tab 24: Skalierungsfaktoren beim COCOMO

Der PR-Faktor stellt eine spezielle Kalibrierung des jeweiligen Wertes für eine angenommene mittlere Produktivität dar und berechnet sich für die Skalierungsfaktoren als

$$PR_{SFn} = (100^{0,91+0,01 \times SF_{nMax}}) / 100^{0,91}$$

und für die Aufwandsmultiplikatoren als

$$PR_{EMn} = EM_{nMax} / EM_{nMin} .$$

Unter Verwendung dieser Faktoren kann eine Aufwandsberechnung vereinfacht durchgeführt werden. Die Anwendung der in Tabelle 24 angegebenen Faktoren setzt für die Entscheidung, was denn nun niedrig oder sehr hoch ist, spezielle Richtlinien und Vorgaben voraus. Da diese Faktoren bzw. Multiplikatoren ggf. die Kosten in die Höhe „treiben", werden sie auch allgemein als *Kostentreiber (cost driver)* bezeichnet. Einige COCOMO-Vorgaben für diese Kostentreiber wollen wir im Folgenden explizit angeben:

- **RELY**: als geforderte Zuverlässigkeit des Produktes mit der Bewertung der Auswirkungen eines Software-Fehlers:
  - *very low:* geringfügige Fehler,
  - *low:* gering, leicht behebbar,
  - *normal:* moderate,
  - *high:* hoher finanzieller Verlust,
  - *very high:* Risiko für Menschenleben,
  - *extra high:* - .

- **DATA**: als Größe der Datenbasis (DB) in Megabyte, abgeschätzt nach dem so genannten D/P-Faktor (D/P = DB Bytes / SLOC):
  - *very low:* -
  - *low:* D/P < 10,
  - *normal:* $10 \leq$ D/P < 100,
  - *high:* $100 \leq$ D/P < 1000,
  - *very high:* D/P > 1000,
  - *extra high:* - .

- **TIME**: als benötigte Rechenzeit. Dieser Faktor spiegelt wieder, wie viel Prozent von der im System vorhandenen Ausführungszeit (Rechenzeit) von dem Programm beansprucht wird und zwar
  - *very low:* -
  - *low:* -
  - *normal:* $\leq$ 50% der verfügbaren Rechenzeit verbraucht,
  - *high:* 70% verbraucht,
  - *very high:* 85% verbraucht,
  - *extra high:* 95% verbraucht.

- **STOR**: für den benötigten Speicherplatz. Dieser Faktor spiegelt wieder, wie viel Prozent vom Arbeitsspeicher vom Programm beansprucht wird, also:
  - *very low:* -
  - *low:*,
  - *normal:* 50% vom verfügbaren Speicherplatz benutzt,
  - *high:* 70% benötigt,
  - *very high:*, 85% benötigt,
  - *extra high:* 95% benötigt.

- **APEX**: als Anwendungserfahrung. Dabei geht es um die durchschnittliche Erfahrung, die das Team mit dem Typ der Anwendung hat:
  - *very low:* ≤ 2 Monate,
  - *low:* 6 Monate,
  - *normal:* 1 Jahr,
  - *high:* 3 Jahre,
  - *very high:*, 6 Jahre,
  - *extra high:* - .

- **PREC**: als Erstentwicklungsform. Hier soll eine Aussage getroffen werden, wie ähnlich das aktuelle Projekt zu vorhergehenden Projekten ist.
  - *very low:* gänzlich neuartig,
  - *low:* größtenteils neuartig,
  - *normal:* teilweise neuartig,
  - *high:* generell ähnlich,
  - *very high:* größtenteils ähnlich,
  - *extra high:* vollkommen ähnlich.

- **FLEX**: als Entwicklungsflexibilität, die bestimmt, in wie weit ist man hinsichtlich gestellter Anforderungen bei der Entwicklung flexibel ist bzw. wie rigoros die Vorgaben sind:
  - *very low:* rigoros,
  - *low:* einige wenige flexible Anforderungen,
  - *normal:* einige flexible Anforderungen,
  - *high:* feste Rahmenvorgaben,
  - *very high:* flexible Rahmenvorgaben,
  - *extra high:* allgemeine Zielvorgaben.

Die vollständige Beschreibung dieser Faktoren finden wir auf unserer Web-Seite zum Lehrbuch zum Abschnitt Software-Management. Damit haben wir für ausgewählte Faktoren eine grobe Anleitung für die Werteauswahl im konkreten Schätzfall und können konkrete Schätzungen vornehmen bzw. berechnen.

Das COCOMO II.2000 ermöglicht haben dieser Aufwandsschätzung auch die *Abschätzung der Entwicklungszeit TDEV*. Die Berechnungsformel dafür lautet:

$$TDEV = (C \times (PM_{NS})^{D + 0.2 \times (E - B)}) \times (SCED\% / 100) .$$

Dabei stellt B den so genannten Basisexponenten für die Skalierung und C, D und E die kalibrierbaren Entwicklungszeitexponenten dar. Beim $SCED\%$ ist der erforderliche Prozentsatz an Entwicklungszeitverkürzung im Verhältnis zur normalen bzw. üblichen Entwicklungszeit anzugeben. Als PM_{NS} sind die oben berechneten bzw. geschätzten Personenmonate ohne den SCED-Kostentreiber und ohne PM_{Auto} einzusetzen. Das

TDEV berechnet hierbei die Entwicklungszeit in Kalendermonaten dar. Für eine „übliche" Entwicklungszeitbestimmung werden die Werte C = 3,67 und D = 0,28 vorgeschlagen.

Bei den obigen Schätzgleichungen haben wir als Umfang eine Form von Programmzeilen verwendet, die das künftige Software-Produkt enthält bzw. enthalten wird. Das ist natürlich ein besonderer Kritikpunkt an diesem Verfahren. Daher bietet uns das COCOMO II.2000 eine Möglichkeit, eine detaillierte *Umfangsschätzung (size estimation)* vorzunehmen, allerdings auch im Bereich der Programmzeilen. Die allgemeinen, kaskadisch angeordneten Berechnungsformeln dafür lauten:

$$Size = (1 + REVL/100) \times (newKSLOC + equivalentKSLOC)$$

$$equivalentKSLOC = adaptedKSLOC \times AAM \times (1^{-AT}/100)$$

$$AAM = AA + AAF \times (1 + [0,02 \times SU \times UNFM])/100 \; für \, AAF \leq 50$$

$$AAM = AA + AAF \times (SU \times UNFM)/100 \; für \, AAF > 50$$

$$AAF = (0,4 \times DM) + (0,3 \times CM) + (0,3 \times IM)$$

wobei *KSLOC* die Kilo Lines of Code, *AAF* den so genannten Justierungsfaktor, *AAM* den Justierungsmodifikator und *AT* den Prozentsatz der *adaptedKSLOC* aus einem Reengineering darstellen. Das *AA* steht für den Prozentsatz an „assimilierten" wieder verwendeten Codes. *CM* ist der prozentualer Anteil modifizierten Codes, *DM* der prozentualer Anteil modifizierten Designs, *IM* der Prozentsatz der integrierten *(adapted)* Software, *REVL* der Prozentsatz an Anforderungserweiterungen, *SU* der Prozentsatz des Software-Verständnisses und *UNFM* der so genannte Grad der Unvertrautheit des Programmierers mit der Software-Systemklasse. Wir wollen hier keine expliziten Berechnungen angeben, sondern haben uns über die Möglichkeiten der Beachtung spezieller Einflussfaktoren bei der Umfangsabschätzung künftiger Software-Produkte einen detaillierten Eindruck verschafft.

Das COCOMO II.2000 hat außer der hier vorgestellten Grundversion für die verschiedensten Entwicklungsformen und Systemarten noch folgende Varianten:
- **COPSEMO:** Als *COnstructive Phased Schedule and Effort MOdel* dient diese Version der Kostenschätzung für die einzelnen Entwicklungsphasen. Dabei werden als Entwicklungsmethode *MBASE (Model-Base System Architecting and Software Engineering)* und *RUP (Rational Unified Process,* siehe Kapitel 4) zugrunde gelegt.
- **CORADMO:** Diese Version unterstützt die Schätzung von schnellen Entwicklungsformen (also dem *Rapid Application Development (RAD))*. Als RAD-Methoden werden hierbei berücksichtigt: das Generator RAD (GRAD), das Composition RAD (CRAD) und das Full-System RAD (FRAD).

- **COCOTS:** Diese Version schätzt den Integrationsaufwand von COTS-Komponenten ab. Dabei werden die vier Bereiche einer Eignungskontrolle der Komponenten, der Komponentenanpassung selbst, des Aufwands für die Komponentenverbindung und schließlich für die Systemanpassung separat berücksichtigt.

- **COQUALMO:** Diese Version bezieht sich auf die allgemeine Abschätzung der Qualität als *introduced defects* für die einzelnen Entwicklungsphasen. Die Grundlage dafür ist ein allgemeines Fehlermodell, welches die Schwere der Fehler in den Phasen berücksichtigt.

- **COPROMO:** Diese Version unterstützt die Abschätzung der Produktivität. Es benutzt die Schätzungen aus dem CORADMO und dem COPSEMO und ermittelt eine Phasenskalierte Produktivitätsbewertung.

- **Expert COCOMO:** Diese COCOMO-Version führt schließlich eine Risikobewertung von Projekten durch. Ausgangspunkt sind die bereits beim COCOMO definierten Kostentreiber. Dabei werden jeweils die „Risikobezogenen" Werte herangezogen und ein *Projekt Risk*-Faktor bestimmt, der allgemein zwischen moderatem, hohem und sehr hohem Projektrisiko differenziert.

Abbildung 125 zeigt die Möglichkeit der Anwendung des klassischen COCOMO im Web unter „http://se.cs.uni-magdeburg.de/manag.html".

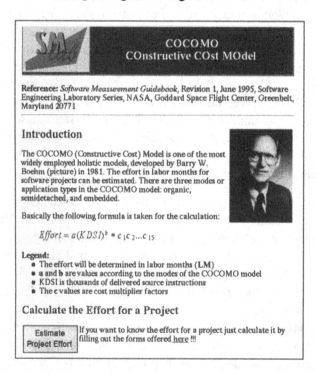

Abb. 125: Einstiegsseite zur COCOMO-Anwendung im Magdeburger SML@b

Eine andere Form der Aufwands- bzw. Kostenschätzung ist die **Function-Point-Methode** (siehe [Bundschuh 00], [Dreger 89] und [Garmus 96]), auch *Function Point Analysis (FPA)* genannt. Dabei wird der „funktionelle Gehalt" als Ausgangspunkt für die Schätzung verwendet. Die Grundidee besteht darin, für ein zu entwickelndes Produkt folgende Berechnungsformel für die *ungewichteten Function Points (UFP)* zu verwenden:

$$UFP = a \times inputs + b \times outputs + c \times requires +$$
$$d \times internal\ data + e \times external\ data$$

Dabei steht *inputs* für die Anzahl der Systemeingaben, *outputs* für die Anzahl der Systemausgaben, *requires* für die Anzahl der Systemabfragen, *internal data* für die Anzahl interner, lokaler Datenbestände und *external data* für die Anzahl externer Datenbestände. Für die jeweiligen Faktoren *a* bis *e* ergeben sich je nach der Ausprägung des jeweiligen Merkmals als einfach, mittel oder komplex die Wertebereiche:

$$a \in \{3,4,6\},$$
$$b \in \{4,5,7\},$$
$$c \in \{3,4,6\},$$
$$d \in \{7,10,15\}$$
$$e \in \{5,7,10\}.$$

Der erhaltene Wert als UFP wird wiederum mit so genannten Wichtungsfaktoren (Kostentreibern) multipliziert, die solche Aspekte, wie die Datenkommunikations-größe, der Verteilungscharakter der Anwendung oder die Leistungsanforderungen, jeweils mit einer Bewertung von 0 („keinen Einfluss") bis hin zu 5 („starken Einfluss") berücksichtigt. Aus dem erhaltenen Wert als *Function Points (FP)* ergibt sich eine formelmäßige Umrechnung, die für eine spezielle Systemausprägung als erste Näherung in folgender Weise angewandt werden kann (siehe [Bundschuh 00]):

$$Personenmonate \approx 0{,}015216\ FP^{1,29}$$

Die hier berechneten Function Points haben auch nach der Community *International Function Point User Group*[34] *(IFPUG)* die Bezeichnung *IFPUG Function Points* bzw. **IFPUG 94**. Die deutschsprachige *Community DASMA* als *Deutschsprachige Anwendergruppe für Software-Metrik und Aufwandschätzung* (erreichbar unter „http://www.dasma.org") schult und bildet auf diesem Gebiet.

Auch für die Function-Point-Berechnung in dieser klassischen Form besteht die Möglichkeit, im Web zu üben unter der oben angegebenen URL des Magdeburger SML@b. Die Einstiegsseite dazu ist in der Abbildung 126 angegeben.

---

[34] erreichbar unter der http://www.ifpug.org

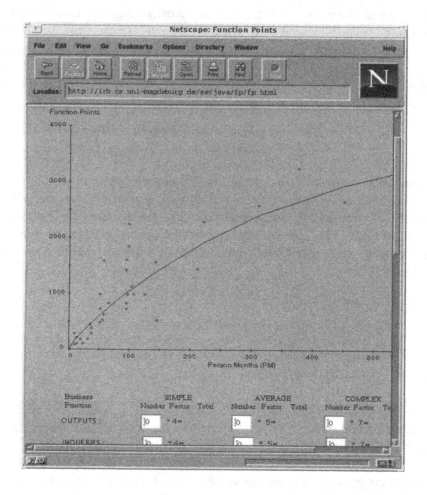

Abb. 126: Einstiegsseite zur Function-Point-Berechnung beim SML@b

Da sich die obige Berechnungsform der Function Points sehr stark an klassische Informationssysteme anlehnt, ist inzwischen eine neue Methode geschaffen worden, die als *Full-Function-Points-Methode* eine breitere Anwendungsmöglichkeit besitzt (siehe [Lother 01]).

Die Entwicklung bis zu diesem Standard über die verschiedensten so genannten Point-Metriken zeigt uns die Abbildung 127, die wir allerdings hier nicht weiter erläutern wollen.

Die Grundidee dieser Methode ist das *Zählen von Datenbewegungen aus Nutzersicht*. Bei ihrer Anwendung ergibt sich eine Gesamtzahl an so genannten *COSMIC-FFPs* aus der Berücksichtigung der unterschiedlichen Nutzerschichten bzw. Levels, in dem die Datenbewegungen hinsichtlich der *Entries* und *Exits* zum Nutzer und bezüglich der

Reads und *Writes* zum Speicher bzw. zum darunter liegenden Level unterschieden werden (siehe [COSMIC 03]).

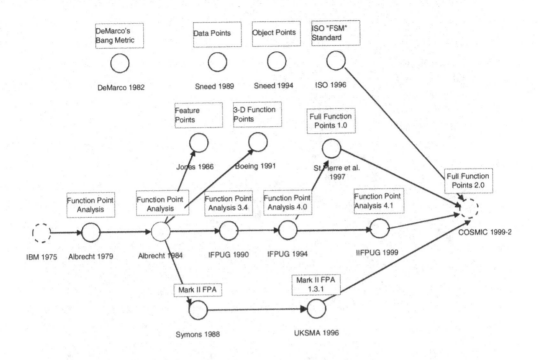

Abb. 127: Entwicklungsschritte zum COSMIC FFPv2

Durch diese Unterscheidung ist es möglich, für die Entwicklung sowohl von GUI-basierten Applikationen als auch von so genannten eingebetteten Systemen in Geräten bzw. Fahrzeugen unterschiedlicher Art die FFPs zu berechnen. Ausgangspunkt für die FFP-Bestimmung sind dabei die *funktionalen Systemanforderungen (functional user requirements (FUR))*. Die eigentliche Maßeinheit ist hierbei der *CFP* (als COSMIC FFP).

COSMIC als *Common Software Measurement International Consortium* wurde 1998 an der Universität Magdeburg gegründet und unterstützt die Installation von Messprozessen im industriellen Bereich, so auch für die Sammlung weltweiter Erfahrungen zur klassischen FP-Bewertung aber auch zum COSMIC-FFP. Ein Beitrag dafür ist die Bereitstellung dieser Erfahrungswerte auch im Web, wie das in der folgenden Abbildung 128 gezeigte Portal andeutet.

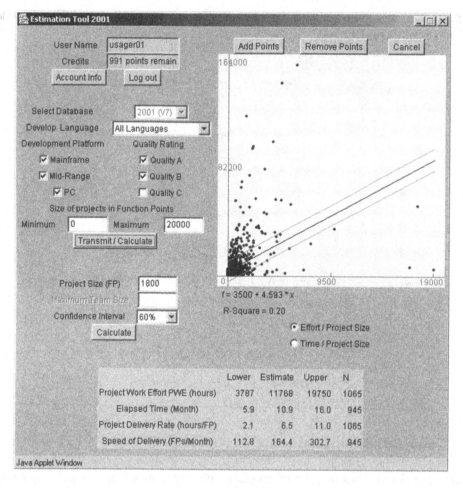

Abb. 128: Webportal zur Function-Point-Datenbasisauswertung

Wir erkennen hierbei nach einer Charakterisierung der interessierenden Systemform die Anwendung verschiedener statistischer Verfahren bei der Auswertung der jeweiligen Projekterfahrungen.

Wir wollen diese CFP-Zählung an einem einfachen Beispiel zeigen. Auf Seite 26 haben wir die Problemdefinition *STEUERN* eingeführt. Die FUR lautete hierbei:

> *Das zu entwickelnde System soll die Berechnung aller relevanten Angaben zur persönlichen Steuererklärung beinhalten.*

Fassen wir diese Funktionalität als eine komplexe Form zusammen, so ergibt sich allgemein:

$$Angaben = f(Eingaben) .$$

Hinsichtlich der Datenbewegungen sind hierbei *eine (komplexe) Eingabe* und *eine (komplexe) Ausgabe* zu implementieren, was zunächst *2 CFP* ergibt. Diese 2 ist auch die *minimale Anzahl* einer CFP-Bestimmung. Nehmen wir die CFPs als numerisches Relativ ist somit klar, dass wir mit irgendeinem empirischen Relativ (zum Beispiel Entwicklungsaufwand) erst nach einer Kalibrierung eine Verhältnisskalierung bilden könnten.

Den Funktionsgehalt zu unserem Beispiel STEUERN hatten wir aber auch detaillierter beschrieben und zwar als Funktionsbaum (siehe Seite 46), den wir auch in der folgenden Form angeben können:

$$STEUERN(F1(F11,F12,F13(F131,F132)), F2(F21,F22), F3)$$

Bei der CFP-Zählung müssen wir die jeweiligen Blattfunktionen des Baumes betrachten. Für diese immer noch relativ komplexen Funktionen ergeben sich als CFP pro Funktion jeweils 2 Datenbewegungen (*Entries* und *Exits*, spezielle Speicherungsformen als *Reads* und *Writes* nicht betrachtet), also

$$CFP_{STEUERN} = 7 \times 2 = 14\ CFP\ .$$

Die wirkliche CFP-Zahl für unser STEUERN-Beispiel ergibt sich aus dem detaillierten Funktionsmodell, welches alle Berechnungsformen beinhaltet. Diese Herleitung empfehlen wir dem Leser als sinnvolle Übung zum Verständnis der COSMIS-FFP.

Um nun diese CFPs beispielsweise für eine Aufwandsschätzung zu nutzen, müssen auch hier zunächst Erfahrungen gesammelt und bereitgestellt werden. Diese Erfahrungen werden gegenwärtig erst ermittelt und projektspezifisch aufbereitet.

Als nächstes wollen wir uns mit dem **Qualitätssicherungsmanagement** *(quality assurance management)* beschäftigen. Auf grundlegende Aussagen insbesondere zur Produktqualität nach dem so genannten ISO9126-Standard sind wir bereits bei der Behandlung des Software-Lebenszyklus eingegangen. Jetzt wollen wir allgemeine Qualitätssicherungsmethoden oder -bewertungsformen kennen lernen, die sich vor allem der Prozessqualität widmen (siehe auch [Wallmüller 95], [Wallmüller 01] und [Zahran 98]). Qualitätssicherungsmanagement wird zumeist einfach Qualitätsmanage-ment genannt und soll hier folgendermaßen definiert werden.

> *Das **Qualitätsmanagement** (software quality management) ist die Sicherung von Qualitätsmerkmalen für das Software-Produkt auf der Grundlage der Prozess- und Ressourcenqualität durch organisatorische Methoden und Maßnahmen unter Anwendung spezieller Techniken und Technologien.*

Um eine ausreichende Prozess- und Ressourcenqualität zu erreichen, die für den Einsatz Qualitätssichernde Techniken notwendig sind, werden Bewertungsmethoden eingesetzt, die die wesentlichen Aspekte „abfragen". Da die Qualitätssicherung natürlich auch für andere Produktionsbereiche von Bedeutung ist, können hierbei klassische Bewertungsformen zur Anwendung kommen. Dazu zählt der so genannte *ISO 9000-Standard* in seiner gegenwärtigen Ausprägung als so genannter *ISO 9001:2000*. Die ISO 9001:2000 initiiert die folgenden Grundsätze eines Qualitäts-managements (siehe [Thaller 02] oder [Wallmüller 01]):

- Kundenorientierte Organisation,
- Führung des Qualitätsprozesses,
- Einbeziehung der Mitarbeiter,
- Prozessorientierter Ansatz,
- Systemorientierter Managementansatz,
- ständige Verbesserung,
- sachlicher Ansatz zur Entscheidungsfindung,
- Lieferantenbeziehungen zum gegenseitigen Nutzen.

Die folgende Abbildung 129 zeigt die Komponenten und Aufgaben beim ISO 9001:2000.

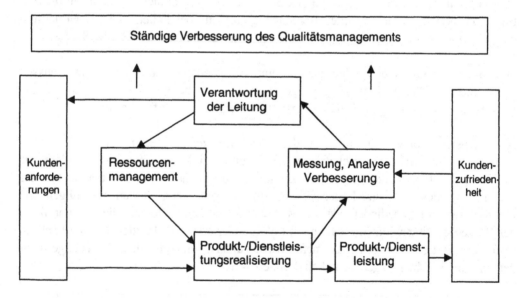

Abb. 129: Komponenten der ISO 9001:2000

Die jeweiligen Fragen nach der Erfüllung der mit diesen Aspekten verbundenen Anforderungen an eine Qualitätssichernde Software-Entwicklung lauten beispiels-weise (siehe [Wallmüller 95], S. 248 ff.):

- „Ist sichergestellt, dass Design-Reviews sowie System-, Verfahrens- und/oder Produktaudits von Personal ausgeführt werden, das unabhängig von dem ist, welches für die Ausführung der Arbeit direkt verantwortlich ist?"

- „Ist das Software-Entwicklungsprojekt in Übereinstimmung mit einem der verschiedenen Lebenszyklusmodelle organisiert?"

- „Ist jede Anforderung so formuliert, dass ihre Erfüllung nachgewiesen werden kann?"

- „Wurde die Pflege der Software-Produkte nach Erstauslieferung vertraglich festgelegt?"

- „Ist vorgesehen, dass der Lieferant für die Validierung der von Unterlieferanten erbrachten Leistungen verantwortlich ist?"

Auch wenn man theoretisch einen Anteil der mit „Ja" beantworteten Fragen errechnen kann, gilt die Erfüllung bzw. *Zertifizierung (certification)* nach dem ISO 9000-Standard erst bei einer vollständigen Bejahung aller Fragen (siehe auch unter „http://www.isogroup. simplenet.com/" zur ISO-9000-Community). Eine Überprüfung des ISO 9000 – allerdings in seiner klassischen Version – basierend auf dem vollständigen Fragenkatalog kann auch im SML@b vorgenommen werden (siehe Abbildung 130) unter „http://se.cs.uni-magdeburg.de/manag.html".

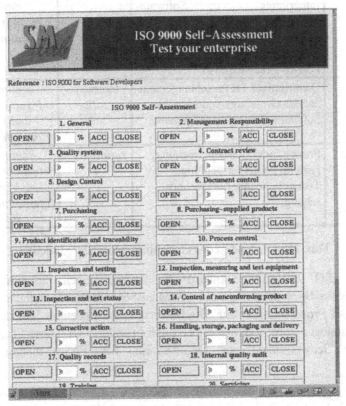

Abb. 130: Einstiegsseite zur ISO 9000-Bewertung im SML@b

Eine andere Möglichkeit, insbesondere die *Prozess-Güte* zu bewerten, ist das so genannte *Capability-Maturity-Modell (CMM)*. Es wurde Ende der 80er Jahre entwickelt [Humphrey 89] und ermöglicht eine Klassifizierung in 5 Stufen. Die Kernpunkte, die die jeweiligen Niveaustufen unterscheiden, sind in der folgenden Tabelle 25 kurz angedeutet. Sie bringen gleichzeitig auch zum Ausdruck, mit welchen Mitteln und Strategien die nächst höhere Stufe erreicht werden kann.

CMM-Stufe[35]	Charakteristika	überwie-gendes Metriken-niveau	Messniveau
1 (Initial)	Abhängigkeit von einzelnen Perso-nen und deren Fähigkeiten	-	-
2 (Repeatable)	Software-Projektmanagement, Software-Qualitätssicherung, Konfigurationsmanagement, Kosten-/Aufwandsschätzungen	*nominal/ ordinal*	*Assessments (punktuell, ad hoc)*
3 (Defined)	Prozessdefinition auf der Grundlage einer Prozessanalyse, integriertes Software-Management, CASE-Tool-Anwendung, Schulungsprogramm, Peer-to-Peer Reviews	*ordinal/ intervall*	*kontinuierliche Messung und Bewertung (punktuell, kontinuierlich)*
4 (Managed)	Quantitatives Prozessmanagement auf der Grundlage von Metriken, Software-Qualitätsmanagement	*intervall/ ratio*	*kontinuierliche Messung, Bewertung und Kontrolle (prozessübergreifend)*
5 (Optimizing)	Prozessänderungsbeherrschung, gezielte Fehlervermeidung, Technologieänderungsbeherrschung	*ratioskaliert*	*kontinuierliche Messung, Bewertung und Verbesserung (gesamtprozessüber-deckend)*

Tab. 25: Die Stufen des Capability-Maturity-Modells

Während der ISO 9001:2000-Standard alle Anforderungen für einen Qualitätssichernden Prozess beinhaltet, zeigt das CMM insbesondere die möglichen Stufen zur Erlangung dieser Prozessqualität auf. Die Bewertung wird ebenfalls auf der Grundlage eines Fragenkataloges vorgenommen (siehe auch [Thaller 93]). Diese Fragen beziehen sich auf die Schwerpunkte der Organisation, des Projekt-managements, des

---

[35] Eine Bewertung durch Humphrey 1989 in den USA zeigte als Ergebnis für 86 % der Firmen die Stufe 1, 12 % die Stufe 2 und 2 % die Stufe 3. Die Stufen 4 und 5 konnten zu diesem Zeitpunkt bei keiner Firma festgestellt werden (siehe auch unter „www.sei.edu/").

Prozessmanagements und der Technologie. Dabei sind die Fragen jeweils in der Weise gekennzeichnet, zu welcher Niveaustufe sie bei ihrer Bejahung führen können. Generell gilt allerdings dabei, dass natürlich alle Fragen zu einer niedrigeren bzw. vorhergehenden Stufe bejaht wurden.

Für das CMM gibt es auch eine auf die Person bezogene Ausprägung als so genanntes *P-CMM*. Wenn wir uns noch einmal die besondere Rolle des Software-Entwicklers – sowohl als Produzent als auch als kreativ Tätiger – vergegenwärtigen, so wird uns die Sinnfälligkeit dieses Ansatzes bewusst. Die heutige Dominanz der Prozessbewertung nach dem CMM hat inzwischen zu einer Initiative geführt, die als *integriertes* CMM bzw. *CMMI* die verschiedenen Modelle zur Prozessbewertung, wie SPICE, Trillium (Kanada), TickIT (England) usw., zusammenführt (siehe [Ahern 01]).

Eine CMM-Bewertung kann ebenfalls im Magdeburger SML@b vorgenommen werden über die in Abbildung 131 gezeigte Einstiegsseite.

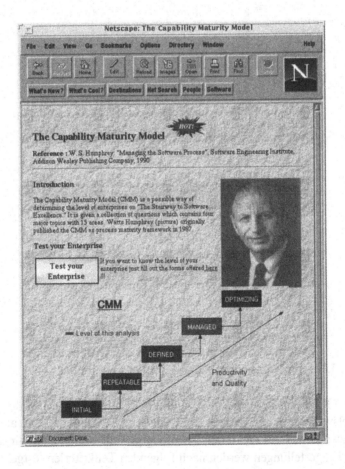

Abb. 131: Einstiegsseite zur CMM-Bewertung im SML@b

Während der ISO 9000-Standard und das CMM vor allem Methoden für ein Assessment für den Entwicklungsprozess darstellen, kommen zunehmend Methoden zur unmittelbaren Prozessverbesserung zum Einsatz.

Eine Methode dafür ist die so genannte *Goal-Question-Metric-Methode* (**GQM**) [Solingen 99], die fordert, zunächst eine klare Zielstellung zu formulieren, dann die geeigneten Fragestellungen dazu auszuwählen und schließlich die für eine quantifizierte Beantwortung dieser Fragen erforderlichen Maße festzulegen. Die Anwendung dieser Methode im Web zeigt uns die folgende Abbildung 132.

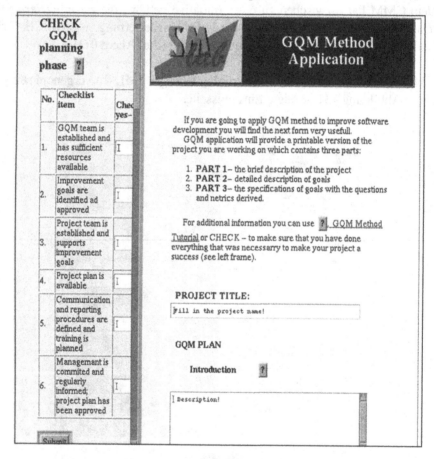

Abb. 132: Einstiegsseite zur GQM-Anwendung im SML@b

Beispiele für GQM-Ansätze sind in Abbildung 133 angegeben. Bei der Zielfestlegung kann beispielsweise eine Frage aus dem ISO 9000-Standard oder aus dem CMM-Modell ausgewählt und als Ziel deren Erfüllung gestellt werden. Die für diese Erfüllung notwendigen Fragestellungen werden nach folgenden Teilkriterien festgelegt:

- *Sichtweise:* Entwickler, Auftraggeber, Nutzer usw.,
- *Anwendungsbereich:* z. B. spezielles Projekt, ausgewählte Produktklasse,
- *Zweck:* Verbesserung, Analyse, Verständnis u. ä. m.,
- *Kontext:* im IT-Bereich, beim speziellen Kunden oder innerhalb eines ausgewählten Entwicklungsteams.

So kann das Beispiel A in Abbildung 133 ein Entwicklungsteam betreffen, der Erstbewertung der Produktivität dienen und für einen speziellen Entwicklungsbereich ausgelegt sein.

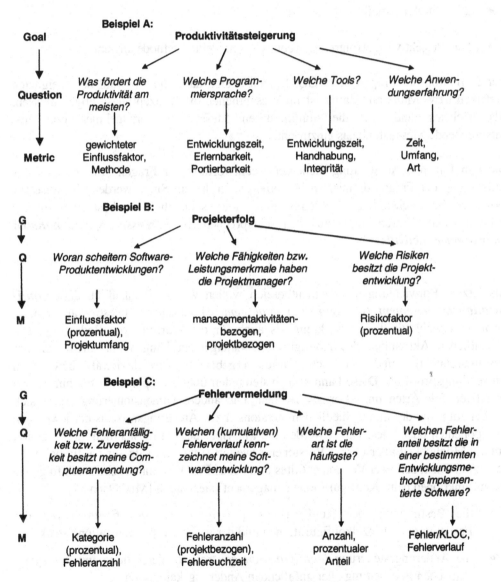

Abb. 133: Beispiele für GQM-Ansätze

Im Zusammenhang mit den Fragen werden gleichzeitig *Hypothesen* aufgestellt, die im Zusammenhang mit der quantitativen Bewertung bestätigt oder widerlegt werden sollen. Hypothesen, die sich bereits als so genannte *Mythen (myths)* – also als falsche Annahmen – ergeben haben, sind beispielsweise nach [Cockburn 98]:

- Wir sollten C++ anwenden, da wir bereits C kennen.

- Jeder Programmierexperte ist auch ein guter Teamleiter.

- „Smalltalk is small.“

- Das Projekt wird erfolgreich, wenn wir irgendeine Methode anwenden.

Der Definition der Fragen beim GQM schließt sich dann die Auswahl der geeigneten Metriken bzw. Maße an. Damit ist im Wesentlichen die Konzeptphase abgeschlossen. Als nächstes sind nun die unmittelbaren Messungen vorzunehmen und eine entsprechende Messdatenbasis einzurichten.

Die nun folgende Auswertung dient der Beantwortung der Fragen bzw. der mit der Aufstellung der Fragen definierten Hypothesen. In diesem Sinne werden Hinweise für mögliche Schwachstellen, Problembereiche und schließlich Verbesserungsansätze ermittelt und führen nun zu den entsprechenden *Verbesserungsmaßnahmen (improvement activities)*.

Als letzten Entwicklungsmanagementbereich wollen wir uns schließlich dem *Konfigurationsmanagement (configuration management)* zuwenden. Diese Managementform ist sowohl für die Entwicklung als auch für die Wartung von Bedeutung. Die wesentlichen Aktivitäten des Konfigurationsmanagement hängen vor allem von der Systemarchitektur und der sich daraus ergebenden Produktvielfalt bzw. dem Anwendungsprofil ab. Diese kann von Systemteilen über Komponenten bis hin zu den jeweiligen File-Arten und -Formen reichen. Die andere Dimensionierung ergibt sich hierbei aufgrund des unterschiedlichen Versions- bzw. Änderungsniveaus der jeweiligen Komponenten oder Files. Dabei werden die File-Speicherung hinsichtlich ihrer Version um die Möglichkeit aller (Vor-) Versionen erweitert (im Gegensatz zur häufig beim PC genutzten Form der zwei Versionen (altes und neues File)). Damit ergeben sich folgende Grundfunktionen beim Konfigurationsmanagement (siehe auch [Mikkelsen 97]):

- die Bestimmung der Konfiguration *(configuration identification)* mit der Festlegung der Einzelkonfigurationen und der gesamten Konfigurations-struktur,

- die Änderungssteuerung *(configuration control)* in Verbindung mit der systematischen Bearbeitung aller anfallenden Änderungskategorien,

- die Änderungsüberwachung *(configuration tracking)* mit der Sicherstellung der Konsistenz und Vollständigkeit nach der Realisierung der Änderung,

- die Buchführung *(configuration protocolling)* mit der Erfassung und Verwaltung aller Konfigurationsmerkmale der Systemelemente.

Damit haben wir die wesentlichsten Aktivitäten beim Entwicklungsmanagement kennen gelernt. Allerdings wollen wir noch anmerken, dass die Grundlage für ein effizientes Software-Management die Anwendung entsprechender Tools auf der Grundlage einer *Projektdatenbank (project data base)* ist, deren Kern eine Messdatenbank darstellt. Ein weiterhin zu beachtender Aspekt beim Projektmanagement sind die Managementänderungen im Entwicklungsverlauf, wie ein Teamwechsel zwischen zwei Phasen, ein Paradigmenwechsel während der Implementation oder gar ein Wechsel der Managementform selbst.

Für das **Wartungsmanagement** haben wir bereits den Bereich der Versionsverwaltung im Rahmen des Konfigurationsmanagement in den wesentlichen Grundlagen behandelt. Jetzt wollen wir noch auf das so genannte *Nothilfemanagement (triage management)* kurz eingehen. Notsituationen treten auf, wenn der Anwender nicht auf eine neue, korrigierte Version warten kann und unmittelbar (vor Ort) eine Fehlerbehebung erforderlich ist. In diesem Fall gelten die folgenden allgemeinen Maßnahmen:

- der Einsatz einer Ersatzlösung für das jeweilige, durch das Software-System unterstützte Aufgabengebiet,

- die zeitweise Auslagerung des Software-Systems auf eine andere Plattform,

- die kurzfristige Entwicklung und der Einsatz einer Fehlerbehebungslösung im Anwendungsbereich,

- die zeitweilige Überbrückung von Bearbeitungslücken durch zusätzlichen (manuellen) Aufwand.

Insbesondere der Einsatz so genannter Havarielösungen ist eine typische Vorgehensweise beim so genannten Jahr-2000-Problem (siehe [Feiler 98]). So wird beispielsweise eine so genannte Fenstertechnik verwendet, die die Datenbasen mit ihren Datumsangaben unberührt lässt, aber in den Programmen deren Interpretation durch eine Verschiebung – als so genanntes Fenster – verändert. ‚30' wird zum Beispiel als 2030 und nicht als 1930 interpretiert, während ‚31' dann 1931 bedeutet. Damit löst man für den Moment das Problem und verschiebt deren endgültige Lösung auf einen späteren Zeitraum, z. B. als Jahr-2031-Problem.

Damit haben wir auch bereits das *Havariemanagement (emergency management)* als eine Komponente des **Anwendungsmanagement** erläutert. Die beiden anderen oben genannten Bereiche des *Einsatz-* und *Umstellungsmanagement* decken sich im Wesentlichen mit den Aussagen zum Projektmanagement. Insbesondere sind vor allem auch hierbei die oben genannten Techniken und Methoden einsetzbar. Allerdings kommt der damit verbundenen Einbettung dieser Managementaktivitäten in die Unternehmensstrategie und der damit verbundenen Beachtung der jeweiligen Prioritäten eine besondere Bedeutung zu.

1.6.4 Toolgestütztes Software-Management

Natürlich wird auch für das Software-Management eine effiziente Umsetzung, die insbesondere auf einer Tool-Unterstützung beruht, angestrebt. Die Möglichkeit, Tool-gestützt die wesentlichen Aspekte bzw. Kontrollpunkte zu „durchlaufen" wird als so genanntes *Round-trip-Engineering* [Royce 98] bezeichnet. Dieser äußerst pragmatisch erscheinende Ansatz resultiert aus der Komplexität, dem ein Software-Management gegenübersteht. Man ist sich letztlich über die vollständige Kenntnis des Prozesses nicht sicher und möchte die durch das so genannte *WYDKYDK-Prinzip (What you don't know you don't know)* beschriebene Situation vermeiden (siehe [Cockburn 98], S. 118).

Als Tool-Beispiel für das Software-Management wollen wir uns das *MS Project-Tool* näher ansehen [Project 98]. Dieses CASE-Tool unterstützt die verschiedenen Formen des Software-Managements durch

- die Möglichkeit der Definition von Teilschritten bzw. Teilaktivitäten als so genannte *Vorgänge* für eine Projektplanung,

- die Untersetzung dieser Vorgänge durch die Angaben der jeweiligen Dauer und die für diesen Vorgang benötigten Ressourcen,

- die Möglichkeit einer Prozessdefinition für die einzelnen Vorgänge als Einordnung bezüglich eines Vorgängers oder Nachfolgers oder als Gruppierung,

- die Korrektur der aktuellen Ressourcenangaben zu jedem Zeitpunkt,

- die Generierung von Planungsübersichten und Situationsbeschreibungen in Form von Soll-Ist-Vergleichen.

Abbildung 134 stellt die Art der Datenerfassung für einen Vorgang beim MS Project-Tool dar mit gleichzeitiger Angabe des Gantt-Diagramms.

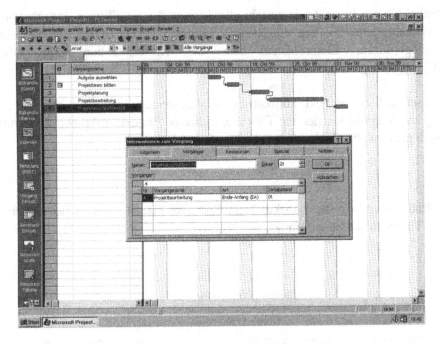

Abb. 134: Vorgangsbeschreibung beim MS Project-Tool

Für die Verbindung der Vorgänge untereinander bestehen die folgenden Beschreibungsmöglichkeiten:

- *EA (Ende-Anfang):* der Vorgänger muss beendet sein, um mit dem Nachfolger fortzusetzen,
- *AA (Anfang-Anfang):* der Nachfolger kann bereits während der Aktivierung des Vorgängers starten (als mögliche Parallelität),
- *EE (Ende-Ende):* die Forderung nach der gemeinsamen Beendigung von Vorgänger und Nachfolger.

Eine ausschließlich als EA definierte Vorgangsfolge zeigt das in Abbildung 135 angegebene PERT-Diagramm des MS Project-Tools.

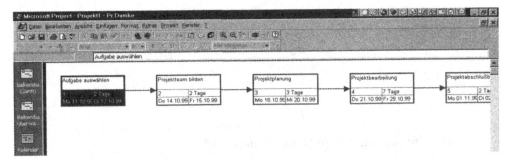

Abb. 135: PERT-Diagramm-Beispiel beim MS Project-Tool

Der eigentliche Wert dieses Tools besteht allerdings in der detaillierten Fortschreibung der Ressourcenangaben zu den einzelnen Vorgängen. Damit ist man in der Lage, Terminverzögerungen, Zeitprobleme oder die Kostensituation sich jeweils verlaufsförmig anzeigen zu lassen.

Neben dieser auf ein Projekt konzentrierten Managementform ist auch eine Zergliederung in Teilprojekte oder die Führung mehrerer Projekte möglich, die darüber hinaus auch gemeinsame (Ressourcen-) Bezüge haben können.

Abschließend fassen wir die Aspekte beim Software-Management in der folgenden Abbildung 136 noch einmal zusammen.

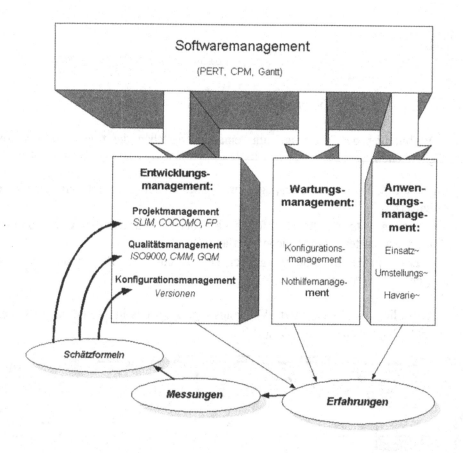

Abb. 136: Aspekte des Software-Managements

Übungsaufgaben

118. Geben Sie weitere Beispiele für die Vielfalt bzw. Dimensionierung von Produkt-, Prozess- und Ressourcenkomponenten beim Software Engineering an.

119. Diskutieren Sie einige Ursachen für den Projekterfolg und -misserfolg.

120. Berechnen Sie für das in Abbildung 121 angegebene PERT-Beispiel zur Software-Entwicklung die kürzeste und die längste Projektdauer.

121. Zeichnen Sie ein PERT-Diagramm für die Software-Wartung.

122. Beschreiben Sie mit Hilfe eines CPM-Diagrammes die Vorbereitung und Durchführung einer Prüfung.

123. Geben Sie für die kontinuierliche Software-Entwicklung im Web ein Gantt-Diagramm an.

124. Erläutern Sie Formen und Ursachen für Risiken der Software-Entwicklung.

125. Führen Sie eine Aufwandsschätzung nach dem COCOMO für eine selbst gewähltes Produkt mit ca. 20 KSLOC und den Merkmalen einer hohen Zuverlässigkeit, einer geringen Erfahrung des Entwicklungsteams und einen Zugang mit hoher Sicherheitsanforderung durch.

126. Bestimmen Sie die Full-Function-Points für die vereinfachte Architektur eines Web-Browsers. Diskutieren Sie dabei die unterschiedlichen Levels bezüglich der Web-Architektur.

127. Führen Sie für den Teilbereich „Inspection und Testing" eine ISO 9000-Bewertung durch und nennen Sie die beteiligten personellen Ressourcen und den Prozessbezug.

128. Benutzen Sie die im SML@b zur Verfügung stehende CMM-Bewertungs-möglichkeit und leiten Sie die für die CMM-Stufe 4 wesentlichen Merkmale ab.

129. Geben Sie für die GQM-Beispiele B und C die jeweiligen Sichten, Zwecke und den möglichen Kontext an.

130. Formulieren Sie einen GQM-Ansatz für die Bewertung einer Entwicklungsum-gebung für die Software-Erstellung.

131. Nennen Sie die wesentlichen Inhalte einer Round-trip-Kontrolle durch das MS-Project-Tool.

132. Geben Sie ein Beispiel für eine Vorgangsfolge eines Projektes an. Das Projekt soll EA-, AA- und EE-Typen beinhalten.

2 Software-Entwicklung ausgewählter Systeme

2.1 Klassifikationen von Software-Systemen

Die schnelle Verbreitung der Anwendungstechnologien und -felder für Software-Systeme erschwert eine allgemeingültige Klassifikation dieser Systeme. Die internationalen Normungsgremien haben hierbei keine den aktuellen Erfordernissen entsprechende Dokumente vorzuweisen. Auch die „Encyclopedia of Software Engineering" enthält keine explizite Einteilung. In der Software-Engineering-Literatur werden derartige Klassifikationen zumeist zur Abgrenzung der jeweils behandelten Technologie verwendet. Wir wollen eine Klassifikation unter dem technologischen Aspekt von [Conger 94], S. 17 ff., anführen, die Software-Systeme unterteilt in:

- *eingebettete Systeme*
  - * Robotersteuerungen,
  - * Soft-/Hardwaresysteme,
  - * Echtzeitanwendungen,

- *transaktionsorientierte Systeme*
  - * Bank- und Versicherungssysteme,
  - * Kommunikationssysteme,
  - * Firmenmanagementsysteme,

- *wissensbasierte Systeme*
  - * Beratungssysteme,
  - * Expertensysteme,
  - * Lehr- und Lernsysteme,

- *Datenanalyseanwendungen*
  - * Anfragesysteme,
  - * digitale Bibliotheken,
  - * Messwertanalysesysteme,

- *Entscheidungshilfeanwendungen*
  - * exekutive Informationssysteme,
  - * Gruppenentscheidungshilfen.

Aus Sicht des Anwendungsbereiches würden wir in dieser Klassifikation beispielsweise Entscheidungshilfeanwendungen zu den wissensbasierten Systemen zählen. Eine Klassifikation von Software-Systemen ist also stets auf den jeweiligen Aspekt bezogen. Beispiele für Einteilungen könnten daher sein:

- nach dem *technologischen Aspekt:*
    - Web-basierte Systeme,
    - Agenten-basierte Systeme,
    - integrierte Systeme,
    - eingebettete Systeme,
    - Hypertextsysteme,
    - Multimedia-Systeme,
    - mobile Systeme,
    - sicherheitskritische Systeme,
    - Visualisierungssysteme,
    - Datenbanksysteme,
    - Neuro-Fuzzy-Systeme,
    - wissensbasierte Systeme,
    - Echtzeitsysteme,
    - Simulationssysteme,

- nach dem *methodischen Aspekt:*
    - Prototypsysteme,
    - Komponentensysteme,
    - generierte Systeme,
    - Modellierungssysteme,

- nach der *Software-Entwicklungsbezogenheit:*
    - Anwendungssysteme,
    - CASE-Systeme,
    - Dokumentationssysteme,
    - Hilfs-Tools,

- nach dem *Anwendungsaspekt:*
    - Informationssysteme,
    - Expertensysteme,
    - Robotersysteme,
    - Lehr- und Lernsysteme,
    - Haushaltssysteme,
    - Krankenhausmanagementsysteme,
    - Autosteuerungssysteme,
    - Textverarbeitungssysteme,

- nach dem *kommerziellen Aspekt:*
    - Freeware,
    - Shareware,
    - Beta-Versionen,
    - kommerzielle Systeme.

Weitere Klassifikationen sind beispielsweise nach den Aspekten des Ressourcen-bezugs, dem Qualitätsniveau oder der Größe. Deutlich wird dabei aber auch, dass die jeweiligen Einteilungen nicht disjunkt sind. So ist beispielsweise ein Robotersystem im Allgemeinen auch eingebettet, mit Echtzeitfähigkeiten versehen und ein Anwen-dungssystem.

Wir wählen eine eigene Klassifikation, die sowohl den technologischen als auch den Anwendungsaspekt einschließt. Danach behandeln wir die folgenden Software-Systemklassen:

- die *Informations-* und *Datenbanksysteme,*

- die *funktionsorientierten* und *Konstruktionssysteme,*

- die *ereignisgesteuerten* und *reaktiven Systeme,*

- die *Kommunikations-* und *Interaktionssysteme,*

- die *wissensbasierten* und *Entscheidungshilfesysteme.*

Anhand von Beispielsystemen sollen die mit dieser Klasse verbundenen Aspekte der Software-Entwicklung dargestellt werden. Insbesondere wollen wir

- die jeweils typischen Anforderungsmerkmale derartiger Systeme,

- die zur Anwendung kommenden Modellierungs- und Entwurfstechnologien,

- die typischen Ressourcenmerkmale und

- die entsprechenden Standards bzw. Maße

derartiger Systementwicklungen behandeln. Im Rahmen dieses Buches kann das natürlich nur beispielhaft und in einer ausgewählten und zusammengefassten Form erfolgen. Damit soll neben der Vermittlung von Kenntnissen über die Vielfalt software-technischer Anwendungs- und Einsatzgebiete insbesondere die Fähigkeit zur selbständigen Einarbeitung in weitere Anwendungsbereiche oder Communities erlangt werden.

Diese beispielhaften Ausführungen der Modellierungsformen und Implementations-techniken dürfen allerdings nicht zu einer Unterschätzung des Umfangs der jeweiligen Technologie für reale Anwendungen verleiten.

2.2 Informations- und Datenbanksysteme

Wir beginnen die Ausführungen zu den Software-Systemen mit den so genannten *Datenorientierten Systemen* zuwenden. Die Datenverarbeitung gehört neben den wissenschaftlich-technischen Berechnungen zu den ältesten Anwendungsgebieten der Computer-Technik. Sie beschäftigt sich nicht nur mit der eigentlichen Verarbeitung von Daten, sondern mit deren effizienten Speicherung zur Befriedigung von Informationsbedürfnissen. Daher sprechen wir in diesem Zusammenhang auch zumeist von **Informationssystemen** *(information systems)*. Die technologisch einheitliche Speicherung, Verarbeitung und Bereitstellung der für Informationen wichtigen Daten erfolgt im Allgemeinen in Form von **Datenbanken** *(data bases)*. Die sehr vereinfachte Architektur eines Informationssystems zeigt Abbildung 137. Die Trennung von Informationserfassung und -bereitstellung weist auf eine ggf. nicht nur technologisch, sondern auch personell getrennte Verarbeitung hin.

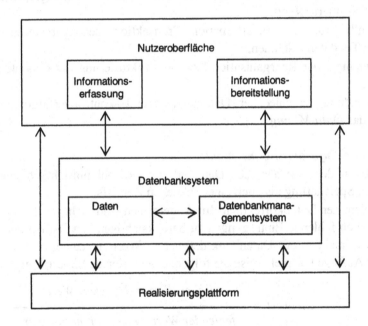

Abb. 137: Vereinfachte Architektur eines Informationssystems

Beispiele derartiger Informationssysteme[36] sind je nach Art der Daten, der Realisierungsplattform oder des Anwendungsgebietes die Banken- und Versicherungssysteme, Anfragesysteme, Geoinformationssysteme, Digitale Bibliotheken, Data-Warehousing-Systeme, Multimedia-Datenbanksysteme oder Literaturdatenbanken.

---

[36] siehe beispielsweise: http//www.almaden.ibm.com/cs/data.html

2.2.1 Software-technische Merkmale

Im Folgenden wollen wir einige für ihre Entwicklung charakteristischen Merkmale von Informationssystemen ansehen. Hinsichtlich einer detaillierten Beschreibung der Konzeption und Implementation derartiger Systeme verweisen wir beispielsweise auf [Haux 98], [Heuer 95], [Kroenke 02] und [Mattison 96].

Zur Merkmalsbeschreibung verwenden wir die bereits im ersten Kapitel angegebene Klassifizierung der Anforderungen in funktionale, qualitative, System- und Prozess-bezogene.

Funktionale Anforderungsmerkmale:
- die Speicherung, Aktualisierung und Archivierung umfangreicher Datenbestände auf ggf. verschiedensten Datenträgern oder Medien,
- die Möglichkeiten der Informationsabfrage durch flexible Anfragesprachen oder fest implementierte Reports,
- die Techniken für eine Transformation, Transaktion oder Aggregation von oder zwischen Teildatenbeständen,
- die Möglichkeit der Reorganisation bzw. Restrukturierung des gesamten Daten-bestands,
- die Anwendung verschiedener Datenanalyse und -kontrollverfahren, wie zum Beispiel das *Data Mining*.

Qualitätsbezogene Anforderungsmerkmale:
- das Problem der Effizienz der Datenhaltung, sowohl hinsichtlich einer Platz sparenden Speicherung als auch eines schnellen Zugriffs,
- das Problem der Datenkorrektheit: Im Allgemeinen sind nicht nur falsche Werte, sondern auch fehlende Eintragungen zu berücksichtigen bzw. ist bei der Anfrage nach einem nicht in der Datenbank definierten Wert zu reagieren. So kann sich bei einer Anfrage beispielsweise die folgende operationale Situation ergeben:

$$Zielwert = \frac{falscher\ Wert\ *\ korrekter\ Wert}{fehlender\ Wert\ -\ nicht\ definierter\ Wert}$$

Andererseits sind Daten für eine effiziente Speicherung verdichtet, transfor-miert oder verschlüsselt worden, was bei einer Datenbehandlung gleich welcher Art stets zu beachten ist.
- die Sicherung der operationalen Korrektheit; das bedeutet, dass die Datenver-arbeitungsschritte – als so genannte Transaktionen – vollständig und konsistent bearbeitet werden müssen. Wenn beispielsweise durch einen neuen Tarifab-schluss alle Gehaltseintragungen einer Beschäftigtengruppe in einer komplexen Änderung einer Personaldatenbank erhöht werden, müssen im Falle eines

möglichen Abbruchs während der Bearbeitung auch die bereits realisierten Änderungen wieder „zurückgesetzt" werden.

- die Sicherung der Zugriffsberechtigung für Daten aus verschiedenen Teilen eines Informationssystems und für unterschiedliche Personengruppen,
- die Gewährleistung der jeweiligen Berechtigung für das Ändern bzw. Eintragen von Informationen.

Systembezogene Anforderungsmerkmale:

- *Programmiersprachen bzw. -komponenten:* COBOL, PL/1, SQL, OQL, SEQUEL, QBE, DDL, DML, NATURAL, CICS, JDBC,
- *Datenbankmanagementsysteme:* ORACLE, SYBASE, DB2, Informix, ACCESS, INGRES, MySQL,
- *Betriebssysteme:* VMS, OS/2, BS2000, Windows NT, Windows XP, Unix,
- *Hardware:* Mainframes bzw. (verteilt) Terminals oder PC's,
- *Technologie:* Client/Server.

Prozessbezogene Anforderungsmerkmale:

- Es existieren umfangreiche Erfahrungen auf dem Gebiet der Entwicklung klassischer Systeme. Das bedeutet, dass für den Einsatz neuer Technologien auf umfangreichen, theoretischen Vorleistungen zurückgegriffen werden kann.
- Im Allgemeinen werden sequentielle Lebenszyklusmodelle (Wasserfall- oder V-Modelle) angewandt, bei modernen, Web-basierten Systemen auch zyklische.
- Die Datenmodellierung bzw. -spezifikation wird partizipatorisch, also in Abstimmung mit dem (künftigen) Nutzer, realisiert.
- Kosten- bzw. Aufwandsschätzverfahren, wie die Function-Point-Methode, sind im Allgemeinen sehr gut anwendbar.
- Für die Entwicklung werden im Allgemeinen die oben genannten Datenbankmanagement-Tools mit ihrer Entwicklungsunterstützenden Komponente angewandt.
- Für den Anwendungsbereich ist eine bereits langjährige Personalstruktur vorhanden, wie beispielsweise der Datenbankadministrator, der Datenerfasser oder der Report-Programmierer umfasst.
- Es kann ggf. zu erheblichen Problemen bei Umstellungen im laufenden Betrieb kommen (z. B. wie beim Y2K).
- Für die umfangreichen Probleme des Datenschutzes und der Datensicherheit existieren bereits eine Reihe von Standards bzw. gesetzliche Grundlagen.

Auf der Grundlage dieser Merkmalsskizzierung wollen wir nun einige Modellierungsformen in Verbindung mit ihrem Entwicklungsbezogenen Hintergrund näher erläutern.

2.2.2 Spezifikations- und Entwurfstechniken

Bei der Spezifikation von Informationssystemen geht es vornehmlich um die Modellierung der Daten, die zur Befriedigung von Informationsbedürfnissen benötigt werden und daher zu speichern sind. Diese Daten sind in sich strukturiert. So gehören beispielsweise Personaldaten jeweils zu einer Person. Andererseits können sich Daten aus speziellen Prozessen, wie zum Beispiel der Einstellung einer Person in einer Firma oder deren Qualifikation ergeben. In der Spezifikation sind also Datendarstellungen, -zuordnungen und -einordnungen zu konzipieren[37]. Aus den Prozessbezogenen Anforderungen wissen wir, dass hierbei unbedingt eine Abstimmung mit den jeweiligen Nutzern bzw. Auftraggebern erforderlich ist. Dazu sind informale Modellierungsmethoden geeignet. Als bereits klassisches Verfahren wird dafür das *Entity-Relationship-Modell (ERM)* verwendet. Es visualisiert so genannte Einheiten bzw. Objekte und deren Beziehungen zueinander. Abbildung 138 zeigt die grundlegende Notation und ein einfaches Beispiel eines ERM.

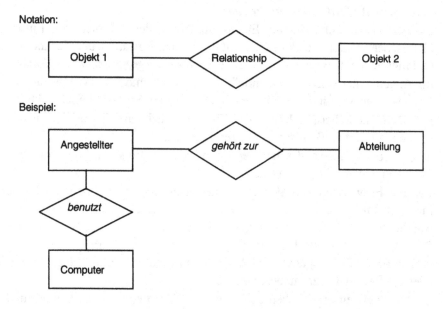

Abb. 138: Notation und Beispiel eines ERM

Aus dem Beispiel erkennen wir ein Interpretationsproblem: die Beziehungen sind gerichtet. So nutzt der Angestellte den Computer und nicht umgekehrt.

---

[37] Man beachte, dass im Allgemeinen nur die Daten modelliert werden, die den Informationszielen des zu entwickelnden Systems dienen. Das gleiche gilt für die Strukturierung und Detaillierung. So braucht ein Informationssystem über die Literatur zu einem Fachgebiet nicht das Gewicht oder die Farbe der Bücher zu speichern.

Zur Darstellung komplexer Strukturen enthält das ERM die Operationen:

- **Generalisation** als Zusammenfassung von speziellen Objektausprägungen in der folgenden Notation (is-a: „ist ein")

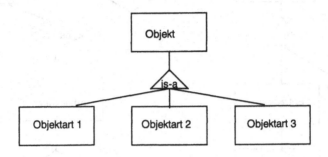

- **Assoziation** von Objekten mit der speziellen Form der Erweiterung eines Beziehungstyps zum Objekttyp mit der Symbolik

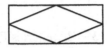

- **Aggregation** als Zusammenfassung von Teilobjekten zu einem Objekt mit der Notation (part-of: „ist Teil von" bzw. „unterteilt sich in")

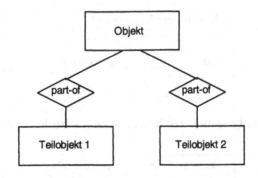

Abbildung 139 zeigt die Anwendung dieser Operationen am in Abbildung 138 gezeigten Beispiel. Dabei wird durch die Assoziation zum Ausdruck gebracht, dass die Benutzung des Computers durch den Entwickler im Arbeitsraum stattfindet. Eine weitere Darstellungsform des ERM berücksichtigt eine Relationship-Quantifizierung in der folgenden Notation:

   mit $\alpha, \beta \in \{\, 0, 1, n, m, (0,1), (0,n)\,\}$.

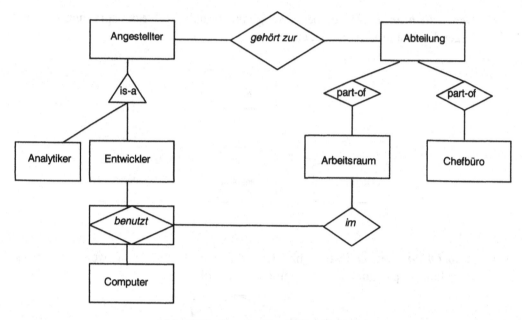

Abb. 139: Erweitertes ERM-Beispiel

Die Angabe der quantitativen Verhältnisse der Objekte zueinander zeigen die folgenden beiden Beispiele:

- viele Studenten gehen in eine Vorlesung:

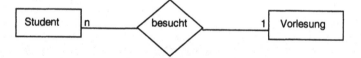

- keine oder einige Studenten besuchen einige Vorlesungen:

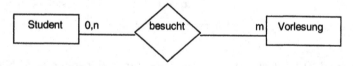

Man beachte dabei stets die übliche Singular-Angabe bei der Objektbezeichnung. Um die Richtung der jeweiligen Beziehung explizit hervorzuheben, wird zum Teil auch die folgende Notationsform verwendet.

Die konkrete Modellierung von Dateninhalten und -relationen erfolgt über ihre explizite Angabe. Abbildung 140 zeigt ein Beispiel dafür.

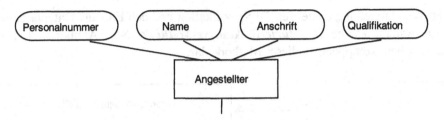

Abb. 140: Beispiel einer Objektattributierung

Mit diesen Beschreibungselementen sind wir in der Lage, ein Datenmodell zu erstellen. Das ERM-Diagramm kann mittels Symbolbezogener Dokumentationen verfeinert werden. Diese Dokumentationen können

- den Definitions- bzw. Wertebereich der einzelnen Attribute beschreiben,
- die ggf. notwendigen Maßeinheiten angeben,
- den speziellen Sicherheitsbezug der Attribute im Anwendungskontext dokumentieren,
- die mit dem jeweiligen Attribut verbundenen Kontrollalgorithmen, wie Prüfziffernberechnung und dergleichen, angeben.

Der eigentliche Entwurfsschritt besteht nun in der Herleitung der Speicherungsstrukturen in Form konkreter Datensatz- oder Tabellenbeschreibungen. Aus der in Abbildung 140 gegebenen Angestellten-Beschreibung kann beispielsweise eine Tabelle für Angestellte als Tupel *(Personalnummer, Name, Anschrift, Qualifikation)* mit der Personalnummer als eindeutigen Identifikator definiert werden. Mit dem ERM aus Abbildung 139 kann das Tupel um die Angabe der Abteilung und des Computers erweitert werden. Sind quantitative Verhältnisse zwischen den Objekten angegeben, so ist jedes Element dieser Erweiterung ein Element eines Tupels. Ein Beispiel dafür ist die Nutzung mehrerer Computer durch einen Angestellten. Auf diese Weise gelangt man zu einem Gesamtmodell, welches unmittelbar als Vorlage für eine Implementierung in Datensätzen oder -tabellen dienen kann (siehe hierzu insbesondere [Heuer 95]).

Als Ausgangsgrößen zur Bestimmung des Umfangs und der Komplexität von ERM-basierten Datenmodellen können die Anzahl der Objekte, die durchschnittliche Anzahl der Attribute und die Anzahl der Relationen verwendet werden.

Während für den Entwurf der konkreten Datentabellen und den darauf aufbauenden Auswertungsalgorithmen der Entwickler von einer relativ abgeschlossenen Theorie profitiert, dienen die ERM-Diagramme der Abstimmung mit dem Nutzer, also der *Validation* des Datenmodells. Für die Auswertung der Datentabellen existieren

Anfragesprachen, unter denen die **SQL** *(structured query language)* gegenwärtig zu den populärsten gehört.

Ein weiteres Darstellungsmittel für die Spezifikation und den Entwurf Datenorientierter Software-Systeme ist die **Strukturierte Analyse-Methode (SA).** Abbildung 141 stellt die wesentlichen Komponenten dieser Methode dar.

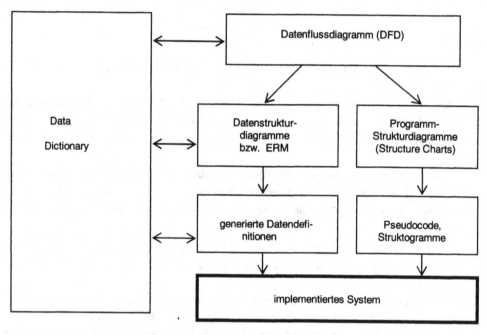

Abb. 141: Komponenten der Strukturierten Analyse

Als „Einstiegsdiagramm" dieser Methode ist das **Datenflussdiagramm** *(data flow diagram)* geeignet. Es verwendet die in Abbildung 142 angegebene Notation.

> Prozess:
>
> Verbindung:
>
> Ausgangs-/Zielobjekt:
>
> Pfeilbewertung: Ein- bzw. Ausgabedaten
>
> Pfeilverbindungen: Und: *, Oder: ⊕, exklusives Oder: ▯
>
> Datenbasis:

Abb. 142: Notation eines Datenflussdiagramms

Ein Beispiel eines derartigen Datenflussdiagramms ist in Abbildung 143 angegeben.

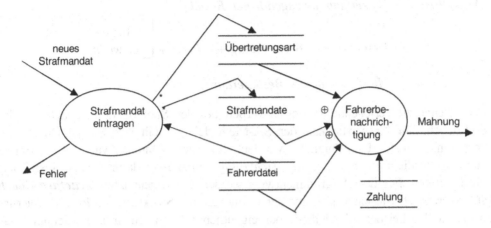

Abb. 143: Beispiel eines DFD für ein Verkehrssündersystem

Die einzelnen Prozesse des Datenflussdiagramms können noch weiter als so genannte Mini-Spezifikationen *(MiniSpecs)* untersetzt werden. Abbildung 144 deutet diese Prozessverfeinerung, die zumeist in drei Stufen vorgenommen wird, an.

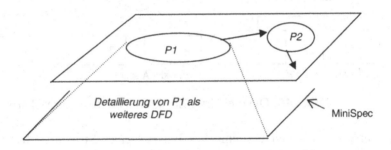

Abb. 144: Prozessverfeinerung beim Datenflussdiagramm

Alle im Datenflussdiagramm auftretenden Informationen werden im *Data Dictionary* gesammelt. Die Satzstrukturen werden mit Hilfe der folgenden Notation definiert.

Daten(satz)definition: =	Datenverkettung: +
Datenelementauswahl: [ ]	optionales Datenelement: ( )
Datenwiederholung: { }	Kommentierung: * .... *

Abb. 145: Notation für die Data-Dictionary-Einträge

Ein einfaches Beispiel für eine Datensatzdefinition lautet

*Artikelliste = * Artikel und die zugehörigen Besteller **

$$= Artikelnummer + Bezeichnung + \quad Preis + \begin{bmatrix} Anzahl \\ Gewicht \end{bmatrix}$$

+ { Bestellername + Bestelleradresse }

Nicht weiter zu zerlegende Prozesse werden bei der Spezifikation zunächst verbal beschrieben. Die Entwurfsphase der SA-Methode unterteilt sich in den Daten- und Programmentwurf. Ursprünglich wurden für den Datenentwurf so genannte Datenstrukturdiagramme verwendet. Heutzutage nutzt man dafür nahezu ausschließlich das ERM. Für den Programmentwurf werden die so genannten ***Structure Charts (SC)*** verwendet. Sie leiten sich aus der Grundidee der Strukturierten Programmierung ab und stellen bei der SA-Methode den eigentlichen Grund für ihre Bezeichnung dar. Die SC-Grundstrukturen sind in Abbildung 146 angegeben. Ein Kästchen beschreibt einen Modul.

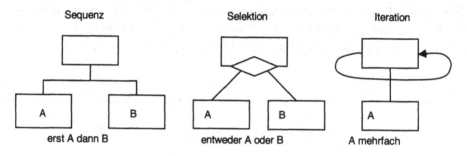

Abb. 146: Die drei Grundstrukturen der Structure Charts

Die Abbildung 147 zeigt ein einfaches Beispiel eines Structure-Charts. Der Prozess wird bereits auf Modulebene verfeinert. Die konkreten Aufgaben der Module sind verbal angegeben.

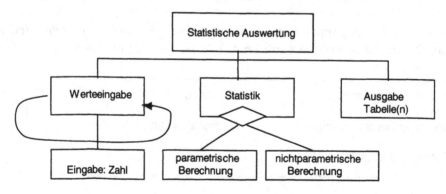

Abb. 147: SC-Beispiel für eine statistische Auswertung

Die Modulbeschreibungen werden nun in Form von Pseudocode oder Struktogrammen untersetzt und liefern damit eine genaue Vorlage für ihre Implementierung.

Zur Bewertung der Spezifikation und des Entwurfs von Informationssystemen auf der Grundlage der Strukturierten Analyse wurde von DeMarco die so genannte Bang-Metrik entwickelt [DeMarco 89]. Dabei werden zum Beispiel für das DFD die jeweiligen Prozessein- und -ausgänge gezählt und als charakteristische Zahl für das DFD summiert. Allerdings wurde diese Methode bisher kaum verwendet und basiert daher auch auf wenige Erfahrungsdaten. Generell können jedoch die bisher genannten Metriken zum Daten- bzw. Programmumfang und der damit verbundenen Qualitätsbewertung angewendet werden (siehe auch [Dumke 92] und [Perry 91].

2.2.3 Implementations- und Bewertungstechniken

Die Ausprägung des Systementwurfs orientiert sich selbstverständlich an der jeweiligen Plattform bzw. den grundlegenden Verarbeitungs- und Speicherungs-formen des zu entwickelnden Informationssystems. Wir wollen dennoch erst hier im Zusammenhang mit deren Implementation auf wesentliche Unterschiede kurz eingehen.

Für die Entwicklung und speziell auch für die Implementation werden die entsprechenden *CASE-Tools* verwendet. Dazu gehören:

- für die Anwendung der Strukturierten Analyse:
    - für die Workstation-Plattform: *Teamwork* („www.sscc.ru/ Ressource/"),
    - für die PC-Plattform: *Case 4.0* („www.microtool.de/"),

- für den Datenbankentwurf und die Implementation:
    - für PC's: *Informix* („www.informix.com/"),
    - für Workstations: *ORACLE* („www.oracle.com/"),
    - für Mainframes: *DB2* („www.ibm.com/"),

Darüber hinaus hängt die Entwurfs- und Implementationstechnik auch von der Art der Informations- bzw. Datenbanksysteme (DB) ab. Beispiele hierfür sind (siehe auch [Heuer 99]) folgende:

- *Multimedia-Datenbanken:* Die zu speichernden Daten entstammen aus unterschiedlichen Medienquellen. Sie umfassen Bilder, Video- oder Audio-Sequenzen und sind zumeist in komprimierter Form gespeichert. Für die Informationssuche ergibt sich das besondere Problem der Erkennung von Teilmerkmalen aus diesen

Daten, die zumeist interaktiv gestaltet wird. Auf besondere Standards gehen wir im Abschnitt 2.6 noch näher ein (siehe auch [Chang 00] und [Rubner 01]).

- **Digitale Bibliotheken:** Diese Form eines Informationssystems besitzt die üblichen Dienste einer Bibliothek und ermöglicht die Anwendung der Multimedia- und Hypertext-Technologie zur Bereitstellung der Dienste im Internet. Auf die Web-Technologie gehen wir zum Teil noch im Abschnitt 2.5 näher ein. Digitale Bibliotheken bedürfen ebenfalls spezielle Technologien für die Lösung der bereits zuvor genannten Probleme der Systemeffizienz und Datenqualität. Beispiele hierfür sind im Web erreichbar von Kanada („www.nlc-bnc.ca/"), England („portica.bl.uk/"), Deutschland („www.ddb.de/"), Neuseeland („www.nzdl.org/") und den USA („www.loc.gov/" oder „www.dllib.org/"). Insbesondere die Communities, wie ACM und IEEE, besitzen umfangreiche, allerdings nicht kostenfreie digitale Bibliotheken für die jeweilige Fachliteratur.

- **Dokumenten-Managementsysteme:** Zur Verwaltung von Dokumenten werden die grundlegenden multimedialen Techniken und Technologien angewandt. Die besondere Hervorhebung dieser Systemart ist vor allem durch ihre Historie bedingt. Dokumente spielen in Firmen eine zentrale Rolle als Präsentations-, Produktions-, Management- und Vertriebsdokumente. Ihre Bedeutung hat zu einer kontinuierlichen Weiterentwicklung geführt, die insbesondere die laufende Dokumenterstellung und -bearbeitung neben der Informationsfunktion mit einschließt. Die gegenwärtigen Erweiterungen dieser Systeme beziehen sich vor allem auf die Einbeziehung von Wissensbasierten Technologien (siehe beispielsweise [Dart 00], [IEEE 01-02] oder [Knobloch 03]).

- **Data-Warehousing-Systeme:** Diese Systeme fassen die unternehmensweiten Daten der Einzelsysteme zusammen und ermöglichen somit eine übergreifende Analyse und Bewertung. Die dabei zumeist angewendete interaktive Form der Firmenprozessanalyse wird **OLAP** *(on-line analytical processing)* genannt. Verschiedene Ausprägungen dieses OLAP bestehen in der möglichen Multidimensionalität (MOLAP), der Anwendung relationaler Datenmodelle (ROLAP) oder in der Verwendung einer hybriden Form (HOLAP). Der gegebenenfalls immense Datenumfang derartiger Systeme führt schließlich zur Anwendung so genannter Data-Mining-Methoden, die in gewissem Sinne „nach Wissen suchen" (siehe [Chang 01] und [Mattison 96]).

- **Geoinformationssysteme:** Die Besonderheit dieser Systeme besteht in den zumeist in Rasterform vorliegenden kartographischen oder Bilddaten. Darauf beziehen sich die Auswertungs- bzw. Informationsalgorithmen, die vor allem der Suche spezieller Punkte, Bereiche oder Ausschnitte dienen und die Möglichkeiten des Navigierens, der Vergröberung und Verfeinerung oder der Fusion einschließen (siehe auch „www.geoinfosystems.com/").

Damit haben wir bereits einen groben Eindruck von der Vielfalt einzusetzender Implementationstechniken erhalten, deren konkrete Formen der jeweiligen Literatur zu entnehmen sind.

Für die ***Bewertung*** Datenbankbasierter Informationssysteme gibt es allgemeine Kriterien, wie

- die effiziente Speicherung der Daten bzw. Dokumente oder Files im Sinne der Ressourcenrestriktionen für das jeweilige Anwendungsgebiet, die in Zeit und Byte-Umfang gemessen und bewertet werden,

- die kontinuierliche Sicherung der Datenqualität durch Analyse-, Korrektur- und Ergänzungstechniken, die im Allgemeinen auf der Grundlage prozentualer Angaben hinsichtlich des Anteils korrekter oder fehlerhafter Daten beruht,

- die Begrenzung des Datenumfangs im Hinblick auf eine noch mögliche Reorganisation des gesamten Datenbanksystems, dessen Bewertung auf der Grundlage von Komplexitätskennzahlen vorgenommen wird,

- die effiziente Daten- und Informationssuche mit sicheren Techniken für die Wiederherstellung komprimierter Daten bzw. impliziten Dokumentinformationen als Zeitbezogene Messung und Bewertung (MTTF usw.),

- die flexible Informationsbereitstellung für die unterschiedlichsten Informationsbedürfnisse, deren Messung und Bewertung sich auf den zusätzlichen Aufwand für neue Anfragen bezieht,

- die effiziente Gewährleistung von Zugriffsschutz- und -sicherungstechniken für den jeweiligen Datenbestand.

Erfahrungen zu diesen Anforderungen und zur Datenbank-Community sind in den zum Lehrbuch angegebenen Web-Adressen unter der *http://se.cs.uni-magdeburg.de* zu finden.

Auf die in diesem Abschnitt zur Entwicklung Datenorientierter Systeme behandelten Aspekte verweist die Abbildung 148 (mit einem Stern gekennzeichnet).

Software-Entwicklungsinfrastruktur

DB-CASE-Tools: **DB-Messsysteme:**   **DB-Standards:**

*** zur Produktenwicklung**   *** zur Produktenwicklung**   zur Produktenwicklung
zur Prozessunterstützung   zur Prozessunterstützung   zur Prozessunterstützung
zur Ressourcenbereitstellung zur Ressourcenbereitstellung zur Ressourcenbereitstellung
zum Anwendungsbereich   zum Anwendungsbereich   *** zum Anwendungsbereich**

DB-Erfahrungen: **DB-Community:**

*** zur Produktenwicklung**   *** zur Produktenwicklung**
zur Prozessunterstützung   zur Prozessunterstützung
zur Ressourcenbereitstellung   zur Ressourcenbereitstellung
*** zum Anwendungsbereich**   zum Anwendungsbereich

Abb. 148: Beschriebene Aspekte der Datenbankentwicklung

Sie verdeutlicht auch die noch ausstehenden Aspekte, deren Kenntnis für eine effiziente Informationssystementwicklung insgesamt notwendig ist.

Übungsaufgaben

133. Geben Sie Beispiele für Software-Systeme unter dem technologischen, Anwendungs- und kommerziellen Aspekt an.

134. Beschreiben Sie die Grundstruktur eines Informationssystems durch ein Komponentendiagramm.

135. Erläutern Sie die wesentlichen Qualitätsanforderungen an Informationssysteme.

136. Welche typischen Prozessmerkmale besitzen Datenorientierte Software-Systeme?

137. Ergänzen das in Abbildung 139 angegebene ERM-Diagramm um Quantitäten und Attribute und leiten Sie ein Tabellenbezogenes Datenmodell ab.

138. Beschreiben Sie die Datenbasis für ein System zur Auto-Ausleihe mittels eines ERM-Diagramms.

139. Geben Sie für den algorithmischen Verlauf einer Informationssuche ein Structure-Chart an.

140. Führen Sie die Entwicklung eines Auto-Ausleihsystems mittels der Strukturierten Analyse für ausgewählte Komponenten bis zum Programmentwurf durch.

141. Geben Sie Beispiele für Informationssysteme und die jeweils geeigneten Bewertungsziele und -techniken an.

2.3 Funktionsorientierte- und Konstruktionssysteme

Nach dem wir uns im vorherigen Abschnitt mit allgemeinen Merkmalen Datenorientierter Systeme beschäftigt haben, wollen wir uns nun den Funktionsorientierten Software-Systemen zuwenden. Natürlich haben auch diese Systeme einen Datenanteil bzw. erfüllen Datenorientierte Systeme einen entsprechenden Funktionsumfang.

Die Funktionsorientierten Systeme gehören neben den Datenorientierten Systemen zu den ersten Rechneranwendungen. Sie orientieren auf die automatisierte Bearbeitung mathematischer Funktionen oder Kalküle und wurden bzw. werden unter dem Begriff *wissenschaftlich-technischen Berechnungen* zusammengefasst. Inzwischen verfügen diese Systeme auch über einen hohen Visualisierungs- und Wissensverarbeitenden Anteil. Beispiele derartiger Systeme sind Simulationssysteme, Finite-Elemente-Berechnungen, Wettervorhersageberechnungen und Chaos-theoretische Berech-nungen.

Wir wollen in diesem Abschnitt eine weitere Klasse von Systemen behandeln und zwar die so genannten Konstruktionssysteme. Die funktionale Ausrichtung liegt hierbei auf die Unterstützung *(computer-aided (CA))* von konzeptioneller und konstruierender Arbeit in einem speziellen Anwendungsbereich. Eine Art dieser Systeme haben wir bereits als *CASE-Tools* kennen gelernt. Eine andere Art sind die so genannten *CAD-Systeme*[38]. Das „D" steht dabei für Design jedweder Art. Es können Konstruktionen im Maschinenbau, der Autoindustrie, von Modeartikeln oder auch Musikwerken unterstützt werden. Abbildung 149 deutet die allgemeine Architektur solcher CAD-Systeme an.

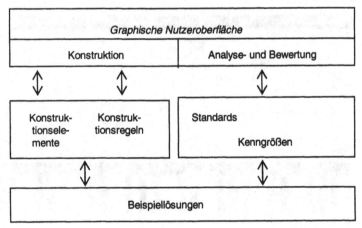

Abb. 149: Vereinfachte Architektur eines CAD-Systems

---

[38] Wir beschränken uns hier auf die CAD-Systeme, auch wenn man im Zuge der Herausbildung derartiger Systeme, wie z. B. CAM, CAE usw., heute daher von CAx-Systemen spricht.

In der Abbildung 150 ist die Anwendung des *ArchiCAD-Tools* für den Design von Gebäuden angedeutet (siehe „www.graphisoft.com").

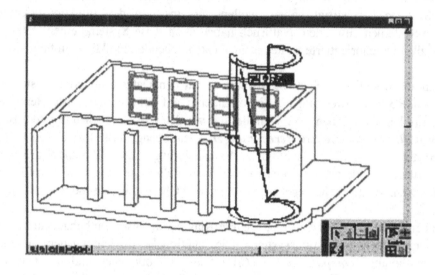

Abb. 150: Beispiel-Design mit dem ArchiCAD-Tool

Die Anwendung des so genannten *EarMaster-Tools* für die Komposition bestimmter Tonfolgen zur Schulung des musikalischen Gehörs zeigt Abbildung 151 (siehe „www.miditec.com/home.html").

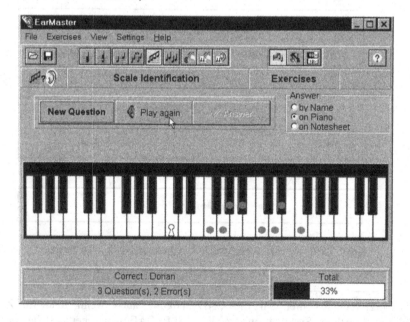

Abb. 151: Die Nutzeroberfläche des EarMaster-Tools

Weitere derartige Systeme sind beispielsweise *MATHCAD* zur Darstellung und Analyse von Funktionen, *SPSS* für die statistische Datenanalyse, *AutoCAD* für das Design verschiedener Konstruktionsbereiche (Architektur, Bauwesen, Elektroinge-nieurwesen), *Cybermozart* für die Komposition von Musikstücken in der Mozartintention und *FlightSim* für die Flugsimulation.

Wir wollen im Folgenden wieder auf die besonderen Spezifika der Entwicklung derartiger Systeme eingehen und deren software-technischen Hintergrund näher beleuchten.

2.3.1 Software-technische Merkmale

Bei der Einschätzung derartiger Merkmale für die oben genannten Systeme beziehen wir uns vor allem auf den Funktionsbezogenen, sich zumeist in einer hohen Rechner-leistung niederschlagenden Systemanteil.

Funktionale Anforderungsmerkmale:
- die Eingabe und vor allem Eingabekontrolle einiger weniger Eingangsgrößen,
- umfangreiche Berechnungen bzw. Auswertungen, wie zum Beispiel große Gleichungssysteme, komplizierte geometrische Darstellungs- oder Animations-modelle oder Interpolations- und Analysealgorithmen,
- Visualisierung der Ausgabedaten.

Qualitätsbezogene Anforderungsmerkmale:
- die Gewährleistung hoher Rechenleistungen,
- eine effiziente Rundungs- und Konvertierungstechnologie,
- die Möglichkeit der Darstellung großformatiger Zahlen,
- eine klare Funktionsstruktur für die Anwendung von Wiederanlauftechniken.

Systembezogene Anforderungsmerkmale:
- *Programmiersprachen bzw. -systeme:* FORTRAN, Smalltalk, Ada, VRML, C++, GPSS,
- *Betriebssysteme:* VMS, Unix, Linux, LEDA, MAC OS,
- *Hardware:* Cray, Workstationcluster, Parallelrechner, Macintosh,
- *Technologie:* Desktop-Lösungen.

Prozessbezogene Anforderungsmerkmale:
- zumeist relativ unkonventionelle Entwicklung in „Laboren",
- die Anwendung zyklischer (evolutionärer bzw. prototypischer) Entwicklungs-formen,
- die Absprache der endgültigen Produktlösung mit dem Auftraggeber am Proto-typ,
- der Entwicklungsaufwand dieser Systeme ist zumeist schwer abzuschätzen.

Für die detailliertere Beschreibung der Entwicklung derartiger Systeme verweisen wir auf [Chase 96], [Fisher 91], [Meredith 96] und [Schley 97].

2.3.2 Spezifikations- und Entwurfstechniken

Als erste Spezifikationstechnik wollen wir die so genannten *Funktionsbäume (function trees)* behandeln. Abbildung 152 zeigt das Prinzip eines derartigen Baumes.

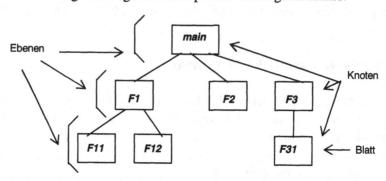

Abb. 152: Beispiel eines Funktionsbaumes

Diese Funktionsdarstellung beschreibt die statische Struktur und ist streng hierarchisch aufgebaut. Funktionsorientierte Systeme haben zumeist diese Architekturform und verwenden daher auch für ihre Entwicklung die dafür üblichen Baumoperationen, wie das

- Hinzufügen eines neuen Knotens im Baum in einer vorhandenen Ebene oder in Verbindung mit der Bildung einer neuen Ebene
- Löschen, Ersetzen oder Umbenennen von Funktionsknoten,
- Hinzufügen eines neues Blattes (als Strukturverbreiterung),
- Teilbaumoperationen bezüglich des Verschiebens, Einfügens oder Löschens ganzer Teilfunktionsstrukturen.

Für das effiziente Suchen in diesen Strukturen sind schließlich die Funktionen

- Durchlaufen aller Baumknoten (z. B. als inorder, preorder oder postorder),
- Bestimmung des jeweiligen Vaterknotens,
- Bestimmung aller Knoten der selben Ebene (als Bruder- bzw. Nachbarknoten),
- Bestimmung der Wurzel von einer beliebigen Position im Baum aus,
- Anzeigen der Basisfunktionen als Blätter des Funktionsbaumes.

Darüber hinaus ist auch die Art des Baumes von Bedeutung. Eine besondere Rolle hinsichtlich der effizienten Suchmöglichkeit spielen beispielsweise die so genannten binären Bäume mit jeweils genau zwei Teilknoten zu einer Funktion. Ebenso sind für eine gleichmäßig verteilte Zugriffszeit zu den Blättern die ausgeglichenen Bäume, bei denen sich alle Blätter in der gleichen Ebene (± 1) befinden, von Interesse. Ein Beispiel eines Funktionsbaumes eines Krankenhausmanagementsystems (KMS) ist in Abbildung 153 dargestellt.

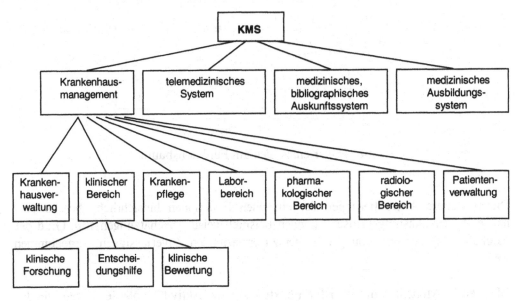

Abb. 153: Funktionshierarchie eines Krankenhausmanagementsystems

Diese Darstellung zeigt auch die Eignung von Funktionsbäumen zur Beschreibung von Systemkomponenten.

Für die Bewertung von Systemspezifikationen mit Funktionsbäumen sind als Ausgangsgrößen folgende Kennzahlen bzw. Messgrößen geeignet (siehe auch Abbildung 154):

- die Anzahl der Knoten bzw. Funktionen insgesamt,

- die Anzahl der Basisfunktionen als Blätter des Funktionsbaumes (diese Kennzahl wird auch als Breite des Baumes bezeichnet),

- die Anzahl der Ebenen in der Funktionshierarchie (diese Kennzahl stellt die Höhe des Baumes dar),

- die Bewertung der Ausgeglichenheit des Baumes.

Mit diesen Quantifizierungen können Umfang, Struktur und Komplexität der Funktionsorientierten Spezifikation bewertet werden und in eine mögliche Aufwandsschätzung eingehen.

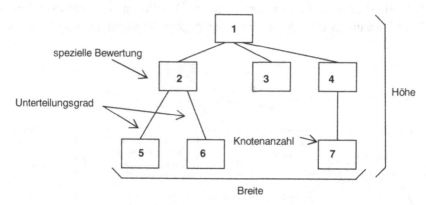

Abb. 154: Kennzahlen am Funktionsbaum

Durch weitere Attributierungen der einzelnen Funktionen hinsichtlich „bereits vorhanden" oder „leistungskritisch" können beispielsweise Abschätzungen zum Grad der
möglichen Wiederverwendung oder der zu erwartenden Zuverlässigkeit vorgenommen
werden.

Als weitere Modellierungsform für Funktions- bzw. Aktivitätsabläufe wollen wir das
Aktivitätsdiagramm (activity diagram) behandeln. Die Notation zu dieser Darstellungsform zeigt Abbildung 155.

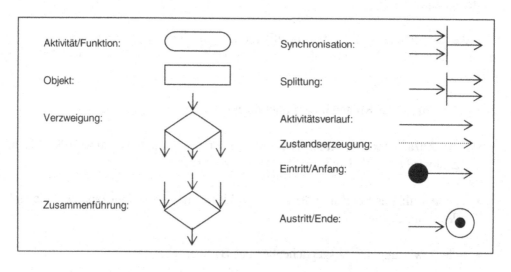

Abb. 155: Notation des Aktivitätsdiagramms

Das Beispiel in Abbildung 156 zeigt die Anwendung dieser Notation.

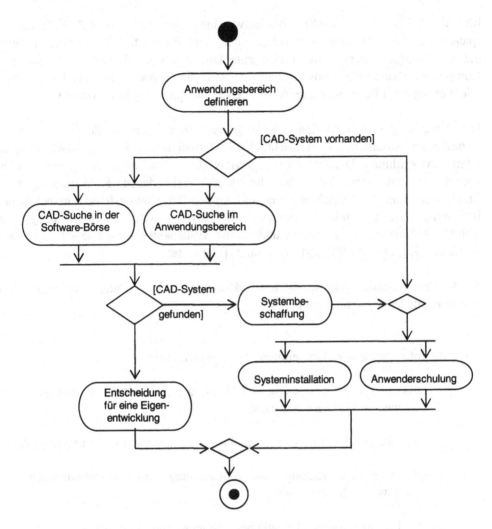

Abb. 156: Vorbereitung einer CAD-Systemanwendung

Es enthält zwei Bereiche paralleler Aktivitäten. Im Allgemeinen werden beim Aktivitätsdiagramm keine Rückwärtsgerichteten Pfeile verwendet, wenn dieses Diagramm gleichzeitig eine zeitliche Sequenz der Aktivitäten zum Ausdruck bringen soll.

Bewerten lassen sich Aktivitätsdiagramme anhand typischer Kennzahlen, wie Aktivitätenanzahl, Umfang bzw. Länge des Diagramms als Anzahl der Symbolebenen oder der Synchronisations- oder Splittungsanzahl und -breite.

2.3.3 Implementations- und Bewertungstechniken

Für die Implementation von Funktionsorientierten Systemen werden im Allgemeinen in einer modularen Vorgehensweise plattformspezifische Sprachen verwendet. Die explizit für die CAD- bzw. CASE-Tool-Entwicklung geschaffenen CASE-Tools, beispielsweise die *CASE-Factory,* haben sich nicht bewährt. Die heutigen Programmierumgebungen liefern zumeist eine gute Unterstützung für die prototypische und Komponentenorientierte Implementierung. Auf die Tendenz zur stärkeren Objektorientierung auch für diese Systemklasse gehen wir später noch explizit ein.

Die **Bewertung** Funktionsorientierter Systeme bezieht sich auf die bereits eingangs formulierten Anforderungen hinsichtlich der Effizienz der Lösung bzw. der eingesetzten Algorithmen. Darüber hinaus gewinnt die Betrachtung der zumeist umfangreichen Zahlenberechnungen und die damit verbundenen Konvertierungen und Rundungen unter dem Aspekt der Vermeidung von Berechnungsfehlern immer mehr an Bedeutung. Auch Funktionsorientierte Systeme werden durch Umfangs- und Komplexitätsmaße zur Architektur und bei der Systemanwendung (siehe beispielsweise [Pohlheim 99], [Thaller 94] und [Vingron 97]) bewertet.

Als Erfahrungshintergrund für die Entwicklung Funktionsorientierter Systeme können folgende Quellen verwendet werden:

- die Information der Communities, wie beispielsweise

  - für die CAD-Entwicklung und Nutzung unter „www.cad-forum.com/" und „www.DesignCommunity.com/",

  - für die Musik-Software-Entwicklung unter „www.azstarnet.com/ ~solo/",

  - für die Entwicklung und Anwendung von Flugsimulatoren unter „www0.delphi.com/flight/",

- die Analyse und Auswahl möglicher Komponenten zur Systementwicklung, wie zum Beispiel unter „www.harmony-central.com/Software/",

- die Information zu expliziten Anwendungssystemklassen, wie beispielsweise zum *DesignWorkshop* unter „www.artifice.com/" oder zur Musikkomposition mit *Cybermozart* unter „www.xs4all.nl/~yavelow/ CyberMoz.html".

Hinsichtlich der Aktualität dieser Links empfehlen wir unbedingt in die Link-Sammulng zum Lehrbuch unter der *http://se.cs.uni-magdeburg.de* nachzusehen.

In der Abbildung 157 geben wir noch einmal die angerissenen Teilgebiete zur Entwicklung Funktionsorientierter Systeme an.

Software-Entwicklungsinfrastruktur

CAD-CASE-Tools:

zur Produktenwicklung
zur Prozessunterstützung
* ***zur Ressourcenbereitstellung***
zum Anwendungsbereich

CAD-Messsysteme:

* ***zur Produktenwicklung***
zur Prozessunterstützung
zur Ressourcenbereitstellung
zum Anwendungsbereich

CAD-Standards:

zur Produktenwicklung
zur Prozessunterstützung
zur Ressourcenbereitstellung
zum Anwendungsbereich

CAD-Erfahrungen:

* ***zur Produktenwicklung***
zur Prozessunterstützung
zur Ressourcenbereitstellung
* ***zum Anwendungsbereich***

CAD-Community:

* ***zur Produktenwicklung***
zur Prozessunterstützung
zur Ressourcenbereitstellung
* ***zum Anwendungsbereich***

Abb. 157: Beschriebene Aspekte der Entwicklung Funktionsorientierter Systeme

Für die Einarbeitung in dieses Spezialgebiet wird auf die bereits genannte Literatur verwiesen.

Übungsaufgaben

142. Beschreiben Sie Beispiele Funktionsorientierter Software-Systeme anhand ihrer funktionalen, qualitativen und Systembezogenen Anforderungen.

143. Beschreiben Sie die Architektur eines CAD-Systems durch einen Funktionsbaum.

144. Bestimmen Sie die Kennzahlen zum aufgestellten Funktionsbaum und bewerten Sie die Ergebnisse.

145. Rekapitulieren Sie den Durchlauf aller Baumknoten nach dem inorder-, preorder- und postorder-Verfahren.

146. Geben Sie für das Projektmanagement ein Aktivitätsdiagramm an und diskutieren Sie sinnvolle Parallelitäten.

147. Führen Sie an dem entwickelten Aktivitätsdiagramm die Bestimmung ausgewählter Kennzahlen durch und diskutieren Sie deren empirische Bedeutung.

2.4 Ereignisorientierte und reaktive Systeme

Diese Software-Systemart dient vornehmlich der Reaktion auf Ereignisse bzw. der Verarbeitung derselben für ein im Allgemeinen steuerndes Verhalten in einer Anwendungsumgebung. Aus diesem Grund nennt man derartige Systeme auch *eingebettete Systeme (embedded systems)*. Eine allgemeine standardisierte Form der Architektur derartiger Systeme ist in Abbildung 158 beschrieben.

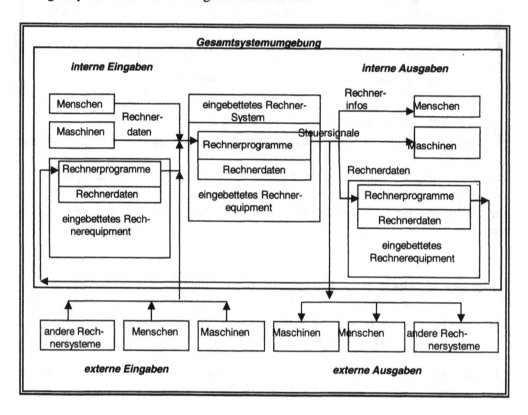

Abb. 158: Allgemeine Architektur eingebetteter Systeme

Die separate Angabe interner Daten dient der Verdeutlichung des Steuerungsansatzes, der auf der Grundlage mehrerer Subsysteme auch personell und technisch strukturiert sein kann.

Eine weitere Bezeichnungsform dieser Systeme ist mit der Tatsache verbunden, dass die Reaktion zeitlichen Restriktionen unterliegt, die real gegeben sind. Daher lautet eine weitere Bezeichnung der hier behandelten Software auch *Echtzeitsystem (real-time system)*. Sie weist auf die zumeist in realen Umgebungen agierende Software hin, wie beispielsweise bei einer Verkehrsampelsteuerung.

Schließlich wollen wir noch eine weitere Bezeichnungsform angeben, die darauf hinweist, dass die Anwendung hohe Anforderungen hinsichtlich der Funktionssicherheit stellt. Denken wir beispielsweise an einen Autopiloten bei der Flugzeugsteuerung. Derartige Systeme werden daher als **sicherheitskritische Systeme** *(safety-critical systems)* bezeichnet. Abbildung 159 zeigt ein Beispiel eines derartigen Systems.

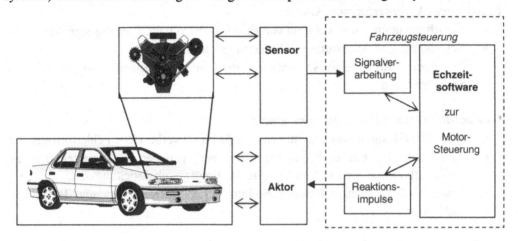

Abb. 159: System für die Motorsteuerung eines Autos

Abbildung 160 deutet weitere Anwendungsgebiete für Ereignisorientierte Systeme an.

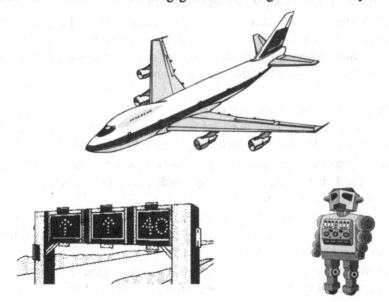

Abb. 160: Anwendungsbereiche für Ereignisorientierte Software-Systeme

2.4.1 Software-technische Merkmale

Wir wollen jetzt die wesentlichen Charakteristika, die bei der Entwicklung Ereignis-orientierter bzw. reaktiver Systeme typisch sind, beispielhaft angeben.

Funktionale Anforderungsmerkmale:
- Verarbeitung und Interpretation von Eingangsdaten bzw. Eingangssignalen,
- Berechnung und Auslösung von Steuerungsinformationen,
- Reaktionen auf Ereignisse während der im Allgemeinen ununterbrochenen Systemnutzung.

Qualitätsbezogene Anforderungsmerkmale:
- hohe Zuverlässigkeitsanforderungen und die damit verbundene Fehlertoleranz,
- im Allgemeinen Echtzeitbedingungen mit vorgegebener Reaktionszeit und die damit verbundene genaue Abschätzung der Programmbearbeitungszeit,
- zumeist sehr begrenzte Ressourcen hinsichtlich Speicherplatz und Prozessor-architektur.

Systembezogene Anforderungsmerkmale:
- *Programmiersprachen bzw. -systeme:* C, Assembler, Smalltalk, C++, Jini, SPS, Java-ME,
- *Betriebssysteme:* Unix, Windows CE, Psion, OS9,
- *Hardware:* Sensor/Actor-Systeme, ereignisorientierte Peripherie wie Touch-screens, Maus und Pen, effiziente Übertragungsformen, wie VME- oder Feld-bus, Mikrorechner in den Skalierungen eines Rechners, eines Prozessors mit Speichereinheit (als EPROM) bis hin zu einem Controller.

Prozessbezogene Anforderungsmerkmale:
- Bei der Software-Entwicklung ist insbesondere für das Anwendungsgebiet eine hohe Spezialisierung des Entwicklungspersonals erforderlich.
- Im Allgemeinen werden bei Ereignisorientierten bzw. reaktiven Systemen zyklische Lebenszyklusformen angewandt (insbesondere aufgrund der besonde-ren Machbarkeitstestsituation).
- Die Systembezogenen Anforderungen sind zumeist in so genannten Standards festgeschrieben bzw. festgelegt und bilden die Grundlage für die Validation als so genannten *Konformitätstest.*
- Bei Steuerungssystemen ist in hohem Maße eine gleichzeitige Hard- und Soft-wareentwicklung als so genanntes *Codesign* zu verzeichnen.

Hinsichtlich einer detaillierteren Beschreibung derartiger Systeminhalte verweisen wir auf die Literatur, wie beispielsweise [Heath 97], [Rembold 94] und [Storey 96].

2.4.2 Spezifikations- und Entwurfstechniken

Bei den Spezifikationstechniken betrachten wir wiederum einige ausgewählte Formen. In Abbildung 30 auf der Seite 64 haben wir bereits Ereignisdiagramme dargestellt und wollen hier zunächst die so genannten *Petri-Netze (petri nets),* benannt nach Carl Adam Petri, behandeln. Sie dienen der Beschreibung von Systemen, die auf *Ereignissen* (so genannte Transitionen) beruhen. Diese Ereignisse überführen bestimmte *Objekte* eines Systems in bestimmte Zustände (auch Stellen genannt) bzw. eine bestimmte Konstellation von Objekten führt erst zur möglichen Realisierung von Ereignissen. Die Grundnotation von Petri-Netzen ist in Abbildung 161 angegeben.

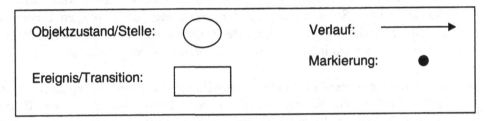

Abb. 161: Grundnotation von Petri-Netzen

Wir wollen die Funktionsweise und die damit verbundene Kontrollmöglichkeit für die Spezifikation zunächst an einem einfachen Beispiel darstellen. Abbildung 162 zeigt die parallele Berechnung der Summe von vier Größen mittels einer so genannten Zweiadressmaschine.

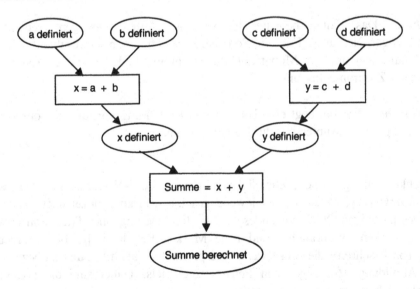

Abb. 162: Beispiel eines Petri-Netzes zur Summation

Für die jeweilige Berechnung wird also vorausgesetzt, dass die Größen „definiert" sind, d. h. sie besitzen durch Berechnung oder Eingabe einen expliziten Wert. Hinsichtlich der Kontrolle ist die Überprüfung, ob für die Größen *a* bis *d* eine Wertzuweisung erfolgt ist. Die anderen „Systembereiche" sind hierbei unkritisch.

Über Petri-Netze existiert eine Reihe von Operationsmöglichkeiten, die durch eine Veränderung bzw. Verfeinerung im Prozess der Spezifikation oder des Entwurfs erforderlich sein könnten. Wir wollen diese Operationen im Folgenden verbal beschreiben.

- *Vergröberung:* Ein transitions- bzw. stellenberandetes Teilnetz wird durch eine Transition bzw. Stelle ersetzt. Die Forderung nach der jeweiligen Umrandung gewährleistet die semantisch korrekte Zusammenfassung. Das Beispielnetz in Abbildung 159 stellt insgesamt ein stellenberandetes Petri-Netz dar.

- *Verfeinerung:* Diese Form stellt die Umkehrung der Vergröberung dar, die durch entsprechende Detaillierung erreicht werden kann. Auf das obige Beispiel angewandt bedeutet das zum Beispiel eine Transformation der Berechnungsform für eine Einadressmaschine.

- *Einbettung:* Hierbei handelt es sich um eine beliebige Netzerweiterung, die lediglich fordert, dass das ursprüngliche Netz ein Teilnetz des neuen darstellt.

- *Restriktion:* Diese Form stellt schließlich die Umkehrung der Einbettung dar und führt zu einer verkürzten oder vereinfachten Systemdarstellung.

- *Faltung:* Das Falten bedeutet hierbei das „Aufeinanderlegen" semantisch gleichartiger Netzteile. Für ein Petri-Netz, welches den Jahresablauf auf der Grundlage gleichartiger Monatsabläufe beschreibt, bedeutet das eine sinnvolle Form der Zusammenfassung.

- *Entfaltung:* Hierbei liegt eine Umkehrung der Faltung vor, die sich durch eine notwendige Prozessunterscheidung ergeben kann.

Die Möglichkeit, eine gewisse „Lebendigkeit" in einem Petri-Netz auszudrücken, wird durch die **Markierung** erreicht. Die jeweils gesetzte Marke kennzeichnet dabei die Erfüllung des jeweiligen Objektzustandes. Bei der Realisierung einer Transition werden die Eingangsmarken „verbraucht" und neue Marken für die Folgeobjekte erzeugt. Abbildung 163 beschreibt die schrittweise Interpretation – auch Simulation bezeichnet – des in Abbildung 162 gegebenen Petri-Netzbeispiels. Dabei sind die konkreten Stelleninhalte nicht mehr angegeben worden.

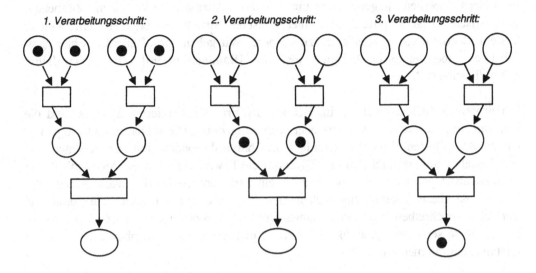

Abb. 163: Petri-Netzinterpretation durch Markierungen

Die Markierung kann auch quantifiziert erfolgen und setzt dann die jeweilige Quantität an Objekten für die Realisierung einer Transition voraus.

Speziell können auf dieser Grundlage mit Hilfe von Petri-Netzen und deren simulativer Abarbeitung folgende Spezifikations- bzw. Systemeigenschaften nachgewiesen werden:

- *Erreichbarkeit* aller Systemkomponenten,
- *Verklemmungen (deadlocks)* in einem System,
- gleichverteilte bzw. -artige *Lebendigkeit* eines Systems.

Die folgende Abbildung 164 zeigt ein Beispiel für eine Verklemmung, wie sie mittels Petri-Netzen in einem Systemverlauf nachgewiesen werden kann.

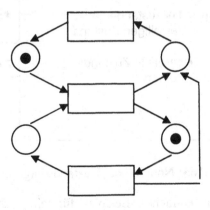

Abb. 164: Petri-Netzbeispiel für eine Systemverklemmung

Petri-Netze werden gegenwärtig um weitere Attribute, wie einen Zeitbezug, stochastische Eigenschaften oder hierarchische Strukturen ergänzt, um weitere Systemanforderungen modellieren zu können. Wir gehen darauf allerdings hier nicht näher ein und verweisen beispielsweise auf [Baumgarten 90] oder „www.daimi. aau.dk/PetriNets/".

Ein weitere Modellierungsform im Bereich der Ereignisorientierten Systeme sind die *Zustandsdiagramme (state charts* oder *state diagrams)*. Diese Diagrammform gehört mit zu den ältesten Darstellungsmitteln und hat insbesondere mit den Arbeiten von Harel (siehe zum Beispiel [Harel 92]) durch die Erweiterung um die Möglichkeit von Zustandsüberlappungen und -hierarchien eine stärkere Aufmerksamkeit erlangt. Im Mittelpunkt dieser Darstellung stehen also Zustände von Objekten, die somit das Verhalten beschreiben. Für die Ereignisse gibt es hierbei im Gegensatz zu den Petri-Netzen keine separate Symbolik. Sie werden in Form einer Kantenbewertung bei den Zustandsdiagrammen umgesetzt.

Abbildung 165 zeigt die wesentlichen notationellen Grundelemente für Zustands-diagramme, wie wir sie hier verwenden wollen.

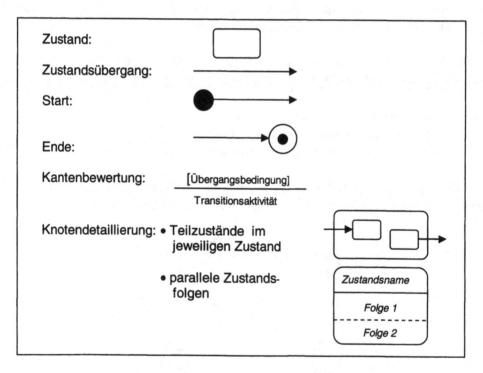

Abb. 165: Notation des Zustandsdiagramms

Abbildung 166 zeigt ein einfaches Beispiel für ein Zustandsdiagramm in der angegebenen Notation.

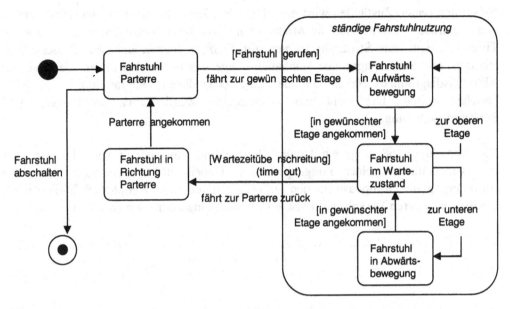

Abb. 166: Beispiel eines Zustandsdiagramms für eine Fahrstuhlsteuerung

Als letzter Darstellungsform für diese Software-Systemklasse wollen wir uns der *SDL* *(specification and design language)* zuwenden. Von SDL gibt es eine textliche bzw. formale und eine Diagrammform. Wir wollen uns mit den SDL-Diagrammen zur Modellierung von Zustandsbasierten Systemen beschäftigen. Die Notation zu den SDL-Diagrammen ist in Abbildung 167 angegeben.

Prozessstart:		Prozessstopp:	
Prozesszustand:		Prozessinput:	
Prozessblock:			
		Prozessoutput:	
Entscheidungs-knoten:		Verbindung:	
neuen Prozess kreieren:		Konnektoren:	
Zustandssiche-rungsknoten:		Kommentierung:	

Abb. 167: Notation eines SDL-Diagramms

Neben den reinen Zuständen wird mit SDL vor allem auch der Prozesskontext erfasst und spezifiziert. Dazu zählt die Modellierung von Warteschlangen, einem speziellen Timer-Konzept, von Steuerungsformen zur Prozessdynamik und von Prozessarchitekturen. Die SDL-Diagramme beinhalten einige uns bereits bekannten Elemente der Aktivitätsdiagramme. Neben der hier kurz behandelten Diagrammform zur SDL bestehen weitere, hier nicht näher dargestellte Möglichkeiten der Prozess- und Systemmodellierung.

Die Abbildung 168 zeigt ein kleines Beispiel zur Anwendung von SDL für eine Prozessmodellierung einer Fußgängerampel. Dabei wird vorausgesetzt, dass die Anforderung zur Grünphase für den Fußgänger durch einen Knopfdruck initiiert wird, um für den anderen Verkehr vertretbare Unterbrechungszeiträume zu haben.

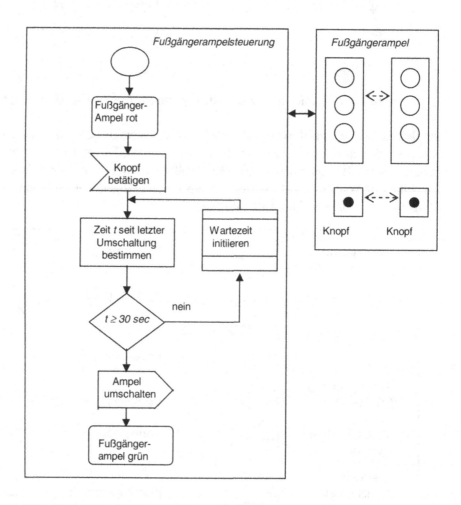

Abb. 168: SDL-Beispiel für eine Phase der Fußgängerampelsteuerung

Das Anwendungsfeld dieser Spezifikationsform liegt vor allem in der Steuerungs-Software für eingebettete Systeme, wie wir sie hinlänglich bereits von den Haushaltsgeräten her kennen.

Für weitere Detaillierungen zu den hier angegebenen Modellierungsformen verweisen wir auf die Literatur (siehe [Bræk 93] und [Douglass 98]) oder auf die jeweilige Community, wie beispielsweise unter „www.sdl-forum.org/".

Hinsichtlich der Bewertungsformen für die Systemspezifikation gelten wiederum die Diagrammbezogenen Merkmale, wie Anzahl der Verwendung pro Symbol und Strukturierungs- oder Verschachtelungsgrad. Allerdings sind auch hierbei die empirischen Erfahrungen kaum dokumentiert und wenig für notwendige Schätzungen zur Systementwicklung geeignet.

Beim Entwurf Ereignisorientierter Systeme können auch die bereits bisher genannten Modellierungsformen zur Anwendung kommen. Die Berücksichtigung Systembezogener Anforderungen führt hierbei vor allem zur Gewährleistung bestimmter Standards, wie zum Beispiel den DIN-IEC-65A/181/CDV-Standard zur funktionalen Sicherheit[39].

2.4.3 Implementations- und Bewertungstechniken

Bei der Implementation Ereignisorientierter Systeme bestehen insbesondere hinsicht-lich ihrer möglichen Echtzeitanforderungen besondere Vorgehensweisen für die Testung ihrer Effizienz (siehe hierzu insbesondere [Hatton 94] und [Li 99]). Wir wollen anhand eines Tools, und zwar des CrossView Pro Debugger (siehe „www.tasking.com/products/XVW"), auf einige dieser Aspekte hinweisen. Abbildung 169 zeigt die Arbeit dieses Tools zur Wertkontrolle in einer bestimmten Bearbeitungssituation eines C-Programms.

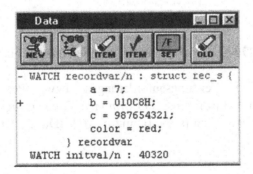

Abb. 169: Wertekontrolle bei der C-Programmabarbeitung

---

[39] siehe auch den jährlichen Report zu sicherheitskritischen Software-Systemen unter „www.cert.org/annual_rpt/"

Dieser Tool-Ausschnitt soll gleichzeitig die Wertveränderungs- bzw. -setzungsmöglichkeit verdeutlichen. Man beachte, dass hier nicht einfach eine Wertmenge zu testen ist, sondern die Wertevielfalt sich aus der Notwendigkeit des Vergleichs der jeweiligen Abarbeitungseffizienz ergibt. Abbildung 170 deutet schließlich die Möglichkeit des oben genannten Tools zum Zeitvergleich an. Anweisungen bzw. Anweisungsfolgen sind somit zeitlich bewertbar und dienen der Überprüfung der im Allgemeinen zeitlichen Restriktionen der hier behandelten Systeme.

Die **Bewertung** Ereignisorientierter Systeme richtet sich nach ihrer Ausprägung auf die Realisierung von Echtzeitrestriktionen oder besonderer Sicherheits- bzw. Zuverlässigkeitsanforderungen. In diesem Sinne kommen insbesondere maschinennahe Programmiersprachen, wie Assembler, C oder Sprachen mit Assemblereinbindung, zur Anwendung. Damit sind allerdings gewisse Wartbarkeitsprobleme impliziert, die nur durch entsprechende Programmier-konventionen gemildert werden können. Ein vertretbarer Wartungsaufwand wird allerdings nur erreicht, wenn hierbei das Prinzip der adäquaten Community für die Wartung dieser Systeme eingehalten wird.

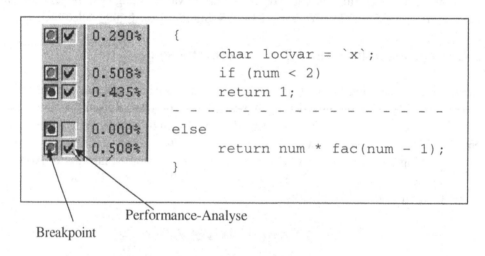

Breakpoint · Performance-Analyse

Abb. 170: Zeitanalyse beim CodeView-Pro-Debugger-Tool

Auf die besonderen Leistungsanforderungen bzw. Performance und deren Berücksichtigung im Rahmen eines *Performance Engineerings* wollen wir an dieser Stelle allerdings nur hinweisen (siehe [Dimitrov 01], [Dumke 01a] und [Schmietendorf 01]).

Als Erfahrungshintergrund für die Entwicklung Ereignisorientierter und reaktiver Systeme gibt es beispielsweise die folgenden Quellen:

- die Informationen zu den entsprechenden Communities auf diesem Gebiet, wie
  - für die Petri-Netzanwendung unter „www.daimi.aau.dk/PetriNets/ people/" und „...PetriNets/research/",
  - zur Roboter-Programmierung unter „telerobot.mech.uwa.edu. au/",
  - zur Echtzeitprogrammierung beispielsweise unter „www-ccs.cs.umass. edu/",
  - zu SDL-basierten Entwicklungen unter „www.sdl-forum.org/",
  - unter „www.embeddedtechnology.com/content/forums/" zu eingebetteten Systemen überhaupt,

- die Entwicklungs- und Anwendungserfahrungen unter „www.daimi. aau.uk/PetriNets/faq/" und „www.ifi.unizh.ch/groups/ailab/links/ embedded. html",

- die Informationen zu Entwicklungs-Tools auf diesem Gebiet unter „www.roboter-promotion.de/", „www.etcbin.com/", „www.embedded-systems. ltd.uk/" und „www.daimi.aau.uk/PetriNets/",

- die Bibliographien zu den Entwicklungsmethoden, wie zum Beispiel unter „www.diami.aau.uk/PetriNets/bibl/".

Auch hier verweisen wir hinsichtlich der Aktualität der Links auf unsere Web-Seite zum Lehrbuch unter *http://se.cs.uni-magdeburg.de*.

Um wiederum auf den beträchtlichen Umfang auch dieses Gebietes der Software-Entwicklung hinzuweisen, haben wir in Abbildung 171 angedeutet, dass in diesem Abschnitt nur auf einige Aspekte der Entwicklung Ereignisorientierter und reaktiver Systeme eingegangen wurde (mit einem Stern gekennzeichnet).

Software-Entwicklungsinfrastruktur

ES-CASE-Tools:	ES-Messsysteme:	ES-Standards:
* *zur Produktenwicklung*	*zur Produktenwicklung*	* *zur Produktenwicklung*
zur Prozessunterstützung	*zur Prozessunterstützung*	*zur Prozessunterstützung*
zur Ressourcenbereitstellung	*zur Ressourcenbereitstellung*	*zur Ressourcenbereitstellung*
* *zum Anwendungsbereich*	*zum Anwendungsbereich*	*zum Anwendungsbereich*

ES-Erfahrungen:	ES-Community:
* *zur Produktenwicklung*	* *zur Produktenwicklung*
zur Prozessunterstützung	* *zur Prozessunterstützung*
zur Ressourcenbereitstellung	*zur Ressourcenbereitstellung*
zum Anwendungsbereich	*zum Anwendungsbereich*

Abb. 171: Beschriebene Aspekte der Entwicklung Ereignisorientierter Systeme (ES)

Gerade auch dieses Gebiet der Software-Entwicklung besitzt eine besondere Dynamik im Anwendungsbereich, die eine ständige Literaturverfolgung bzw. Internet-Recherche notwendig macht.

Übungsaufgaben

148. Beschreiben Sie Beispiele für Ereignisorientierte Systeme hinsichtlich ihrer speziellen Anforderungssituation.

149. Stellen Sie für den Ablauf der Software-Erprobung ein Petri-Netz auf und diskutieren Sie die Ablaufeigenschaften.

150. Führen Sie für das in der vorherigen Aufgabe entwickelte Petri-Netz die Operationen der Verfeinerung und der Einbettung durch.

151. Formulieren Sie die Bearbeitung einer Hotelzimmerbuchung und -nutzung mittels eines Zustandsdiagramms.

152. Beschreiben Sie die Bedienung eines Scheckkartenautomaten durch ein SDL-Diagramm.

153. Wählen Sie geeignete Zuverlässigkeitsmaße aus dem Abschnitt 1.5 zur Software-Messung für diese Systemklasse und diskutieren Sie deren Eignung.

154. Diskutieren Sie die verschiedenen Ansätze einer Leistungsbewertung für die Programm-, Komponenten- und Systemebene.

2.5 Kommunikations- und Interaktionssysteme

Die Kommunikationssysteme mit ihrer im Allgemeinen interaktiven Nutzungsform erlangen gerade im Zeitalter des Internet eine zunehmende Bedeutung. Kommunikationssysteme haben den in Abbildung 172 dargestellten, allgemeinen Aufbau[40].

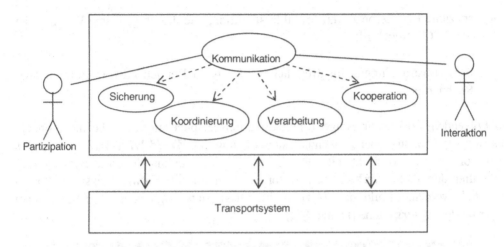

Abb. 172: Allgemeiner Aufbau von Kommunikationssystemen

Die Kommunikationsformen können je nach Anwendungsbereich beispielsweise ein Informationsaustausch, eine Kooperation oder eine gemeinsame Beratung sein oder aber auch der Koordinierung einer verteilten Systemanwendung dienen. Als Nutzerschnittstelle werden dabei Kommunikationsgeräte verwendet, wie sie beispielsweise in der Abbildung 173 angegeben sind.

Abb. 173: Gerätebeispiele für die Kommunikation

Als Transportsystem werden bei Kommunikationssystemen im Allgemeinen eingesetzt (siehe [Nellist 99]):

---

[40] Auf konkrete Architekturformen derartiger Systeme gehen wir später noch näher ein.

- globale Rechnernetze, wie beispielsweise das Internet auf der Grundlage des TCP/IP-Protokolls,

- mobile Netze, wie zum Beispiel die öffentlichen Zellnetze der Telefongesellschaften oder per Satellit,

- spezielle Rechnernetze mit Mobilitätsfunktion, wie das so genannte WLAN oder der DECT-Standard,

- Festnetzverbindungen im öffentlichen (Telefon-) Bereich oder in Form lokaler Rechnernetze.

Im Folgenden wollen wir einige Kommunikationsbeispiele angeben, die insbesondere das Internet bzw. in seiner Anwendungsausprägung das **World Wide Web (WWW)** als Transportsystem nutzen. Damit soll ein besseres Verständnis für diese Systemmerkmale und den damit verbundenen Anforderungen an die Entwicklungstechnologien vermittelt werden. Abbildung 174 zeigt eine Diskussionsmöglichkeit der so genannten Cyberworld *Avatars* (siehe [Damer 98]).

Abb. 174: Diskussionsform in der Cyberworld der Avatars

Die Abbildung 175 zeigt den Prozess einer Sitzungsanmeldung im Rahmen des Videokonferenzsystems *MBone* (siehe auch [Schaphorst 99]).

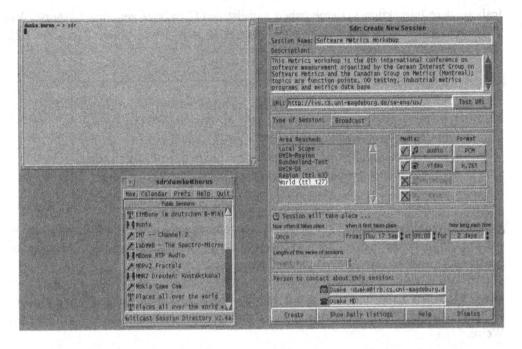

Abb. 175: Anmeldung einer Videokonferenzveranstaltung beim MBone

Die Abbildung 176 zeigt schließlich eine gemeinsame Arbeitstafel (Whiteboard) für die verteilte Bearbeitung im Web.

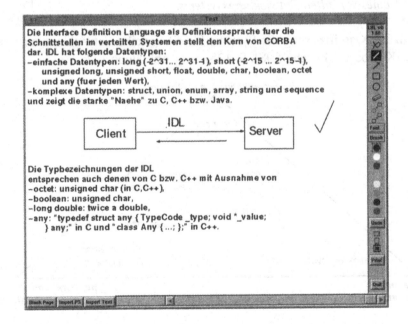

Abb. 176: Beispiel eines Whiteboard beim MBone-System

Insbesondere Interaktionssysteme haben zumeist den Charakter verteilter Systeme. Wir definieren daher zunächst erst einmal diesen Begriff (siehe auch [Colouris 02], [Mullender 94] und [Tanenbaum 03]).

> *Ein **verteiltes Software-System** (distributed software system) ist ein auf mehreren autonomen Rechnern agieren-des Software-System mit den Möglichkeiten der verteilten Verarbeitung von Anwendungen und der Einbeziehung räumlich voneinander getrennter personeller Ressourcen.*

Beispiele verteilter Systeme sind Scheckkartenautomatensysteme, Steuerungsysteme in Autos, Videokonferenzsysteme, rechnergestützte Fertigungsstraßen, Mehrpersonenspiele im WWW oder schließlich das Internet selbst.

Diese Systemart kann natürlich selbst für die Software-Entwicklung genutzt werden. Wir definieren diese Nutzungsform als verteilte Software-Entwicklung in der folgenden Weise.

> *Die **verteilte Software-Entwicklung** (distributed software development) ist die arbeitsteilige Realisierung von Entwicklungsarbeiten zu einem Software-System auf der Basis eines verteilten Entwicklungssystems.*

Eine allgemeine Klassifizierung der Systeme für die verteilte Entwicklung nach dem so genannten 3K-Modell ([Borghoff 98], S. 128) zeigt Abbildung 177.

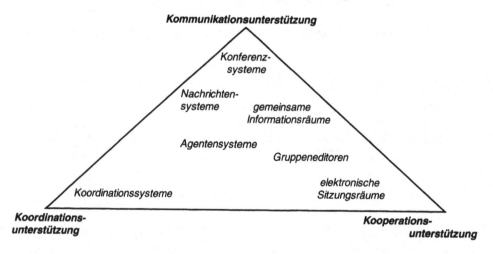

Abb. 177: Klassifikation ausgewählter Systeme für die verteilte Entwicklung

2.5.1 Software-technische Merkmale

Damit wollen wir uns jetzt der Beschreibung der grundlegenden Merkmale von Kommunikations- und Interaktionssystemen widmen.

Funktionale Anforderungsmerkmale:
- Auf- und Abbau von Kommunikationsverbindungen in verteilten Systemen,
- Austausch von Daten, Informationen und Signalen,
- Bearbeitung von Informationen zur Unterstützung des Kommunikationsinhaltes oder -hintergrundes,
- Koordinierung der Kommunikation bzw. einer möglichen Kooperation.

Qualitätsbezogene Anforderungsmerkmale:
- Sicherung der Übertragungszuverlässigkeit,
- Schutz der übertragenen Informationen,
- Erfüllung grundlegender Sicherheitsanforderungen (siehe [Kyas 98]), wie
  - o die Gewährung der *Vertraulichkeit (confidentiality)* bei der Bearbeitung der Entwicklungskomponenten,
  - o die Sicherung der *Authentizität (authentication)* in der Anwendung von Entwicklungsergebnissen,
  - o die Wahrung der *Integrität (integrity)* der bearbeiteten Artifakte in der Systementwicklung,
  - o der *korrekte Nachweis* der geführten Kommunikation *(nonrepudiation)* zur Koordinierung der gemeinsamen Systembearbeitung,
  - o die Gewährleistung einer korrekten *Zugriffskontrolle (authorization)* für die zu bearbeitenden Systemkomponenten unterschiedlicher Vertraulichkeitsstufen,
  - o die Sicherung einer korrekten *Verfügbarkeit (availability)* im Sinne einer störungsfreien Zusammenarbeit,
- Speicherung des Kommunikations- oder Interaktionsverlaufs für den möglicherweise notwendigen Einsatz von Fortsetzungs- oder Wiederanlauftechniken,
- Gewährleistung der korrekten Beteiligungs- und Zugriffsrechte der Kommunikationspartner.

Systembezogene Anforderungsmerkmale:
- *Programmiersprachen bzw. -komponenten:* CHILL, C++, Java, Telescript, CORBA, DCOM, C, XML, WSDL,
- *Betriebssysteme:* Novell, Unix, OS/2, Windows NT, Palm OS,
- *Transportsysteme:* Rechnernetze (Ethernet, ATM, LAN, Internet), mobile Netze (Satelliten-Verbindungen, WLAN, öffentliche Datennetze, WAP),
- *Hardware:* Kommunikationsgeräte bzw. -rechner.

Prozessbezogene Anforderungsmerkmale:

- besondere Anforderungen für die Testphase, da zumeist die Kommunikationssysteme nur offen entwickelt und erst im Feldtest bzw. bei der Erprobung real überprüft werden können,
- vielfach Einsatz formaler Methoden zur Gewährleistung einer korrekten Kommunikationsstruktur (siehe Abschnitt 3.5),
- im Allgemeinen zyklische Entwicklungsform, die zumeist auf Prototypen aufsetzt,
- häufig im Feldtest Eignungsbestätigung und gezielte Weiterentwicklung aufgrund von Marktanforderungen,
- Aufwands- oder Kostenabschätzungen für die Systementwicklung sind zumeist nur durch Analogieschluss möglich.

Im Folgenden Abschnitt wollen wir uns ausgewählten Aspekten der Software-Entwicklung der hier behandelten Systeme zuwenden.

2.5.2 Spezifikations- und Entwurfstechniken

Für die Beschreibung der Kommunikation bzw. Interaktion eignen sich natürlich die so genannten Interaktionsdiagramme bzw. *Sequenzdiagramme (sequence diagrams).* Abbildung 178 beschreibt die notationellen Grundlagen dieser Spezifikationstechnik.

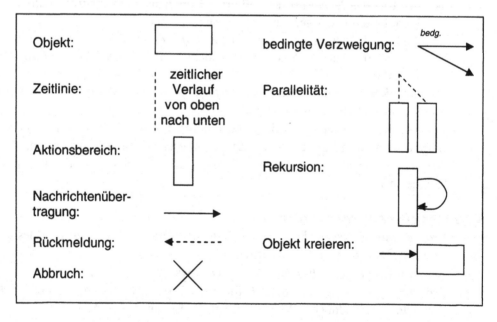

Abb. 178: Notation des Sequenzdiagrams

Die Besonderheit dieser Diagrammform besteht darin, eine Kommunikation durch Nachrichten *(messages)* über einen zeitlichen Verlauf mittels Zeitlinie *(swimlanes)* auszudrücken. Vom konkreten Verarbeitungsinhalt bis zur Reaktion durch Nachrichten, wie eine Bestätigung, Rückmeldung oder erneute Funktionsauslösung eines anderen Objektes, wird hierbei abstrahiert.

Abbildung 179 zeigt ein Beispiel für ein Sequenzdiagramm einer Anfrage im Web. Die Bewertungsmöglichkeit von Sequenzdiagrammen liegt funktional in der Stabilität bzw. Korrektheit der Nachrichtenverbindungen. Kennzahlen für die Bewertung des Umfangs sind die Anzahl der involvierten Objekte, die Länge der Zeitlinie (als Aktivitätsanzahl) und der Verschachtelungsgrad der Nachrichtenverbindung. Die möglichen Verzweigungen und parallelen Aktivitäten gehen als jeweilige Anzahl in die Komplexitätsbewertung ein. Allerdings haben wir auch hierbei die Situation einer sehr geringen, verallgemeinerbaren empirischen Erfahrung mit derartigen Software-Systemen bzw. des Entwicklungsprozesses und der damit verbundenen Möglichkeit einer Qualitätssicherung.

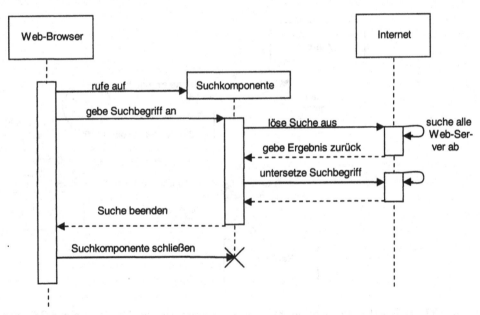

Abb. 179: Beispiel eines Sequenzdiagramms zur Web-Suche

Ein dem Sequenzdiagramm sehr ähnlichen Darstellungsmittel ist das so genannte **Kollaborationsdiagramm** *(collaboration diagram).* Es beschreibt die bei einer Kommunikation einbezogenen Objekte und ihre (Nachrichten-) Verbindungen. Der zeitliche Verlauf wird durch eine laufende Nummer vor jeder Nachricht ausgedrückt und zeigt lediglich die Sequenz an. Die Notation derartiger Diagramme ist relativ einfach und in Abbildung 180 angegeben.

Objekt:	☐
Objektverbindung:	——
Nachricht:	——→

Abb. 180: Notation eines Kollaborationsdiagramms

Ein Beispiel für ein derartiges Diagramm ist in Abbildung 181 angegeben. Die Bewertungsmöglichkeiten für den zu erwartenden Produktumfang oder dessen Komplexität auf der Grundlage dieser Diagrammart bezieht solche Kennzahlen, wie die Objekt- und Verbindungsanzahl mit ein. Für die empirische Bewertung können hierbei Erfahrungen zu Objektstrukturen überhaupt verwendet werden (siehe auch Abschnitt 3.1).

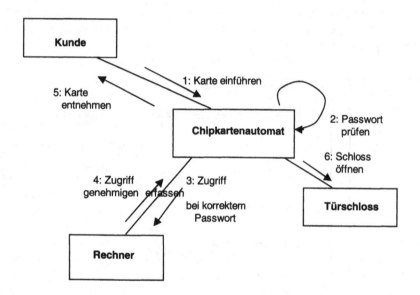

Abb. 181: Beispiel eines Kollaborationsdiagramms für die Öffnung einer Tür mittels Chipkartensystem

Hinsichtlich des Entwurfs und der dabei zu berücksichtigenden Systembezogenen Anforderungen wollen wir im Folgenden auf einige grundlegende Technologien bzw. deren Auswirkungen auf die Systemarchitektur kurz eingehen. Schwerpunkt soll dabei die Web-Technologie darstellen. Eine wesentliche funktionale Grundlage bei Web-Anwendungen bildet im Allgemeinen die so genannte *Client/Server-Architektur* (siehe [Niemann 95]). Abbildung 182 veranschaulicht diese Architekturform für die Internet-Unterstützung.

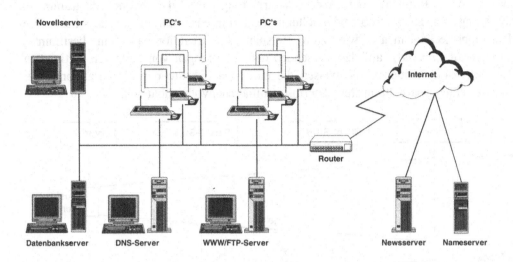

Abb. 182: Client/Server-Architekturbeispiel für das Internet

Während der Novellserver und der Datenbankserver spezielle technische und inhaltliche Ausprägungen darstellen, gewährleisten der DNS-Server (Domain Name Server) intern und der Nameserver extern die korrekte Identifikation. Der WWW/FTP-Server sowie der Newsserver unterstützen die eigentliche Web-Funktionalität bzw. Web-Dienste. Während der Server den Diensterbringer darstellt, ist der Client der Dienstanforderer. In der obigen Abbildung sind diese Clients beispielsweise die PCs des (lokalen) Netzes bzw. entsprechende Rechner im (externen) Internet.

Eine weitere Architekturform bzw. -ergänzung ergibt sich aus der Berücksichtigung spezieller Sicherheitsanforderungen. Abbildung 183 deutet die Architektur eines mit einem *Zugriffsschutz (firewall)* versehenen lokalen Rechnernetzes an.

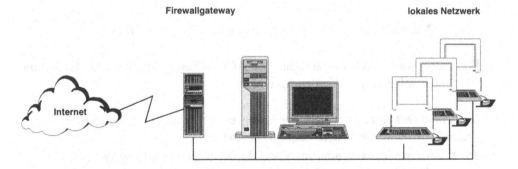

Abb. 183: Netzarchitektur mit einer Firewall-Lösung

In einem Netzbasierten Client/Server-System wird die unmittelbare Schnittstelle zum Netz des Client und des Server durch Stellvertreter *(stub)* realisiert. Die dabei typischen

Formen bzw. Probleme der Auftragsbearbeitung zeigt das Sequenzdiagramm in Abbildung 184. Diese Problemdarstellung weist zum einen darauf hin, dass besondere „Reaktionsmechanismen", wie zum Beispiel die Reaktion auf ein bestimmtes Zeitintervall *(timeout),* auf das Versenden oder Empfangen von verteilten Aktivitäten notwendig sind. Andererseits müssen die einzelnen Schritte bzw. Transaktionen bei einer verteilten Bearbeitung stets determiniert und nachvollziehbar sein.

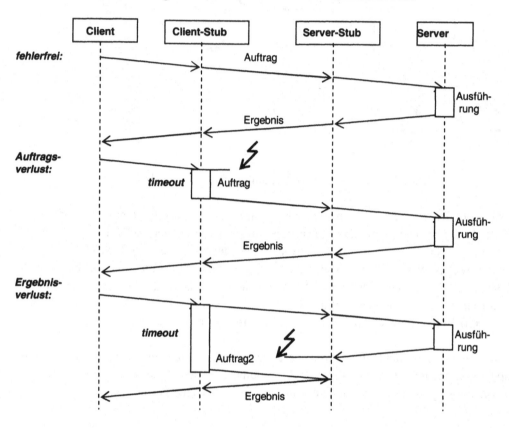

Abb. 184: Bearbeitungsprobleme in Client/Server-Systemen

Diese Forderung wird durch das so genannte **ACID-Prinzip** ausgedrückt. Es ist ein Akronym aus den folgenden Teilforderungen nach

- der *Atomarität (atomicity)* als Forderung einer vollständigen Ausführung einer Transaktion ohne jede Seiten- oder Nebeneffekte,
- der *Konsistenz (consistency)* im Sinne der Konsistenzerhaltung der bearbeiteten Daten- oder Informationsmenge,
- der *Isolation (isolation)* hinsichtlich der Nichtverfügbarkeit bzw. Nichtsichtbarkeit der durch eine Transaktion erzeugten Zwischenergebnisse beliebiger Art,

- der *Dauerhaftigkeit (durability)* als Forderung, dass nach Beendigung einer Transaktion auch alle Änderungen erhalten bleiben.

Zu Gewährleistung dieses Prinzips müssen verteilte Systeme einen speziellen ***Transaktionsverwalter*** *(transaction manager)* besitzen.

Insbesondere für die Entwicklung und Anwendung Web-basierter Applikationen wollen wir noch zwei Systemarten angeben. Die erste, in Abbildung 185 gezeigte Form, ist die allgemeine Architektur für ***Agentenbasierte Systeme*** (siehe zum Beispiel [Brenner 98]).

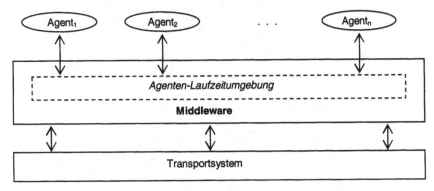

Abb. 185: Allgemeine Architektur Agentenbasierter Systeme

Dabei wird deutlich, dass ein einheitliches System als Mittlerrolle *(middleware)* die Kommunikationsbasis mit der jeweiligen Technologie, wie hierbei die Software-Agenten, verbindet. Das zweite Beispiel beschreibt die allgemeine Struktur Web-basierter ***virtueller Systeme*** *(virtual systems)*, wie wir sie beispielsweise als virtuelle Fabrik oder aber virtuelle Universität kennen (siehe auch [Baumgardt 99] oder [Kunii 98]) und ist in der Abbildung 186 dargestellt.

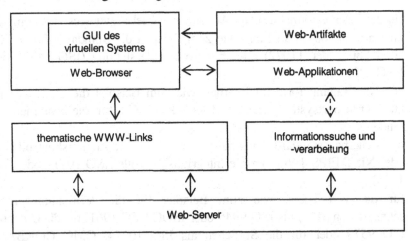

Abb. 186: Allgemeine Architektur virtueller Systeme im Internet

Eine konkrete Form derartiger virtueller Systeme als virtuelle Universität im Web zeigt die folgende Abbildung 187 (siehe unter der http://uv.org/).

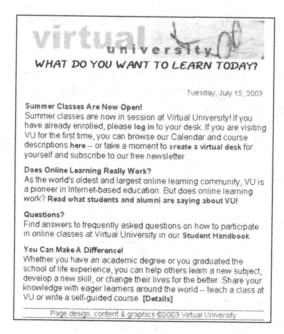

Abb. 187: Beispiel einer virtuellen Universität im Web

Die jeweilige Architektur bildet auch die Grundlage für die anzuwendenden Entwurfsdetails zur Algorithmisierung und Datenmodellierung. Die dabei zu beachtenden Standards (siehe [Magee 98] und vor allem „www.w3.org/") sind insbesondere diejenigen

- für die Telekommunikation im Allgemeinen (siehe „www.csrstds.com/"),
- zur Informationsdarstellung, wie zum Beispiel die Standards für die Graphiken (ISO 8805 oder 11072) oder für die Textdarstellung (ISO 14478 oder ISOC RFC 822),
- zur Übertragungsform im Internet, wie zum Beispiel die Standards ISO 8072 zum Transportsystem oder der ISOC RFC 854 für die Kommunikationsverbindung,
- die Sicherheitsstandards, wie beispielsweise für die Zugriffskontrolle (ISO 9796 oder NIST FIPS 196) oder die Integritätskontrolle (ISO 10116 oder ISOC RFC 1825),
- für die Web-Tools, wie zum Beispiel für die Anwendungsprogrammierschnittstellen *(API)* als ISO 9945 oder ISOC RFC 1961, für die Datenbanken als ISO 9579 oder für die Sprachen als ISO 10774, OMG CORBA und Sun Microsystems Java.

Bezüglich der Systementwicklungsbeschreibungen für diesen Bereich verweisen wir wiederum auf die Literatur, wie zum Beispiel [Dumke 03], [Kunii 98], [Grønbæk 99], [Milojicic 99], [Schaphorst 99] oder [Spool 99].

2.5.3 Implementations- und Bewertungstechniken

Hinsichtlich der Implementation werden für die Kommunikations- und Interaktionssysteme vor allem auch moderne Techniken verwendet, wie die Agentenorientierte oder Komponentenbasierte Form, auf die wir insbesondere noch im dritten Kapitel dieses Buches näher eingehen wollen.

Eine in der Praxis relativ verbreitete Form zur Unterstützung interaktiver bzw. kooperativer Systementwicklung und -anwendung ist das *Lotus Notes* (siehe [Dierker 97] oder „www.lotus.com/"). Wir wollen daher ganz kurz auf dieses System eingehen. Die Unterstützung einer Gruppenarbeit geschieht bei Lotus Notes in den beiden Ebenen

- einer Netzintegration unter Berücksichtigung grundlegender Internet-Standards und der Gewährleistung der wesentlichen Netzdienste zum Mailsystem, dem Datenaustausch, den Sicherheitsmechanismen, den Recherche- und Informationsdiensten,

- einer Firmenbezogenen Unterstützungsform zur Organisation, Planung und Abrechnung verschiedener Geschäftsprozessbereiche.

Insbesondere wird durch Lotus Notes die Anbindung umfangreicher Datenbanken unterstützt, die durch die zugrunde liegende Client/Server-Architektur nach verschiedenen Sichten genutzt werden können.

Die ordnungsgemäße verteilte Bearbeitung wird durch ein spezielles Transaktionssystem unterstützt. Da die verteilte Bearbeitung auch asynchron ablaufen kann, verfügt Lotus Notes über einen entsprechenden *Replikationsmechanismus,* der einen ständigen Abgleich bzw. eine Synchronisation zwischen den verteilten Kopien und der Datenbank selbst vornimmt. Die Verarbeitungsobjekte reichen bei Lotus Notes über Texte, Hypertexte, Tabellen bis hin zu hypermedialen Formen der Audio- oder Videosequenzen. Eine eigene Browser-Technik ermöglicht die Nutzung von Plug-Ins und die Anwendung von Java-Applets. Die dabei möglichen Netztopologien deutet Abbildung 188 an.

Zu weiteren Beschreibungen von Lotus Notes bzw. seiner Community siehe unter anderem „www.gis.net/~shuster/notes.html", „www.lotus.de/ index.htm", „www. njlnug.org/notesfaq.htm" oder „www.keysolutions.com/ NotesFAQ/".

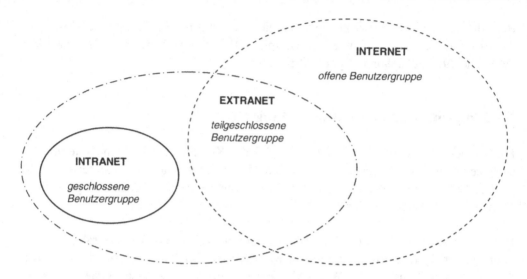

Abb. 188: Netztopologien für die Anwendung von Lotus Notes

Die *Bewertung* der hier behandelten Systeme richtet sich vor allem auf die Zuverlässigkeit und das Leistungsverhalten. Das ist besonders für das Internet keine triviale Aufgabe, da hierbei der Umfang beteiligter Rechner bzw. die Unterschiedlichkeit des Nutzerverhaltens kaum abschätzbar ist. Für die anderen Qualitätsmerkmale sucht man für Web-Anwendungssysteme nach immer neuen Visualisierungsformen zur Bewertungsunterstützung, wie beispielsweise in Form eines 3D-Call-Graphen mit einer Knotenbewertung als Größendarstellung, wie sie in Abbildung 189 angedeutet ist.

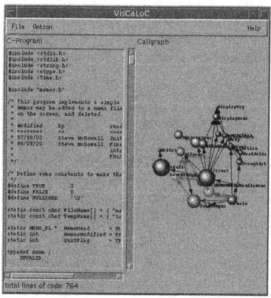

Abb. 189: 3D-Visualisierung einer C-Programmstruktur

Ein anderes Beispiel zeigt Abbildung 190. Es gibt eine mögliche Visualisierungsform der Struktur von Web-Dokumenten an (siehe „graphics. stanford.edu/papers/h3cga/"). Dabei kann die Strukturvisualisierung ggf. mit empirischen Merkmalen versehen werden.

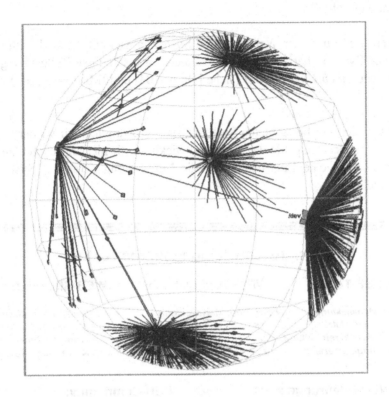

Abb. 190: Web-Systemvisualisierung mit dem H3Viewer

Hinsichtlich der Erfahrungen bzw. der Community findet man insbesondere für Web-basierte Software einen umfangreichen Informationsdienst im Web. Dazu zählen

- für Kommunikationsgeräte, wie für Telefone unter der Web-Adresse „www.mbicommunications.com/", für PALM-Handhelds unter „www.Palm. com/europe/de/" oder für Cybergeräte unter „www.virtualresearch.com/",

- für die Entwicklung von Web-Systemen generell unter „wdvl.com/", „www. stars.com/Location/Navigation/" oder „www.online-recht.de/",

- für spezielle Systementwicklungen, wie Videokonferenzsysteme unter „www-nrg.ee.lbl.gov/vic/", „www.imtc.org" oder „www.lbl.gov/mbone/", Telekoope-rationssysteme unter „www.telekooperation.de/cscw/" oder „www.teamwave. com/", für Multimediasystementwicklung unter „www.mmcf.org/", für das Web-

TV unter „www.webtv.com/" oder für Spiele unter „play.designcommunity. com/" oder „microsoft.game.com/",

- als Erfahrungen in den Communities unter „www.w3.org" oder „www. Webtrends.com/".

Die besondere Bedeutung der Web-basierten Systementwicklung bzw. der Entwicklung Web-basierter Systeme hat inzwischen zu einem eigenständigen Teilgebiet geführt – dem so genannten *Web Engineering* (siehe [Dumke 03] und [Murugesan 01]).

Zum Abschluss der hier betrachteten Systemklasse verdeutlichen wir wiederum in einer Abbildung 191, welche Aspekte der Systementwicklung wir hier angedeutet haben bzw. welche Bereiche für eine Einarbeitung in die Entwicklung derartiger Systeme noch notwendig sind.

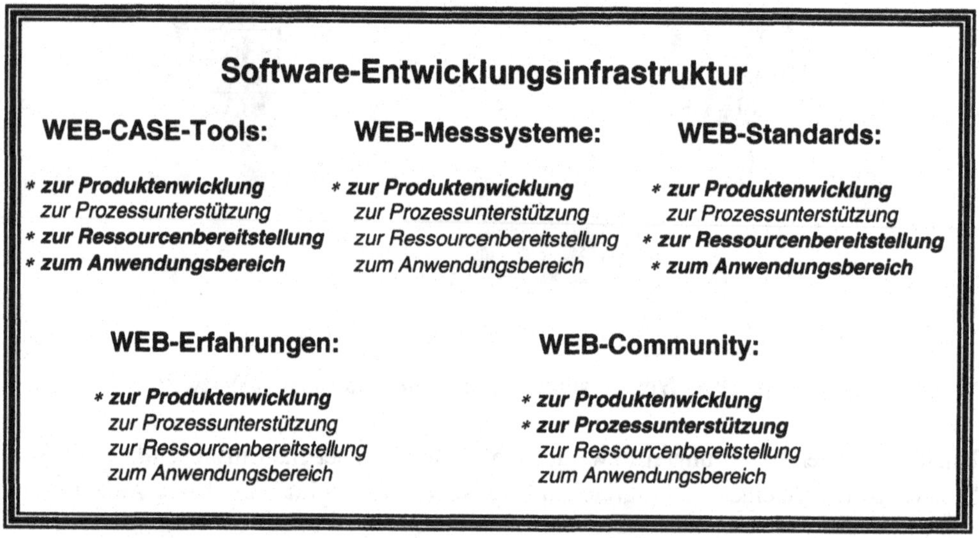

Software-Entwicklungsinfrastruktur

WEB-CASE-Tools:

* **zur Produktenwicklung**
  zur Prozessunterstützung
* **zur Ressourcenbereitstellung**
* **zum Anwendungsbereich**

WEB-Messsysteme:

* **zur Produktenwicklung**
  zur Prozessunterstützung
  zur Ressourcenbereitstellung
  zum Anwendungsbereich

WEB-Standards:

* **zur Produktenwicklung**
  zur Prozessunterstützung
* **zur Ressourcenbereitstellung**
* **zum Anwendungsbereich**

WEB-Erfahrungen:

* **zur Produktenwicklung**
  zur Prozessunterstützung
  zur Ressourcenbereitstellung
  zum Anwendungsbereich

WEB-Community:

* **zur Produktenwicklung**
* **zur Prozessunterstützung**
  zur Ressourcenbereitstellung
  zum Anwendungsbereich

Abb. 191: Beschriebene Aspekte zu Web-basierten Kommunikations- und Interaktionssystemen

Auf den besonderen Bereich kommunikativer Systeme für den Einsatz im Lehr- und Lernbereich gehen wir im nächsten Abschnitt noch gesondert ein.

Übungsaufgaben

155. Beschreiben Sie die Architektur eines Web-basierten Kommunikationssystems mittels eines Komponentendiagramms.

156. Erläutern Sie die Qualitätsanforderungen für Interaktionssysteme am Beispiel eines rechnergestützten Mehrpersonenspiels.

157. Formulieren Sie für die Sitzung an einem Netzbasierten Rechnerarbeitsplatz ein Sequenzdiagramm.

158. Leiten Sie aus dem in Aufgabe 179 formulierten Sequenzdiagramm ein Kollaborationsdiagramm ab.

159. Beschreiben Sie die kommunikativen Grundprinzipien einer Client/Server-Architektur an einem Sequenzdiagrammbeispiel.

160. Stellen Sie die vereinfachte Architektur einer virtuellen Universität in einem Verteilungsdiagramm dar.

161. Formulieren Sie den Auftragsverlust bei einem Client-Server-System für mehrere Zeitversetzte Aufträge in einem Sequenzdiagramm.

162. Geben Sie mögliche Ursachen für die Nichteinhaltung des WYSIWIS-Prinzips an.

163. Diskutieren Sie am Beispiel eines MBone-Whiteboards die Möglichkeiten der Verletzung des ACID-Prinzips.

164. Beschreiben Sie eine mögliche Architektur für eine auf Telearbeit beruhende arbeitsteilige Software-Wartung durch ein Komponentendiagramm.

165. Beschreiben Sie weitere mögliche Rollenverteilungen beim Global Software Engineering an.

2.6 Wissensbasierte und Entscheidungshilfesysteme

Als letzte Software-Systemklasse wollen wir uns den Wissensbasierten und Entscheidungshilfesysteme zuwenden. Natürlich verfügen auch all die bisher genannten Systeme möglicherweise über derartige Elemente. So wie andererseits ein Großteil Wissensbasierter Systeme auch für die Kommunikation verwendet wird. Wir haben allerdings auf die Klassifikationsproblematik bereits zu Beginn dieses Kapitels hingewiesen und wollen jetzt spezielle Merkmale dieser Systemklasse, wie sie im Bereich des Software Engineering relevant sind, behandeln.

Die sehr vereinfachte Struktur Wissensbasierter Systeme zeigt die folgende Abbildung 192.

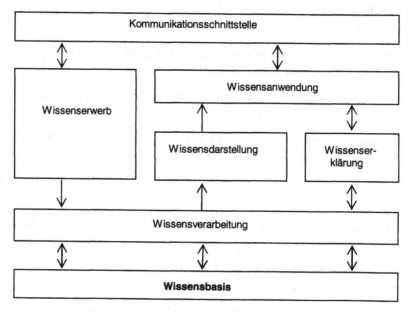

Abb. 192: Allgemeine Architektur Wissensbasierter Systeme

Je nach Art der einzelnen Komponenten können wir spezielle Systembeispiele ange-ben. Dem Wissenserwerb widmen sich vor allem lernende oder *adaptive Systeme* (*adaptive systems*). Ist dieser Wissenserwerb größtenteils rechnergestützt, so nennt am diese Form *Maschinelles Lernen* (*computational learning*). Ist die Wissensbasis aus den Erfahrungen so genannter Experten aufgebaut, so handelt es sich um *Expertensysteme* (*expert systems*). Ist der Anwendungsaspekt eine Unterstützung in einem Entscheidungsumfeld, wie beim Management, der Konstruktion oder Information, so liegen Beratungs- oder *Entscheidungshilfesysteme* (*advisor systems* oder *decision support systems*) vor. Basiert die Wissenserklärung auf so genannten neuronalen Netzen bzw. verwendet sie „unscharfe Mengen", so handelt es sich um *Neuro-Fuzzy*

Systeme (neuro fuzzy systems). Vollzieht sich schließlich die Kommunikation bzw. Inferenz in natürlichsprachlicher Form, so sprechen wir von **natürlichsprachlichen Systemen** *(natural language systems).* Die Abbildung 193 zeigt die Einstiegsseite zum Expertensystem *InVircible* zur Beratung über Virenscan-Programme (siehe „http://www.morgan-cybersys.com/").

Abb. 193: Home-Page für die Beratung zu Virusscan-Programmen

Die Abbildung 194 beschreibt die Einstiegsseite zu einem Tutorial für die Programmiersprache Prolog (siehe unter den Links zum Buch).

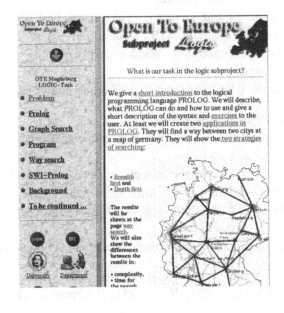

Abb. 194: Telelearning am Beispiel eines Prolog-Tutorials

Diese Anwendung fällt in das Gebiet des Telelearning, bei dem das Wissen in Form einer Anwendungsberatung und Beispielerläuterung vorliegt.

2.6.1 Software-technische Merkmale

An dieser Stelle sollen wieder wesentliche Merkmale angegeben werden, wie sie für Wissensbasierte und Entscheidungshilfesysteme typisch sind.

Funktionale Anforderungsmerkmale:
- Erschließung und Speicherung von Wissen,
- Wissensverarbeitung nach unterschiedlichen Technologien und Anwendungs-aspekten,
- Erklärungs- und Interpretationstechniken,
- Wissenssuche und -analyse,
- Wissensdarstellung für die unterschiedlichsten Kommunikationsanforderungen.

Qualitätsbezogene Anforderungsmerkmale:
- korrekte Umsetzung von aufgenommenen Fakten und Erklärungen in speicher-bares Wissen,
- effiziente Speicherung und Verwaltung von Wissensdatenbanken,
- Sicherung der Effizienz bei der Umsetzung logischer Anfragen in algorithmische Such- und Analyseprozesse.

Systembezogene Anforderungsmerkmale:
- *Programmiersprachen und –systeme:* Prolog, Lisp, Perl, Python, Kawa, HTML, XML, Clips, Authorware, Icon, RDF, DAML,
- *Betriebssysteme und Netze:* Unix, Windows, WWW,
- *Hardware:* Workstations, PC, Cray,
- *Technologie:* regel- oder Fallbasierte Speicherung und Informationssuche.

Prozessbezogene Anforderungsmerkmale:
- die Entwicklung erfolgt im Allgemeinen komponentenbezogen bzw. prototy-pisch,
- als Lebenszyklusform sind hierbei zumeist zyklische Formen vorherrschend,
- für die Systementwicklung werden zumeist formale Methoden in Form logischer Kalküle verwendet, die unmittelbar in Programmiersprachen, wie beispielsweise Prolog, umgesetzt werden können,
- die Aufwandsschätzung ist auch hierbei zumeist auf Analogieschlüsse reduziert.

Auf weitere Untersetzungen dieser Merkmale verweisen wir wiederum auf die Literatur, wie zum Beispiel [Debenham 98], [Görz 95], [Liebowitz 98], [Nilsson 98] und [Thuraisingham 02].

2.6.2 Spezifikations- und Entwurfstechniken

Wir wollen uns nun wieder ausgewählten Spezifikationstechniken zuwenden, die für die hier behandelte Systemklasse verwendet werden. Zunächst beschreiben wir die so genannten *Entscheidungstabellen (decision tables)*. Sie stellen eine zweckmäßige Darstellungsform für Entscheidungsprozesse dar und haben die in Tabelle 26 gezeigte allgemeine Form.

Tab.-Name	Regel$_1$	Regel$_2$	. . .	Regel$_m$
Bedingung$_1$	b_{11}	b_{12}	. . .	$b_{1,m}$
Bedingung$_2$	b_{21}	b_{22}	. . .	$b_{2,m}$
. . .			. . .	
Bedingung$_n$	$b_{n,1}$	$b_{n,2}$	. . .	$b_{n,m}$
Maßnahme$_1$	m_{11}	m_{12}	. . .	$m_{1,m}$
Maßnahme$_2$	m_{21}	m_{22}	. . .	$m_{2,m}$
. . .			. . .	
Maßnahme$_k$	$m_{k,1}$	$m_{k,2}$	. . .	$m_{k.m}$

Tab. 26: Allgemeine Form einer Entscheidungstabelle

Für die $b_{i,j}$ werden im Allgemeinen 'ja' und 'nein' eingesetzt (bzw. '-' für irrelevant) und für die $m_{i,j}$ 'x' für zutreffend und '-' sonst. Das in Tabelle 27 angegebene Beispiel klassifiziert die Lösungen eines quadratischen Polynoms der allgemeinen Form $Ax^2 + Bx + C = 0$ aufgrund der Koeffizienteneigenschaften. Dabei steht DISK für die Diskriminante als $B^2 - 4AC$.

Wir wollen einige grundlegende Eigenschaften von Entscheidungstabellen kurz definieren.

- Eine Entscheidungstabelle (ET) heißt *einfach*, wenn für die $b_{i,j}$ nur 'ja' und 'nein' bzw. 'J' und 'N' und für die $m_{i,j}$ nur 'x' und '-' zugelassen ist. Sonst heißt diese Form *erweiterte ET*.

- Die konkrete Belegung einer Regel heiße *Situation S* mit $S=(e_1, e_2, \ldots e_n)$ und $e_i \in \{'J','N'\}$. Dann sind zwei Entscheidungstabellen ET_1 und ET_2 genau dann *äquivalent*, wenn gilt $\forall S_i(ET_1(S_i) = ET_2(S_i))$.

- Ein ET heißt *formal vollständig*, wenn es zu jeder formal möglichen Situation S_j eine Regel R_k gibt, so dass gilt $\forall j \forall k(ET(S_j) = R_k)$.

- Eine Regel R_k heißt *redundant,* wenn bereits eine andere Regel R_j existiert, die denselben Maßnahmeteil besitzt. Eine Bedingung B_i heißt *redundant,* wenn gilt $\forall b_{i,j}$ ($b_{i,j} = '-'$).

QUADRPOLY	R_1	R_2	R_3	R_4	R_5
$A \neq 0$	J	J	N	N	N
$B \neq 0$	-	-	J	N	N
$C \neq 0$	-	-	-	J	N
DISK ≥ 0	J	N	-	-	-
Reelle Lösung	x	-	-	-	-
Komplexe Lösung	-	x	-	-	-
Lineare Lösung	-	-	x	-	-
Fehler	-	-	-	x	-
Beliebige Lösung	-	-	-	-	x

Tab. 27: Beispiel einer Entscheidungstabelle

Auf die weiteren Merkmale und Formen der Entscheidungstabellen, die auf der Theorie der Fragebogen beruhen, gehen wir hier nicht weiter ein und verweisen beispielsweise auf „www.psrg.lcs.mit.edu/~bvelez/".

Für Entscheidungstabellen existieren so genannte Vorübersetzer, die für die ET vor der Transformation in eine Programmiersprache eine Kontrolle und ggf. dabei auch eine Optimierung vornehmen.

Die nächste Darstellungsform widmet sich vor allem der Wissensdarstellung. Es sind die so genannten *semantischen Netze (semantical nets).* Die Grundidee besteht in der Klassifikation von Objekten als so genannte Stammbäume nach ihren gemeinsamen Eigenschaften. Dabei bedeutet eine volle Linie eine Spezialisierung (vgl. „Is-A") und eine gestrichelte Linie die Angabe einer Eigenschaft. Abbildung 195 zeigt ein einfaches Beispiel eines derartigen Netzes.

Auf dieser Basis kann dann das „Wissen" zur Klassifikation von Software-Lebens-zyklen in eine programmierbare Form umgesetzt werden (siehe auch [Bertolsheim 91]).

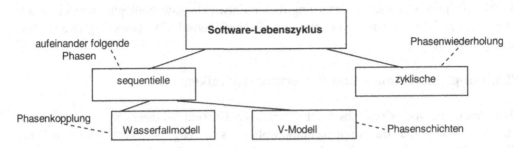

Abb. 195: Beispiel eines semantischen Netzes zu den Software-Lebenszyklen

Schließlich wollen wir uns noch kurz den so genannten ***Drehbuch-Diagrammen*** *(storyboard diagrams)* zuwenden, wie sie bei der Konstruktion hypermedialer Software-Systeme verwendet werden. Sie dienen bereits dem Entwurf derartiger Systeme. Die grundlegende Notation ist in Abbildung 196 angegeben.

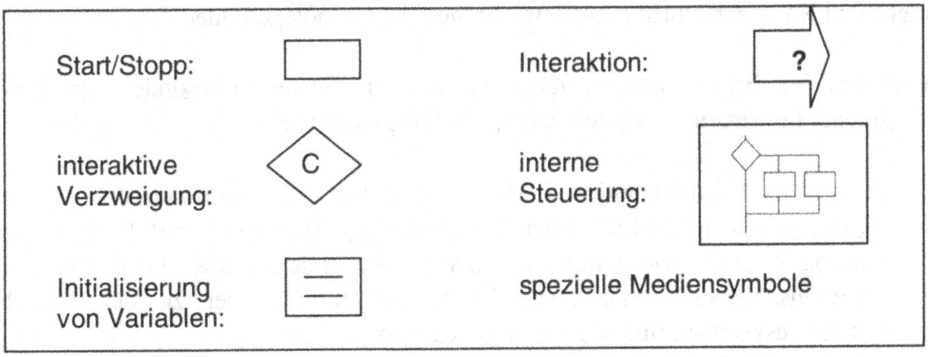

Abb. 196: Notation der Storyboard-Diagramme

Ein einfaches Beispiel eines derartigen Diagramms zeigt die Abbildung 197 (siehe auch „ei.cs.vt.edu/~mm/".

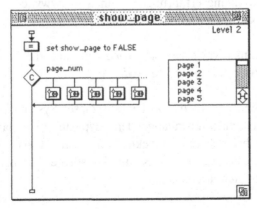

Abb. 197: Beispiel eines Storyboard-Diagramms

Hinsichtlich der weiteren Untersetzung dieser Entwicklungstechnologien verweisen wir wiederum auf die Literatur, wie beispielsweise auf [Fensel 03], [Görz 95], [Kerres 98] und [Schifman 99].

2.6.3 Implementations- und Bewertungstechniken

Wie bereits im vorherigen Abschnitt zu erkennen ist, sind bei dieser Systemart zumeist die Entwurfs- und die Implementationsphase sehr eng verknüpft. So wird bei Wissensbasierten Systemen im Allgemeinen die Spezifikation als unmittelbare Vorlage für die Umsetzung in ein Programm einer logischen Programmiersprache verwendet. Andererseits wird auch bei einigen Systemarten der hypermedialen Form ein generativer Ansatz verwendet.

Bezüglich der *Bewertung* dieser Systemklasse gibt es ebenfalls einen relativ geringen empirischen Hintergrund. Bei den Diagrammformen können als Kennzahlen wiederum Knoten- und Kantenanzahlen oder Bewertungen die Grundlage bilden.

Hinsichtlich der Erfahrungen bestehen auf diesem Gebiet insbesondere im WWW umfangreiche Informationsmöglichkeiten, wie beispielsweise

- zu den Communities der logischen Programmierung (unter „www.cwi.nl/rpjects/alp/" oder „www.logic-programming.org/"), dem Tele-learning (unter „icosym.nt.cvut.cz/tele/" oder „telelearning. dcccd.edu/"), den Expertensystemen (unter „www.kbs.twi.tudelft.nl/") oder zu den Entschei-dungshilfesystemen (unter „dssresources.com/"),

- zu den Tools unter „www.ghg.net/clips/", „www.intellix.com/" oder „multilogic.com/software/",

- zu den Anwendungserfahrungen unter „www.ccwi.com/content/expert_ systems.html" oder „www.anu.edu.au/shyster/".

Zur Aktualität der Links veweisen wir wiederum auf die Link-Liste zu unserem Lehrbuch unter *http://se.cs.uni-magdeburg.de.*

Um einen korrekten Eindruck auch vom Umfang dieser Systemklasse bzw. der mit der Entwicklung derartiger zusammenhängenden Aspekte zu erhalten, stellen wir in Abbildung 198 die behandelten Aspekte kurz dar. Dabei verwenden wir als zusammenfassende Abkürzung KI, was für künstliche Intelligenz steht und diese Systemklasse allgemein charakterisiert.

Software-Entwicklungsinfrastruktur

KI-CASE-Tools:	**KI-Messsysteme:**	**KI-Standards:**
* *zur Produktenwicklung*	* *zur Produktenwicklung*	zur Produktenwicklung
zur Prozessunterstützung	*zur Prozessunterstützung*	*zur Prozessunterstützung*
zur Ressourcenbereitstellung	*zur Ressourcenbereitstellung*	*zur Ressourcenbereitstellung*
* *zum Anwendungsbereich*	*zum Anwendungsbereich*	*zum Anwendungsbereich*

KI-Erfahrungen:

zur Produktenwicklung
zur Prozessunterstützung
zur Ressourcenbereitstellung
* *zum Anwendungsbereich*

KI-Community:

* *zur Produktenwicklung*
zur Prozessunterstützung
* *zur Ressourcenbereitstellung*
zum Anwendungsbereich

Abb. 198: Behandelte Aspekte Wissensbasierter Systeme

Damit wollen wir die Behandlung einzelner Aspekte der Entwicklung und Anwendung ausgewählter Software-Systeme abschließen und uns speziellen Entwicklungs-technologien im Rahmen des Software Engineering zuwenden.

Übungsaufgaben

166. Erläutern Sie die allgemeine Architektur Wissensbasierter Systeme an ausge-wählten Beispielen.

167. Geben Sie zu den jeweiligen allgemeinen Funktionsausprägungen Wissens-basierter Systeme die möglichen und notwendigen Qualitätsanforderungen an.

168. Stellen Sie für die Klassifizierung von Software-Systemen eine Entscheidungs-tabelle in einfacher und erweiterter Form auf.

169. Beschreiben Sie die CASE-Tool-Arten mittels eines semantischen Netzes.

170. Geben Sie Kennzahlen zur Bewertung von Storyboard-Diagrammen an und erläutern Sie die jeweils erforderlichen empirischen Erfahrungen für deren Anwendung bei der Entwicklung multimedialer, Wissensbasierter Systeme.

171. Formulieren Sie die Entwicklungsphasen von Telelearning-Systemen und geben Sie die gegebenenfalls notwendigen, kontrollierten Experimente zur Machbarkeitsanalyse an.

3 Spezielle Software-Technologien

Das folgende Kapitel widmet sich schließlich einigen Technologien zur Software-Entwicklung. Dabei wollen wir uns im Rahmen dieses Buches auf ausgewählte Formen und Methoden beschränken, die vor allem den gegenwärtigen Inhalt des Software Engineering mehr oder weniger stark prägen. Dazu zählt vor allem die *Objektorientierte Entwicklungsform* mit ihrer speziellen Ausprägung als *Komponentenbasierter Technologie*. Die hohe Flexibilität bis hin zur Eigenständigkeit von Software-Komponenten führt uns zur *Agentenbasierten Technologie,* die gegenwärtig zu den aktuellsten Software-Technologien zählt. Aufgrund der generellen starken Orientierung auf die Software-Wiederverwendung widmen wir uns dann den allgemeinen Formen und Methoden des *Software-Reengineering.*

Die insbesondere bereits bei den sicherheitskritischen Systemen angedeutete Anwendung formaler Methoden ist der Ausgangspunkt zur beispielhaften Darstellung dieser Technologie auf der Grundlage der *formalen Spezifikationssprache Z.*

Wir beschränken uns also auf einige Technologien und behandeln beispielsweise nicht solche Formen des Software Engineering, wie die Wissensbasierte, funktionale oder ergonomische Software-Entwicklung oder das Rapid Prototyping und das Extreme Programming. Dazu haben wir jedoch in den ersten beiden Kapiteln die Grundlagen angedeutet und verweisen auf die jeweilige Fachliteratur.

3.1 Objektorientierte Software-Entwicklung

3.1.1 Allgemeine Grundlagen

Von ihren ersten Anfängen kann die Objektorientierte Software-Entwicklung *(object-oriented software development)*, im weiteren kurz mit OOSE bezeichnet, auf bereits 30 Jahre Entwicklungszeit zurückblicken. Ähnlich wie bei der strukturierten Entwicklungsmethode waren auch hier die ersten Anfänge auf dem Gebiet der Programmierungstechnik zu finden. Wir wollen einige Gründe für die OOSE hier beispielhaft anführen.

- *Rationalisierung der Programmierung:* Die Grundidee bei Simula-67 bzw. beim Smalltalk-72 war einfach, neben der bis dahin gebräuchlichen Art der Programmabstraktion durch Datentypen und Makrotechnik eine verallgemeinerte und damit flexiblere Form der Prozedur- oder Funktionsdefinition zu finden. Somit konnte durch eine allgemeine (Klassen-) Definition ein Typ definiert werden, der in verschiedener Weise für ein und dieselbe Aufgabenklasse angewendet werden konnte. Die Besonderheit bestand vor allem darin, dass neben den Daten zu einer auf der Basis dieses Typs definierten Variable auch die jeweiligen Operationen verbunden bzw. eingekapselt wurden (siehe beispielsweise [Pratt 98]).

- ***Erfahrungen zum Software-Produkt:*** Eine Untersuchung zur Analyse der „stabilsten" Software-Systemelemente hatte ergeben (siehe [Coad 93]), dass sich in der Häufigkeit abnehmend im Verlauf der Systemwartung ändern

Änderungs-
häufigkeit

- die Schnittstellen zwischen den Systemkomponenten,

- die Funktionen bzw. Funktionsabläufe,

- die Datenbestände bzw. deren Strukturen,

- die Problembezogenen Objekte.

Das bedeutet, dass eine Entwicklungsmethodik die häufigsten Änderungen zu den Schnittstellen bzw. die relative stabilste Situation bei den verarbeiteten Objekten[41] berücksichtigen sollte.

- ***Erfahrungen zum Software-Prozess:*** Die bereits langjährigen Erfahrungen zu solchen Entwicklungsmethoden, wie der Strukturierten Analyse, hatten gezeigt, dass zwischen den jeweiligen Phasen und vor allem den dabei genutzten Darstellungsmitteln, wie Diagramme oder Charts, ein gewisser „Bruch" bestand. Das bedeutete beispielsweise, dass die Umsetzung der Datenflussdiagramme in das ERM oder die Structure Charts im Wesentlichen manuell[42] und damit subjektiv interpretierbar erfolgte. Abbildung 199 verdeutlicht diese Tatsache noch einmal visuell.

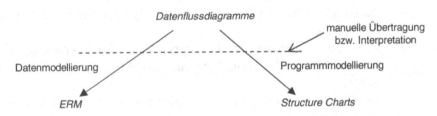

Abb. 199: Bruch beim Phasenübergang in der SA-Methode

---

[41] Eine genaue Definition eines Objektes nehmen wir später noch vor. Hier sei erst einmal nur das intuitive Verständnis vorausgesetzt.

[42] Die Tool-Unterstützung betrifft zumeist lediglich die Zeichnungsform und die jeweilige Erweiterung des Data Dictionary.

- **Anwendung mathematischer Kalküle:** Dabei wird zumeist die Theorie universeller Algebren zugrunde gelegt. Auf der Grundlage so genannter elementarer, abstrakter Datentypen *(ADTs)* werden komplexere Formen axiomatisch aufgebaut. Ein Beispiel eines derartigen Datentyps ist das *Bit*, welches allerdings die Existenz von *Boolean* mit den beiden Werten 'true' und 'false' voraussetzt (siehe zum Beispiel [Ehrig 99] oder [Fenton 93]).

	Bedeutung:
type Bit **is** Boolean	
opns	die so genannte Signatur der Operationen,
0,1: → Bit	0,1 ∈ Bit,
+ : Bit, Bit → Bit	zwei Bit ergeben mit '+' wieder ein Bit,
eq: Bit,Bit → Boolean	der Vergleich zweier Bits ergibt einen
	logischen Wert,
eqns	die wertebereichsdefinierenden Gleichungen,
0 + 1 = 1 + 0 = 1	duale Addition,
1 + 1 = 0 + 0 = 0	Achtung: kein Übertrag
0 eq 0 = 1 eq 1 = true	Vergleichswert
1 eq 0 = 0 eq 1 = false	
endtype	

Damit können beispielsweise axiomatisch aufgebaute Datenabstraktionen, wie

$$\text{Bit} \Rightarrow \text{Byte} \Rightarrow \text{String} \Rightarrow \text{Text} \Rightarrow \text{Dokumentation}$$

oder

$$\text{Listen} \Rightarrow \text{Bäume} \Rightarrow \text{Netze} \Rightarrow \text{Diagramme}$$

konstruiert werden und bilden ein hierarchisches, operationales System von Datentypen.

- **Lösung anstehender Probleme:** Einige Problembeispiele und deren mögliche Lösungsform sind bereits genannt. Hierbei wollen wir allerdings noch solche Probleme anführen (siehe z. B. [Naur 92]), wie

  - die erforderliche Flexibilität komplexer Systeme für deren Wartung und Anwendung,
  - die schnelle Umsetzung von Prototypen für die Spezifikation und der damit verbundenen Anforderungskontrolle in Abstimmung mit dem Auftraggeber,
  - die effizientere Nachnutzung vorhandener Systemlösungen bzw. von Code-Teilen überhaupt.

Diese und andere Probleme sind nach wie vor von aktueller Bedeutung bei der Software-Entwicklung und sind auch im Zusammenhang mit der Herausbildung der OOSE zumindest neu angegangen worden.

- ***Bezug zum Weltmodell:*** Nicht ganz wirkungslos ist natürlich der Vergleich zur realen Welt und die damit motivierte Tatsache, dass die Objektorientierte Entwicklung der eigenen Vorstellungswelt näher kommt. So werden beispielsweise häufig die in Abbildung 200 gezeigten Übersichten verwendet.

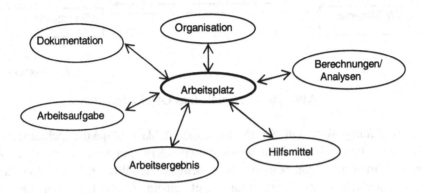

Abb. 200: Allgemeine Komponenten eines Arbeitsplatzes

Natürlich kann das bereits eine Vorlage für ein allgemeines Desktop-System darstellen. Allerdings ist diese Einteilung in mögliche, zu behandelnde Objekte für eine Produktivitäts- oder Personalübersicht völlig ungeeignet. Es sind ggf. Abstraktionen oder Projektionen erforderlich, um eine problemadäquate Darstellungsform zu erreichen.

Wir wollen uns im Folgenden den grundlegenden Techniken und Darstellungsmöglichkeiten zuwenden. Der Kern der Objektorientierten Software-Entwicklung ist natürlich das Objekt. Wir definieren daher wie folgt (siehe [Booch 99]).

> *Ein **Objekt** (object) ist eine konkrete Form einer Abstraktion aus dem Problembereich als eine Einheit (entity) mit Wohldefiniertem Geltungsbereich (boundary) und einer eindeutigen Identifikation, die ein spezielles Verhalten und Zustände beschreibt.*

Objekte haben also durch Daten beschriebene Zustände und verfügen ebenfalls über alle für den jeweiligen Problembereich notwendigen Operationen über diese Daten. Eine einfache Darstellung im so genannten ***Objektdiagramm***[43] *(object diagram)* zeigt das in Abbildung 201 angegebene Beispiel. Die Kurzbezeichnung vor dem Doppelpunkt im Objektkästchen ermöglicht eine einfachere Referenzierung. Der Pfeil zwischen den Objekten kennzeichnet eine ***Nachrichtenverbindung*** *(message connection)*. Die

---

[43] Im Abschnitt 2.4 haben wir diese Diagrammform bereits als Kollaborationsdiagramm kennengelernt.

Kennzeichnung mit einer Dezimalklassifizierenden Zahl und einem Doppelpunkt weist eine mögliche Sequenzierung oder Unterteilung aus.

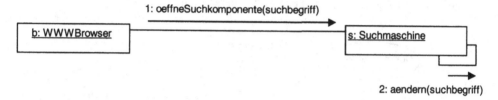

Abb. 201: Beispiel eines Objektdiagramms

Als Bezeichnungsweise gilt der Pseudostandard, dass Objektbezeichnungen groß und Nachrichten bzw. deren Parameterangaben klein geschrieben werden. Außerdem verwendet man im Allgemeinen zusammengesetzte Wörter oder Abkürzungen, die jeweils innerhalb einer Bezeichnung mit einem Großbuchstaben beginnen, also beispielsweise *GanzeZahl, LengthOfString* oder *oeffneFile*.

Ein weiterer, semantischer Aspekt des ***Objektverhaltens*** *(object behaviour)* liegt im Inhalt und den möglichen Formen der Nachrichtenverbindungen. Das Verhalten wird im Allgemeinen durch Zustandsbeschreibende ***Attribute*** *(attributes)* und diese Attribute verändernde ***Dienste*** *(services)* definiert. Eine Nachricht stellt somit den Aufruf eines Dienstes beim aufgerufenen Objekt dar. Bezogen auf die in Abbildung 206 dargestellten Objekte bedeutet das den in Abbildung 202 formulierten konkreten Objektinhalt.

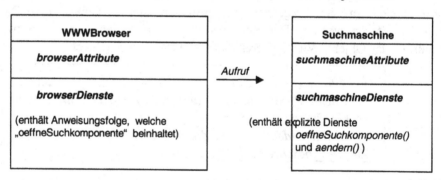

Abb. 202: Elemente der Verhaltensbeschreibung in Objekten

Während die Attribute in Form von Variablen definiert werden, bezeichnet man die Implementationsform der Dienste als ***Methoden*** *(methods)*. Die Attribute können dabei einfacher Art sein, wie beispielsweise ein Name, ein Berechnungs- oder Positionswert, oder aber komplex bzw. komposit sein, wie zum Beispiel eine Adressenangabe, ein Wertebereich oder eine umfangreiche Datenbasis. Von ähnlicher einfacher und komplexer Art können auch die Methoden eines Objektes sein.

Unterschiedliche Objekte in einem Software-System können auch gleichnamige Methoden besitzen. In diesem Fall sprechen wir von einer **Polymorphie**. Für den korrekten Aufruf der entsprechenden Methode bedeutet dies, dass der Nachrichtenname „qualifiziert" werden muss, d. h. er muss ggf. um den Namen des aufgerufenen Objektes erweitert werden (im Allgemeinen vorangestellt und durch einen Punkt vom Methodennamen getrennt).

Zum Verhalten von Objekten unterscheiden wir weiterhin die folgenden beiden Begriffe:

- Die **Rolle** *(role)* ist das Verhalten eines Objektes in einem speziellen Kontext. Das sind zum Beispiel alle Nachrichtenformen unseres WWW-Browsers in Abbildung 206 zur Öffnung einer oder mehrerer Suchmaschinen.

- Ein **Szenarium** *(scenario)* eine Sequenz von Aktionen zur Darstellung eines speziellen OO-Systemverhaltens. Diese Aktionsfolge ist im Allgemeinen eine Folge von (parametrisierten) Nachrichten.

Damit ein Objekt seine „Rolle spielen" bzw. im Rahmen der Funktionalität des Gesamtsystems wirken kann, müssen folgende Zusammenhänge beachtet werden:

- *kausal:* Ein Objekt ist zunächst zu erzeugen (zu „inkarnieren"), um eine Aufgabe realisieren zu können, wie beispielsweise „öffneSuchkomponente" im obigen Beispiel.

- *zeitlich:* Ein Objekt hat zu einem speziellen Zeitpunkt aktiv zu sein bzw. wenn es nicht mehr gebraucht wird, kann es „gelöscht" werden. Ein Objekt besitzt also eine so genannte **Lebenszeit** *(life-span* oder *lifeline[44]).*

Objekte, die permanent (beispielsweise in einer so genannten *Objektbank)* zur Verfügung stehen, heißen **persistente Objekte** *(persistence objects).* Von vornherein bereits nur für einen begrenzten Zeitraum „aktivierte" Objekte (zum Beispiel nur für die Programmlaufzeit) werden **transiente Objekte** *(transient objects)* genannt.

Daraus ergibt sich natürlich das Problem einer speichereffizienten Verwaltung der aktiven Objekte, die insbesondere eine „Bereinigung" nicht mehr benötigter Objekte vornimmt. Diese Technik wird **dynamische Speicherverwaltung** *(garbage collection)* genannt.

Für eine effiziente Implementation werden Objekte zu so genannten Klassen zusammengefasst. Wir definieren daher in folgender Weise.

---

[44] Eine derartige Lebenslinie für Objekte haben wir bereits als *Swimlane* bei den Sequenzdiagrammen kennen gelernt.

> *Eine **Klasse** (class) beschreibt eine Menge von Objekten, die die gleichen Attributsmerkmale, die gleichen Dienste und eine gleichartige Semantik haben.*

Abbildung 203 zeigt ein derartiges Beispiel einer Klasse mit den dazugehörigen Objektbeispielen. Für den Dienst „inhaltAnzeigen" sei hierbei eine Parameterangabe möglich, wie zum Beispiel als Buchseitenintervall.

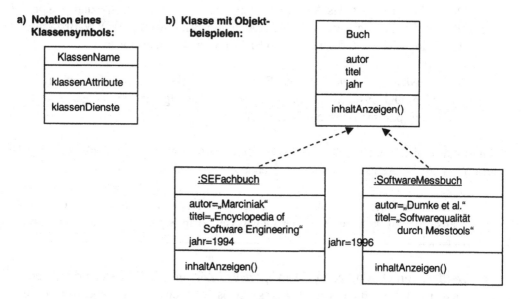

Abb. 203: Objektbeispiele zur Klasse *Buch*

Derartige konkrete Objekte einer Klasse werden auch ***Exemplare*** *(instances)* ge-nannt. Jedes Objekt enthält neben den explizit genannten stets Methoden, die zur Änderung der Attributinhalte dienen, wie das erstmalige Eintragen (Initialisieren), das Ändern oder das Überschreiben, soweit es nicht ausschließlich den Anwendungs-bezogenen Methoden vorbehalten ist.

Eine Klasse und damit auch die durch sie erzeugten Objekte sind natürlich in ihrem Inhalt vom konkreten Problembereich abhängig. Abbildung 204 zeigt unterschiedliche Ausprägungen der Klasse *Buch* im jeweiligen Kontext.

Die andere Form der Effizienz einer Klassendefinition für eine Menge von Objekten besteht darin, eine ***Vererbungshierarchie*** *(inheritance hierarchy)* zwischen den Klassen aufzubauen bzw. zu nutzen. Dabei kann diese Hierarchie zum einen aus inhaltlicher Sicht erfolgen (siehe Abbildung 205).

Buch als Literatur:

Buch
autor inhalt keywords
informieren

Buch als Verlagsobjekt:

Buch
autor titel preis exemplaranzahl absatz
absatzKumulieren

Buch als Wohneinrichtungsgegenstand:

Buch
groeße farbe gewicht
aesthetischerEindruck

Abb. 204: Verschiedene Ausprägungen der Klasse *Buch*

Abb. 205: Vererbungshierarchie nach dem semantischen Aspekt

Andererseits findet man in so genannten Klassenbibliotheken häufig die technologisch begründete Hierarchieform vor, wie beispielsweise Abbildung 206 für die ArithmeticValue-Klasse in *VisualWorks* andeutet (siehe [Hopkins 95]).

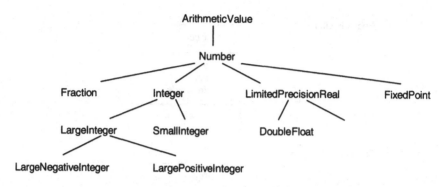

Abb. 206: Vererbungshierarchiebeispiel in Smalltalk

Die Vererbung selbst funktioniert nach dem bekannten Blockkonzept in Programmiersprachen. Die Attributs- und Methodendefinitionen gelten auch für alle unteren (Sub-) Klassen, soweit sie dort nicht spezifiziert bzw. überschrieben werden. Die Vererbungsdarstellung im so genannten *Klassendiagramm (class diagram)* (siehe [Booch 99]) zeigt Abbildung 207 mit den Beispielen einer einfachen *(simple inheritance)* und mehrfachen *(multiple inheritance)* Vererbungsform.

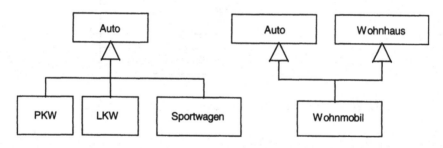

Abb. 207: Beispiele einfacher und mehrfacher Vererbung

Der Pfeil verweist also auf die Vererbungsquelle hin. Wir wollen die folgenden Beispiele generell in der Form des Klassendiagramms angeben.

Zunächst wollen wir aber noch die technologische Form der Zusammenfassung von Klassen wie folgt definieren.

> *Eine **Klassenbibliothek** (class library) ist die technologische Zusammenfassung (im Allgemeinen als Menge von Dateien unter einem speziellen Verzeichnis) einer Menge von Klassendefinitionen zu einem speziellen Problembereich.*

Auf Beispiele von Klassenbibliotheken gehen wir beim OOSE-Entwicklungsprozess noch ein.

Den Zusammenhang bzw. die *Assoziation* von Objekten können wir auch durch das Klassendiagramm ausdrücken. Ähnlich dem ERM (siehe Abschnitt 2.2) wird hierbei der Zusammenhang benannt und mit einer Richtungskennzeichnung versehen. Abbildung 208 zeigt ein Beispiel hierfür.

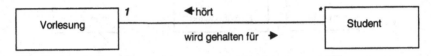

Abb. 208: Beispiel einer Assoziation von Objekten

Die Quantifizierung mit '1' und '*' bedeutet, dass hierbei *eine* Vorlesung *vielen* Studenten zugeordnet wird. Weitere Quantifizierungsangaben sind '0..1' für *keine oder eine* oder '1..*' für *eine oder mehrere*. Spezielle Assoziationsformen sind in Abbildung 209 dargestellt.

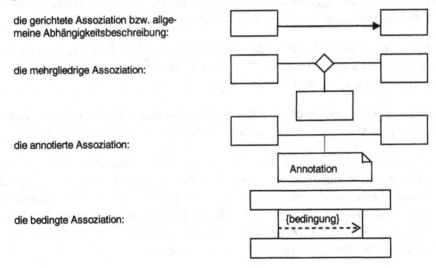

Abb. 209: Spezielle Formen der Assoziation von Objekten

Die Darstellung der Assoziation dient vor allem der Modellierung der Attributsformen hinsichtlich Typ und Wertebereich.

Eine andere Form der Beziehung zwischen Objekten, die wir wiederum verallgemeinert durch das Klassendiagramm beschreiben können, ist die *Aggregation*. Sie bringt zum

Ausdruck, dass ein spezielles Objekt aus Teilen besteht. Abbildung 210 zeigt die Symbolik und ein Beispiel für diese Strukturform.

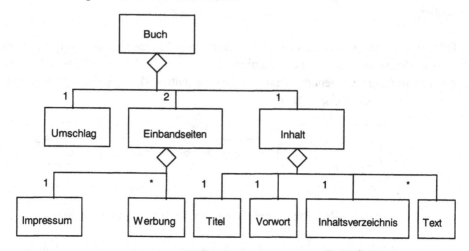

Abb. 210: Notation und Beispiel für die Aggregation von Objekten

Im Gegensatz zur Vererbungshierarchie werden von den übergeordneten bzw. Superklassen zu den aggregierten Klassen keine Eigenschaften vererbt. Die Superklassen stellen gewissermaßen Container für die Teile eines Ganzen dar.

Will man die Vollständigkeit oder Notwendigkeit der Teile zu einem Ganzen hervorheben, wird anstelle von ◇— das Symbol ◆— verwendet. Man nennt die so symbolisierte Form auch **Komposition.**

Im Folgenden wollen wir weitere Klassenarten und deren Symbolik (siehe Abbildung 211) im Rahmen von Klassendiagrammen für die Systemmodellierung angeben.

- *Abstrakte Klasse:* Diese Klassen dienen der Zusammenfassung von Klassen unter einem technologischen bzw. Modellierungsaspekt. Aus abstrakten Klassen können keine Objekte erzeugt werden. Die Klasse *Number* in Abbildung 211 ist eine derartige Klasse, da in Smalltalk Berechnungen nur in den konkreten Formen (als Bruch *(Fraction)* oder als Integer- oder Real-Zahl bzw. als Punktbeschreibung *(FixedPoint))* realisiert werden.

- *Metaklassen:* Die Exemplare von Metaklassen sind selbst Klassen. Sie stellen somit eine Verallgemeinerung der Klassendefinition dar und fassen Operationen über Klassen, wie beispielsweise das Kreieren eines neuen Objektes oder das Löschen desselben, zusammen.

- *Parametrisierte Klassen:* Hierbei wird – ähnlich der Makrotechnik – eine Parametrisierung der Klassenbeschreibung zugelassen, wie beispielsweise als so genannte **generische Klasse** *(generic class).* Eine Implementationsform derartiger Klassen ist zum Beispiel das so genannte *Template* in der Programmier-sprache C⁺⁺ (siehe [Robson 98]).

- *Hilfsklassen:* Diese Klassen erfüllen gewisse, problemunabhängige Hilfsfunk-tionen *(utilities)*, wie der Ausnahmeauslösung, der Nachrichtenanbindung oder der Anweisungsinterpretation.

- *Schnittstellenklassen:* Hierbei wird die Aufgabe der Klasse innerhalb der Architektur als Schnittstelle festgelegt und beschrieben. Damit können zu einer Klasse bzw. zu deren Objekten verschiedene Anwendungsformen definiert und somit auch notwendige Schnittstellenanpassungen dargestellt werden.

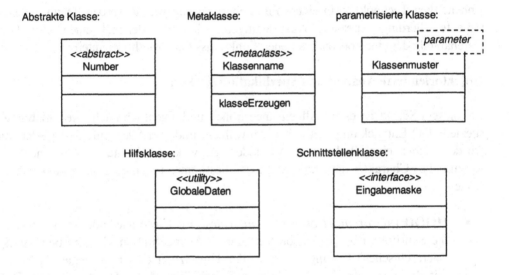

Abb. 211: Symbolik spezieller Klassenarten

Diese und weitere Klassenausprägungen hat man inzwischen unter dem Begriff *Stereotypen* zusammengefasst.

3.1.2 Der Objektorientierte Software-Entwicklungsprozess

Wir wollen uns jetzt der Methodik zuwenden, die der OOSE im Allgemeinen zugrunde liegt. Dazu betrachten wir die einzelnen Entwicklungsphasen in der bereits im ersten Kapitel dargestellten Form und deren Inhalte.

Problemdefinition und Anforderungsanalyse:

Bei diesen Phasen gelten für die OOSE die allgemeinen, bereits im ersten Kapitel behandelten grundlegenden Inhalte und Methoden. Eine besondere Ausprägung ergibt sich ggf. durch

- die speziellen systemspezifischen Gegebenheiten der vorhandenen Klassen-bibliotheken, der Trendbezogenen Sprachausrichtung und Methodenanwendung,

- die spezielle Eignung der OOSE insbesondere für Systemarten, die einen hohen (Objektbezogenen) Kommunikationsanteil oder eine besondere Rollenver-teilung von Verarbeitungsobjekten besitzt.

Bei den geeigneten Systemarten handelt es sich nach unserer Klassifikation also vorrangig um Kommunikations-, Interaktions- und Ereignisorientierte bzw. reaktive Systeme[45]. Auch für die anderen Systemarten kann die OOSE natürlich im Sinne einer einheitlichen Technologie in einem Firmenbereich angewandt werden. Dann haben die Objekte allerdings spezielle Ausprägungen, wie zum Beispiel einen sehr hohen Datenanteil oder einen besonders hohen Funktions- bzw. Methodenanteil.

Objektorientierte Analyse und Spezifikation (OOA):

Bei diesem Schritt ist es im Allgemeinen üblich und eigentlich auch zweckmäßig, eine spezielle OO-Entwicklungsmethode auszuwählen. Ende der 80er Anfang der 90er Jahre wurden dabei eine Reihe von Methoden entwickelt, die auch heute noch den wesentlichen Charakter derartiger Methoden bestimmen und die wir ganz kurz erläutern wollen.

- **HOOD** *(hierarchical object-oriented design)*: Diese Methode unterteilt sich in die Schritte (siehe [Robinson 92]) der Problemdefinition, der Erarbeitung einer (hierarchischen) Lösungsstrategie, der Umsetzung dieser Strategie als Entwurf mit den dazugehörigen Objekten und schließlich deren Implementation. Damit soll die Problemsicht gewahrt bleiben und nicht durch die ausschließliche Sicht auf die Objekte verdeckt werden. Die HOOD-Methode schließt die Definition und Verarbeitung von *Constraints* mit ein und eignet sich speziell auch für die Entwicklungsunterstützung für Echtzeitsysteme (zur heutigen Methodenausprä-gung siehe auch „www.mthoodsoftware.com/", „perso.wanado.fr/adalog/handbook.htm" oder „computers.software-directory.com/").

- **OMT** *(object modeling technique)*: Diese Methode erweitert notationell die Strukturierte Analyse (siehe [Rumbaugh 93]) um das Objektmodell und das dynamische Modell. Es gilt also noch als „Einstieg" in die Systementwicklung

---

[45] Man muss an dieser Stelle beachten, dass die frühere Einteilung in ausschließlich funktions- und datenorientierte Systeme seine Ursache vor allem in den zur Verfügung stehenden Implementationsmitteln hatte. Die Vorstellung, dass Bankensysteme ausschließlich datenorientiert und mathematische Gleichungssystemberechnungen nur funktionsorientiert sind, ist also unter den Möglichkeiten der OOSE neu zu überdenken und ggf. zu korrigieren.

das Datenflussdiagramm. Die Relationsformen des ERM wurden auf die Objekt- bzw. Klassensymbole übertragen. Damit wird die Möglichkeit der Ableitung relationaler Datenbankmodelle beibehalten. Zur aktuellen Entwicklung dieser Methode, wie zum Beispiel als OMT2, siehe beispielsweise unter „www.omt.de/", „www.cs.siu.edu/" oder „www.omtassociates.com/".

- **OOA/OOD/OOP** *(object-oriented analysis, design and programming):* Die Abkürzung für diese Methode lautet auch einfach OOA (siehe [Coad 93]). Sie zeichnet sich durch eine strenge Neuausrichtung sowohl in notioneller als auch methodischer Hinsicht für die OOSE aus. Das gilt insbesondere für eine klare Einteilung von Entwicklungsschritten für die Analyse (hinsichtlich des Klassenmodells) und für den Entwurf (bezüglich der Daten-, Task- und Nutzer- schnittstellenmodellierung). Für die Implementation wurde ein inkrementeller Ansatz vorgeschlagen. Zur aktuellen Situation der Methodenentwicklung und Tool-Unterstützung zu OOA siehe zum Beispiel unter „www.wwweb.org/", „www.awsom.com/" oder „www.togetherj.com/".

- **OOD** *(object-oriented design):* Diese Methode enthält unter anderem eine klare Vorgehensweise für die Identifikation von Objekten bzw. Klassen und wendet dabei die Erfahrungen zur Modularisierung an [Booch 91]. Bei der Klassendarstellung werden hierbei die verschiedenen Verarbeitungsstufen (entwickelt, kodiert, gestestet) in der Symbolik explizit verdeutlicht. Im Web finden sich Methodenbeschreibungen und Tool-Unterstützungsformen unter „www.cyberdyne-object-sys.com/" oder „www.cs.purdue.edu/".

- **OOSA** *(object-oriented software analysis):* Diese Methode kann als eine der ersten Publikationen zum OOSE angesehen werden (siehe [Shlaer 96] als deutsche Ausgabe, englisch bereits 1988). Allerdings beruht die Methode auf dem ERM und erweitert es lediglich um die Charakterisierung eines Entity als Objekt. Dabei ist die für die OOSE typische Klassenbildung mit dem Vererbungsmechanismus ursprünglich nicht integriert. Zum aktuellen Inhalt dieser Methode siehe beispielsweise unter „www.sea.uni-linz.ac.at/".

- **OOSE** *(object-oriented software engineering):* Die Abkürzung dieser Methode entspricht unserem Kürzel für die allgemeine OO-Software-Entwicklung. Die Besonderheit dieser Methode liegt in der neuen Form des Einstiegs in die Systementwicklung mit den bereits in diesem Buch (Abschnitt 1.3) dargestellten Use-Case-Diagramm (siehe [Jacobson 92]) und der besonderen Verhaltens- beschreibung von Objekten mittels Interaktions- oder Sequenzdiagrammen (siehe Abschnitt 2.5). Damit eignet sich diese Methode vor allem zur Entwicklung von Kommunikationssystemen. Zur Methodenentwicklung und -anwendung siehe zum Beispiel unter „dec.bmth.ac.uk/" oder „www.davison.net/".

- **RDD** *(responsibility-driven design):* Bei dieser Methode werden speziell die gegenseitigen Beziehungen von Objekten als „Verantwortlichkeiten" und die darauf aufbauende Kooperation von Anfang an über so genannte Klassenkarten *(CRC)* modelliert (siehe [Wirfs-Brock 93]). Außerdem werden bei der Beschreibung von RDD als einzige Methode Hinweise zur Quantität der Modellelemente und deren mögliche Auswirkungen auf die Systemqualität gegeben. Zum aktuellen Stand dieser Methode siehe zum Beispiel unter „www.excelsoftware.com/crc.html".

Die hier genannten Methoden nennt man auch OOSE-Methoden *erster Generation* (siehe [Noack 99]). Mit den Weiterentwicklungen über eine so genannte zweite Generation, wie OMT2, Booch96, Fusion94 usw., spricht man heute von der dritten Generation zu der auch die im vierten Kapitel dieses Buches dargestellte UML-basierte Methode gehört. Abbildung 212 zeigt die in [Noack 99] vorhandene Methodenübersicht in einer verkürzten, nicht weiter erläuterten Form.

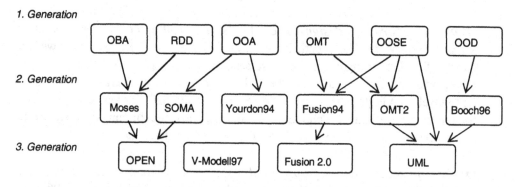

Abb. 212: Generationsbeispiele für OOSE-Methoden

Bei der OOSE unterscheidet man den *Objektbasierten Ansatz (object-based approach),* bei dem die Klassenbildung bereits in der Spezifikationsphase erfolgt und dann eine „Angleichung" an vorhandene Klassenbibliotheken in der Entwurfsphase vorgenommen wird. Beispiele hierfür sind die Entwicklungsmethoden HOOD, OOSE, RDD, OOA.

Eine andere Form ist der *Objektorientierter Ansatz (object-oriented approach),* bei dem zunächst ein allgemeiner Modellierungsansatz verwendet wird und dann – in der Entwurfsphase – die Klassenstruktur entwickelt und mit vorhandenen Klassenbibliotheken abgeglichen wird. Dabei kann möglicherweise eine Mischung aus OO-Programmen und anderen Programmierparadigmen auftreten. Beispielmethoden hierfür sind OMT, OOD und OOSA.

Wir wollen uns jetzt der Objekt- bzw. Klassendefinition in der Spezifikationsphase zuwenden. Dazu geben wir drei allgemeine Prinzipien an und erläutern ihre Anwendung an einem Beispiel. Der *Coad-Yourdon-Ansatz* (siehe [Coad 93]) beinhaltet unter Anderem folgende Schritte zur Identifikation von Objekten bzw. in ihrer Verallgemeinerung als Klassen:

- das *„I'm alive-Prinzip"*: als Personifizierung des Objektes und der damit möglichen Ableitung der Attribute und Dienste durch eine Art Ich-Form,
- das *„-er-er-Prinzip"*: welches besagt, dass im Allgemeinen mit 'er' endende (englische) Wörter keine Objekte darstellen; im gewissen Sinne ist das auch ins Deutsche übertragbar,
- das *„what's the same, what's different-Prinzip"*: als zweckmäßige Definition von Klassen durch den sinnvollen Abgleich zwischen einer technologischen und inhaltlichen Ausrichtung.

Der *Booch-Ansatz* [Booch 91] besitzt die Allgemeinen Grundschritte zur Bestimmung der Objekte in Form:

- der *Kategorisierung*: als Strukturierung der in der Problemdefinition genannten Begriffe und Bezeichnungen,
- der *Clusterung*: als Merkmalsbezogene Gruppierung der kategorisierten Begriffe,
- dem *Prototyping*: hier als Definition vorläufiger Objekte bzw. Klassen, die im Spezifikationsprozess verfeinert bzw. geändert werden können.

Der *Yourdon-Ansatz* [Yourdon 96a] basiert auf der so genannten Begriffsanalyse und unterteilt sich in die folgenden Schritte:

- *Auflistung* aller in der Problemdefinition enthaltenen Begriffe,
- *Streichung* der Operations- bzw. Eigenschaftsbeschreibungen,
- *Transformation* der verbleibenden Begriffe in eine Objektbeschreibende Form.

Wir wollen diese Prinzipien auf das in [Coad 93] enthaltene Zähler-Beispiel anwenden. Die Problemdefinition lautet dabei einfach:

Lieber Systementwickler!
Ich liebe es zu zählen. Bitte entwickeln Sie mir ein System, welches mir zu zählen hilft. Ich wünsche zu Inkrementieren und zu Dekrementieren. Ich möchte eine Menge Dinge in verschiedenen Zahlensystemen zählen. Bisher habe ich einen Zähler aus roter Plastik verwendet. Darauf habe ich einen Inkrement-Knopf, einen Dekrement-Knopf und, ach ja, einen Reset-Knopf.

Beste Grüße!
Der Auftraggeber

Wir wollen zunächst die in der Problemdefinition enthaltenen Begriffe auflisten. Es sind dies:

Systementwickler, System, Inkrementieren, Dekrementieren, Menge Dinge, Zähler, rote Plastik, Inkrement-Knopf, Dekrement-Knopf, Reset-Knopf, Grüße, Auftraggeber, verschiedene Zahlensysteme.

Im nächsten Schritt kategorisieren wir diese Begriffe in der folgenden Form:

*   Problemdefinitionskontext: *Systementwickler, Auftraggeber, Grüße,*
*   Systembeschreibung: *System, Zähler, Menge Dinge, rote Plastik,*
*   Systemeigenschaften: *Inkrementieren, Dekrementieren, Inkrement-Knopf, Dekrement-Knopf, Reset-Knopf, verschiedene Zahlensysteme.*

Aus der Systembeschreibung leiten wir nun die potentiellen Objekte unseres Systems ab, und zwar als

Zähler, welche eine Menge Dinge in verschiedenen Zahlensystemen zählen und zuvor aus roter Plastik waren.

Nach dem Klassifizieren konstatieren wir hierbei also nur eine Objektmenge, und zwar einen *Zähler für verschiedene Zahlensysteme*. Nach dem *er-er-Prinzip* ist das allerdings *kein* Objekt, sondern wir erhalten die bereits als Klasse formulierte Form des Objektes in Abbildung 213, deren Exemplare das Zählen der in der Problemdefinition genannten Art und Weise realisieren.

```
┌─────────────────────────────┐
│           Zahl              │
├─────────────────────────────┤
│  zählWert                   │
│  anfangsWert                │
├─────────────────────────────┤
│  anfangswertSetzen          │
│  inkrementieren             │
│  dekrementieren             │
│  zahlensystemDarstellen     │
└─────────────────────────────┘
```

Abb. 213: Klassenbeispiel *Zahl*

Das Ergebnis der OOA kann also bereits eine Klassenhierarchie sein, die allerdings ausschließlich den Problembereich beschreibt, also *was* das zu entwickelnde System leisten soll.

Zur Rationalisierung der OOA kann man sich vorstellen, gleichartige Objekt- oder Klassenmodelle *wieder zu verwenden*. Eine spezielle Form dieser Wiederverwendung sind beispielsweise die **Analysemuster** *(Analysis Patterns)* (siehe [Fowler 97] oder auch [Ambler 99]). Die Symbolik dieser Objektmodellmuster besteht im Allgemeinen aus so genannten **Typendiagrammen** *(type diagrams)* und im speziellen aus Verhaltensbeschreibungen durch Sequenz-, Zustands- oder Aktivitätsdiagramme. Die Typdiagramme haben die in Abbildung 214 angegebene Notation.

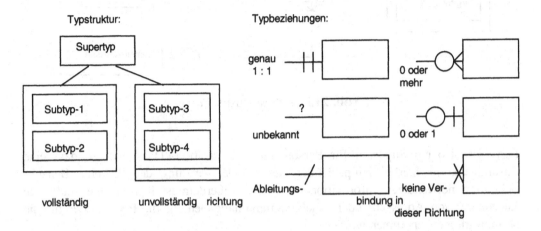

Abb.: 214: Notation eines Typendiagramms

Die Besonderheiten dieser Diagrammform im Gegensatz zum Klassendiagramm ergeben sich aus der folgenden Situation in der Spezifikationsphase:

- die Klasse bzw. der konkrete Typ eines Objektes ist zu diesem Zeitpunkt teilweise noch nicht bekannt, d. h. ein Objekt ist hier noch durch mehrere Klassen implementierbar,

- die Typunterteilung kann ggf. noch nicht vollständig erfolgen,

- die Art der Assoziation ist noch unbekannt und wird erst zu einem späteren Entwicklungszeitpunkt festgelegt.

In [Fowler 97] sind 75 Analysemuster vorgestellt, von denen wir hier drei angeben und erläutern wollen[46]. Das erste Analysemuster sei die **Party**, welches hier für eine Zusammenkunft oder Verabredung steht. Die in Abbildung 215 angegebene Struktur beschreibt die dabei involvierten Komponenten und deren Beziehungen.

---

[46] Zu den Beispielen siehe die Anwendungsbeschreibungen unter „www.sm.ic.ac.uk/medicine/cpm/".

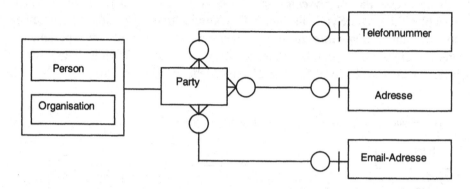

Abb. 215: Analysemuster *Party*

Party ist also ein Supertyp für Person und Organisation. Das bedeutet, dass eine Zusammenkunft hierbei hauptsächlich auf die Verwendung der für eine Benachrichtigung notwendigen Informationen basiert. Außerdem ist hierbei eine eindeutige Zuordnung von Adressen- oder Telefonnummernangaben für die Person oder für die Organisation angenommen worden.

Das zweite einfache Beispiel ist **Conversion Ratio** und verallgemeinert die Spezifikation einer Umrechnung von Größen mit unterschiedlichen Maßeinheiten. Abbildung 216 zeigt die besonders einfache Form dieses Analysemusters. Dabei sind die beiden Maßeinheiten auch als Typ zu unterscheiden.

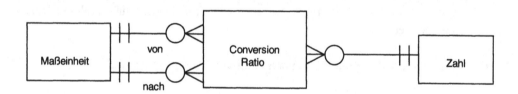

Abb. 216: Analysemuster *Conversion Ratio*

Das dritte Beispiel zeigt uns schließlich die Bereitstellung von Ressourcen als das Analysemuster **Resource Allocation.** Abbildung 217 zeigt uns die dabei beteiligten Komponenten bzw. Typen.

Dabei wird die Bestellung von Ressourcen durch angebotene Aktionen vom Verbrauch der Ressourcen durch realisierte Aktionen unterschieden.

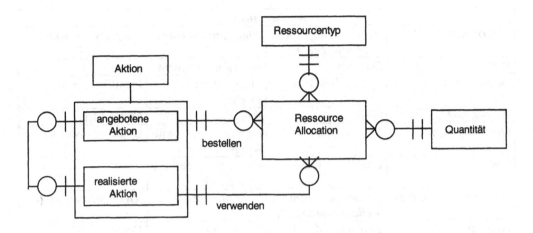

Abb. 217: Analysemuster *Resource Allocation*

Die Tabelle 28 gibt uns eine Übersicht über ausgewählte Analysemuster, auf deren Inhalt wir allerdings hier nicht näher eingehen. Sie sollen einen allgemeinen Eindruck über die thematische Ausrichtung geben. Die in Klammern gesetzte Zahl bedeutet die für das jeweilige Thema insgesamt vorhandenen Analysemuster. Dabei ist eine deutliche Orientierung auf die Unterstützung der Spezifikation der firmenspezifischen Informationssysteme zu erkennen.

Der hierbei verfolgte Ansatz soll vor allem Anregung für die eigene Entwicklung und Ableitung derartiger Muster zur effizienteren Entwicklung von Software-Systemen verschiedenster Anwendungsklassen geben.

Damit haben wir in der Hauptsache strukturelle Modellierungsformen bei der Spezifikation im Rahmen der OOA behandelt. Für die OOSE sind jedoch operationelle Modellierungsformen, wie die *Simulation* oder gar Animation nicht nur möglich sondern vor allem auch sinnvoll. Besonders geeignet sind dafür die bereits bei der OOA ggf. aufgestellten Kollaborationsdiagramme für die zu verarbeitenden Objekte. Die Simulation kann so die korrekten und beabsichtigten Rollen der jeweiligen Objekte schrittweise nachprüfen und sichtbar machen. Wir gehen auf diese Möglichkeit im Rahmen der CASE-Tool-Unterstützung im Kapitel 4 noch einmal näher ein.

Die im Rahmen der OOA zu formulierenden *Testfälle* für den Funktionstest unterscheiden sich grundsätzlich nicht von den Testdaten anderer Entwicklungsformen, wohl aber die Testmethodik bei der Implementation.

Auch für die in dieser OOSE-Phase zu realisierende erste Fassung der *Anwenderdokumentation* bestehen keine spezifischen Besonderheiten.

Analysemuster			
Organisation (9)	*Beobachtungen und Messungen(12)*	*Finanzmanagement (5)*	*Objektverarbeitung (4)*
Party	Quantity	Enterprise Segment	Name
Organization Structure	Conversion Ration	Measurement Protocol	Identification Scheme
Accountability	Observation	Range	Object Merge
Operating Scope	Measurement	Phenomenon with Range	Object Equivalence
Post	Dual Time Record	Using the Resulting Framework	
Inventarisierung (15)	*Organisationsmo-dellanwendung (9)*	*Planung (7)*	*Geschäftsbereich (4)*
Account	Structural Models	Suspension	Contract
Transaction	Setting Up Calls	Plan	Portfolio
Posting Rules	Charging of Time	Protocol	Quote
Choosing Entries	Caculating the Tax	Resource Allocation	Scenario
Accounting Practice	Concluding Thoughts	Outcome and Start Functions	
Geschäftsabschlüsse (5)		*Geschäftsstrukturierung (4)*	
Forward Contracts	Product	Multiple Access Level	Subtyping Packages
Subtype State Machine	Options	Mutual Visibility	Concluding Thoughts
Hilfsmuster			
Systemarchitektur (5)	*Anwendungsschnitt-stelle (6)*	*Typmodellmuster für den Entwurf (7)*	*Beziehungsmuster (3)*
Two-Tier Architecture	Contents of Facade	Implementing Associations	Associative Type
Concluding Thoughts	Common Methods	Object Creation	Keyed Mapping
Database Interaction	Operations	Entry Point	Historic Mapping
Presentation and Application Logic	Type Conversions	Implementing Constraints	

Tab. 28: Übersicht zu ausgewählten Analysemustern

Objektorientierter Entwurf (OOD):

Beim Entwurf sind nun vor allem die systemspezifischen Anforderungen zur Plattform und der vorgegebenen Programmiersprache umzusetzen. Dabei ist die ggf. in der OOA-Phase hergeleitete Klassenhierarchie mit den vorhandenen, bereits implementierten Klassenhierarchien *abzugleichen*. Diese Hierarchien liegen den anzuwendenden Klassenbibliotheken zugrunde. Dabei gilt es, eine möglichst hohe Wiederverwendung zu erreichen. Der eigentliche Vorteil der OOSE besteht eben in der dabei möglichen

Wiederverwendung *(software reuse)* vorhandener, implemen-tierter Klassen. Wir unterscheiden dabei die folgenden Wiederverwendungsarten[47]:

- ***externe:*** die Verwendung extern implementierter Klassen bzw. einzelner Methoden dieser Klassen,

- ***interne:*** die Verwendung von gleichartigem Code innerhalb einer Klasse bzw. innerhalb der für die jeweilige Anwendung selbst implementierten Klassen,

- ***modifizierte:*** die durch Änderungen der Attribute oder Methoden übernommene Klassen,

- ***parametrisierte:*** die spezielle Nutzung von Klassen, die als so genannte Templates bzw. Makros bereits verallgemeinert definiert wurden,

- ***geerbte:*** die durch den Vererbungsmechanismus der Klassenhierarchien initiierte Wiederverwendung.

Neben diesen Elementbezogenen Wiederverwendungsformen entstand die Frage nach komplexeren Formen, die beispielsweise ganze *Architekturteile* umfassen. Die Grundformen dafür sind in Abbildung 218 dargestellt.

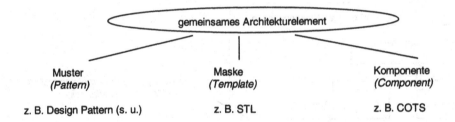

Abb. 218: Beispiele für Wiederverwendungskomponenten

Das ursprüngliche bzw. hauptsächliche Wiederverwendungsgebiet beim OOSE ist vor allem das so genannte GUI *(graphical user interface),* also die Erzeugung von Nutzeroberflächen als „Kernstück" von Prototypen. Damit ist es möglich, relativ kurzfristig mit dem Nutzer den Lösungsansatz zu diskutieren (siehe Abschnitt 1.3 zur partizipatorischen Software-Entwicklung).

Das bedeutet allerdings auch, dass der Entwurf genau den jeweiligen Klassen der verwendeten OO-Programmiersprache oder dem -system für die beabsichtigte

---

[47] Auf die Wiederverwendung gehen wir im Abschnitt 3.3 zum Reengineering noch einmal gesondert ein. Hier widmen wir uns nur den für die OOSE relevanten Aspekten.

Wiederverwendung entspricht. Betrachten wir noch einmal unser oben genanntes Zählerbeispiel beim OOA. Die Aufgabe besteht nun darin, einen Implementationsvorschlag als Entwurf der Nutzerschnittstelle vorzunehmen. Abbildung 219 deutet diese Aufgabe mit einem Layout-Vorschlag an.

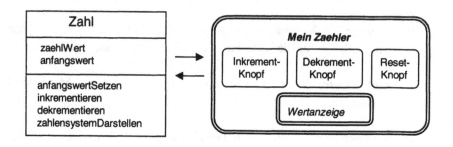

Abb. 219: Zählerbeispiel mit Klasse *Zahl* und Nutzer-Layout

Für das Programmiersystem ***Smalltalk*** bedeutet das beispielsweise eine Übertragung dieses Layouts auf die in Abbildung 220 gezeigte Klassenstruktur (siehe speziell [Coad 93]).

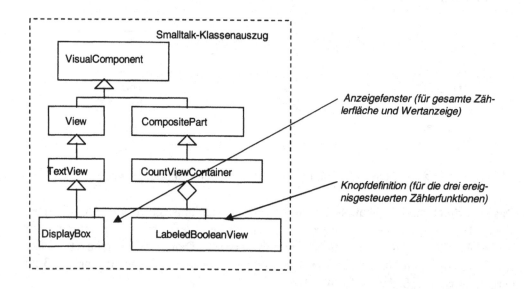

Abb. 220: Layout-Struktur für das Zählerbeispiel im Smalltalk

In ***Java*** lautet diese Aufgabe beim Entwurf des Zählerbeispiels gemäß der in Abbildung 221 dargestellten Anwendungsweise (siehe auch [Chan 98]).

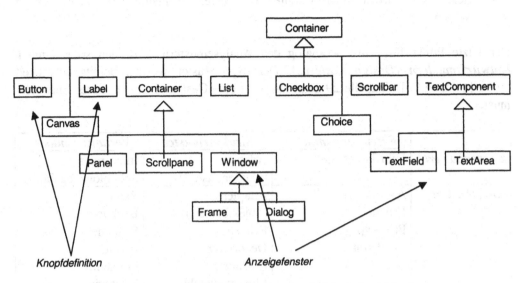

Abb. 221: Layout-Umsetzung für das Zählerbeispiel in Java

Es besteht also bereits beim OOD die Notwendigkeit, sich mit den vorhandenen Klassenbibliotheken vertraut zu machen bzw. gewisse Vorkenntnisse von den OO-Programmiersystemen bzw. -sprachen zu besitzen. Eine grobe Übersicht zu einigen OO-Sprachen mit der Angabe einiger Zusammenhänge vermittelt die Abbildung 222.

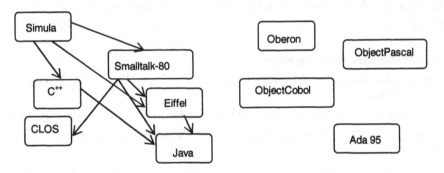

Abb. 222: Übersicht zu ausgewählten OO-Programmiersprachen

Für einen effizienten Abgleich insbesondere des GUI-Entwurfs mit den vorhandenen Klassenbibliotheken gelten die folgenden, allgemeinen Regeln:

- die Klassenbezeichnungen sollten von vornherein englisch formuliert werden,
- die zweckmäßige Verwendung der vorhandenen Klassen setzt bereits Anwendungskenntnisse der OO-Programmiersprache voraus,
- die Problemanforderungen sollten im Sinne einer inkrementellen Entwicklung schrittweise spezifiziert, entworfen und implementiert werden,

- gleichartige Entwurfsformen sollten als Muster verallgemeinert und gesammelt werden.

Der letzte Punkt führt uns – analog den Analysemustern – zu den so genannten *Entwurfsmustern (Design Patterns)*. Derartige Muster wurden bereits entwickelt (siehe [Gamma 96]). Tabelle 29 zeigt zunächst eine Gesamtübersicht dieser Entwurfsmuster.

	Erzeugungsmuster	*Strukturmuster*	*Verhaltensmuster*
klassenbasiert	Fabrikmethode	Adapter (klassenbasiert)	Interpreter Schablonenmethode
objektbasiert	Abstrakte Fabrik Erbauer Prototyp Singleton	Adapter (objektbasiert) Brücke Dekorierer Fassade Fliegengewicht Kompositum Proxy	Befehl Beobachter Besucher Iterator Memento Strategie Vermittler Zustand Zuständigkeitskette

Tab. 29: Entwurfsmuster von Gamma et al.

Im Allgemeinen gilt für Entwurfsmuster eine klare Dokumentationsvorgabe, die sich unterteilt in

- die Angabe des *Musternamens,*
- die Beschreibung des *Problem-* bzw. *Geltungsbereichs* für die Anwendung des Entwurfsmusters,
- die Angabe der *Architektur* bzw. *Struktur* in Form eines Klassendiagramms,
- eine *Bewertung* der möglichen qualitativen Auswirkungen auf das Gesamtsystem.

Im Folgenden wollen wir einige Beispiele von Entwurfsmustern kurz erläutern (siehe [Gamma 96], S. 87 ff. bzw. unter „www.netobejctives.com/", „www.hillside.net/patterns/tools/" oder „www.cs.wustl.edu/~schmidt/patterns-info.html").

- *Fabrikmethode (factory method):* Sie dient dazu, den Unterklassen die Erzeugung der Objekte zu überlassen bzw. zu ermöglichen und wird daher auch als *virtueller Konstruktur* bezeichnet. Die Architektur ist in Abbildung 223 angegeben. Ein konkretes Beispiel für die Anwendung dieses Musters ist die Erzeugung von speziell gefärbten Figuren durch die entsprechende Unterklasse zur Superklasse *GrafikElement*. Vorteilhaft bei diesem Muster ist die dadurch erreichte höhere Flexibilität. Nachteilig kann sich diese Strukturerweiterung auf die Systemwartung auswirken.

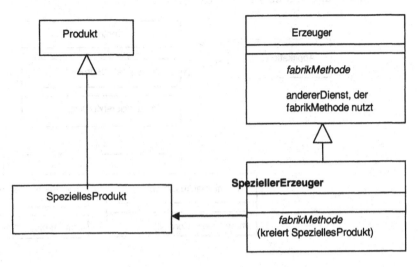

Abb. 223: Beispiel für das Entwurfsmuster *Fabrikmethode*

- *Adapter (adapter):* Dieses Muster realisiert eine Anpassung der Schnittstelle einer Klasse an die einer Applikation, als so genannten *Wrapper.* Sie eignet sich insbesondere zur Lösung von Kompatibilitätsproblemen. Die allgemeine Architektur ist in Abbildung 224 angegeben.

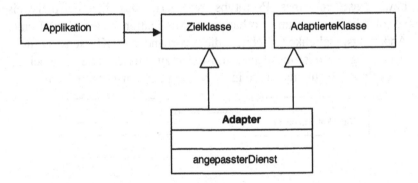

Abb. 224: Allgemeine Architektur eines *Adapter-Musters*

Die Vorteile dieser Musterart sind offensichtlich. Allerdings kann sich je nach Ausmaß der Adaptionen über einen längeren Zeitraum hinweg die Struktur unnötig verkomplizieren.

- *Interpreter (interpreter):* Der Interpreter definiert die Möglichkeit, eine spezielle, formale (Teil-) Sprache - im Sinne einer speziellen Fachsprache – zu prüfen und umzusetzen. Den Kern derartiger Fachsprachen bilden im Allgemeinen auszuführende Ausdrücke. Die Architektur eines *Interpreters* hat daher die in Abbildung 225 angegebene Struktur.

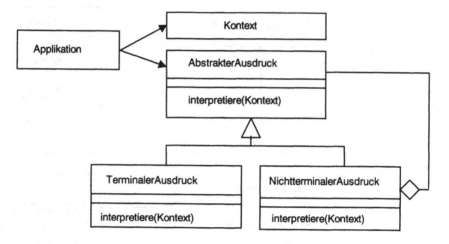

Abb. 225: Architektur des *Interpreter-Musters*

Neben den Vorteilen besteht hierbei das Problem, dass je Ausdruck eine Klasse definiert wird und so bei umfangreicheren Fachsprachen eine schwer handhabbare Struktur entstehen kann.

- **Prototyp** *(prototype):* Hierbei wird die Erzeugung von Objekten durch Zwischen- bzw. Ansetzen eines Prototyps realisiert. Das hat beispielsweise für die spezifische Erweiterung vorhandener Applikationen den Vorteil einer einfachen Änderungsmöglichkeit, ohne die vorhandene Klassenstruktur mit allen notwendigen Änderungsdetails umstellen zu müssen. Die allgemeine Architektur eines Prototyps hat dabei die in Abbildung 226 dargestellte Form.

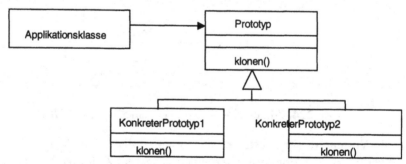

Abb. 226: Musterarchitektur für den *Prototyp*

Als Anwendung kann man sich einen Gafikeditor vorstellen, der um die Darstellungsmöglichkeiten von Musiknoten (Notenlinien und Noten) erweitert wird. Der Prototyp *Musik-Grafikeditor*, beispielsweise mit den Klassen *Notenlinie* und *Note*, wird nur bei Bedarf aufgerufen und „klont" dann die jeweils benötigten Notenexemplare je nach der Anzahl ihres Bedarfs. Das Problem beim Prototyp und insbesondere seinen Unterklassen besteht in dem notwendigen Abgleich, d. h. keine doppelte Bezeichnung, mit dem bereits vorhandenen, zu erweiternden System.

- *Proxy (proxy):* Dieses Entwurfsmuster schafft ein Stellvertreterobjekt, welches insbesondere die Zugriffskontrolle zum eigentlichen Objekt ermöglicht. Die Architektur ist daher einfach und in Abbildung 227 dargestellt.

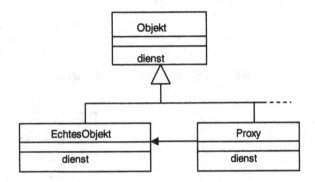

Abb. 227: Architektur des Entwurfsmusters *Proxy*

Als Beispiel kann man sich den Proxy-Cache als Zwischenspeicher für WWW-Seiten während des Internet-Surfens vorstellen, bei dem allerdings keine Zugriffskontrolle, sondern eine Attributsbezogene Zwischenspeicherung und deren Verwaltung realisiert werden.

- *Beobachter (Observer):* Der Beobachter dient der Definition eines Objektes, welches über eine festgelegte Objektmenge hinweg beispielsweise den Änderungsausgleich bzw. deren Konsistenz überwacht und initiiert. Die Architektur bzw. Struktur hat daher die in Abbildung 228 angegebene allgemeine Form. Als Beispiel kann man sich verschiedene Diagrammobjekte vorstellen, wie Kreis, Balken und Linien, die ein und dieselbe Datenmenge repräsentieren. Problematisch kann hierbei die ggf. kaskadische Auslösung von Aktualisierungen aufgrund spezieller Assoziationen sein.

Die Abbildung 229 stellt den Wirkungsansatz der Design Pattern noch einmal zusammenfassend dar.

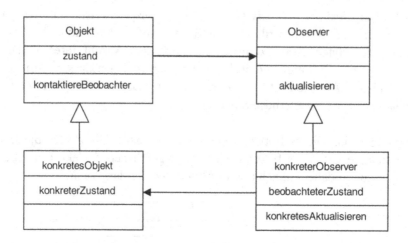

Abb. 228: Struktur des Entwurfsmusters *Beobachter*

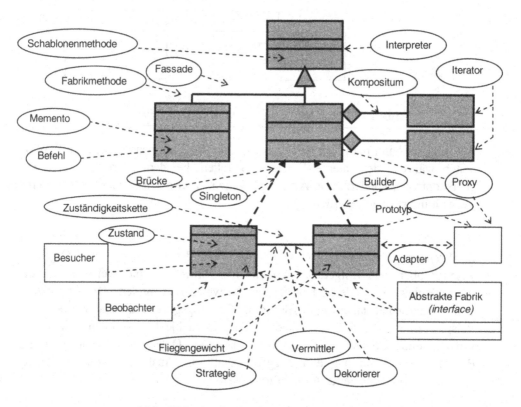

Abb. 229: Ansatzpunkte der Entwurfsmuster

Inzwischen gibt es bereits eine Vielzahl von Entwurfsmustern für die verschiedensten Anwendungsbereiche, wie die *Quality Pattern, Test Pattern* oder die *Management Pattern.*

Neben diesen Struktur- bzw. Architekturformen der Software-Wiederverwendung beim OOSE gibt es eine weitere operationelle Form, Entwicklungserfahrungen zu nutzen. Es sind dies die so genannten *Frameworks*, die im Allgemeinen auch nur in ihrer englischen Bezeichnung genutzt werden. Wir definieren diesen Begriff in folgender Weise.

---

*Ein **Framework** ist eine Menge erweiterbarer, kooperierender Objekte (Klassen), für die eine spezielle Anwendungsform definiert und implementiert ist.*

Beispiele für derartige Frameworks beim OOSE sind:

- *GUI-Frameworks* für die Implementation prototypischer Nutzeroberflächen, soweit sie nicht bereits Bestandteil eines OO-Programmiersystems sind,

- *Application Frameworks* für die Implementation einer speziellen Problemklasse von Software-Produkten zu einem Anwendungsbereich,

- *Measurement Frameworks* zur Instrumentierung der Messung und Bewertung von Entwicklungskomponenten beim OOSE.

Damit haben wir die wesentlichen, allgemeinen Aspekte des OOD behandelt. Neben den allgemeinen Ergebnissen des Software-Entwurfs beinhaltet das OOD alle Klassenmodelle, die für die Implementation des Systems erforderlich sind und die Klassenstruktur vorhandener Klassenbibliotheken berücksichtigt.

Objektorientierte Programmierung (OOP bzw. OOI):

Die *Implementation* beim OOSE ist unter Umständen einfach nur eine Erweiterung des vorhandenen OO-Systems. Derartige Modifikationsformen sind:

- die einfache *Übernahme* der vorhandenen Implementation der Klasse und ihrer Methoden,

- die *Modifikation vorhandener Methoden* als Erweiterung der Funktionalität der Klasse,

- die *Ergänzung von Methoden* zu einer gegebenen Klasse,

- die *Veränderung der Attribute* hinsichtlich Wertebereich, Gültigkeitsmerk-malen und Einheiten,

- das *Hinzufügen von Klassen* als weiteres Blatt innerhalb der Vererbungshierar-chie,

- das *„Anhängen" von Klassen* an eine Klassenbibliothek (beispielsweise als weitere Basisklasse bzw. direkt unter einer Wurzelklasse),

- das *Hinzufügen neuer Klassenbibliotheken* für neue Themenstellungen, wie z. B. zur Sicherheit oder einem neuen Anwendungsgebiet,

- das *Auswählen bestimmter Klassen* bzw. Klassenbibliotheken für eine spezi-fische Anwendungssystemklasse.

Um eine möglichst effiziente Überführung des OO-Entwurfes zu erreichen, müssen ggf. unter Anderem folgende *Probleme* gelöst werden:

- die Vermeidung unterschiedlicher Klassennamen für ein und dieselbe Funk-tionalität, wie zum Beispiel *Button, Knopf, Taste, Widget* oder *Fenster, Window, Panel,*

- der Abgleich der möglicherweise unterschiedlichen Klassenstruktur zwischen dem Entwurf und den verwendeten Klassenbibliotheken.

Der zweite Punkt kann zur Notwendigkeit führen, abstrakte Klassen einzufügen oder die Struktur umzustellen, wie beispielsweise von einer Mehrfach- zu einer Einfach-vererbung.

Wir haben bereits oben erwähnt, dass die Kenntnis bzw. die *OOSE-Erfahrung* zum verwendeten OOP-System von grundlegender Bedeutung ist. Für die konkrete Imple-mentationsform bedeutet dies, dass wir verschiedene **OOSE-Communities** unter-scheiden. Wir wollen einige Beispiele zu jeweils unterschiedlichen OOSE-Sprach-klassen angeben:

- *Smalltalk:* Diese bereits Anfang der 70er Jahre entwickelte Objektorientierte Programmiersprache ist in einem Programmiersystem eingebettet und somit vollständig objektbasiert. Neben der zunächst für Workstations entwickelten Form des Smalltalk-80 wurden auch PC-basierte Versionen implementiert, zum Beispiel als *Smalltalk/V* oder *Smalltalk/V for Windows* (siehe [Mittendorfer 92])). Als *ObjectWorks* ist die Workstation-Version nun auch für den PC an-wendbar. Zum ObjectWorks existieren eine Reihe von Anwendungssystemen für die Implementation von Experten-, multimedialen oder Geodatenverarbeitenden Systemen. Inzwischen existieren Smalltalk-Versionen, wie *VisualWorks* (siehe [Hopkins 95]), die unterschiedliche Nutzerober-flächenarten, wie Motif,

Windows, OpenLook oder OS/2-PM implementieren können oder *Smalltalk/X* (siehe „www.informatik.uni-stuttgart.de/stx/"), welches Objektcode generiert. Smalltalk ist prinzipiell ein interpretierendes System und daher für effiziente Lösungen sorgfältig zu „tunen" (siehe „www.info.unicean.fr/~serge/ smalltalk80.html" oder „www.parcplace.com/ about/smtalk.htm").

- *Eiffel:* Diese Objektorientierte Programmiersprache wird im Gegensatz zu Smalltalk übersetzt und dann als Objektprogramm abgearbeitet. Sie hat vor allem die Möglichkeit, Assertions (also Vor- und Nachbedingungen) zu den Anweisungen zu formulieren und zu interpretieren (siehe [Switzer 93]). Damit wird eine bessere Instrumentierung für den dynamischen Test erreicht (siehe „www.eiffel.com/faq/language/" oder „www.elj.com/eiffel/").

- *Oberon:* Wir wollen diese OO-Programmiersprache hier erwähnen, da natürlich die Frage nach einer Objektorientierten Form für *Pascal* aufgrund entsprechender Vorkenntnisse immer wieder gestellt wird. Während *Modula* die Anwendung wesentlicher Prinzipien des Software Engineering darstellt, wie die konsequente Einarbeitung der Strukturierten Programmierung oder das Modulkonzept, stellt Oberon die Erweiterung als Objektorientiertes System dar (siehe [Wirth 93]). Allerdings hat es bis heute keine sehr große Verbreitung gefunden, wie beispielsweise die Objektorientierte Pascal-Version von Borland als *Delphi* oder gar wie einst das Pascal selbst (siehe „www.oberon.ethz.ch/" bzw. „www.doit.com/delphi/").

- C^{++}: Die zunächst vorgenommene Erweiterung von C um Klassendefinition und die dann eigenständige C^{++}-Definition vollzog sich in den 80er Jahren (siehe [Stroustrup 94]). Bis heute ist die Anzahl von in C^{++} entwickelten OO-Systemen die häufigste. Das hat zum Teil seine Ursachen darin, dass durch die C-ähnliche Notation zum Beispiel diese Community auch dafür gewonnen wurde und zum anderen C^{++} ähnlich wie C die Implementation mit einer hohen Performance ermöglicht, was zum Beispiel für den Telekommunikationsbereich mit der gegenwärtigen Hardware von besonderer Bedeutung ist (siehe auch [Meyers 92]). C^{++} unterstützt im Gegensatz zu Smalltalk eine multiple Vererbungsform und basiert auf bereits umfangreichen, Themenbezogenen Klassenbibliotheken. Ebenso vielfältig sind die Programmierumgebungen, wie $SNIF^+$, ET^{++} und $Tools^{++}$. Andererseits existiert C^{++} für die verschiedensten Plattformen, wie beispielsweise als *Borland* C^{++} für den PC oder als *GNU-* C^{++} für die Workstations (siehe „www.devx.com/free/links/siteresults.asp?QuickView=Cpp" oder aber auch „www. horstmann.com/cpp/pitfalls.html").

Wir wollen an dieser Stelle die Auflistung nicht weiter führen und nur noch vermerken, dass nahezu jede weit verbreitete Programmiersprache, wie zum Beispiel COBOL oder Ada, inzwischen eine OO-Ausprägung besitzt.

Im Folgenden gehen wir etwas ausführlicher auf die Java-bezogene Implementationsform aus softwaretechnischer Sicht ein. Ein explizites Beispiel findet sich im Kapitel 4
unseres Buches.

Java wurde Anfang der 90er Jahre entwickelt und hat nach Einschätzung seiner Entwickler die folgenden software-technischen Merkmale (siehe zum Beispiel [Flanagan
98] oder auch „java.sun.com/aboutJava/"):

- *einfach:* hinsichtlich seiner Erlernbarkeit, u. a. wegen der Vermeidung von
  Zeigern, einer ausschließlich einfachen Vererbungsmöglichkeit, der Vermeidung
  der GOTO's, des C-Präprozessors und der Überladungstechniken,

- *objektorientiert:* mit Ausnahme der einfachen Datentypen, wie *integer*,
  character und *boolean*, sind alle anderen Verarbeitungskomponenten Objekte,

- *verteilt:* die Java-Klassenbibliotheken wurden von Anfang an so ausgelegt, dass
  sie eine einfache Implementation verteilter Systeme über Netzwerke ermöglichen,

- *interpretiert:* durch eine spezielle *virtuelle Maschine* wird Java-Code als so
  genannten Bytecode einheitlich interpretiert,

- *robust:* durch die Einfachheit werden eine Reihe typischer Programmierfehler
  bereits vermieden bzw. sind durch Testhilfen analysierbar,

- *sicher:* durch die Bereitstellung unterschiedlichster Sicherheitsfunktionen, wie
  beispielsweise durch für die so genannte Applet-Technik (s. u.),

- *architekturneutral:* durch die Berücksichtigung der meisten, gängigen Plattformen und deren Spezifika,

- *portabel:* durch die strenge Kapselung plattformabhängiger Merkmale,

- *performant:* Java-Code läuft zwar ca. 20-mal langsamer als übersetzter C-Code,
  jedoch insbesondere für Netzsysteme, bei denen oftmals ohnehin Wartezeiten
  anfallen, fällt das insgesamt „nicht so sehr ins Gewicht",

- *dynamisch:* Java lädt genau die Klassen (übers Netz), die die Anwendung
  benötigt, und passt sich leicht neuen Umgebungen an.

Allerdings gab es insbesondere zu Beginn besondere Kritik an der noch unzureichenden
Entwicklungsunterstützung für eine wirkliche Produkterstellung, wie zum Beispiel in

[Yourdon 96] hinsichtlich der fehlenden Komponenten für das Konfigurations-management und der noch unvollständigen Entwicklungsumgebung.

Java besitzt folgende Klassenbibliotheken, die ständig durch weitere Themenbereiche einschließende Bibliotheken erweitert werden (siehe [Chang 98]):

- **Java.lang:** für die Basisobjekte bzw. Grundtypen der Programmiersprache,
- **Java.io:** für die Ein- und Ausgabe-Grundoperationen,
- **Java.awt:** für die grundlegenden GUI-Objekte, d. h. die für die Implementation von Nutzeroberflächen notwendigen Komponenten,
- **Java.util:** für spezielle Anwendungssystemroutinen, wie Zeit, Datum, Stack u. ä. m.,
- **Java.net:** zur Netzwerkunterstützung für die Verwendung der Protokolle HTTP und FTP und die Implementation von Kommunikationsebenen, die auf soge-nannten Sockets basieren,
- **Java.text:** zur Unterstützung von Systemen für die Textverarbeitung,
- **Java.secure:** als Komponenten, die insbesondere Web-basierte Systeme hin-sichtlich der Gewährleistung der Sicherheitsaspekte unterstützen,
- **Java.math:** als Menge von Routinen für die Anwendung mathematischer Methoden,
- **Java.applet:** als spezielle Applet-Technik für die sichere Ausführung von Serverbasierten Anwendungen durch entfernte Clients (s. u.),
- **Java.sql:** für die Datenbankanbindung auf der Grundlage der Anfragesprache SQL,
- **Java.rmi:** zur Unterstützung der Kopplungstechnik verteilter Systeme auf der Grundlage des entfernten Methodenaufrufs als RMI *(remote method invocation),*
- **Java.beans:** zur Implementation verteilter Systeme durch Komponenten *(beans).*

Weitere, zunächst eigenständige Komponenten sind unter anderem noch die folgenden (siehe auch [Arnold 99] und [Wang 99]):

- **JDBC** *(Java Data Base Connectivity specification):* für die Datenbankan-bindung in einer selbst wählbaren Implementationsform (siehe „java.sun.com/products/jdbc/"),
- **Joe** *(Java Object Environment):* zum Management der Java-Objekte im Sinne einer speichereffizienten Systemlösung,
- **Java-Swing:** als Erweiterung der *java.awt* hinsichtlich weiterer GUI-Kompo-nenten und eine Objekttechnologie, die das gleiche Aussehen von Java-Anwendungen auf allen unterstützten Plattformen gewährleistet (siehe „java.sun.com/products/jlf/"),
- **JavaTel:** zur Unterstützung der Internetbasierten Telephonie,

- **JavaMedia:** für die Entwicklungs- und Implementationsunterstützung von Multimediasystemen (siehe „java.sun.com/products/java-media/"),
- **JavaEC:** für die Implementation von E-Commerce-Systemen,
- **KVM** *(KJava-based Virtual Machine):* eine hinsichtlich Klassenanzahl reduzierte (minimale) Menge von Java-Klassen aus den Bibliotheken *java.lang* und *java.util* für die Anwendung für Geräte mit beschränkten Ressourcen.
- **JavaManagement:** für die Unterstützung des Netzwerkmanagement,
- **Java Micro Edition:** als Bezeichnung für alle Java-Varianten, die „unterhalb" von Desktop-Anwendungen und „oberhalb" der SmartCard-Programmierung liegen, also beispielsweise TV-Steuerung, Web-Telefonie, Autosteuerung oder Handheld-Programmierung,
- **Jini:** zur Unterstützung der operativen Vernetzung von Geräten bzw. anderer Netze jeglicher Art zu einem Steuerungs- und Informationssystem (siehe „www.sun.com/jini/").

Diese Beispiele verdeutlichen einerseits die hohe Dynamik auf diesem Gebiet und zeigen andererseits die Orientierung auf die Vervollkommnung der eingesetzten Java-Technologien und die ständige Verbreitung des Anwendungsbereiches.

Java-Code kann im Allgemeinen von CASE-Tools *generiert* werden. Für den eigentlichen Test bzw. die Analyse und Ansicht vorhandener Klassenbibliotheken benötigt man jedoch *Programmierumgebungen*. Derartige Systeme beinhalten Compiler, Debugger und Unterstützungen für die Dokumentationsgenerierung. Wir wollen folgende CASE-Beispiele für Java kurz nennen (siehe auch „www.javasoft. com/products/jdk/version/docs/"):

- **Forte for Java:** Dabei handelt es sich um die von Sunsoft selbst bereitgestellte Entwicklungsumgebung auf der Grundlage des JDK *(java development kit)*, inklusive Debugger und Profiler zur Klassenübersicht und die Berücksichtigung der neuesten Java-Version.
- **Borland JBuilder:** Diese CASE-Form ist die von Borland als „Delphi für Java" entwickelte, mit den bewährten Komponenten einer Programmier-umgebung.
- **Powersoft PowerJ:** Bei dieser Entwicklungsumgebung sind Elemente einer Projektmanagementunterstützung vorhanden.
- **IBM Visual Age for Java:** Dieses CASE-Tool besitzt einen sehr leistungsstarken Browser und basiert auf einem Repository-Konzept.
- **NetBeans IDE:** Diese Entwicklungsumgebung ist eine der neuartigen, die vollständig die Java-2-Enterprise Edition (J2EE) berücksichtigt.

Die Abbildung 230 zeigt die Nutzeroberfläche des *Forte for Java*. Im Allgemeinen sind heute derartige Programmierumgebungen nach einem derartigen De-Facto-Standard aufgebaut.

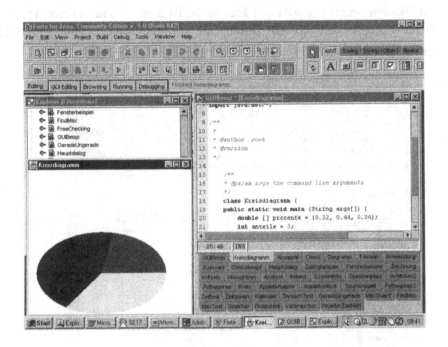

Abb. 230: Forte-for-Java-Layout

Da die Java-Implementation vor allem auf der Kenntnis der Inhalte der zur Verfügung gestellten Klassenbibliotheken beruht, ist es hierbei durchaus sinnvoll, nach dem Prinzip *Learning by Doing* vorzugehen. Üblicherweise sieht man sich bei einer (neuen) Programmiersprache zunächst die Syntaxbeschreibung an und arbeitet sich *systematisch* über einfache bis hin zu komplexen Beispielen ein. Für das Erlernen von Java empfehlen wir, eine der vielen Java-Tutorials im Internet zu nutzen (siehe auch „java.uni-magdeburg.de/"). Ein Beispiel einer derartigen Einstiegsseite zeigt Abbildung 231.

Für die Implementation von Anwendungen unterscheidet man beim Java im Allgemeinen zwei Konzepte, und zwar

- *die Java-Applikation:* Der Quellcode wird in Java geschrieben (zum Beispiel als *prog1.java*), mit dem Java-Compiler *javac* in den Bytecode übersetzt (als *prog1.class*). Progr1.class muss einen Programmeinstieg *main* besitzen. Die übersetzte Form kann dann mit dem Java-Interpreter *java* ausgeführt werden.

- *das Java-Applet:* Das Grundprinzip ist hierbei die Möglichkeit zu schaffen, eine Anwendung „entfernt" auszuführen. Eine häufige Anwendung ist dafür die Einbettung in einen HTML-Text. Dazu wird ein Quellcode *prog2.java* mit dem Compiler *javac* zu einer *progr2.class* übersetzt. Im Gegensatz zur Java-

Applikation besitzt *progr2.class* kein *main*. Es kann also nur in einem speziellen Kontext angewendet werden. Durch eine spezielle Kennzeichnung im HTML-Text als Applet kann es beispielsweise dort aufrufbar gemacht werden.

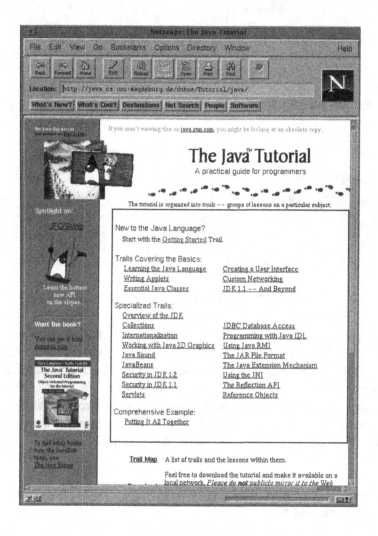

Abb. 231: Beispiel einer Einstiegsseite zu einem Java-Tutorial

Neben den Applets gibt es bereits eine Reihe weiterer -lets sowie die Komponentenbildung mittels so genannter JavaBeans. Die folgende Abbildung 232 deutet den Wirkungsbereich dieser Java-Technologien an.

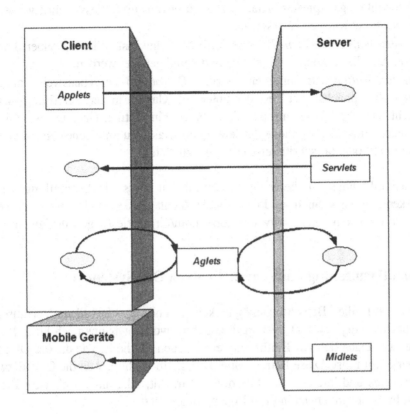

Abb. 232: Ausgewählte Java-Technologien

Auf die JavaBeans gehen wir im nächsten und auf die Aglets im übernächsten Abschnitt noch einmal kurz ein. Für die spezielle Anwendung dieser und anderer Java-Technologien verweisen auf die Magdeburg Java-Seite unter der *http://java.cs.uni-magdeburg.de.*

Beim ***Test Objektorientierter Systeme*** *(object-oriented software testing)* gibt es zu den bereits genannten Formen im Abschnitt 2.1.6 folgende Besonderheiten (siehe auch [Berard 93], [Binder 00] und [Liggesmeyer 96]):

- Für den *Test einer einzelnen Klasse* sollte unbedingt ein Testrahmen zur Anwendung kommen, da die Attributs- bzw. Zustandsveränderungen in Szenarien, in denen mehrere Objekte involviert sind, schwer nachvollziehbar sind.
- Hinsichtlich der *Kopplung zu anderen Klassen* ist das Prinzip der inkrementellen Erweiterung vorzunehmen. Das gilt insbesondere bezüglich Unter- und Ober-klassen, da die Änderung vererbter Methoden stets einen Folge- bzw. Regres-sionstest erfordert. Dabei sind zunächst so genannte *Teststubs* (als Simulation der

Funktionalität gekoppelter Klassen) einzusetzen und diese schrittweise durch implementierte Klassen zu ersetzen.

- Der *Test von abstrakten Klassen* erfordert die Instantiierung einer konkreten Klasse. Aus dieser können Objekte gebildet und getestet werden.

- Beim *Integrationstest* sollte eine strikte Bottom-up-Vorgehensweise angewandt werden, die zunächst den Test der untersten Klassen in der Vererbungshierarchie vorsieht. Bei der Festlegung der Testfälle ist hinsichtlich einer Dienstanbietenden und Dienstnutzenden Methode der jeweiligen Klasse zu unterscheiden. Auch hierbei ist die Funktionalität schrittweise erweitert zu testen.

Wir weisen allerdings an dieser Stelle darauf hin, dass die Vermittlung von Programmierkenntnissen – auch zu Java – nicht Inhalt dieses Buches ist. Zu Java-Beispielen siehe vor allem unter „www.developer.com/directories/pages/ dir.java.html".

3.1.3 Qualitätsmessung und -bewertung von OO-Systemen

Bevor wir auf die Bewertungsmöglichkeiten und existierenden Verfahren zur Qualitätsbestimmung von OO-Systemen eingehen, wollen wir uns noch kurz der Frage zuwenden, was eigentlich zur Einführung einer neuen Methode, wie die der OOSE, aus qualitativer Sicht führt. Diese Betrachtung ist deshalb wichtig, weil die OOSE zwar ein sehr verbreitetes und interessantes Paradigma darstellt, allerdings noch viele Probleme offen lässt bzw. unzureichend in ihrer Lösung unterstützt.

Wir geben daher einige Aspekte für eine Erfolg versprechende Einführung eines neuen Konzeptes und die dabei durch die OOSE bisher erreichten Ergebnisse an.

- **Für den Prozess:** Die Herausstellung aktueller Probleme und deren Lösungsmöglichkeit durch das neue Paradigma: Bei der OOSE hat sich inzwischen herausgestellt, dass zwar durch eine relativ hohe Wiederverwendung im GUI-Bereich eine gute Produktivität erreicht werden kann, allerdings der Testaufwand sich deutlich erhöht. Andererseits wurden durch die OOSE neue Impulse und qualitative Verbesserungen auf dem Gebiet des Rapid Prototyping und der inkrementellen Software-Entwicklung überhaupt erreicht.

- **Für das Produkt:** Die Darstellung der Problemklasse von Systemen, die mit diesem Paradigma effizient entwickelt werden können: Auch hierbei ist die Euphorie, mit OOSE nahezu jede Problemklasse „erschlagen" zu können, einer relativ klaren Eingrenzung für den Kommunikationsbereich und den Bereich der verteilten Systemanwendungen gewichen. Auf die dabei auch versprochene höhere Produktqualität gehen wir unten noch näher ein

- **Für die Ressourcen:** Die Einbeziehung einer möglichst breiten Community für die Anwendung des neuen Paradigmas: Dieser Aspekt erklärt auch die relativ weite Verbreitung von C++ oder Java in ihrer notationellen Ähnlichkeit zu C. Andererseits ist man gerade erst dabei, das Unterstützungsniveau bei der Systementwicklung von CASE-Tools zur Strukturierten Analyse annähernd zu erreichen. Auf dem Gebiet des OOSE haben wir immer noch zwei Extreme: die Upper-CASE-Tools, die die Modellierung von der Spezifikation an unterstützen und allenfalls Code-Muster generieren, und die Lower-CASE-Tools, die eine vollständige Programmierumgebung darstellen, erweitert um einige Modellierungsaspekte als Anzeigemöglichkeit von Klassen- und anderen Code-bezogenen Diagrammformen.

Bei der Bewertung von OO-Systemen wollen wir uns auf die Entwicklungsphasen beschränken, die aber gleichzeitig auch für die Wartung und in gewissem Maße für die Anwendung von Bedeutung sind.

Für die Phase der Problemdefinition und ersten Anforderungsanalyse konstatieren wir hierbei keine besonderen Bewertungsformen in der OOSE.

Bei der Spezifikation und dem Entwurf wollen wir uns vor allem auf die objekt- bzw. Klassenbezogene Bewertung eingrenzen. Natürlich gehört im Allgemeinen auch eine Dokumentations-, Testfall- oder CASE-Tool-Bewertung zur Qualitätssicherung der Produktentwicklung.

Wie wir im Abschnitt 1.5 zur Software-Messung gezeigt haben, setzt die Bewertung eine Quantifizierung der Produktkomponenten voraus, denen ein relativ allgemeingültiges empirisches Verhältnis als Maß zugeordnet wird. Diese Zuordnung sollte zumindest in Form von Schwellwerten stets vorhanden sein. Abbildung 233 zeigt mögliche Messpunkte jeweils auf eine Klassendarstellung und ein Klassendiagramm bezogen.

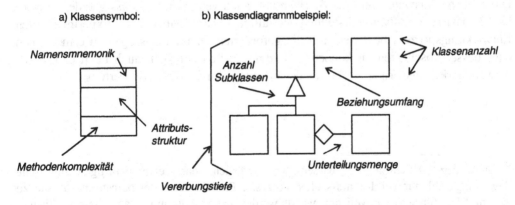

Abb. 233: Ausgewählte Messpunkte an einem Klassendiagramm

Generell kann diese Bewertungsform auch für die verwendete, bereits mit der jeweiligen OO-Programmiersprache vorhandene Klassenbibliothek genutzt werden und somit eine „Ausgangsqualität" bestimmen. Die folgende Tabelle 30 beinhaltet ausgewählte Beispiele für eine Klassenmodellmessung und deren empirische Bewertung, wie sie in der Literatur vorgeschlagen wird[48].

Modellaspekt	Berechnung	Quelle	Vorschlag für eine empirische Bewertung
Anzahl Tage für die Entwicklung einer Klasse	zeitlichen Ablauf in Tagen festhalten	[Lorenz 94]	beträgt durchschnittlich 40 Tage
Anzahl von Object Points	Summe der Anzahl der Objekte, deren Verbindungen und der Datenanzahl	[Sneed 96]	0,4 Object-Points/ Arbeitsstunde für die Aufwandsschätzung
Methodenvererbungsfaktor	als Anzahl vererbter Methoden zur Gesamtzahl an Methoden	[Abreu 95]	ein Verhältnis von 0,74 als effiziente Implementation anzusehen
Code-Zeilenanzahl pro Methode	einfache Auszählung	[Wilde 92], [Lorenz 94]	≤ 8 für Smalltalk und ≤ 24 für C[++] als obere Grenzen einer guten Wartbarkeit
maximale Vererbungstiefe	einfache Auszählung	[Chidamber 94]	≤ 6 für eine gute Wartbarkeit
Wiederverwendungsrate	Anzahl der aus einer Klassenbibliothek verwendeten Klassen durch die Gesamtzahl der Systemklassen	[Poulin 97]	keine obere Beschränkung, 1 ist natürlich ideal

Tab. 30: Ausgewählte OO-Metriken zur OO-Systembewertung

Diese kleine Auswahl von OO-Metriken soll auch verdeutlichen, dass gerade bei einer OOSE-basierten Software-Erstellung vielfältige Messaufgaben bzw. Experimente den Entwicklungsprozess begleiten, um die geforderten Qualitätsaussagen zu ermöglichen oder besser abschätzen zu können. Allerdings gelten natürlich auch beim OOSE die Anwendbarkeit bisheriger Verfahren der Leistungs- und Effizienzbewertung.

---

[48] Aus dem Abschnitt 1.5 wissen wir natürlich, dass eine derartige empirische Bewertungszahl nur bei Kenntnis aller Prozess-, Produkt- und Ressourcenaspekte, die zu diesem Wert führten, sinnvoll angewandt werden kann. Allerdings kann diese Auflistung auch als Hilfe für die im Entwicklungsprozess durchzuführenden Messaufgaben dienen.

Eine CAME-Tool-Unterstützung kann für die Bewertung unter anderem in folgender Weise vorgenommen werden[49].

Das erste Tool stellt eine Erweiterung des *ObjectWorks/Smalltalk* dar und ermöglicht die Methoden-, Klassen- und Systembewertung einer Smalltalk-Applikation [Heckendorff 95]. Die Methodenbewertung bezieht sich dabei auf die Zeilenanzahl und die McCabe-Komplexität, die Klassenbewertung auf die für eine Wartung akzeptable Attributs- und Methodenanzahl. Die Gesamtsystembewertung bezieht die durchschnittlichen Methoden-, Attributs- und Unterklassen mit ein. Die Bewertung erfolgt durch ggf. Anzeige eines Textfensters mit den jeweiligen Erläuterungen beim Überschreiten spezieller Schwellwerte (siehe Abbildung 234).

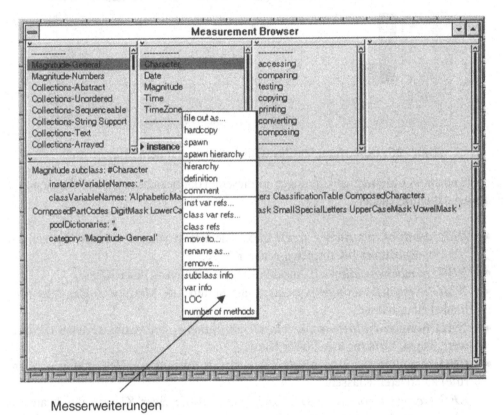

Messerweiterungen

Abb. 234: Bewertungsbeispiel des Smalltalk-Systems mit dem *Measurement Browser*

Das nächste Tool-Beispiel in der Abbildung 235 zeigt schließlich das Tool *MJava* zur Bewertung von Java-Klassenbibliotheken [Patett 97] (siehe auch [Winkler 97]).

---

[49] Die hier genannten Tools können im SML@b unter „http://ivs.cs.uni-magdeburg.de/sw-eng/us/" herunter geladen und für die Ausbildung verwendet werden.

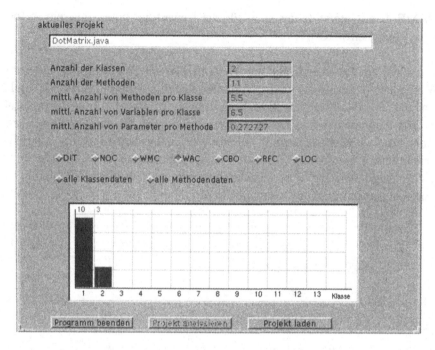

Abb. 235: Bewertung von Java-Bibliotheken mit dem Mjava-Tool

Die einzelnen OO-Metrikenabkürzungen in diesem Tool beziehen sich auf Klassen und bedeuten dabei folgendes.

- **DIT** *(depth of inheritance tree):* maximale Klassenanzahl von der Wurzel des Vererbungsbaumes bis zur gemessenen Klasse,
- **NOC** *(number of children):* Anzahl der Unterklassen zu einer Klasse,
- **WMC** *(weighted methods per class):* als Summe der McCabe-Zahlen aller Methoden einer Klasse,
- **WAC** *(weighted attribute per class):* als Summe der Attributsgrößen (Einzelwert, Tupel, Struktur usw.) einer Klasse,
- **CBO** *(coupling between object classes):* als Anzahl der Verbindungen (Aufrufe) zu anderen Klassen,
- **RFC** *(response for a class):* Anzahl der Aufrufe einer Klassen durch andere Klassen innerhalb einer Klassenbibliothek,
- **LOC** *(lines of code per method):* Anzahl der Code-Zeilen einer Methode.

Für diese Quantifizierungen von Klassen gibt das Tool Schwellwerte für die Einschätzung der Wartbarkeit vor.

Im Gegensatz zu den Paradigmen der Strukturierten Analyse oder zu den Software-Systemklassen der Informations- bzw. Datenbanksysteme ist die Menge an empirischer Erfahrung auf dem Gebiet der OOSE allerdings noch relativ gering.

Übungsaufgaben

172. Erläutern Sie drei Beispiele bzw. Gründe für die Notwendigkeit der Einführung der OOSE.

173. Formulieren Sie ein Komponentendiagramm mit ausgewählten Objekten zur Desktop-Verarbeitung und nennen Sie Beispiele für Rollen und Szenarien zu den jeweiligen Objekten.

174. Erweitern Sie das in Aufgabe 201 formulierte Objektdiagramm zu einem Klassendiagramm mit Beispielen zur Vererbung, Assoziation und Aggregation.

175. Formulieren Sie auf der Grundlage der in Abbildung 205 dargestellten Vererbungshierarchie ein Klassendiagramm, welches die entsprechenden Attributs- und Methodenangaben beinhaltet.

176. Erweitern Sie in derselben Weise das in Abbildung 210 angegebene Klassendiagramm für die Problemausrichtung als Informationssystem.

177. Beschreiben Sie die grundlegenden Merkmale dreier OOSE-Methoden der ersten Generation.

178. Leiten Sie die aus dem angegebenen Zählerbeispiel potentielle Objekte her, wenn die Problemausrichtung eine Zählstatistik darstellt.

179. Definieren Sie aus dem in Abbildung 205 angedeuteten Systembeispiel ein Analysemuster.

180. Erläutern Sie die Wiederverwendungsarten beim OOD durch selbst gewählte Beispiele.

181. Geben Sie Anwendungsbeispiele für die Entwurfsmuster *Adapter* und *Beobachter* an.

182. Was unterscheidet ein Framework von einem Entwurfsmuster?

183. Beschreiben Sie jede Klassenbezogene Modifikationsform beim OOP an selbst gewählten Beispielen.

184. Welche software-technischen Erfahrungen beeinflussten die Entwicklung bzw. die Ausprägung von Java.

185. Wählen Sie eine Java-Klasse aus der Klassenbibliothek *java.lang* aus und erläutern Sie die Testproblematik für das OOSE.

186. Was sind die Kernpunkte für die Einführung neuer Paradigmen für die Software-Entwicklung und -Wartung?

187. Wählen Sie zwei Java-Klassen aus den Java-Bibliotheken aus und diskutieren Sie deren Qualitätsbewertung durch die Anwendung von OO-Metriken bzw. dem MJava-Mess-Tool.

3.2 Komponentenbasierte Software-Entwicklung

3.2.1 Ausgangspunkte und Zielrichtungen

Ansätze für eine Komponentenbasierte Software-Entwicklung *(component-based software engineering (CBSE))* existieren schon seit längerer Zeit, wie beispielsweise

- die Anwendung bzw. Einbettung von bereits existierenden Funktions- oder **Modulbibliotheken** (beim OOSE als Klassenbibliotheken),
- der Einbau von **Standard-Software** in ein Anwendungssystem, wie zum Beispiel als statistische Auswertungskomponente zu einem speziellen Datenaufnahme- und -speicherungssystem,
- die Erweiterung des so genannten *Programmierens im Großen (programming in the large)* zu einer Art **Megaprogrammierung**, die auf die Verwendung spezialisierter Komponentenbereiche für die Systemprogrammierung und Anwendungsprogrammierung orientiert.

Das heutige Gebiet des CBSE basiert vor allem auf den Forschungsarbeiten zur **Software-Systemarchitektur** mit den dabei notwendigen Standardisierungsaufgaben für eine einheitliche Definition der Komponentenschnittstellen bis hin zu Kriterien für die Bestimmung der Qualität der verwendeten (externen) Komponenten (siehe auch „www.cs.cmu.edu/~Compose/").

Daher ist es notwendig, die Definitionen zu Komponenten im Bereich der Software-Ressourcen aus Abschnitt 1.1 zu erweitern. Wir führen zunächst weitere Definitionen aus [Brown 98] an:

- *Komponenten* sind nichttriviale, nahezu unabhängige und leicht ersetzbare Teile eines Systems, die eine eindeutig festgelegte Funktionalität im Rahmen eines Kontextes einer Systemarchitektur besitzen.
- Eine *Laufzeit-Komponente* ist ein dynamisch einbindbares Paket eines oder mehrerer Programme, das als Einheit verwaltet und über eine klar definierte Schnittstelle eine Funktionalität realisiert.
- Eine *Software-Komponente* ist eine Kompositionseinheit mit vereinbartem Interface und expliziten Kontextabhängigkeiten.
- Eine *Business-Komponente* stellt eine Implementation eines autonomen Business-Konzeptes dar und kann dabei verteilt sein.

Eine Komponente kann also einerseits verschiedene Ebenen eines Anwendungsbereiches betreffen und zum anderen durch unterschiedliche technologische Sichten geprägt sein. Hinsichtlich der Komponentenarten unterscheidet [Brown 98] die folgenden vier Grundformen:

- **COTS-Komponenten** *(commercial off-the-shelf components):* Dazu zählen alle kommerziell entwickelten Systeme und Systemteile, die in die Architektur eingebunden bzw. integriert werden können und ausschließlich über ihre Schnittstellen im Sinne von Anschluss- oder allgemeinen Nutzungs-bedingungen definiert sind.

- **Qualifizierte Komponenten** *(qualified components):* Hierbei sind explizite Schnittstellen definiert, die eine entsprechende Varianz für die Anpassung an vorhandene Architekturbedingungen ermöglichen.

- **Angepasste Komponenten** *(adapted components):* Diese Komponenten besitzen bereits Techniken, um ggf. auftretende Schnittstellenkonflikte, beispielsweise im Sinne der so genannten Wrapper-Technik, zu lösen.

- **Verbundene Komponenten** *(assembled components):* Diese Form ist bereits in eine Infrastruktur eingebunden, die selbst die Komposition und Integration von Komponenten unterstützt.

- **Aktualisierte Komponenten** *(updated components):* Die Komponenten dieser Art sind bereits erneuert bzw. die sie nutzende Architektur gewährleistet eine problemadäquate Ersetzung derartiger Komponenten.

Das bedeutet, dass ein **Architekturkonzept** im Gegensatz zur so genannten monolithischen Lösung auch eine zweckmäßige Komponentenbildung unterstützen muss. Anforderungen dafür sind folgende (siehe [Griffel 98]):

- eine gewisse Unabhängigkeit von der Umgebung, also dem Betriebssystem, den Programmiersprachen und Entwicklungsumgebungen,
- eine Orttransparenz bezüglich der Nutzung von lokalen oder entfernten Ressourcen,
- eine Trennung von Schnittstelle und Implementation, die es ermöglicht, zu einer Schnittstelle verschiedene Realisierungen zu besitzen bzw. eine einfache Auswechselung vornehmen zu können,
- selbstbeschreibende Schnittstellen im Sinne einer möglichst erst zur Laufzeit stattfindenden konkreten Anpassung,
- eine problemlose sofortige Nutzbarkeit, beispielsweise nach dem Plug-&-Play-Prinzip,
- eine generelle Integrations- bzw. Kompositionsfähigkeit.

Nachdem die Komponenten derartige Eigenschaften haben, können **Techniken zur Integration** *(component integration techniques)* eingesetzt werden. Beispiele dafür sind (siehe [Griffel 98], [Pfleeger 98], [Sametinger 97]):

- *Systemtechnische Integration:* Diese Integrationsform bezieht sich vor allem auf die Gewährleistung der Verbindungsmöglichkeit von Komponenten hinsichtlich ihrer Kommunikationsfähigkeit. Ein Beispiel hierfür ist die **Aggregation** von Komponenten durch eine daten- oder Steuerungsbezogene Interaktionsform.

- *Modelltechnische Integration:* Hierbei wird eine Integration auf Modellebene vorgenommen, die eine Abbildung verschiedener oder eine Einordnung in ein übergreifendes Modell sein kann. Beispiele hierfür sind die **Komposition** der Komponenten durch eine einheitliche Präsentationsform oder die **Assoziation** der Komponenten durch verschiedene Vermittlungstechniken, wie *Middleware* oder *Wrapper-Techniken*.

- *Prozesstechnische Integration:* Bei dieser Integrationsform sind übergreifende Arbeitsvorgänge bzw. Prozesse möglich. Ein Beispiel für diese Integrationsform ist schließlich die **Kooperation** von Komponentenprozessen zur Lösung gemeinsamer Aufgaben.

Je nach dem Komponenetenbezug unterscheidet beim CBSE in

- **Komponentenorientiertes CBSE:** die Software-Entwicklung dient der Schaffung von Komponenten zum Zwecke ihrer späteren Nachnutzung,

- **Komponentenbasiertes CBSE:** die Software-Entwicklung findet auf der Basis vorhandener Komponenten statt und nutzt diese in den oben genannten Formen.

Damit haben wir zunächst die Grundlagen für ein CBSE genannt, welches für die Ausrichtung der Software-Entwicklung wesentlich ist.

Für den **Software-Test** *(testing component-based software)* bedeutet das eine höhere Anforderung an den Funktions- bzw. Black-Box-Test (siehe zum Beispiel [Weyuker 98]). Da bei den verwendeten Komponenten, wie zum Beispiel den COTS, der Quellcode nicht zur Verfügung steht, muss eine Erweiterung der Funktionstestfälle durch den Entwickler vorgenommen werden, die beispielsweise den Entscheidungsraum der Funktionalität der Komponenten nahezu abdeckt. Ein anderer Input für den Test von Komponentenbasierten Systemen ist die Bewertung der Qualität durch indirekte Faktoren, wie beispielsweise das Prozess- und Ressourcenniveau der jeweiligen Komponentenhersteller.

Die besondere Problematik der COTS-Akquirierung und -Anwendung hat bereits beim CBSE zu einer speziellen Begriffsbildung, dem **CURE** *(COTS usage risks evaluation)* geführt. Darauf wollen wir allerdings hier nicht näher eingehen und verweisen auf die Web-Adresse „www.sei.cmu.edu/cbs/ tools99/".

Eine ähnliche Ergänzung wie der Software-Test muss für das CBSE auch die *Software-Wartung (maintaining component-based systems)* erfahren (siehe [Jell 98] und [Voas 98]). Die Bearbeitung bzw. möglicherweise Ersetzung von Komponenten ist bei der Software-Wartung dadurch geprägt, dass es sich bei diesen Komponenten nicht nur um COTS, sondern auch um Freeware, Public-Domain-Software oder auch Shareware handeln kann, für die

a) keine vertraglichen Regeln und damit auch keine Garantie- oder andere Haftungsformen bestehen,

b) hinsichtlich der Funktionserweiterung oder Anpassung an neue Hard- und Software-Anforderungen kaum Einfluss genommen werden kann.

Auch für die so genannten In-house-Komponenten kann diese relativ unverbindliche Situation bestehen und die Wartungsarbeiten insbesondere für den Bereich der Gewährleistung der Kompatibilität der in mehreren Systemen eingesetzten Komponenten erschweren. Auch für diesen Bereich gilt die Forderung nach einer quantitativen Bewertungsmöglichkeit (siehe [Dumke 97] und [Takeshita 97]). Die grundsätzlichen Ansatzpunkte für die Komponentenbezogene *Software-Messung* zeigen wir in Abbildung 236.

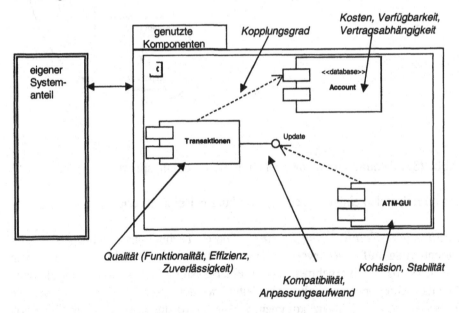

Abb. 236: Messansätze bei einer Komponentenarchitektur

Wir wollen uns nun einigen Technologien für das CBSE zuwenden. Das CBSE erfordert nicht unbedingt die OOSE. Dennoch stehen natürlich gegenwärtig viele

Methoden für die Komponentenbasierte Entwicklung vor allem im Zusammenhang mit speziellen OOSE-Technologien zur Verfügung.

3.2.2 Komponentenbezogene Technologien

Die folgende Abbildung 237 zeigt zunächst ganz allgemein den Kontext der involvierten Entwicklungsstrategien beim CBSE (siehe [Schmietendorf 02] bzw. [Sodhi 99]).

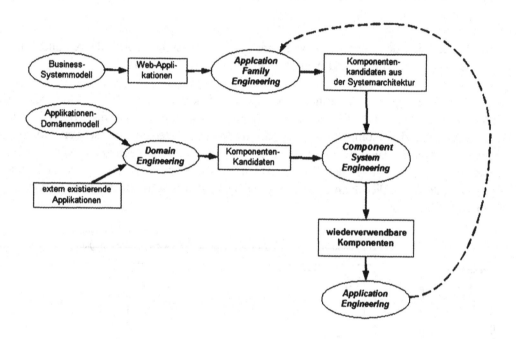

Abb. 237: Bildung von Komponenten im Entwicklungsprozess

Wir wollen im Folgenden einige dieser Begriffe kurz beispielhaft erläutern:

- *Application Family Engineering*: Diese Technologie widmet sich der Orientierung auf Wiederverwendung aus funktionaler Sicht ausgehend vom Business- bzw. Unternehmensmodell einer Systemspezifikation. Dabei können bereits Komponenteninhalte abgeleitet werden bzw. dafür so genannte Frameworks zum Einsatz kommen. Ebenso wird die Kapselung im Falle von Altsystemen (Legacy Systems) zu Komponenten betrachtet.
- *Domain Engineering*: Als Domäne (*Domain*) hatten wir bereits den jeweiligen Problem- bzw. Anwendungsbereich charakterisiert, in den sich die Funktionalität des zu entwickelnden Systems einordnet. Diese Engineering-

Form impliziert die Problematik der Abbildung einer zweckmäßigen Funktions- bzw. Modellstruktur auf eine (Komponentenbasierte) Systemarchitektur, wie wir sie beim Übergang von der Spezifikation zum Entwurf bereits beschrieben haben.

- ***Component System Engineering***: Dieser Bereich widmet sich der eigentlichen Erstellung der Komponenten und nutzt dabei eine spezielle Technologie für das CBSE.

- ***Application Engineering***: Diese Engineering-Form beschäftigt sich mit der Systemkonstruktion auf der Grundlage von *Software-Komponenten* bei denen die verschiedensten Applikationen entstehen können.

Aufgrund der Hauptintention von Komponenten behandeln wir zunächst die *Software-Wiederverwendung* und legen die folgende Definition aus [Ezran 98] zugrunde.

> *„**Software reuse** is the systematic practice of developing software from a stock of building blocks, so that similarities in requirements and/or architecture between applications can be exploited to achieve substantial benefits in productivity, quality and business performance."*

Diese Definition weist auf folgende grundlegende Merkmale der Software-Wiederverwendung hin:

- Der ausschließliche Bezug auf die Software-Entwicklung (die Wartung ist im gewissen Sinne als „Weiter"-Entwicklung einbezogen). Auf jeden Fall ist die Anwendung als ausschließliche Verwendung von Software ausgeschlossen.
- Die Charakterisierung der Wiederverwendungskomponenten als *„stock of building blocks"* bezieht die beiden Komponentenarten bezüglich der Anforderungen einerseits und der Architektur (-komponenten) andererseits mit ein.
- Die Wiederverwendung wird als systematisches Vorgehen charakterisiert.
- Die Ziele der Wiederverwendung liegen also in einer höheren Produktivität, Qualität und Rentabilität.

Die systematische Wiederverwendung erfordert Änderungen im Software-Entwicklungsprozess sowie in der Business- und Organisationsstruktur eines Unternehmens. Das ergibt sich vor allem aus dem mit der Software-Wiederverwendung verfolgten Ziel des schrittweise Übergangs von einer Komponentengestützten zu einer Komponentenbasierten Entwicklungsform, die nahezu ausschließlich den Einsatz und die Verarbeitung von Komponenten für die Software-Erstellung vorsieht.

Für die Software-Komponenten hat sich im Rahmen der Software-Wiederverwendung die englische Bezeichnung Assets herausgebildet. *Assets* bezeichnen also das, was innerhalb der Software-Entwicklung oder –Wartung wieder verwendet werden kann bzw. soll. Diese Wiederverwendungskomponenten definiert [Ezran 1998] daher wie folgt.

---

*„**Software assets** are composed of a collection of related software work products that may be reused from one application to another."*

Beispiele für Wiederverwendungskomponenten können also sein:

- *nach [Sodhi 99]:* Komponenten, Objekte, Software-Anforderungen, Analyse- und Design-Modelle, Datenbank-Schemata, Code, Dokumentation, Standards, Testszenarien und -pläne,

- *nach [Jacobson 97]:* Achitektur, Code, Aufwandsschätzungen, Daten, Design, Nutzer-Interfaces, Projektpläne, Anforderungen, grafische Dialog-Elemente, Testfälle, Testpläne und Nutzerdokumentationen.

Diese Aufzählungen verdeutlichen folgende Probleme und Aspekte bei der Software-Wiederverwendung:

- Wiederverwendungskomponenten gelten stets in einem bestimmten Anwendungskontext (als *Domäne*), der zu beachten ist.
- Die Komponenten selbst haben unterschiedliche (semantische) *Beziehungen*, wie beispielsweise die Projektpläne zur Produktarchitektur.
- Die Entwicklungskomponenten sind zeitbezogen bzw. chronologisch entstanden und daher teilweise nur *temporär* gültig bzw. anwendbar, wie z. B. die im Verlauf der Entwicklung entstandene vorläufige Spezifikation im Gegensatz zum endgültigen Design des entwickelten Systems.
- Die Komponenten sind selbst von den CASE-Hilfsmitteln geprägt und gelten daher für ganz bestimmte *Versionsmerkmale*.

Bei den ***Wiederverwendungsarten*** unterscheiden wir im Rahmen der Software-Entwicklung die folgenden, alphabetisch aufgelisteten Formen:

Ad-hoc-Wiederverwendung *(ad hoc reuse):*
    Eine Ad-hoc-Wiederverwendung ist die zu einem bestimmten Ziel, einem bestimmten Zeitpunkt oder einer speziellen Anforderung durchgeführte Software-Wiederverwendung, die im Allgemeinen einmalig realisiert wird.

Black-Box-Wiederverwendung *(black box reuse):*

Eine Black-Box-Wiederverwendung betrachtet die Wiederverwendungskomponenten als abgeschlossene Einheit, die ohne Änderungen in das neu zu entwickelnde System aufgenommen werden.

Defensive Wiederverwendung *(defensive reuse):*

Bei der defensiven Software-Wiederverwendung werden die Software-Anforderungen als vorgegebene, im Allgemeinen konstante Ausgangsgröße betrachtet und darauf bezogen eine mögliche Wiederverwendung konzipiert bzw. realisiert.

Explizite Wiederverwendung *(explicit reuse):*

Die explizite Wiederverwendungsform beinhaltet die Möglichkeit der exakten Identifikation der Wiederverwendungskomponente im Wiederverwendungsprozess.

Externe Wiederverwendung *(external reuse):*

Eine externe Software-Wiederverwendung nutzt Komponenten aus einem Bereich außerhalb der realisierten Software-Entwicklung. Diese Wiederverwendungsform impliziert das so genannte „Boundary Problem", welches die Kompliziertheit der „Grenzbestimmung" bezüglich extern und intern zum Ausdruck bringt.

Glass-Box-Wiederverwendung *(glass box reuse):*

Bei der Glass-Box-Wiederverwendung wird die Komponente als „offen" und damit veränderbar und anpassbar betrachtet bzw. verwendet.

Grey-Box-Wiederverwendung *(grey box reuse):*

Bei der Grey-Box-Wiederverwendung sind die Komponenten zur Wiederverwendung insofern nicht „Black-Box", dass sie parametrisiert, also schnittstellenbezogen angepasst werden können.

Horizontale Wiederverwendung *(horizontal reuse):*

Die horizontale Wiederverwendung bezieht sich auf den Anwendungsbereich bzw. ist problemspezifisch (domainspezifisch) ausgerichtet (gewissermaßen als *Top-down-Wiederverwendung*).

Implizite Wiederverwendung *(implicit reuse):*

Bei der impliziten Wiederverwendung sind die wiederverwendeten Komponenten in den Produktteilen enthalten bzw. durch spezielle Techniken darin eingebettet.

Inside-Wiederverwendung *(inside reuse):*

Bei der Inside-Wiederverwendung sind die verwendeten Komponenten auch Bestandteil des Endproduktes.

Interne Wiederverwendung *(internal reuse):*

Die interne Wiederverwendung besteht in der ausschließlichen Verwendung von Komponenten aus dem Software-Entwicklungsbereich selbst.

Offensive Wiederverwendung *(offensive reuse):*

Bei der offensiven Wiederverwendung werden die Software-Anforderungen, soweit es möglich ist, den bereits vorhandenen Komponenten angepasst bzw. darauf ausgerichtet.

Outside-Wiederverwendung *(outside reuse):*

Bei der Outside-Wiederverwendung gehen die wiederverwendeten Komponenten, die im Verlauf der Software-Entwicklung eingesetzt werden, nicht mit in das Endprodukt ein.

Systematische Wiederverwendung *(systematical reuse):*

Eine systematische Software-Wiederverwendung ist eine Wiederverwendungsform, die über einen (vordefinierten) Prozess, ausgewählte Techniken und eine personelle Struktur verfügt, die nachvollziehbar und damit bewertbar ist.

White-Box-Wiederverwendung *(white box reuse):*

Der Begriff der White-Box-Wiederverwendung ist ein Synonym für die Glass-Box-Wiederverwendung.

Für die Wiederverwendung eignen sich Software-Produktions-Umgebungen, welche den Entwicklungsprozess durch so genannte ***Reuse-Repositories*** unterstützen. Ein Wiederverwendungs-Repository ist ein Katalog mit den in gespeicherter Form vorliegenden Wiederverwendungskomponenten mit den entsprechenden Metainformationen zur Komponentenart, deren Zugriff und Nutzung (siehe Abbildung 238).

Nach diesen allgemeinen Strategien einer Domänorientierten Software-Entwicklung und der Möglichkeit, verschiedene Wiederverwendungstechniken zu nutzen, gehen wir nun auf einen systematischen Entwicklungsansatz näher ein.

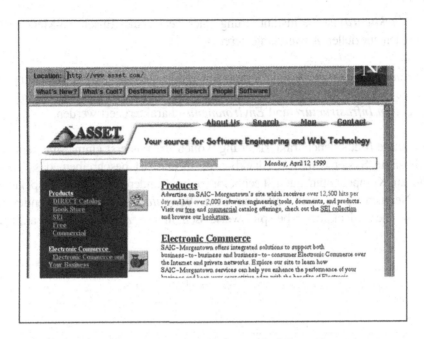

Abb. 238: WWW-Seite des Komponenten-Repository *Asset*

Das Software Engineering Institute (SEI) in Pittsburgh startete bereits Mitte der 90-er Jahre eine Initiative zu COTS und den damit verbundenen Technologien und Anwendungsmethoden (siehe [Wallnau 02]). Die Methode von Wallnau et al. heißt **Building Systems from Commercial Components**, wir wollen sie *B-COTS* nennen. Sie ist ein Komponentenbasiertes CBSE und geht von folgenden Begriffsdefinitionen aus:

- *Kommerzielle Komponente*: ist eine Einheit einer Systemimplementation, die durch einen Vertreiber zur Verfügung gestellt wird (verkauft oder als Leasing), im Allgemeinen in kompilierter Form angeboten wird und über ein Interface mit anderen Komponenten verbunden werden kann;

- *Referenz/Zeugnis*: ist das Tripel <*property, value, howVerified*>, welches die Komponentenbezeichnung (*property*), seinen speziellen Wert (*value*) in diesem Kontext und eine Bestätigung (*howVerified*) beinhaltet;

- *Postulat*: ist ein Tripel <*property, value, howToVerify*>, welches insbesondere dessen noch ausstehende Prüfung definiert (*howToVerify*);

- *Ensemble*: ein Ensemble ist eine Menge von Technologien, Produkten und Komponenten, die über Interaktionen ein gewünschtes Systemverhalten gewährleisten;

- **Blackboard**: ist die Instantiierung eines Teiles eines Ensemble-Metamodells für einen speziellen Anwendungsbereich;

- **Komponentenraum**: ein Component Space ist eine Menge an Komponenten, die durch die drei Dimensionen der *Source of Components, Application/Infrastructure* und *Environments* charakterisiert werden.

Für eine kurze Methodencharakterisierung wollen wir uns erst einmal merken, dass wir COTS-basierte Systeme mittels Blackboards in der Art beschreiben, dass neben den eigentlichen Komponenten auch Technologien und andere Integrationsaspekte erfasst werden. Nehmen wir an, wir wollen ein *Bestellformular* im Web implementieren, dann hat ein solches Blackboard beispielsweise den in der Abbildung 239 angegebenen Inhalt.

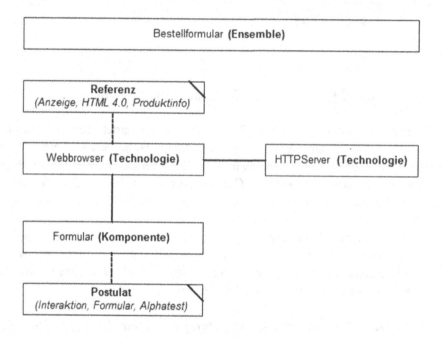

Abb. 239: Blackboard-Beispiel bei der Archiktekturbildung nach B-COTS

Mit dieser Entwurfsform haben wir für unsere (künftige) Systemarchitektur erst einmal folgende Prämissen festgelegt:

- der Architekturentwurf als Blackboard gehört zum Gesamtentwurf (Ensemble) *Bestellformular,*
- die Komponente *Formular* erfordert die Technologie eines *Webbrowsers,* für den die Eigenschaft, HTML 4.0 interpretieren zu können (und damit auch

Formulare), in Form der *Anzeige* einer *Produktinfo* bereits überprüft wurde (als *Referenz*),

- der *Webbrowser* benötigt als Technologie einen *HTTP-Server*, dessen Tauglichkeit vorausgesetzt wird,
- für das *Formular* steht der explizite *Alphatest* als Überprüfung der *Interaktion* noch aus (als *Postulat*).

Beim Architekturentwurf beginnen wir also mit derartigen Blackboards und „verfeinern" bzw. spezialisieren diese, bis wir nahezu ausschließlich Referenzen für unsere Technologien und Komponenten haben. Damit haben wir eine Komponenten-architekur, die bereits die Kompatibilität der jeweiligen Technologie(n) berücksichtigt.

Für die **Bewertung** Komponenbasierter Systeme wollen wir zunächst uns einige *Faustregeln* von Basili und Boehm zitieren (siehe [Basili 01]):

1. ***More than 99 percent** of all executing computer instructions come from COTS products. Each instruction passed a market test for value.*

2. ***More than half of the features** in large COTS software products **go unused.***

3. *The average COTS software product undergoes a **new release every eight to nine months**, with active vendor support for only its latest three releases.*

4. *CBS development and postdeployment efforts can scale as high as **the square of the number of independently developed COTS** products targeted for integration.*

5. *CBS postdeployment costs exceed CBS development costs.*

6. *Although **glue-code** development usually accounts for **less than half the total CBS development effort**, the effort per line of glue code averages about three times the effort per line of developed-applications code.*

7. *Nondevelopment costs, such as **licensing fees**, are significant, and projects must plan for and optimize them.*

8. *CBS assessment and tailoring efforts vary significantly by COTS product classes - operating system, database management system, user interface, device driver, and so forth.*

9. *Personnel capability and experience remain the **dominant factors** influencing CBS-development productivity.*

10. *CBS is currently a **high-risk activity**, with effort and schedule overruns exeeding non-CBS software overruns. Yet many systems have used COTS successfully for cost reduction and early delivery.*

Dabei steht *CBS development* für unser CBSE. Die CBSE-Bewertung ist aber auch vor allem auf den Effekt der Wiederverwendung gerichtet, wie dadurch zum Beispiel der Entwicklungsaufwand und die damit verbundenen Kosten gesenkt werden können.

Metrik	Messform	Berechnung
Amortization nach Gaffney in [Poulin 97]	Berechnung	(RCR + RCWR/n –1) * R +1, n – Anzahl erwarteter Wiederverwendungen, R – Anteil wieder verwendeter Code im Produkt
COCOMO Modification nach Balda in [Poulin 97]	Schätzung bzw. Messung	$LM = a_i N_i^b$ N_1= KDSI für einmalige Codeverwendung N_2= KDSI für geplante Wiederverwendung N_3= KDSI vom wieder verwendeten Code N_4= KDSI von modifizierten Komponenten (KDSI – Kilo delivered source instruction)
Cost Benefit nach Bollinger in [Poulin 97]	Schätzung	Benefit = withoutReuse – withReuse - Reuse Investment
Cost Benefit nach Malan in [Poulin 97]	Schätzung	Costs= (withoutReuse – withReuse) - ReuseOverhead
RCA [Poulin 97]	Schätzung	Reuse Cost Avoidance = Development Cost Avoidance + Service Cost Avoidance
RCR (relative reuse costs) [Poulin 97]	Schätzung	Aufwand für die Verwendung einer Komponente ohne Modifikation (black-box reuse)
RCWR (reuse costs for writing reuse component) [Poulin 97]	Schätzung	Aufwand für die Entwicklung einer für die Wiederverwendung vorgesehenen Komponente
Reusable Index [Sodhi 99]	Bewertung	Komponentenbewertung: 4 – most reusable, . . ., 1 – least reusable
Reuse Leverage [Poulin 97]	Schätzung	ProductivityWithReuse/ ProductivityWithoutReuse
Reuse Percent [Poulin 97]	Schätzung	ReusedSoftware/TotalSoftware
RVA [Poulin 97]	Berechnung	Reuse Value Added= (TotalSource Statements + SourceInstructionsReused ByOthers)/ (TotalSourceStatements-ReusedSourceInstruction)
COCOTS [Boehm 00]	Schätzung	Gesamtkosten = Überprüfungskosten + Anpassungskosten + Kopplungskosten +Integrationskosten

Tab. 31: Metrikenbeispiele für die Bewertung der Software-Wiederverwendung

Das bedeutet die Einschätzung eines Kostenvorteils *(cost benefits)* bzw. einer Rentabilität der bei der Software-Wiederverwendung eingesetzten Mittel *(return on investment (ROI))*. Darüber hinaus ist natürlich auch ein möglicher Produktivitäts- und Qualitätsgewinn von Bedeutung.

Die Tabelle 31 gibt einige Beispiele von Metriken zur Bewertung der oben genannten Kriterien an. Wir haben dabei die Metrikenbezeichnungen und die Berechnungsform zum Teil in der originalen, englischen Form belassen.

Hierbei ist allerdings zu erkennen, dass beispielsweise die Metriken, die sich auf eine Gegenüberstellung einer mit und ohne Wiederverwendung realisierten Entwicklung beziehen, zwar für die Bewertung der Wiederverwendung insgesamt aber nicht für den Gebrauch bei der Entwicklung selbst anwendbar sind. Dennoch können auf der Grundlage der anderen Metriken Erfahrungsdaten gesammelt und für eine Trendanalyse bzw. Prozessbewertung eingesetzt werden. Die besondere Bedeutung der mit der Software-Wiederverwendung erreichbaren Produktivitätsgewinne hat bereits dazu geführt, dass firmenspezifische Repositories aufgebaut werden, die eine erweiterte personelle IT-Struktur und ein auf Wiederverwendung ausgerichtetes Management zur Folge haben.

Nach diesen allgemeinen Ansätzen einer CBSE-Technologie wollen wir uns nun den konkreten, Objektorientierten Techniken zuwenden. Es sind dies die so genannten *JavaBeans* (siehe zum Beispiel [Watson 98]). Diese „Bohnen" stellen das Komponentenkonzept für die Programmiersprache Java dar. Im Allgemeinen ist eine Bean-Komponente eine Java-Klasse. Die Besonderheit von JavaBeans besteht darüber hinaus in der Möglichkeit, visuell manipulierbare und damit programmierbare Techniken zur Komponentenbe- und -verarbeitung bereitzustellen. Wir definieren an dieser Stelle diese visuelle Programmierung wie folgt.

> Die **Visuelle Programmierung** *(visual programming)* ist eine icon- bzw. symbolbasierte Form der Programmkonstruktion und -änderung.

Damit wird der bereits bei den GUIs angewandte Ansatz zur visuellen Zusammenstellung von Nutzeroberflächen und gleichzeitig damit verbundenen Implementation „im Hintergrund" auch für andere Anwendungsbereiche erweitert.

JavaBean-Eigenschaften sind unter anderem:

- Ereignisbezogene Techniken für die Funktionalität,
- Methoden und Datenzugriff zur Laufzeit,

- persistente Speicherungsmöglichkeit von Zuständen der Beans,

- Änderungsmöglichkeit für public-Methoden zur Laufzeit

Zur Problembezogenen Zusammenfassung von Beans wird ein spezielles **Container-Konzept** verwendet, welches spezielle Kooperationsformen der Komponenten als entfernten Methodenaufruf oder Datenbankabfrage ermöglicht (siehe auch „java.sun. com/beans/"). Die allgemeine Architektur zeigt Abbildung 240.

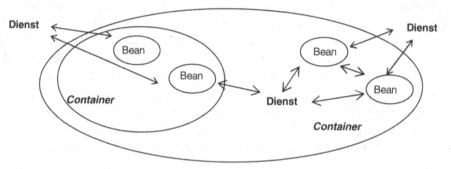

Abb. 240: Allgemeine JavaBeans-Architektur

Die typische Form der visuellen Einkapselung dieser Container zeigt Abbildung 241 zu einem Entwurfsbeispiel.

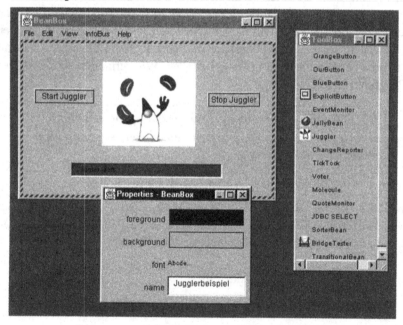

Abb. 241: JavaBeans-Entwurfsumgebung

Hinsichtlich konkreter JavaBeans-Programmbeispiele verweisen wir wieder auf die Magdeburger Java-Seite unter *http://java.cs.uni-magdeburg.de.*

Die Idee, Java-Komponenten zu Dienstleistungs-Applikationen (serverseitig) zu entwickeln, führte zu den so genannten *Enterprise JavaBeans (EJB)* (siehe [Adatia 01]). Das EJB-Komponentenmodell kann in folgender Weise allgemein charakterisiert werden:

- *Component Pooling* und *Lifecycle Management*: Die EJBs werden in so genannten Pools gespeichert und durch den J2EE-Server (s. u.) gemanaged.

- *Client Session Management*: Die durch einen Client referenzierte EJBs behalten ihren aktuellen Zustand bei, auch wenn sie durch andere Client verwendet wurden.

- *Database Connection Pooling*: Die Datanbank-Ressourcen und deren Verbindungen werden bei Bedarf automatisch zugeteilt.

- *Transaktions Management*: Die Methoden der EJBs können unter die Transaktionssicherung des Application-Servers (siehe ACID-Prinzip in Abschnitt 2.4) gestellt werden.

- *Security*: Für die Realisierung der Authentifizierung und Zugriffskontrolle stehen umfangreiche Komponenten zur Verfügung.

- *Persistence*: Die Gewährleistung einer dauerhaften Speicherung der jeweiligen Daten durch den Container selbst.

Die CASE-Umgebung für eine EJB-basierte Systementwicklung deutet die folgende Abbildung 242 an (siehe [Schmietendorf 02]).

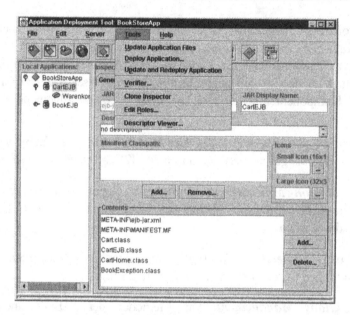

Abb. 242: EJB-Entwicklungsumgebung

Wir können an dieser Stelle nicht näher auf die (gesamte) EJB-Technologie eingehen, wollen aber das mit der EJBs konzipierte *Rollenmodell* für den an der Entwicklung und Installation beteiligten Personenkreis in einer Übersichtsdarstellung in der Abbildung 243 angeben.

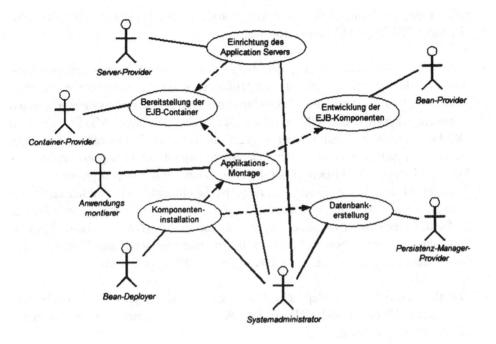

Abb. 243: Rollenmodell bei der EJB-Entwicklung

Hinsichtlich der *Integrationsformen* beim CBSE hat sich eine rasche Entwicklung vollzogen, die insbesondere die Flexibilität derartiger Systeme wesentlich erhöht. Wir wollen dazu einige Beispiele angeben:

- Der so genannte „Fernaufruf" einer Prozedur im Rahmen einer einfachen Client/ Server-Lösung als *Remote Procedure Call (RPC)* zählt zu den ersten Techniken einer Anwendungsverteilung bzw. Komponentenverbindung.

- Die Technologie entfernter Methodenaufrufe in Objektorientierten, verteilten Systemen als *Remote Method Invocation (RMI)* berücksichtigt die besonderen Anforderungen bezüglich des OO-Paradigmas (siehe zum Beispiel [Horn 02] und [Terplan 97]).

- Eine Integrationstechnik von Darstellungsmitteln bzw. -komponenten im Web stellt zum Beispiel die *Extensible Markup Language (XML)* dar. Dabei handelt es sich um ein Metakonzept zur Integration und allgemeineren Nutzbarkeit von Web-Hypertext-Dokumenten mit den Komponenten für eine flexiblere Dokumentenverbindung *(XLL - extensible linkage language)* und einer globaleren

Layout-Beschreibung *(XSL - extensible style language)* (siehe [Bradley 98], [Dumke 03], [Harold 98] und [Holzner]).

- Eine weitere Vereinheitlichung der Architektur verteilter Komponentensysteme wird vor allem durch den Einsatz der *Middleware,* die die Schnittstelle zwischen einer verteilten Anwendung und den durch das (Netz-) Betriebssystem geleisteten Verteilungsdiensten darstellt, erreicht. Beispiele für diese Middleware sind **DCOM** *(distributed component object model)* von Microsoft (siehe unter „www.microsoft.com/com/") oder **CORBA** *(common object request broker)* der Object Management Group *(OMG)* (siehe unter „www.omg.org/corba/"). Die Grundlage dieser Verbindungstechnologie ist die einheitliche Definition der in den Schnittstellen zu übertragenden Größen mittels einer ***Schnittstellen-Definitionssprache*** *(interface definition language (IDL)).* Diese Sprache beinhaltet Beschreibungsmöglichkeiten für die plattformabhängige Konvertierung der auszutauschenden Größen im jeweiligen Client/Server-System.

- Die flexibelste Form stellen schließlich die ***Software-Agenten*** dar (siehe beispielsweise [Brenner 98], [Hayzelden 99]). Darauf gehen wir im folgenden Abschnitt noch näher ein.

Bei den Komponententechnologien haben wir eine immer weitere Verflechtung so genannter Basistechnologien zu verzeichnen. Beispiele dafür sind:

- Die Definition und Anwendung spezieller CBSE-Frameworks, wie zum Beispiel das ***SanFrancisco Component Framework*** (siehe [Monday 00]), welches für die verschiedenen Ebenen der Basistechnologie (Java) und des Anwendungsbereiches (Firmen-Applikationen) jeweils Komponenten bereitstellt. Als CBSE-Technologie werden die EJBs verwendet.

- Die Integration in allgemeine (Web-) Technologien, wie beispielsweise im Rahmen der ***Java 2 Enterprise Edition (J2EE)*** (siehe [Schmietendorf 02]), die auch die Entwicklungsumgebung für die EJBs darstellen. Darüber hinaus werden durch die J2EE die verschiedenen Webserver für eine Firmenanwendung implementiert.

- Die Schaffung von komplexen Entwicklungsumgebungen, die neben der Anwendung einer CBSE-Technologie auch die allgemeinen Aspekte der Realisierung von *E-Commerce-Systemen* bzw. Web-Systemen überhaupt ermöglichen. Dazu zählen auch die *Webservices* bzw. deren Integration und Interaktion. Technologiebeispiele hierfür sind *.Net* und **SunONE** (siehe [Beer 03] und [Sun 02] bzw. [Dumke 03]).

Die folgende Abbildung 244 gibt uns wiederum einen zusammenfassenden Überblick zu der in diesem Abschnitt behandelten Technologie.

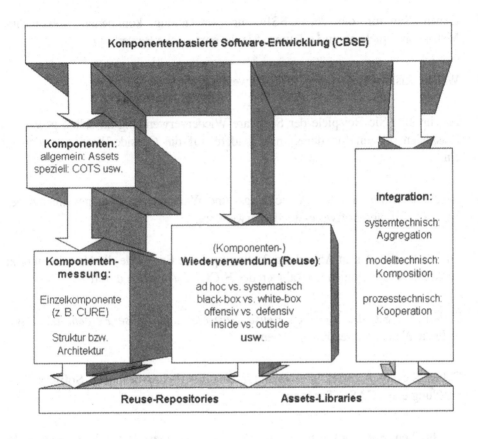

Abb. 244: Aspekte der Komponentenbasierten Software-Entwicklung

Diese Darstellung der software-technischen Grundprinzipien Komponentenbasierter Technologien soll die wesentlichen Grundlagen, ausgewählten Formen und Grundtendenzen des CBSE verdeutlichen.

Übungsaufgaben

188. Erläutern Sie Komponentenbeispiele für ein selbst gewähltes Entwicklungs- und Implementations-Paradigma.

189. Beschreiben Sie die Integrationsformen von Komponenten anhand einer CASE-Tool-Bildung.

190. Geben Sie für die der CBSE zur Anwendung kommende Messansätze Metrikenbeispiele an und erläutern Sie die empirische Bewertung.

191. Welche Risiken besitzt die COTS-Anwendung?

192. Beschreiben Sie Beispiele der Software-Wiederverwendung an selbst gewählten Beispielen. Gehen Sie dabei insbesondere auf die Outside-Wiederverwendung ein.

193. Beschreiben Sie zu jeder Entwicklungs- und Wartungsphase ausgewählte Asset-Beispiele für eine Software-Wiederverwendung.

194. Führen Sie für das in Abbildung 239 angegebene Ensemble die Verfeinerung zu konkreten Technologien im Rahmen des B-COTS-Ansatzes durch.

195. Diskutieren Sie die Metriken *Reuse Leverage* und *Reuse Percent* an ausgewählten Wiederverwendungsformen.

196. Geben Sie ein Architekturbeispiel für eine JavaBeans-bezogene Software-Entwicklung eines CASE-Tools an.

197. Beschreiben Sie konkrete Inhalte für die jeweiligen Entwickler beim EJB-Rollenmodell in Abbildung 243.

3.3 Agentenbasierte Software-Entwicklung

3.3.1 Software-Agenten und Agentenbasierte Systeme

Software-Agenten bzw. kurz Agenten sind Objekte bzw. Komponenten, die eine spezielle Eigenständigkeit besitzen (sollen). Sie gehören bereits zu den „klassischen" Implementationstechnologien für Roboter bzw. für den Bereich der KI überhaupt. Insbesondere mit der raschen Verbreitung des Internet vor allem als World Wide Web hat diese Software-Technologie als *Agentenbasierte Software-Entwicklung (agent-based software engineering (AOSE))* eine neue Belebung erhalten. Patty Maes (siehe [Maes 1994]), deren Team sich insbesondere hauptsächlich mit *Internet-Agenten* in verschiedenster Weise befasst, beschreibt den Agenten wie folgt:

> *„Autonomous agents are computational systems that inhabit some complex dynamic environment, sense and act autonomously in this environment, and by doing so realize a set of goals or tasks for which they are designed."*

Die Betonung auf die Autonomie schränkt die Agentenform eigentlich nicht ein. Die Agenten-Technologie hat zu Beginn, ähnlich wie beim OOSE, zu vielfältigen phantastisch anmutenden Vergleichen Anregung gegeben bzw. ist mit nahezu unbegrenzten Fähigkeiten versehen worden. Dazu zählen die Betrachtung von Software-Agenten mit verschiedenen Charakteren, die Zuschreibung einer „autonomen Lebensfähigkeit" u. v. m. Allerdings können wir im Zusammenhang mit Agentenbasierten Viren durchaus eine „Bösartigkeit" erkennen, die allerdings dem Entwickler dieser Viren und nicht der Software zuzuordnen ist. Einen Software-Agent wollen wir in der folgenden, allgemeinen Weise definieren.

> *Ein **Software-Agent** (software agent) ist ein Software-System, welches innerhalb einer definierten Umgebung, dessen Bestandteil er auch ist, in einer bestimmten Zeit, mit einer ihm immanenten Verhaltensweise und einer vorgegebenen Zielstellung wirkt bzw. agiert.*

In diesem Zusammenhang können Agenten über eine eigene Strategie verfügen, also relativ autonom bzw. „intelligent" sein. Darüber hinaus kann man sie mit adaptiven Fähigkeiten versehen oder auch im System „wandern" lassen als so genannte *mobile Agenten*. Zu beachten ist dabei allerdings der obige Definitionsteil, der darauf hinweist, dass ein Agent stets Element seiner Umgebung ist und damit diese „Wanderung" zumindest konzeptionell bereits zu planen und implementations-technisch vorzusehen ist.

In der Literatur finden wir folgende Einteilung der unterschiedlichen Eigenschaften und Fähigkeiten von Agenten (siehe [Darbyshire 00]).

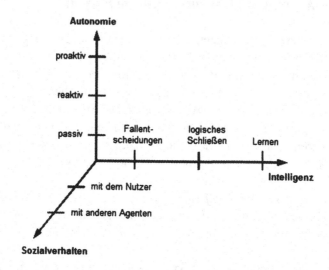

Abb. 245: Eigenschaftsdimensionen von Software-Agenten

Bei den Eigenschaften zur Autonomie handelt es sich bei der *Reaktivität* um die Fähigkeit, aufgrund von Signalen selbständig zu reagieren. Ein *proaktiver Agent* hingegen ist in der Lage, aufgrund spezieller selbst erkannter Situationen zu reagieren. Die passive Agentenform besitzt keine der beiden Eigenschaften. Auf jeden Fall gewinnt unser (verteiltes) Softwaresystem durch die Agenten-Technologie wesentlich an Flexibilität, Variabilität und Funktionalität.

Jetzt wollen wir die wesentlichen Agenteneigenschaften beschreiben. Ein „universeller" Agent, der nahezu alle oben erwähnten Fähigkeiten besitzen könnte, hätte die folgenden in der Abbildung 246 angegebenen Komponenten in sich vereint (siehe [Ferber 99], [Wille 02] oder auch [Wooldridge 01]).

Der Agent erhält seine Aufträge bzw. *Eingaben (Inputs)* vom jeweiligen Nutzer, dem er auch die *Resultate* bzw. *Outputs* nach getaner Arbeit übergibt. Möglicherweise kann er allerdings auch von einem anderen Agenten „beauftragt" werden bzw. einem anderen Agenten die Resultate übergeben bzw. diesen wiederum beauftragen. Der Input wird vom Agent in seine Liste der *Aufgaben* und *Ziele* auf der Grundlage seiner *Intentionen* eingeordnet. Derartige Intentionen können beispielsweise gewisse Präferenzen oder Erfahrungen hinsichtlich zweckmäßiger Bearbeitungsform darstellen. Die *Operationen* des Agenten realisieren dann den Auftrag auf der Grundlage seines *Wissens* und seiner *Erfahrungen*. Die Ausführung des Auftrages selbst erweitert wiederum das Wissen des Agenten selbst und führt zu den (gewünschten) *Aktionen*.

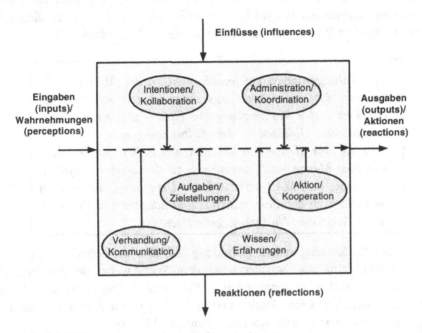

Abb. 246: Komponenten eines Software-Agenten

Hinsichtlich des Bezugs zur Umgebung passt sich der Agent veränderten Bedingungen bzw. *Einflüssen* an bzw. wertet Umgebungsaspekte in der Hinsicht aus, dass seine „Lebensfähigkeit" durch *Reaktionen* erhalten oder auch verbessert wird.

Wir wollen an dieser Stelle einmal die unterschiedlichen Merkmale zwischen der Objektorientierten Programmierung (OOP) und der Agentenorientierten Programmierung (AOP) in der folgenden Tabelle 32 nach [Lind 01] angeben.

Charakteristik	**OOP**	**AOP**
Strukturelle *Elemente*	abstrakte Klasse	generische Rollen
	Klasse	domainspezifische Rollen
	Klassenvariablen	Wissen, Glaube
	Methoden	Fähigkeiten
Relationen	Kollaboration	Verhandlungsfähigkeit
	Komposition	Agentengruppierungen
	Vererbung	Rollenvervielfachung
	Instantiierung	domainspezifische Rolle + individu- elles Wissen
	Polymorphismus	Service-Kombinationen

Tab. 32: Vergleich von OOP und AOP

Das möglichst effiziente Zusammenwirken von Software-Agenten geschieht in einem so genannten *Multiagentensystem (MAS)*. Wir definieren zunächst wieder diesen Bergiff und zwar in folgender Weise (siehe auch [Ferber 99] und [Jennings 98]).

> *Ein **Multiagentensystem** (multi agent system (MAS)) ist ein Software-System, welches aus einer Menge von passiven Objekten – den Verarbeitungseinheiten – und einer Menge von aktiven Objekten – den Software-Agenten – besteht, über die eine Menge von Relationen zwischen den Objekten und eine Menge von Operationen zu den aktiven Objekten existieren. Das MAS wirkt in einer Umgebung, die es auch technologisch definiert, aktiviert und adaptiert. MAS haben in der Regel eine Nutzerbezogene Intention.*

Ein allgemeines Modell zeigt uns die Abbildung 247. Das hier betrachtete MAS arbeitet in einer Netzumgebung wie beispielsweise dem Web, wobei der jeweilige (Web-) Knoten Platz oder auch *City* genannt wird. Wir haben hierbei in der City A Agenten und Objekte, in der City B nur Objekte und in der City C nur Agenten. Objekte stellen die so genannten *Verarbeitungskomponenten* unseres MAS dar.

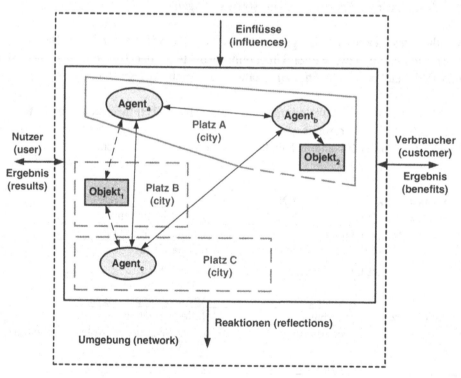

Abb. 247: Komponenten eines Multiagentensystems (MAS)

Agentenarten sind beispielsweise der *Bestellagent*, der *Interface-Agent*, der *Kaufagent*, der *Koordinationsagent*, der *Suchagent*, der *Transformationsagent* und der *Zahlungsagent*. Multiagentensysteme könnten zum Beispiel *Netzlastausgleichssysteme, Handelsagentensysteme* und *Anlagenüberwachungssysteme*.

3.3.2 Modellierung Agentenbasierter Systeme

Zur Betrachtung der Modellierungsschritte zu einem MAS geben wir zunächst ein allgemeines Phasenmodell vor (siehe [Wood 01] und [Wille 02]).

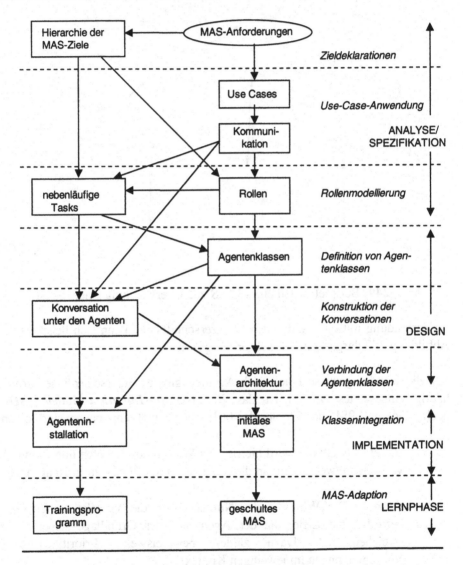

Abb. 248: Die MAS-Entwicklungsphasen

Auf der Grundlage diese allgemeinen Entwicklungsschritte gehen wir im Folgenden auf einige Aspekte der Modellierung von MAS näher ein. Die bei der Spezifikation zumeist verwendeten Use-Case-Diagramme werden bei der Modellierung von Agentensystemen um ein *Agentensymbol* erweitert. Unsere Schnittstellenbeschrei-bung hat nun einen eckigen, roboterähnlichen Kopf. Die folgende Abbildung 249 zeigt ein Modellbeispiel aus [Dumke 03], bei dem Software-Agenten die Kontrolle bei der Überwachung einer industriellen Anlage übernehmen.

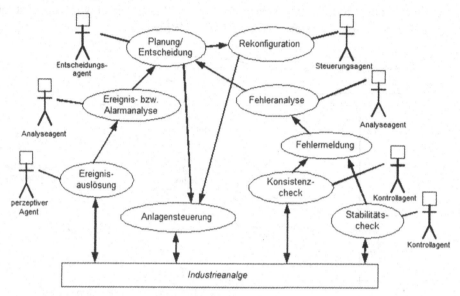

Abb. 249: Beispielmodell eines MAS zur Überwachung einer Industrieanlage

In Verbindung mit einer „üblichen" Nutzerschnittstelle kann sich beispielsweise die in Abbildung 250 dargestellte Modellform ergeben.

Für die Handlungsweise eines Web-Agenten gibt es unterschiedliche Strategien. Ein häufig eingesetztes Modell ist das *Belief-Desire-Intention-Modell (BDI-Modell)* (siehe [Goergeff 98] und [Wooldridge 00]). Die Grundkomponenten sind folgende:

- *Belief:* Als Glaube wird hierbei das Wissen des Agenten über seine Umgebung verstanden, welches ihn in die Lage versetzt, effektiv darin zu arbeiten.

- *Desires:* Die Wünsche des Nutzers bzw. die Verpflichtungen des Agenten betreffen die Ziele, die der Agent auf der Grundlage seiner Aufgaben zu erreichen hat. Dazu zählen beispielsweise Prioritäten oder auch Vergünstigungen im jeweiligen Kontext.

- *Intentions:* Die Intentionen bzw. Absichten stellen schließlich das Wissen des Agenten zum Agentensystemzustand dar und versetzen ihn in die Lage, innerhalb einer Gesamtoperationalität seinen korrekten Beitrag zu leisten.

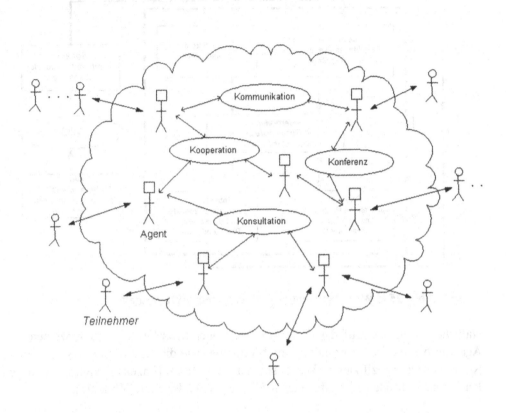

Abb. 250: Allgemeine Darstellung eines Agentenbasierten Web-Systems

Für die Angabe eines Beispiels zum BDI-Modell erinnern wir uns an die Problemdefinition zu einem *WEBAGENT* von Seite 26 ff. Er sollte uns unter anderem die günstigsten Angebote im Web heraussuchen.

Die Abbildung 251 modelliert eine Agentenbasierte Form der Informations-bereitstellung zu unserer Produktinfo-Übersicht externer Anbieter. Der Agent merkt sich dabei die jeweiligen Produktinformationen und aktualisiert möglicherweise diese Liste bei einer Ergänzung um weitere, günstigere Anbieter- bzw. Produktin-formationen.

Man beachte, dass hierbei nur die operationellen Zusammenhänge modelliert wurden. Der Nutzer erhält natürlich im Gesamtsystem explizit die im Modell angegebene *Gesamtliste der Produktinfos* durch entsprechende Interface-Funktionen.

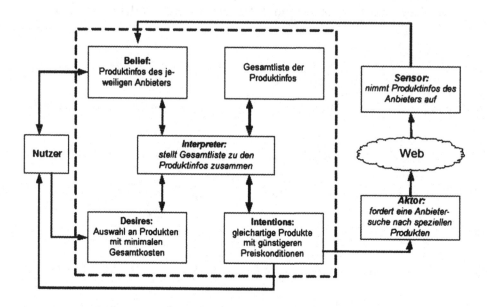

Abb. 251: Web-Agentenbeispiel nach dem BDI-Modell

Natürlich kann man auf der Grundlage derartiger Modelle für einen einzelnen (Web-) Agenten bereits dessen grundlegende Merkmale, wie die Leistungsfähigkeit aller seiner Komponenten, spezifizieren. Wir gehen darauf nicht im Einzelnen ein und verweisen zu Performance-Modellierungsformen auf [Evans 99] oder auch [Wille 01].

Auf der Basis unserer obigen Agentensystemmodellierung sind auch die Interaktionen zwischen diesen Agenten zu modellieren. Für die einzelnen Interaktionsformen gibt es nun unterschiedlichste Strategien bzw. Modelle für ihre Spezifikation. So gilt beispielsweise für die *Kooperation* von Software-Agenten die allgemeine Faustformel:

$$Kooperation = Kollaboration + Aktionskoordination + Konfliktlösung \, .$$

Insbesondere bei **Verhandlungen** unterscheidet man allgemein zum Beispiel die vier Formen (siehe beispielsweise [Kraus 01]):

- *symmetrische Kooperation*: beide Agenten erreichen durch die Kooperation Vorteile bzw. eine Verbesserung (ihrer Arbeit),

- *symmetrischer Kompromiss*: für beide Agenten ergibt sich eine Verschlechterung (ein Kompromiss),

- *nichtsymmetrische Kooperation bzw. Kompromiss*: einer der beiden Agenten erreicht einen Vor- bzw. Nachteil,

- *Konflikt*: keine Einigung zwischen den Agenten möglich (erfolgloser Abbruch der Verhandlung).

So modelliert das folgende Zustandsdiagramm unter Berücksichtigung des BDI-Modells die möglichen Formen einer ***Konfliktbearbeitung*** (siehe [Knapik 98]).

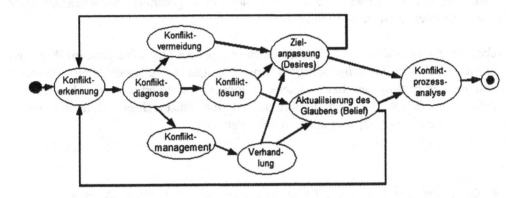

Abb. 252: Konfliktbehandlung zwischen Software-Agenten

Zur Modellierung der Kommunikation an sich werden so genannte ***Agenten-Kommunikationssprachen*** *(Agent Communication Languages (ACL))* eingesetzt (zur Übersicht siehe beispielsweise [Singh 98] oder auch [Wille 02]). Als „klassische" ACL wollen wir kurz die ***KQML-Sprache*** *(Knowledge Query and Manipulation Language)* betrachten (siehe [Labrou 97]). Die Kommunikationsbeschreibung beruht hierbei auf Anfragefunktionen, wie zum Beispiel *ask, ask-if, ask-about, ask-one, ask-all* usw., sowie den jeweiligen Antwortfunktionen, wie beispielsweise *tell, reply* oder auch *sorry*. Wenn wir für unser WEGAGENT-Beispiel für die Zusammenstellung der Produktinfos im Web die beiden (Teil-) Agenten *Sammelagent* und *Suchagent* kommunizieren lassen, so kann sich folgender kurzer Dialog ergeben.

ask

:sender	*Sammelagent*
:receiver	*Suchagent*
:content	*(Produktname, Beschreibung, Preis)*
:reply-with	*Anfrage 1*
:language	*XML*
:ontology	*Produktinformationen*

tell

:sender	*Suchagent*
:receiver	*Sammelagent*
:content	*(Produktname, Beschreibung, Preis)*
:in-reply-to	*Anfrage 1*
:language	*XML*
:ontology	*Produktinformationen*

Wir verweisen an dieser Stelle auf die Selbstdokumentiertheit dieses Beispiels und nehmen an, dass der Leser auch die zuvor noch nicht genannten Sprachelemente der KQML in diesem Kontext versteht.

Neben der Kommunikation als Grundlage einer flexiblen Operationalität im Web sind natürlich auch die *Lerneigenschaften* unserer Agenten zu modellieren. Da diese allerdings sehr paradigmen- bzw. implementationsnah formuliert werden, gehen wir hier nicht näher darauf ein und verweisen auf die entsprechende Literatur (siehe beispielsweise [Ferber 99] oder auch [Wooldridge 00]).

Für die *Bewertung* bzw. die effiziente Ausrichtung der Software-Agenten bzw. des Agentensystems insgesamt werden unterschiedliche Ansätze verwendet für

- die Analyse und Bewertung der einzelnen *Komponenten eines Software-Agenten* hinsichtlich:
  - der Schnelligkeit der Kommunikation,
  - der Effizienz der Verhandlungen,
  - der Mobilitätsaufwände bzw. -zeiten,
  - der Schnelligkeit der Lern- und Wissensbereitstellungsvorgänge,
  - der Anteil an koordinierenden und kooperierenden Aufgaben,
  - der Effizienz der notwendigen Umgebungsanpassungsoperationen;

- die Analyse und Bewertung der *MAS-Komponenten* bezüglich:
  - der durchschnittlichen Effizienz aller Agenten im MAS,
  - der Eignung der jeweiligen, Aufgabenbezogenen Agentenstrukturen,
  - der Effizienz des MAS zur Aufgabenerfüllung insgesamt;

- die Analyse und Bewertung des *MAS-Entwicklungsprozesses* hinsichtlich:
  - des benötigten Aufwandes in den einzelnen Entwicklungsphasen,
  - des Testaufwandes für die Agenten und das MAS selbst,
  - des Lernaufwandes des MAS als Vorbereitung für dessen Einsatz,
  - der Prozessgüte nach einer CMM-adäquaten Bewertungsform;

- die Analyse und Bewertung der *MAS-Entwicklungsressourcen* bezüglich:
  - o der Qualifikation des Entwicklungspersonals,
  - o der Effizienz der verwendeten MAS-Implementationstechnologie,
  - o des Leistungsvermögens der Agentenplattform.

Nach diesem allgemeinen Überblick zur MAS-Modellierung wollen wir uns nun ausgewählten Technologien für die MAS-Implementation zuwenden.

3.3.3 MAS-Technologien

Technologien für die Implementation von Software-Agenten bzw. MAS gibt es bereits eine ganze Reihe. Diese reichen von experimentellen Plattformen, wie *DESIRE, IMPACT, IMPS, MALINA, MaSE JADL, JATlite* und *SODA*, bis hin zu industriell genutzten, wie *ABROSE, Grasshopper, Java-Aglets, JavaSpace, MASSIVE, Tracy* und *Zeus* (siehe [Wille 02] oder [Wooldridge 01]). Wir wollen aus dieser Vielfalt nur die mögliche Implementation eines einzelnen Agenten auf der Grundlage von Java angeben und im Detail die Implementationsform der Aglets kurz umreißen.

Für Agentensysteme gibt es Standardisierungsbemühungen der *FIPA (Foundation for Intelligent Physical Agents)* insbesondere hinsichtlich einer einheitlichen Grundarchitektur. Die folgende Abbildung 253 zeigt die grundlegenden Komponenten (siehe [FIPA 00]).

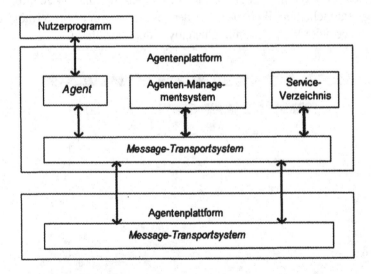

Abb. 253: FIPA-Architektur zum MAS-Management

Bevor wir nun auf die Software-Aglets eingehen, wollen wir noch eine allgemeine Möglichkeit in Java zeigen, so genannte „stationäre" *Informationsagenten* zu implementieren. So kann beispielsweise das folgende Java-Programm, welches einfach nur den Inhalt einer speziellen Web-Seite ausgibt bzw. anzeigt, als einfachste Form eines Informationsagenten angesehen werden.

```
import java.net.*;
import java.io.*;
class webseitenAufruf {
 public static void main(String args[ ]) {
  try {
   URL seite = new URL("http://se.cs.uni-magdeburg.de");
   URLConnection seiteConnection = seite.openConnection();
   DataInputStream dis;
   String inputZeile;
   dis = new DataInputStream(seiteConnection.getInputStream());
   while ((inputZeile = dis.readLine()) != null) {
      System.out.println(inputZeile);
   }
   dis.close();
  } catch (MalformedURLException me) {
  System.out.println("MalformedURLException: " + me);
  } carch (IOException ioe) {
  System.out.println("IOException: " + ioe);
  }
 }
}
```

Dieses Beispiel nutzt unter anderem die Klassen *URL* und *URLConnection*, die insbesondere die Web-Orientierung der Java-Sprache demonstrieren.

Wendet man diese Implementationsform in komplexerer Weise an, so kann man beispielsweise einen **Suchagenten** implementieren. Die Abbildung 254 zeigt den an der Uni Magdeburg entwickelten *WebSpector*, der es unter anderem ermöglicht, in Zeitintervallen eine gezielte Web-Seiteninhaltsanalyse durchzuführen.

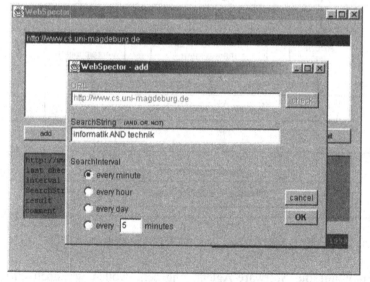

Abb. 254: Web-Seitenauswertung mit dem WebSpector

Für die Realisierung von wirklich mobilen Agenten gibt es mittels Java verschiedene Möglichkeiten. Eine davon ist die Kombination der Java-Applets mit der Agententechnologie als so genannte **Java-Aglets** (siehe [Lange 98]). Einem Aglet liegen im Allgemeinen drei Modelle zugrunde, die wir im Folgenden kurz angeben wollen:

- das *Aglet-Objektmodell* mit den Grundelementen des eigentlichen *Aglets*, dem *Proxy* für die verteilte Verarbeitung und dem *Context* als „Arbeitsplatz" eines Aglets und seinem *Identifier*,

- das *Aglet-Ereignismodell* mit den Komponenten *Clone Listener* für die Kontrolle des Klonens von Aglets, *Mobility Listener* für die Kontrolle des jeweiligen Kontextes eines Aglets und *Persistence Listener* zur Beobachtung des Aktivierens und Deaktivierens eines Aglets,

- das *Aglet-Kommunikationsmodell* mit den Komponenten der *Message* als Übertragungsform, dem *Future Reply* für die asynchrone Nachrichtenübermittlung und *Reply Set* als eigentliche Bestätigung für einen Nachrichtenempfang.

Die Grundoperationen bzw. -methoden, die durch die Aglet-Klasse bereitgestellt werden, sind im Folgenden kurz aufgelistet:

- *Creation*: für den Aufbau bzw. die Definition eines Aglets in einem bestimmten Kontext,

- *Cloning*: für die Kopie eines Aglets mit neuem Identifier und dem aktuellen Agentenzustand,

- *Dispatching*: für den Wechsel eines Aglets von einem Kontext in einen anderen (als grundlegende Unterstützungsform für die Mobilität),

- *Retraction*: für die Rückführung eines „fortgeschickten" Aglets zum Ausgangskontext,

- *Activation* und *Deactivation*: für das temporäre Anhalten und Fortsetzen der Operationalität von Aglets,

- *Disposal*: für das Anhalten eines Aglets und dessen gleichzeitiger Entfernung aus dem jeweiligen Kontext.

Den Zusammenhang dieser Aglet-Grundoperationen verdeutlicht die folgende Abbildung 255.

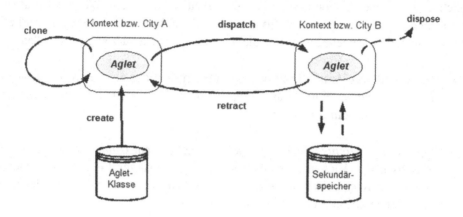

Abb. 255: Aglet-Grundoperationen

Für die Aglet-Entwicklung steht uns eine GUI zur Verfügung. Wir wollen ein kleines Beispiel anhand dieser GUI kurz demonstrieren und verweisen hinsichtlich der Quelltexte auf unsere Web-Seiten zum Buch unter „se.cs.uni-magdeburg.de". In unserem Beispiel erzeugt das *HelloWorldAglet* einen Agenten der sich auf einen anderen Computer begibt und dort die ihm übergebene Nachricht darstellt. Der Agent verweilt zunächst auf diesem Computer. Er meldet sich dann ab, kehrt zu seinem Ausgangspunkt zurück und beendet sich nach seiner Rückmeldung selbstständig. Auf dem eigenen wie auch auf dem anderen Computer kann der Agent nur existieren, wenn ihm ein entsprechender Kontext bereitgestellt wird. Diesen Kontext bildet der Agentenserver, der auf einem Host die Agentenplattform hinsichtlich der oben genannten Funktionalitäten realisiert. Wir zeigen hier den frei verfügbaren *Tahiti Server*, der beim Start mit einem bestimmten Port verbunden wird. Im angegebenen Beispiel ist dies der Port 434. Die Abbildung 256 zeigt uns die GUI zur Aglet-Definition.

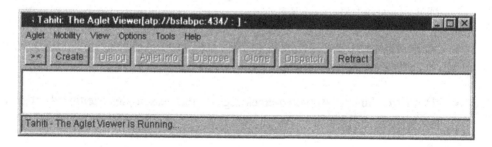

Abb. 256: Start des Aglet-Servers

Unter dem Menüpunkt *Create* erscheint ein Auswahlfenster mit den verschiedenen bereits verfügbaren Aglets in unserem Kontext. Zur eigentlichen Implementation des HelloAglets dient ein Dialogfenster, welches ein Textfeld für die Nachrichten und ein Textfeld für die Adresse des *Remote Computers* besitzt. Die Adresse muss dabei auch den Port des Tahiti Servers des Remote Computers enthalten.

Bei der Abarbeitung unseres HelloAgenten „wandert" unser Agent zunächst zu einem Remote Computer und meldet sich der HelloAglet mit der ihm übergebene Nachricht „Hello World". Nach einer vorgegebenen Zeit meldet sich dann der Agent selbständig auf dem Remote Computer ab und kehrt zu seinem Ausgangspunkt zurück. Nach der Rückmeldung beendet sich unser Aglet selbständig. Die Abbildung 257 zeigt in kompakter Form die Aktivitäten unseres Agenten.

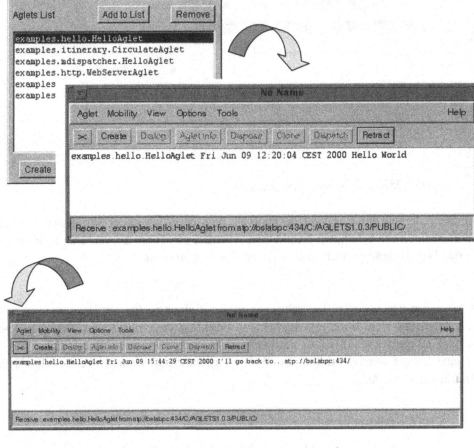

Abb. 257: Arbeitsweise des Hello-World-Aglets

Der konkrete Quellcode zu diesem Beispiel kann unter der *http://se.cs.uni-magdeburg.de* herunter geladen und genutzt werden.

Schließlich wollen wir noch einen ebenfalls nachnutzbaren Agenten als Aglet für die Bestimmung des Umfanges von Objekten im MAS als Lines of Code (LOC) angeben, den so genannten *LOC-Counting-Agent* und dessen Arbeitsweise bildlich andeuten (siehe Abbildung 258).

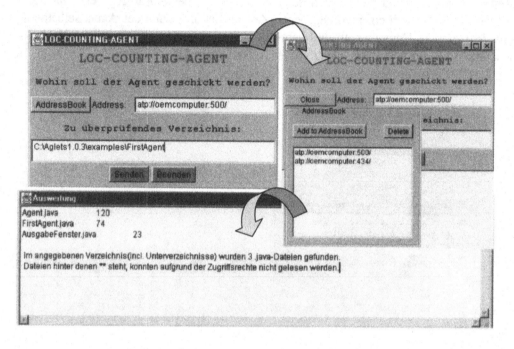

Abb. 258: LOC-Messagentenbeispiel

Die Besonderheit dieser Agententechnologie liegt natürlich in der Voraussetzung eines Kontextes auf alle beteiligten Netzknoten – hierbei der Tahiti-Server. Das ist allerdings für das Web insgesamt noch eine zu restriktive Voraussetzung.

Daher gehen gegenwärtige Bestrebungen in die Richtung, eine gemeinsame (minimale) Operationalität von Software-Agenten – beispielsweise durch die *DARPA Agent Markup Language (DAML)* zu initiieren und so schrittweise die Plattformgrundlagen für eine höhere Interoperabilität im Web zu gewährleisten (siehe [Farkas 2002] und [Thuraisingham 2002]).

Übungsaufgaben

198. Nennen Sie Beispiele für passive, reaktive und proaktive Software-Agenten.

199. Charakterisieren die Inhalte der in Abbildung 251 angegebenen Agenten-Komponenten für unser WEBAGENT-Beispiel.

200. Erläutern Sie drei unterschiedliche Merkmale zwischen der Objektorientierten und Agentenorientierten Programmierung.

201. Begründen Sie die Lernphase bei der MAS-Entwicklung an selbst gewählten Beispielen.

202. Stellen Sie ein BDI-Modell für die im WebSpector (Abbildung 259) angedeutete Funktionalität auf.

203. Diskutieren Sie die Verhandlungsstrategien anhand unseres WEBAGENT-Beispiels.

204. Beschreiben Sie sinnvolle Bewertungsformen für unseren WEBAGENTen.

205. Welche Grundfunktionen besitzt ein Java-Aglet und welche Eigenschaft (Intelligenz, Autonomie oder Mobilität) wird dadurch besonders unterstützt?

3.4 Software-Reengineering

3.4.1 Ursachen und grundlegende Begriffe

Bereits im Abschnitt 1.2.8 zur Software-Wartung haben wir den Inhalt des Software-Reengineering kurz angedeutet. Wir wollen uns diesen Bereich des Software Engineering jetzt ausführlicher zuwenden und gehen zunächst von folgender Definition aus (siehe auch [Arnold 93] und [Müller 97]).

> *Unter Software-Reengineering werden die Aktivitäten, Maßnahmen und Methoden verstanden, die der Erhöhung des Verständnisses, der Wartbarkeit und der Wiederverwendbarkeit dienen bzw. diese erst ermöglichen.*

Im Prinzip geht es also darum, bereits vorhandene Software-Systeme oder auch -Komponenten für die weitere Verwendung aufzubereiten. Was kann nun die Ursache für diese Aufbereitung sein, die möglichst mit ingenieurtechnischen Methoden realisiert werden sollte? Wir wollen dazu die folgenden Gründe anführen:

- Die Änderungen zum Software-System sind ausschließlich am Quellcode vorgenommen worden. Folglich stimmt der Entwurf nicht mehr mit dem Quellcode überein. Das Systemverständnis wird damit ausschließlich dem Programmierer überlassen.
- Die Systemänderungen, ob zum Entwurf oder direkt zu den Programmen, sind stets nach dem Prinzip des minimalen Aufwandes vorgenommen worden. Das bedeutet, dass beispielsweise eine Funktionserweiterung stets „angehängt" oder „aufgesetzt" wurde, um möglichst wenig vorhandene Entwurfselemente oder Programmcode zu ändern. Das führt im Sinne der Entropie zu völlig unverständlichen und kaum nachvollziehbaren Entwurfs- oder/und Implementationsdokumenten bzw. -programmen.
- Die Plattform hat sich grundlegend geändert, wie beispielsweise beim Übergang von Mainframe-Rechnern zu PCs oder Workstations. Damit können verschiedene Migrationsanforderungen entstehen, die zum Beispiel die Programmiersprache, die Architektur (z. B. gleiche Funktionalität aber neue GUI) oder das Betriebssystem betreffen.
- Ein neues Paradigma soll eingeführt werden. So ist beispielsweise die vielfach gepriesene und aufgrund der Software-Ressourcenausprägung kaum vermeidbare Einführung der OOSE eine aktuelle Aufgabe.
- Die Software-Systemanwendungen werden hauptsächlich als Tasks „betrieben". Das bedeutet unter Umständen, dass für die Aufrechterhaltung einer speziellen

Dienstleistung durch ein Software-System nur eine relativ genormte Verwendung der Objektprogramme notwendig ist. Das kann dazu führen, dass die Quellprogramme nicht aktuell oder nicht mehr vorhanden sind.

Diese Liste ließe sich nahezu beliebig fortsetzen. Im Abschnitt 1.6 haben wir bei der Betrachtung des Software-Managements auf Methoden verwiesen, die eigentlich die oben genannten Probleme vermeiden oder zumindest einschränken sollten. Dennoch finden wir derartige Situationen vor, bei der nach System- oder Programmfunktionen förmlich „gestöbert" werden muss. Das hat auch zu den zwar scherzhaft gemeinten, aber gar nicht so unpassenden Begriff der *Software-Archäologie (software archaeology)* geführt. Abbildung 259 verdeutlicht noch einmal die Entstehung inkonsistenter Entwicklungsdokumente.

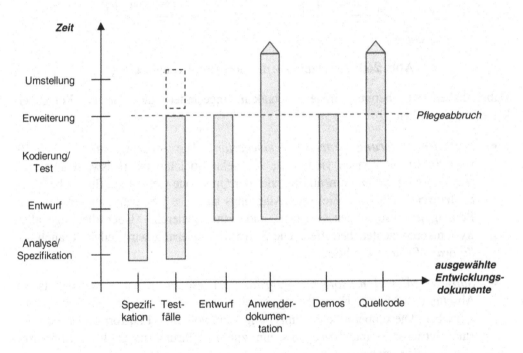

Abb. 259: Gültigkeitsbereiche ausgewählter Entwicklungsdokumente bei der Software-Entwicklung und -Wartung

Sie soll zeigen, dass im Verlauf der Software-Wartung eigentlich nur noch die Anwendungsdokumentation und der Quellcode aktuell gehalten werden.

Andererseits hat die obige Liste gezeigt, dass nahezu alle Entwicklungsergebnisse zum Software-Produkt in dieses Reengineering einbezogen sein können. Die folgende Abbildung 260 soll die methodischen Ansatzpunkte des Software-Reengineering verdeutlichen.

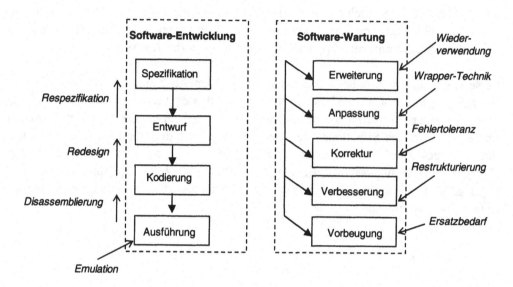

Abb. 260: Ansatzpunkte des Software-Reengineering

Dabei haben wir bereits einige Techniken angedeutet, die wir im Folgenden klassifizieren wollen:

- **Software-Sanierung** *(software rejuvenation):* Die Ausgangspunkte der Software-Sanierung können vielfältiger Art sein. So kann beispielsweise nur eine Verbesserung der Dokumentation oder der Quellcode-Gestaltung für ein besseres Systemverständnis das Ziel sein. Allerdings kann die Sanierung auch bis hin zu Paradigmenumstellungen reichen und eine generelle Überarbeitung aller Systemkomponenten betreffen. Die Software-Sanierung wird teilweise auch als *Software Refactoring* bezeichnet.

- **Software-Migration** *(software migration):* Diese Form haben wir bereits im Abschnitt 1.2.8 als Überführung in eine neue operationale Umgebung umschrieben. Diese operationale Umgebung kann von einer Plattformänderung über eine Betriebssystemänderung bis hin zur Einführung neuer Basis-Software-Technologien reichen.

- **Software-Umstellung** *(software conversion):* Mit der Software- Umstellung wollen wir, in Erweiterung zur Software-Migration, vor allem auch eine Problem- bzw. Implementationsbezogene Veränderung einbeziehen. Eine Währungsumstellung für gespeicherte Finanzdaten (z. B. die Euro-Umstellung) ist ein Beispiel für diese Reengineering-Form.

- **Software-Wiederverwendung** *(software reuse):* Die Software-Wiederverwendung haben wir bereits im vorherigen Abschnitt behandelt. Sie gehört deshalb zum Reengineering, da durch eine entsprechende Komponentenausrichtung das

Reengineering wesentlich erleichtert wird und die oben genannten Ursachen dadurch zum Teil behoben werden können.

Die einzelnen Techniken überdecken sich also teilweise und haben beispielsweise in der Aufbereitung der Software für die jeweilige Form des Reengineering gleichartige Phaseninhalte. Die den Methoden des Reegineering zugrunde liegenden Phasen sind in der Abbildung 261 aufgelistet.

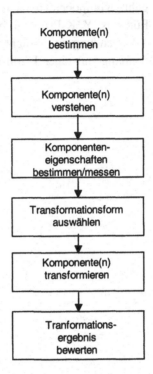

Abb. 261: Allgemeine Phasen des Reengineering

Die Tool-Unterstützung wird durch die ***CARE-Tools*** *(computer-aided reengineering tools)* realisiert. Sie haben die für die jeweilige Phase relevanten Ausprägungen und können eine einzelne oder mehrere Reengineering-Phasen abdecken.

3.4.2 Methoden des Reengineerings

Auf einige konkrete, Phasenbezogene Methoden des Reengineering wollen wir im Folgenden etwas näher eingehen (siehe auch [Müller 97]). Dabei beziehen wir uns beispielhaft auf das so genannte ***Jahr-2000-Problem*** (im Folgenden kurz ***Y2K*** genannt) aus folgenden Gründen:

- Das Jahr-2000-Problem initiierte einer der bisher bekannten komplexesten Umstellungsaufgabe im Bereich der Software-Entwicklung, der Wartung und der Anwendung überhaupt.

- Das Jahr-2000-Problem ist in gewisser Weise immer noch aktuell!

Als erste Form wollen wir uns der *Bestimmung der Komponenten (impact analysis)* zuwenden, bei der es darum geht, Komponenten nach speziellen Merkmalen für das Reengineering auszuwählen. Für das Y2K-Problem bedeutet das, dass sowohl die Wartung als auch die Software-Anwendung zu betrachten ist. Abbildung 262 deutet die Problemstellungen im Zusammenhang mit einer Datumsbezogenen Verarbeitung oder Berechnung an.

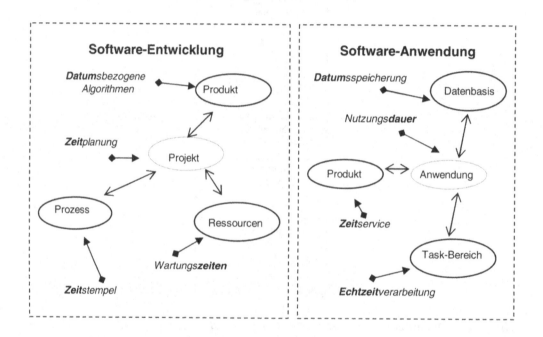

Abb. 262: Beispiele für Y2K-Problemansätze

Nachdem man auf dieser Grundlage die möglichen Problembereiche ermittelt hat, wird eine konkretere Bestimmung der möglicherweise betroffenen Komponenten vorgenommen. Das kann zunächst allgemein erfolgen, wie die Abbildung 263 für die so genannte *Y2K-Betroffenheit* (siehe zum Beispiel [Haase 98]) zeigt.

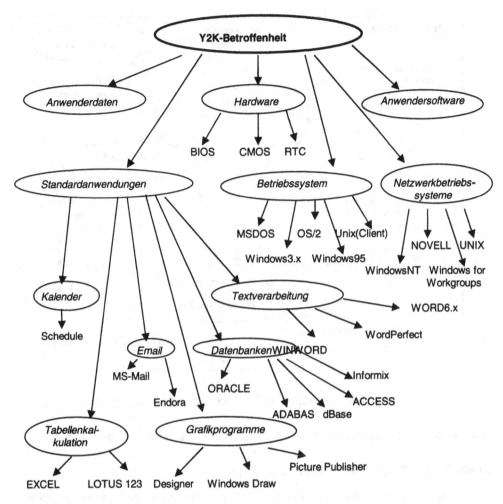

Abb. 263: Komponenten zur Y2K-Betroffenheit in der Bürokommunikation

Nachdem auf diese Weise die Problembereiche und die betroffenen Komponenten bestimmt wurden, wenden wir uns der *Auswahl der Transformationsform* zu. Abbildung 264 zeigt ebenso die allgemeinen Ansatzpunkte für die Auswahl der jeweiligen Umstellungsmethoden (siehe auch [Feiler 98] und [Sims 98]).

Hinsichtlich der konkreten Umstellungstechniken haben sich eine ganze Reihen von Methoden herausgebildet, die sich zum einen darauf konzentrieren, die Datenbasis nicht zu verändern oder aber eine für einen bestimmten Zeitbereich geltende Übergangslösung vorzunehmen (siehe z. B. [Lefkon 98]).

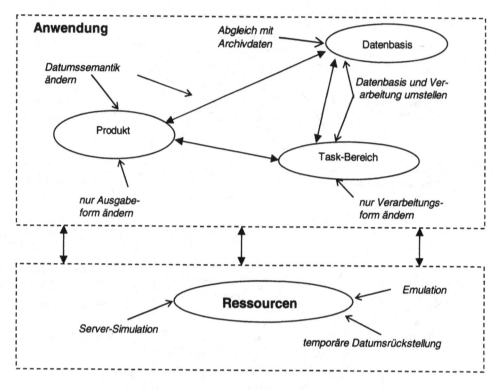

Abb. 264: Ansatzpunkte für Y2K-Umstellungsmethoden

Wir wollen die einzelnen Umstellungstechniken im Folgenden kurz auflisten:

Umstellung auf vierstellige Jahreszahl *(Extension):*

Hierbei sind sowohl die (Anwender-) Datenbasis als auch alle Datumsverarbeitenden Algorithmen umzustellen (mit j – Jahresziffer, m – Monatsziffer, t – Tagesziffer, c – Jahrhundertziffer, f bzw. f' – Verarbeitungsalgorithmen).

$$jjmmtt \rightarrow ccjjmmtt \quad \text{und} \quad f(jjmmtt) \rightarrow f'(ccjjmmtt)$$

Diese Umstellungsform gilt als das sicherste, allerdings u. U. auch als das aufwendigste Verfahren.

Gepackte Datumsverarbeitung *(Packing):*

Die Packungsform besteht beispielsweise darin, die erste Jahresziffer alphanumerisch für zwei unterschiedliche Jahrhundertkennzeichnungen zu verwenden.

$$jjmmtt \rightarrow Jjmmtt \quad \text{und} \quad f(jjmmtt) \rightarrow f'(Jjmmtt)$$

Hierbei sind also ebenfalls sowohl die Datenbasis als auch die Verarbeitungs-programme umzustellen, allerdings bleibt die Zweistelligkeit der Jahreszahl und damit die relative Adressierung erhalten (siehe auch [Koegh 97] zum *Bit Twiddling*). Ein ähnlicher Ansatz ist die Beifügung eines Jahrhundertflags *(Encoding)*, welches aller-dings auch beide Komponenten (Daten und Programme) verändert bzw. bei den Daten erweitert.

Fortlaufende Tagesanzahl *(Offset date):*

Dabei wird ein Basisdatum (Offset) ausgewählt (zum Beispiel der 1.1.1900) und alle Datumsangaben in die Anzahl der Tage ab diesem Zeitpunkt umgewandelt.

$$jjmmtt \rightarrow tttttt \quad \text{und} \quad f(jjmmtt) \rightarrow f'(tttttt)$$

Der Vorteil liegt darin, dass auch hierbei die Zeichenanzahl für das Datum erhalten bleibt bzw. bleiben kann. Allerdings sind auch hierbei wiederum beide Komponenten von der Umstellung betroffen.

Anwendung eines Datumsfenster *(Windowing):*

Hierbei wird ein Zeitfenster (zum Beispiel 1900 – 1999) betrachtet und um eine feste Zahl *(Fixed Windowing)* oder abhängig von der jeweiligen Datumssemantik *(Sliding Windowing)* „verschoben" und somit anders interpretiert (also z. B. alle Jahreszahlen <1930 werden als 2000, ...2029 und alle Jahreszahlen $\geq$ 1930 als ursprüngliche Jahreszahl interpretiert). Die Umstellungsaufgabe lautet also wiederum allgemein beschrieben

$$f(jjmmtt) \rightarrow f'(jjmmtt)$$

und betrifft somit nur die Verarbeitungsalgorithmen. Allerdings schiebt diese Lösung das entsprechende Y2K-Problem als Y2030-Problem vor sich her.

Brücken für die Datumsverarbeitung *(Bridging):*

Hierbei geht es um die Abgleichung von Datumsformaten zwischen Systemen, d. h. es handelt sich dabei um spezielle Verarbeitungsformen für die Gewährleistung korrekter Schnittstellen.

$$jjmmtt \xrightarrow{b(jjmmtt)} ccjjmmtt$$

Brücken können also verschiedenste Transformationsanforderungen beinhalten und dabei zweckmäßigerweise Abgleichstabellen *(Data Duplexing)* verwenden.

Die Datumskapselung *(Encapsulation):*

Bei der Datumskapselung geht es um die Lösung des Y2K-Problems an den Datums-ein- und -ausgaben (ea) der jeweiligen Programme.

$$jjmmtt \xleftrightarrow{\quad ea(jjmmtt) \quad} ccjjmmtt$$

Damit werden im Allgemeinen sowohl die Datenbasis als auch die „internen" Datumsverarbeitungsalgorithmen beibehalten und die Y2K-Umstellungsaufgabe in die „Nutzerschnittstelle" der Systeme „verschoben" (eingekapselt).

Nun wollen wir einiges zur **Bewertung des Transformationsergebnisses** *(conversion evaluation)* angeben. Dabei zeigt sich auch, dass die Angabe des Y2K-Beispiels in diesem Buch, welches um die Jahrtausendwende[50] erscheint, durchaus nicht von vornherein als veraltet angesehen werden kann. Wir fassen als Bewertung der Y2K-Umstellung folgende Aspekte zusammen (siehe auch [Dumke 99] und [Jones 98]):

- Die Y2K-Problematik war/ist eine der *komplexesten Wartungsaufgaben*, in die nahezu jeder Mensch einbezogen bzw. davon betroffen war.

- Die Y2K-Umstellungsmethoden bewirkten, außer bei einer rigorosen Umstellung auf die vierstellige Jahreszahl, letztlich nur eine *Problemver-schiebung*. Insbesondere die Fenster-Technik impliziert den exakten Zeitpunkt für eine erneute Bearbeitung des Y2K-Problems.

- Die erfolgreiche Umstellung zum Y2K in einem Anwendungsbereich sichert nicht die *Kompatibilität* zu anderen Bereichen, für die unter Umständen vielleicht sogar eine andere Umstellungstechnik gewählt wurde. Das gilt insbesondere im Zuge der Entstehung immer globalerer Datenbasen im Internet und deren inhaltliche Verknüpfung.

- Die Y2K-Umstellung führte größtenteils zu einer erheblichen *Prozess-* und *Ressourcenverbesserung* in der Hinsicht, dass eine bessere Übersicht und Dokumentiertheit der Systembeschreibungen und -anwendungen erreicht wurden.

Mit dieser Beschreibung einer konkreten Form des Reengineering wollen wir diesen Abschnitt abschließen. Auf die in diesem Bereich zur Anwendung kommenden Tools sind wir implizit im Abschnitt 1.4 und 1.5 bereits eingegangen.

---

[50] Natürlich weiß auch der Autor dieses Buches, dass das neue Jahrtausend eigentlich erst am 1.1.2001 begann.

Die folgende Abbildung 265 fasst unsere Ausführungen zum Reengineering noch einmal zusammen.

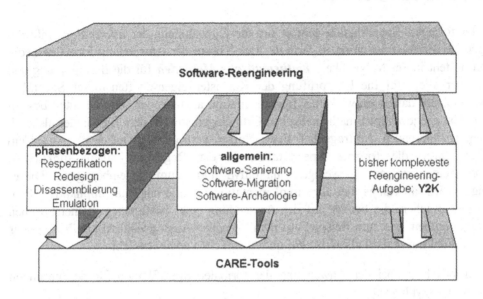

Abb. 265: Aspekte des Reengineerings

Übungsaufgaben

206. Erläutern Sie die Ursachen des Reengineering und geben Sie Beispiele aus dem Bereich der Programmierung an.

207. Welche Anforderungen muss eine CASE-Tool-basierte Entwicklungsmethodik erfüllen, um die Entwicklungsdokumente aktuell zu halten?

208. Geben Sie für die in Abbildung 260 angedeuteten Reengineering-Ansatzpunkte jeweils ein Beispiel an.

209. Beschreiben Sie die Reengineering-Phasen für die Beispiele der Umstellung der Programmiersprache oder des Paradigmas in einem Software-System.

210. Erläutern Sie Ursachen für die weitere Aktualität des Y2K-Problems.

3.5 Formale Spezifikation

3.5.1 Allgemeine Grundlagen

Bei der formalen Spezifikation geht es um die Umwandlung der *informalen* Anforderungen der Problemdefinition in *formale*. Der Vorteil der Anwendung formaler Techniken besteht in der Möglichkeit, **mathematische Methoden** für die Beschreibung und damit vor allem für die Überprüfung der Konsistenzeigenschaften dieser Spezifikationen und der daraus entwickelten Implementation anzuwenden. Der Nachteil besteht darin, dass die jeweiligen mathematischen Grundlagen sowohl dem Entwickler als auch dem partizipierenden Auftraggeber bzw. Nutzer vertraut sein müssen[51]. Außerdem werden durch die formale Spezifikation in der Regel vor allem funktionale Anforderungen umgesetzt, weniger qualitative und kaum systembezogene. Dieser Mangel wird allerdings bei der Implementationsorientierung auf applikative Programmiersprachen, die bereits auf der Anwendung eines bestimmten mathematischen Kalküls beruhen, wie zum Beispiel auf dem logischen Aussagenkalkül als *Prolog* oder auf dem Funktionskalkül als *Miranda*, im wesentlichen abgeschwächt.

Die Grundschritte bei der Anwendung der formalen Spezifikation für den gesamten Entwicklungszyklus sind:

- Die **formale Modellierung** *(formal modelling)* des zu entwickelnden Systems durch
    - die Festlegung der semantischen Bereiche (zum Beispiel in den Datentypen),
    - die formale Beschreibung von Constraints,
    - die Modellierung des operationalen Verhaltens.

- Die **mathematische Beweisführung** *(consistence proving)* zur Konsistenz der Spezifikation und der Gewährleistung der Validität der Anforderungen auf der Grundlage der formalisierten Constraints.

- Die **weitere Verfeinerung der Spezifikation** *(reification)* unter Einbeziehung der Soft- und Hardware-Anforderungen als Design.

- Die **Verifikation der Realisierung bzw. Implementation** durch eine Beweisführung *(correctness proving)* „gegen" die formale Spezifikation bzw. gegen die formale Implementation bei einer schrittweisen Verfeinerung.

- Die Festlegung bzw. **Ableitung der Implementation** *(implementation deriving)* des Systems, die ggf. auch durch eine Programm-Generierung erfolgen kann.

---

[51] In der Praxis versucht man diesen Mangel durch zusätzliche Visualisierungsmittel und Darstellungsformen abzuschwächen.

- Die *Validation des implementierten Systems (system validation)* durch Labor-
  bzw. Feldtests.

Für die formale Spezifikation existieren eine ganze Reihe von *formalen Spezifikationssprachen (formal specification languages)*[52], die auf unterschiedlichen mathematischen Grundlagen beruhen. Wir wollen dafür einige Beispiele kurz auflisten:

- **VDM-SL** *(Vienna Development Method Specification Language)*: Diese Spezifikationssprache wurde bereits Anfang der 70er Jahre entwickelt und basiert auf dem Mengenkalkül (siehe [Fenton 93], [Ford 93] und unter „www.ifad.dk/vdm/vdm.html"). VDM wurde vor allem für sequentiell ablaufende Systeme konzipiert und hat bereits eine weite Verbreitung auch in der Hochschulausbildung gefunden.

- **Z:** Diese formale Spezifikationssprache zählt heute mit zu den populärsten (siehe [Spivey 92] und unter „www.comlab.ox.uk/archive/z.html"). Sie verwendet den Mengenkalkül mit den prädikatenlogischen Erweiterungen als modellbezogene Formalisierungsform. Wir werden diese Spezifikationssprache in einem gesonderten Abschnitt näher beschreiben.

- **SDL** *(Specification and Design Language)*: SDL besitzt zwei Komponenten, eine formale und eine informale bzw. diagrammbezogene. Auf SDL-Diagramme sind wir bereits im Abschnitt 2.4 kurz eingegangen. Die formale Spezifikationsform basiert auf der Theorie der erweiterten endlichen Automaten und wird insbesondere für die Beschreibung von Automatisierungs- und Kommunikationsprozessen eingesetzt (siehe unter „www.sdl-forum.org/").

- **LOTOS** *(Language of Temporal Ordering Specification)*: Diese Spezifikationssprache setzt sich einem Prozessbeschreibungs- und einem abstrakten Datentypbeschreibungsteil zusammen. Analog unterteilt sich LOTOS in ein Basic-LOTOS (nur vereinfachte Prozessdarstellung) und in ein Full-LOTOS mit allen Möglichkeiten (siehe [Turner 93] oder unter „wwwtios.cs.utwente.nl/lotos/"). Dabei ist es in LOTOS möglich, nebenläufige Prozesse zu modellieren und in ihrem Verhalten zu untersuchen bzw. zu beobachten.

- **CSP** *(Communicating Sequential Processes)*: Die von Hoare entwickelte Methode der formalen Spezifikation ist eine Prozessalgebra (siehe [Hoare 90] und unter „www.comlab.ox.uk/archive/csp.html"). Der Sequentialisierungsaspekt dieser Sprache bezieht sich allerdings auf die Beschreibungsform. Dennoch ist es möglich, nebenläufige Prozesse in CSP zu modellieren.

---

[52] Zu formalen Spezifikationssprachen siehe vor allem unter „www.comlab.ox.uk/archive/formal-methods.html" oder „www.tzi.de/".

- **CCS** *(Calculus of Communicationg Systems):* Die formale Spezifikation mit CCS wird ebenfalls durch eine Prozessalgebra realisiert (siehe [Milner 89]). Dabei sind Elemente einer agentenbasierten Kommunikationsform integriert, die auch heute in vielen Theorien zu Agentensystemen Anwendung finden.

Die Tabelle 33 fasst die allgemeinen Merkmale der hier aufgelisteten formalen Spezifikationssprachen noch einmal zusammen.

Sprache	Sprachmerkmal		Beschreibungsmerkmal	
	mengenbezogen	*algebraisch*	*sequentiell*	*nebenläufig*
VDM	X		X	
SDL	X			X
LOTOS		X		X
CSP		X		X
CCS		X		X
Z	X		X	

Tab. 33: Merkmale ausgewählter formaler Spezifikationssprachen

Bei der Messung und Bewertung formaler Spezifikationen haben wir die folgende Situation:

- Für die textliche Form können im Allgemeinen auch quelltextbezogene Metriken angewendet werden. Abbildung 266 zeigt eine einfache Visualisierung einer Prozessstruktur, die auf einer LOTOS-Spezifikation beruht. Damit ist eine modellbezogene Quantifizierung, die die Sprachbesonderheiten berücksichtigt, in relativ einfacher Weise möglich. Beispiele derartiger Metriken können dabei die Anzahl der prozessbeschreibenden Textzeilen (beim Cosmos-Tool *CFNNO* genannt), die Komplexität eines einzelnen Spezifikationsausdruckes[53] (beim Cosmos-Tool als *CFCSC)*, die Anzahl sogenannter Hauptprozesse in einer Spezifikation (beim Cosmos-Tool als *CFNMJ)* oder einfach die Anzahl der Prozess (-knoten) (beim Cosmos-Tool als *CFNED)* sein.

- Die empirische Bewertung basiert gegenwärtig auf einem sehr geringen Erfahrungshintergrund. Zumeist ist hierbei nur eine einfache Komplexitätsbewertung möglich, die sich an Erfahrungen aus der Formulierung von Quelltexten der Programmiersprachen anlehnt. Abbildung 267 zeigt eine derartige Messung einer LOTOS-Spezifikation mit dem Cosmos-Tool für die oben genannten Metriken und die dabei vorgenommenen schwellwertbezogenen Bewertungen.

---

[53] Für die Erläuterung dieser nicht ganz trivialen Form der Komplexitätsberechnung empfehlen wir, in [Dumke 96], S. 114, nachzusehen.

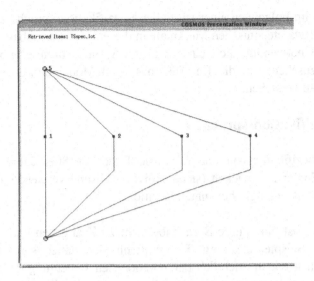

Abb. 266: Prozessgraph einer LOTOS-Spezifikation

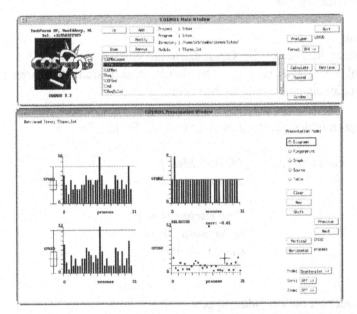

Abb. 267: Beispiel einer Metrikenbasierten LOTOS-Spezifikationsbewertung

Inzwischen sind einige der formalen Spezifikationssprachen auch um das objektorientierte Paradigma erweitert worden, wie beispielsweise *VDM++, ObjectZ,* und ermöglichen eine adäquate Spezifikationsform auch für diesen Entwicklungsbereich. Andererseits werden auch immer weitere Anwendungsbereiche durch ergänzte und kombinierte Formen formaler Spezifikationssprachen erschlossen.

Wir wollen uns im Folgenden einer speziellen Spezifikationssprache zuwenden und die wesentlichen softwaretechnischen Merkmale in diesem Zusammenhang erläutern. Dabei ist es natürlich notwendig, sich eine derartige Sprache in ihrer notationellen Form beispielhaft anzusehen, um die Entwicklungs- und Modellierungstechniken in ihrem Grundanliegen zu verstehen.

3.5.2 Die Spezifikationssprache Z

Die formale Spezifikationssprache Z wurde Ende der 80er Jahre an der Oxford-Universität in England entwickelt (siehe [Spivey 92]) und verwendet die aus der Mengenlehre und Prädikatenlogik bekannten Relationen.

Wir wollen zunächst eine kurze Sprachübersicht zu Z angeben und dann die Anwendung an einem Beispiel erläutern. Es empfiehlt sich dabei, sich das nachfolgende Beispiel anzusehen und hinsichtlich der notationellen Bedeutung dann ggf. zurückzuschauen. Wir geben allerdings nicht die volle Sprachbeschreibung an und verweisen in diesem Fall auf die Literatur. Die formale Spezifikationssprache Z hat die im Folgenden aufgelisteten Grundelemente.

Spezifikationen:
Eine Spezifikation beschreibt die Gesamtstruktur einer funktionalen Modellierung in Form einer Folge von *Paragraphen*. Die dabei anwendbaren Strukturen und Grundelemente haben die folgende syntaktische Form:

- Paragraphen in der allgemeinen syntaktischen Form

$$
\begin{aligned}
\textit{Paragraph} ::= \quad &\textit{[Ident,....,Ident]} \\
&\textit{| axiomatische Beschreibung} \\
&\textit{| Schema-Box} \\
&\textit{| Generisches Schema} \\
&\textit{| Schema-Ausdruck} \\
&\textit{| Deklarationen} \\
&\textit{| Prädikate}
\end{aligned}
$$

Ident bezeichnet die Basisdatentypen.

- axiomatische Beschreibungen in der allgemeinen Form

> *Deklarationsteil*
> ───────────────
> *Axiomenteil*

- Schema-Box als bezeichnete und ggf. parametrisierte Form einer axiomatischen Beschreibung in der allgemeinen Form

$$
\begin{array}{|l}
\hline \quad \textit{Schema-Name} \quad \underline{\hspace{3em}} \\
\textit{Deklarationsteil} \\
\hline
\textit{Axiomenteil} \\
\hline
\end{array}
$$

Die innerhalb eines Z-Schemas definierten Größen sind lokal.

- Generisches Schema in der folgenden notationellen Form

$$
\begin{array}{|l}
\hline \underline{\quad} \textit{Formale-Parameter} \underline{\quad} \\
\textit{Deklarationsteil} \\
\hline
\textit{Axiomenteil} \\
\hline
\end{array}
$$

Schema-Referenzen:
Der Bezug zu bereits spezifizierten Schemata kann definiert werden mittels

$$\textit{Schema-Ref} ::= \textit{Schema-Name Decoration [Renaming]}$$

oder als

$$\textit{Renaming} ::= \textit{[Ident/Ident/.../Ident]}$$

Deklarationen:
Für die Einführung von Variablen als assoziierte Typdeklarationen gilt

$$\textit{Basis-Decl} ::= \textit{Ident,...,Ident : Expression | Schema-Ref}$$

Ausdrücke:
Zu den grundlegendsten Ausdrücken zählen in Z die folgenden:

(...),{...}	Tupel bzw. Menge,
$\mathbb{P}, \times$	Potenzmenge bzw. kartesisches Produkt,
{ | • }	Mengenbeschreibung,
λ	Lambda-Ausdrücke,
let	lokale Definitionen,
Application	Funktionsanwendung,
Schema-Ref	Schemareferenz,
if then else	bedingte Ausdrücke.

Prädikate:

Hierzu werden im Wesentlichen die folgenden Symbole verwendet:

$=, \in$	Gleichheit, Elementbeziehung,
$\neg, \wedge, \vee, \Rightarrow, \Leftrightarrow$	mögliche logische Verbindungen,
$\forall, \exists$	Quantoren.

Schema-Ausdrücke:

Diese Ausdrucksart ermöglicht die logische Verbindung von Z-Schemata mit den oben definierten Mitteln.

Generische Ausdrücke:

Im speziellen können auch generische Konstrukte definiert werden, wie z. B. in der Form

$$
\begin{array}{l}
\hline
[X,Y] \\
\text{first: } X \times Y \rightarrow X \\
\hline
\forall \, x: X; \, y : Y \bullet \text{first}(x,y) = x \\
\hline
\end{array}
$$

Dabei sind X und Y die formalen Parameter.

Freie Typen:

Hierbei können insbesondere Listen und Baumstrukturen einfacher formuliert werden. Die allgemeine syntaktische Form lautet

$$Paragraph ::= Ident ::= Branch \mid ... \mid Branch$$

mit

$$Branch ::= Ident \; [<<Expression>>]$$

Vordefinierte Funktionen:

In Z ist schließlich eine Menge von weiteren mathematischen Operationen vordefiniert. Dazu zählen beispielsweise

$\neq, \notin$	Ungleichheit und Nichtenthaltensein,
$\varnothing, \subseteq, \subset, \cap, \cup, \setminus$	als Mengenoperationen,
first, second	als Projektionsfunktionen,
$\leftrightarrow, \rightarrow, \rightarrowtail$	binäre Relation, totale Funktion, partielle Funktion
dom, ran	Werte- und Definitionsbereich,
id, $\circ$	Identitätsrelation, Komposition,
$\triangleleft, \triangleright$	als Bereichsrestriktionen,
$\sim$	als inverse Relation.

Wir wollen es bei der Angabe dieser symbolischen Grundlagen von Z belassen und uns einem Beispiel zuwenden. Wir wählen dabei das auch von Spivey zur Z-Einführung verwendete Beispiel zur Spezifikation eines *Geburtstagebuches* ([Spivey 92], S. 3 ff.). Es soll paarweise den Personennamen und das zugehörige Geburtsdatum aufnehmen und uns zu einem vorgegebenen Datum die Geburtstagskinder ausgeben.

Die Datentypen sind also hierbei offensichtlich

[NAME,DATUM]

Zunächst wird jetzt der Wertebereich in Form eines „Zustandsraum" durch eine Z-Schema-Box beschrieben:

$$
\begin{array}{|l}
\hline \text{Geburtstagebuch} \rule{4cm}{0pt} \\
\quad \text{benannt: } \mathbb{P} \text{ NAME} \\
\quad \text{geburtstag: NAME} \rightarrowtail \text{DATUM} \\
\hline
\quad \text{benannt} = \mathbf{dom} \text{ geburtstag} \\
\hline
\end{array}
$$

Dabei gilt mit **dom** für den Vorbereich

- benannt: ist die Menge der Namen, die mit konkreten Geburtstagen verbunden sind,

- geburtstag: ist eine partielle Funktion für die entsprechende Zuordnung.

Die Zuordnung der Namen zu Geburtstagen ist die Invariante des beschriebenen Systems. Setzt man zum Beispiel folgende Inhalte voraus

- benannt = { Klaus, Petra, Dieter }

- geburtstag = { Klaus $\mapsto$ 26-Jun, Petra $\mapsto$ 12-Aug, Dieter $\mapsto$ 8-Dez }

ist die Invariante erfüllt, da für die drei Namen genau drei Zuordnungen getroffen wurden. Man beachte, dass der Zustandsraum hierbei nicht endlich ist. Da nicht verlangt ist, dass die Funktion geburtstag injektiv ist, können mehrere benannte Personen dasselbe Geburtsdatum besitzen. Außerdem wurden im obigen Beispiel bereits Entscheidungen zum Darstellungsformat der Informationen getroffen.

Jetzt folgen Operationsbeschreibungen zum obigen Geburtstagebuch. Zunächst das Hinzufügen einer weiteren Geburtsdatumseintragung.

```
┌─ AddGeburtstag ────────────────────────────────────────
│  Δ Geburtstagebuch
│  name?: NAME
│  datum?: DATUM
│ ───────────────────────────────────
│  name? ∉ benannt
│  geburtstag' = geburtstag ∪ { name? ↦ datum? }
└────────────────────────────────────────────────────────
```

Die Erklärung 'Δ Geburtstagebuch' erinnert uns daran, dass es sich hierbei um eine Zustandsänderung handelt, bei der die vier Variablen benannt, benannt', geburtstag und geburtstag' eingeführt wurden. Das Apostroph kennzeichnet die Zustände nach der Änderung. Die beiden Variablenpaare vor und nach der Änderung müssen ebenfalls die Invariante erfüllen. Das Fragezeichen am Ende einer neuen Eintragung ist eine spezielle Kennzeichnung für die hierbei erforderliche Werteingabe.

Die Vorbedingung 'name? ∉ benannt' ergibt sich aus der bereits oben genannten Forderung, dass jede Person nur ein Geburtsdatum haben soll. Die zweite Bedingung kennzeichnet dann die eigentliche Eintragung des neuen Name-Geburtstag-Paares.

Wir erwarten, dass die Menge der vorhandenen Namen durch den neuen Namen erweitert wird.

$$benannt' = benannt ∪ \{ name? \}$$

Dieser Fakt kann bereits aus der Invarianten-Forderung durch den Zustand vor und nach der Add-Operation *bewiesen* werden. D. h. wir zeigen

benannt' = **dom** geburtstag'	invariant danach,
= **dom** (geburtstag ∪ { name? ↦ datum? })	Spezifikation von AddGeburtstag,
= **dom** geburtstag ∪ **dom** { name? ↦ datum? }	Eigenschaft von **dom,**
= **dom** geburtstag ∪ { name? }	Eigenschaft von **dom,**
= benannt ∪ { name? }	invariant zuvor.

Die dabei verwendeten Eigenschaften von **dom** lauten allgemein:

$$\textbf{dom} (f ∪ g) = (\textbf{dom} \, f) ∪ (\textbf{dom} \, g) ,$$

$$\textbf{dom} \{ a ↦ b \} = \{ a \} .$$

Eine weitere Operation diene schließlich dem Auffinden eines Geburtstages in der folgenden Form:

```
┌─ FindGeburtstag ──────────────────────────
│  Ξ Geburtstagebuch
│  name?: NAME
│  datum!: DATUM
├───────────────────────────────────────────
│  name? ∈ benannt
│  datum! = geburtstag (name?)
└───────────────────────────────────────────
```

Die Deklaration 'Ξ Geburtstagebuch' bedeutet, daß hierbei keine Zustands-veränderungen auftreten. Es gilt also

- benannt' = benannt
- geburtstag' = geburtstag .

Das Ausrufungszeichen kennzeichnet hierbei eine Ausgabe. Die Vorbedingung für den Erfolg dieser Operation ist das Vorhandensein von name im System.

Die Operation zur Bestimmung der Personen, die zu einem bestimmten Datum, wie zum Beispiel heute Geburtstag haben, definieren wir durch das folgende Z-Schema:

```
┌─ Geburtstagskinder ───────────────────────
│  Ξ  Geburtstagebuch
│  heute?: DATUM
│  karten!: ℙ NAME
├───────────────────────────────────────────
│  karten! = { n : benannt | geburtstag (n) = heute? }
└───────────────────────────────────────────
```

Mit der Ausgabe karten sind die zu schreibenden Geburtstagskarten gemeint, während heute? die Datumseingabe dafür darstellt. Die Ausgabebeschreibung hat als äquiva-lent:

$$m \in \{ n: benannt \mid geburtstag(n)=heute? \} \Leftrightarrow m \in benannt \wedge geburtstag(m)=heute? .$$

Die Spezifikation des *initialen Zustands* des Systems hat schließlich die folgende Form:

```
┌─ InitGeburtstagebuch ─────────────────────
│   Geburtstagebuch
├───────────────────────────────────────────
│  benannt = ∅
└───────────────────────────────────────────
```

Damit ist die Menge benannt zunächst leer und in Konsequenz der Wertebereich der Funktion geburtstag ebenfalls.

Die bisherige Spezifikation kann bereits für den **Konsistenztest** genutzt werden. Testformen hierzu sind beispielsweise

- die Erfüllung der Invariante durch die obige Definition des Initialzustandes zum Geburtstagebuch,

- die Gewährleistung, dass die Zustandsmenge nicht leer ist.

Eine weitere wichtige Eigenschaft formaler Spezifikationen ist deren **Robustheit.** Zur Berücksichtigung derartiger Eigenschaften kann das *Z-Schemata-Kalkül* verwendet werden, welches ermöglicht, verschiedene Spezifikationen zu kombinieren. Für unser Beispiel bedeutet das, dass wir vor (bzw. im Zusammenhang mit) einer Add-Funktion zunächst prüfen, ob der Name nicht schon eingetragen ist. Dazu sei eine *freie Typdefinition* REPORT formuliert, die die drei Werte

$$\text{REPORT} ::= \text{ok} \mid \text{bereits-bekannt} \mid \text{unbekannt}$$

besitzt und die eine Schema-Box Erfolg in folgender Weise spezifiziert:

```
┌─Erfolg──────────────────────────────
│ result!: REPORT
│─────────────────────────────────────
│ result! = ok
│
└
```

Damit ist dann für die Robustheit innerhalb unserer Spezifikation die Gültigkeit des folgenden Ausdruckes

$$\text{AddGeburtstag} \wedge \text{Erfolg}$$

zu fordern. Für die anderen REPORT-Werte lauten dann die Spezifikationen

```
┌─ BereitsBekannt ──────────────────────
│  Ξ Geburtstagebuch
│  name?: NAME
│  result!: REPORT
│──────────────────────────────────────
│  name? ∈ benannt
│  result! = bereits-bekannt
│
└
```

und ebenso

```
┌─ Unbekannt ─────────────────────────────────
│  Ξ Geburtstagebuch
│  name?: NAME
│  result!: REPORT
├─────────────────────────────────────────────
│  name? ∉ benannt
│  result! = unbekannt
│
└─────────────────────────────────────────────
```

Auf dieser Grundlage können dann *robuste Spezifikationen* (mit einem R als Präfix) formuliert werden, wie beispielsweise

$$\text{RFindGeburtstag} \cong (\text{FindGeburtstag} \wedge \text{Erfolg}) \vee \text{Unbekannt}$$

oder auch

$$\text{RGeburtstagskinder} \cong \text{Geburtstagskinder} \wedge \text{Erfolg} \,.$$

Der jetzt folgende Schritt des Entwurfs beinhaltet die beiden *Designformen* hinsichtlich

- des *Datenentwurfs (data refinement)* und

- des *Programmentwurfs (operation or algorithm refinement).*

Für einfache Probleme kann der direkte Weg von der Spezifikation zum endgültigen Programm in einem Schritt erfolgen *(direct refinement)*. Im Allgemeinen erfolgt dieser Übergang aufgrund der Komplexität der Aufgabenstellung jedoch in mehreren Schritten *(deferred refinement)*.

Zunächst wird der Datenentwurf zum obigen Beispiel betrachtet. Wir definieren für NAME und DATUM konkrete Datentypen in Form von „arrays", also beispielsweise als

$$\text{namen: } \mathbf{array}\ [1..]\ \mathbf{of}\ \text{NAME};$$
$$\text{daten: } \mathbf{array}\ [1..]\ \mathbf{of}\ \text{DATUM};$$

Dabei handelt es sich zunächst um unendliche Felder. Für eine konkrete Implementation sind dann auch konkrete Grenzen oder wenn möglich, eine dynamische Feldvereinbarung anzugeben.

Jetzt erfolgt die Definition des Wertebereiches, zum Beispiel als Menge der positiven ganzen Zahlen $\mathbb{N}_1$ in der Form

$$\text{namen: } \mathbb{N}_1 \rightarrow \text{NAME};$$
$$\text{daten: } \mathbb{N}_1 \rightarrow \text{DATUM};$$

Ein Elementwertzuweisung dieses Feldes *benannt(i):=v* lautet formal

$$\text{namen' = namen} \oplus \{ i \rightarrow v \}$$

Auf das Geburtstagebuch bezogen unter Einführung einer Variablen pos (als aktuelle Position im Feld) lautet jetzt die *formale Implementation*:

```
┌─ Geburtstagebuch1 ─────────────────────────
│ namen: ℕ₁ → NAME
│ daten: ℕ₁ → DATUM
│ pos: ℕ₁
├────────────────────────────────────────────
│ ∀ i,j : 1..pos • i ≠ j ⇒ namen(i) ≠ namen(j)
│
└
```

Hierbei wird '•' für das bei Mengeneigenschaftsangaben sonst übliche '|' verwendet. Der prädikative Ausdruck dieser Spezifikation besagt, dass es keine Namenswiederholungen im Namensfeld gibt.

Die Grundidee hierbei ist, dass jeder Name mit einem Geburtsdatum verbunden ist. Diese Verbindungsrelation Rel lautet für die Verbindung des bisher definierten (abstrakten) *Geburtstagebuch* und dem konkreteren Entwurf *Geburtstagebuch1* wie folgt:

```
┌─ Rel ──────────────────────────────────────
│ Geburtstagebuch
│ Geburtstagebuch1
├────────────────────────────────────────────
│ benannt = { i : 1..pos • namen(i) }
│ ∀ i : 1..pos • geburtstag(namen(i)) = daten(i)
│
└
```

Damit wird der Zusammenhang zwischen zwei Sichten auf das System beschrieben

    1. die abstrakten Zustände benannt und geburtstag und

    2. die konkreten Zustände namen, daten und pos.

Das erste Prädikat in der obigen Spezifikation kann auch als

$$n \in \text{benannt} \Leftrightarrow (\exists i : 1..pos • n = namen(i))$$

geschrieben werden, während das zweite Prädikat den Zusammenhang zwischen den einem Namen zugeordneten Geburtstag und den Elementen des Feldes daten beschreibt.

Eine *formale Implementation* der Add-Funktion hat dann beispielsweise die Form:

```
┌─ AddGeburtstag1 ──────────────────────────
│ Δ Geburtstagebuch1
│ name?:  NAME
│ datum?: DATUM
├───────────────────────────────────────────
│ ∀ i : 1..pos • name? ≠ namen(i)
│ pos' = pos + 1
│ namen' = namen ⊕ { pos' ↦ name? }
│ daten' = daten ⊕ { pos' ↦ datum? }
└───────────────────────────────────────────
```

Durch die Methode der formalen Ableitung des Entwurfs können wir behaupten, dass *AddGeburtstag1* eine korrekte, formale Implementation von AddGeburtstag ist, weil

1. zu jedem möglichen Zustand von *AddGeburtstag* konkrete Zustände in *AddGeburtstag1* existieren;

2. ein beliebiger Endzustand aus *AddGeburtstag1* einen gültigen Zustand aus *AddGeburtstag* repräsentiert.

Wir wollen zeigen, wie diese Behauptung zu beweisen ist. Wir wenden uns zunächst der ersten Begründung zu. Dazu vermerken wir, dass das Prädikat von Rel als

$$\text{benannt} = \{\, i : 1..pos • namen(i) \,\}$$

besagt, dass name? kein Element von namen(i) ist und somit also gilt

$$∀ i : 1..pos • name? ≠ namen(i).$$

Bei der zweiten Begründung ist die jeweilige Entsprechung der beiden konkreten Zustände zu den beiden abstrakten Zuständen zu zeigen, also

$$\text{geburtstag}' = \text{geburtstag} ∪ \{\, name? ↦ datum? \,\} .$$

Zum Beweis dieses Ausdrucks leiten wir zunächst her:

dom geburtstag' = benannt'	invariante Relation,
= {i : 1..pos' • namen'(i) }	gilt nach Rel,
= {i : 1..pos • namen'(i) } ∪ { namen'(pos') }	wegen *pos' = pos+1*,
= {i : 1..pos • namen'(i) } ∪ { name? }	aus AddGeb.1,
= benannt ∪ { name? }	gilt nach Rel,
= dom geburtstag ∪ { name? }	invariant zuvor.

Es gibt also keine Änderung in den Array-Teilen und es gilt im Bereich *1..pos*:

$$\text{namen'}(i) = \text{namen}(i) \wedge \text{daten'}(i) = \text{daten}(i) \,.$$

Für ein beliebiges *i* in diesem Bereich gilt

geburtstag'(namen'(i)) = daten'(i)	gilt nach Rel,
= daten(i)	wegen Nichtänderung,
= geburtstag(namen(i))	gilt nach Rel,

und wenn ein neuer Name im Index *pos'=pos+1* gespeichert wird gilt:

geburtstag'(name?)	
= geburtstag'(namen'(pos'))	wegen namen'(pos')=name?,
= daten'(pos')	gilt nach Rel,
= datum?	gemäß der Spezifikation
	von *AddGeburtstag*.

Damit ist die oben geforderte Äquivalenz gezeigt und die formale Korrektheit des Entwurfs bewiesen *(q. e. d.)*.

Ein konkrete ***Übertragung in eine Programmiersprache*** lautet dann beispielsweise für *AddGeburtstag:*

```
procedure AddGeburtstag(name:NAME;datum:DATUM);
  begin
        pos:=pos+1;
        namen[pos]:=name;
        daten[pos]:=datum
  end;
```

Wir definieren nun auch eine formale Implementation für *FindGeburtstag* in der folgenden Form:

```
┌─ FindGeburtstag1 ─────────────────────
 Ξ Geburtstagebuch1
 name?: NAME
 datum?: DATUM
├───────────────────────────────────
 ∃ i : 1..pos • name? = namen(i) ∧ datum! = daten(i)
└───────────────────────────────────
```

mit der Formulierung in einer Programmiersprache als

```
procedure FindGeburtstag(name:NAME; var datum:DATUM);
            var i:INTEGER;
            begin
                  i:=1;
                  while namen[i] <> name  do i:=i+1;
                  datum:=daten[i]
      end;
```

Damit haben wir die wesentlichen Schritte von einer formalen Spezifikation über eine Verfeinerung als Entwurf in Form abstrakter Implementationen bis hin zu konkreten Programmvorschlägen beschrieben.

Danach erfolgt der *Programmtest*, der eigentlich nur noch die Korrektheit der konkreten zur formalen Implementation zeigen muss. Dabei sind die Testdaten bereits in der Spezifikationsphase für den Funktionstest auszuwählen.

Die aus dieser Spezifikation generierbaren Testdaten beinhalten aufgrund des applikativen Charakters dieser Spezifikationen allerdings keine Testdaten für die Implementationsbesonderheiten (siehe auch [Hörcher 95]). Die Testdaten sind ggf. mit der Verfeinerung der Spezifikation in gleicher Weise zu detaillieren.

Damit haben wir einen vielversprechenden Ansatz zur Verbesserung der Korrektheit zu implementierender Software-Systeme kennen gelernt. Für ausgewählte Bereiche von sicherheitskritischen Systemen werden diese oder ähnliche Ansätze bereits erfolgreich angewandt. Allerdings sind auch hierbei die ständigen Einflüsse eines Paradigmen- oder Methodenwandels zu bewältigen bzw. in effizienter Weise zu lösen.

In der folgenden Abbildung 268 fassen wir die hier behandelten Aspekte der formalen Spezifikation noch einmal zusammen.

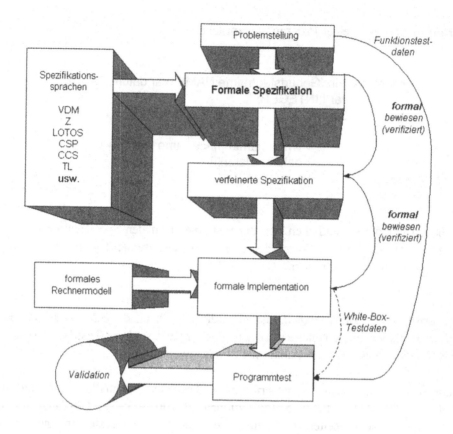

Abb. 268: Aspekte der formalen Spezifikation

Übungsaufgaben

211. Spezifizieren Sie ein System zur Analyse von Quelltexten hinsichtlich der Einhaltung von selbst vorgegebener Programmierkonventionen.

212. Stellen Sie eine Z-Spezifikation für eine robuste Additionsfunktion zum *Geburtstagebuch* auf.

213. Beweisen Sie die formale Implementation der Spezifikation *FindGeburtstag*.

214. Geben Sie eine programmierte Form für die Funktion *InitGeburtstagebuch* an.

215. Geben Sie Beispiele an, die den Korrektheitsbeweis einer formalen Implementation in der programmierten Form unterlaufen könnte.

4 Software-Entwicklung mit der UML

4.1 Technologische Grundlagen

Die nahezu verbreitetste Form Objektorientierter Software-Entwicklung wird gegen-wärtig durch die *UML (Unified Modeling Language)* initiiert. UML ist bei der Firma Rational Rose bzw. jetzt IBM aus den folgenden Methoden bzw. Techniken der so genannten „Amigos" (Booch, Rumbaugh und Jacobson) hervorgegangen (siehe [Booch 99], [Jacobson 99] und [Rumbaugh 99] bzw. unter „www.omg.org/"):

- *OMT* als vormals weitverbreitetste OO-Methode mit ihrem *Klassendiagramm* (siehe Abschnitt 3.1 bzw. [Rumbaugh 93]), die allerdings noch als „Einstieg" ein Datenflussdiagramm (siehe Abschnitt 2.2) hatte,

- *OOD* für die Komponenten- bzw. Architekturdarstellung in der Entwurfs- und Implementationsphase als *Komponenten-* und *Verteilungsdiagramm* (siehe Ab-schnitt 1.2.5 bzw. [Booch 91]),

- *OOSE* mit dem *Use-Case-Diagramm* für den Entwicklungseinstieg (siehe Ab-schnitt 1.3) und die Interaktions- bzw. *Sequenzdiagramme* für die Kommunika-tionsbeschreibung (siehe Abschnitt 2.5 bzw. [Jacobson 92]),

- die so genannten *Zustandsdiagramme* von Harel (siehe Abschnitt 2.4 bzw. [Harel 92]) und die zeitbezogene Funktionsdarstellung als *Aktivitätsdiagramm* (siehe Abschnitt 2.3),

- die so genannten *CRC-Karten* der *RDD-Methode*, die heute allerdings weniger zur Anwendung kommen (siehe [Wirfs-Brock 93]),

- den allgemeinen *Erfahrungen*, die bereits bei einer mehrjährigen OO-Software-Entwicklung gesammelt wurden (siehe [Berard 93], [Cockburn 98], [Lorenz 93] oder unter „www.eetoolbox.com/softdv/object.htm"), wie beispielsweise
  - die stärkere Beachtung der Verhaltensdarstellung im Zusammenhang mit der statischen Klassenbeschreibung,
  - die Notwendigkeit der Unterstützung für eine Problembezogene Suche in Klassenbibliotheken,
  - die größere Unterstützung für den weitaus komplizierteren Integrations-test beim OOP im Verhältnis zur klassischen Systementwicklung.

Die Entwicklung von UML begann 1995 mit einer Vereinheitlichung bisher erfolg-reich eingesetzter OO-Methoden, wie der OMT und der OOD, als *Unified Method 0.8*. Die Hinzunahme von Elementen der Jacobson-Methode OOSE führte zur *Unified Modeling*

Language 0.9. Eine weitere Überarbeitung wurde dann als *UML 1.0* bei der Object Management Group (OMG) zur Begutachtung eingereicht und dann als OMG-Standard in der Version *UML 1.1* im September 1997 angenommen. Die durch die entsprechende Verbreitung entstandenen Hinweise führten zu einer mehr formalen als inhaltlichen Korrektur und zur *UML 1.2* im Jahre 1998. Weitere Verbesserungen, die vor allem noch vorhandene Inkonsistenzen hinsichtlich einer unvollständigen Semantik, „aufgeblähter" Standardelemente und immer noch vorhandene Verwendung gleicher Symbole mit unterschiedlicher Bedeutung in den verschiedenen Diagrammen betrafen, führten schließlich zur *UML 1.3* im Jahre 1999 (siehe [Kobryn 99]) bzw. schließlich zur *UML 1.4* im Jahre 2001. Inzwischen ist die Version 2.0 der UML konzeptionell verabschiedet, die insbesondere eine weitere Verfeinerung der notationellen Grundlagen der Diagramme und eine Erweiterung der ursprünglich 9 auf jetzt 13 Diagramme bzw. Beschreibungsformen (siehe [Björkander 30] bzw. unter „www.omg.org/uml") definiert.

Ein Grund für die Probleme bei der UML-Anwendung ist zum Beispiel die hierbei gewählte allgemein unübliche Form einer Sprachbeschreibung als eine *verbale Auflistung* der Sprachelemente und deren Bedeutung bzw. Anwendungsform. Zum anderen fehlt auch bei UML von Anfang an eine Bewertungsform für die mit UML entwickelten Software-Systeme oder gar für die Sprache bzw. Methode selbst.

Des Weiteren kann man beobachten, dass eine ganze Reihe softwaretechnischer Aspekte durch Bücher mit dem „UML-Layout" im Rahmen der UML-Literatur erschienen sind und erscheinen. Dazu gehören insbesondere:

- [Booch 99], [Fowler 98] und [Rumbaugh 99]: als *UML-Sprachbeschreibung* in den Formen einer Anwenderbeschreibung, eines Referenzhandbuches und einer Kurzbeschreibung,

- [Jacobson 99]: als *UML-Entwicklungsprozessbeschreibung* mit einem Lebenszyklusmodell einer evolutionären Software-Entwicklung,

- [Warmer 99]: als Möglichkeit der *Anwendung von Constraints* aller Art beim Modellieren in Form einer Object Constraint Language (OCL),

- [Royce 98]: als Definition eines einheitlichen Frameworks für das UML-basierte *Software-Projektmanagement*,

- [Fowler 97]: als Beschreibung der Anwendung von *Analysemustern* zur Rationalisierung der Spezifikationsphase,

- [Douglass 98]: als Konzeption eines *Real-Time-UML* für die Anwendung dieser Methode für reaktive und eingebettete Systeme,

- [Cockburn 98]: als Zusammenfassung von *Projekterfahrungen* auf dem Gebiet der Entwicklung objektorientierter Systeme,

- [D'Souza 99]: als Sammlung von Beispielen zur UML-basierten Umsetzung von *Objektorientierten Programmierungstechniken*,

- [Binder 00]: als umfangreiche Darstellung *Objektorientierter Testung* unter Einbeziehung von so genannten *Testpattern*,

- [Fowler 99]: als methodische Darstellung von Prinzipien der *Software-Sanierung* im Bereich der OOSE.

Diese Liste erweitert sich sicherlich noch um Aspekte der Qualitätssicherung und des effizienten CASE-Tool-Einsatzes.

Die Grundelemente der Sprache UML sind also Symbole und Notationsregeln für die unterschiedlichsten Diagramme. Abbildung 269 gibt noch einmal eine Übersicht zu den UML-Diagrammen.

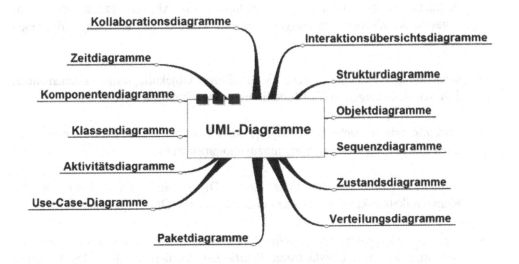

Abb. 269: UML-Diagrammübersicht

Wie bereits oben erwähnt, haben wir diese Diagramme größtenteils bereits in ihrer notationellen Form behandelt und an Anwendungsbeispielen erläutert. Es fehlen allerdings noch die *Interaktionsübersichtsdiagramme*, die *Zeitdiagramme* und die *Strukturdiagramme*. Bevor wir diese Diagramme kurz charakterisieren wollen, gehen wir noch einmal auf die bereits beschriebenen in alphabetischer Reihenfolge ein und weisen auf einige Ergänzungen im Rahmen der UML 2.0 hin:

- *Aktivitätsdiagramm* (siehe Seite 264): Diese Diagrammform dient der Modellierung komplexer Operationen, Use-Cases bzw. allgemeiner Business-Prozesse. Ähnlich wie beim Sequenzdiagramm können hierbei *Zeitlinien (swimlanes)* verwendet werden, die speziell auch *Objektaktionen* parallel spezifizieren.

- *Klassendiagramm* (siehe Seite 314): Hierbei können über speziell definierte Ports am Klassenschema *Interfaces* angegeben werden, die zum einen die bereitgestellten und zum anderen die durch die jeweilige Klasse benötigten Dienste angibt.

- *Kollaborationsdiagramm* (siehe Seite 288): Bei diesem Diagramm zur Modellierung der Interaktion zwischen Objekten können auch *Akteure* angegeben werden. Ferner können Links zwischen den Objekten die *Assoziationen, Aggregationen, Kompositionen* und *Abhängigkeiten* spezifizieren.

- *Komponentendiagramm* (siehe Seite 56): Beim Komponentendiagramm für die Architekturbeschreibung können ebenfalls die klassenspezifischen Eigenschaften der *Klassenbeziehungen*, wie zum Beispiel die *Vererbung*, angegeben werden.

- *Objektdiagramm* (siehe Seite 309): Beim Objektdiagramm können auch *Klassenbeziehungen* in die Modellierung mit einbezogen werden.

- *Paketdiagramm* (siehe Seite 57): Hierbei können *Paketstrukturen* oder aber auch *Akteure* zur Beschreibung hinzugenommen werden.

- *Sequenzdiagramm* (siehe Seite 286): Diese Modellierungsform für die Kommunikation kann um *Akteure* und *dynamische Objekte* ergänzt werden.

- *Use-Case-Diagramm* (siehe Seite 131): Hierbei können auch zwischen den Akteuren die unterschiedlichsten *Relationen* definiert werden. Des Weiteren können die *Prozesse strukturiert* dargestellt werden.

- *Verteilungsdiagramm* (siehe Seite 56): Bei diesem Diagramm für die Beschreibung der Plattformbezogenen Architektur können zwischen den Hardwarekomponenten die *jeweiligen Technologien*, wie HTTP, JDBC oder auch Webservices, zur expliziten Kennzeichnung angegeben werden. Darüber hinaus sind auch andere visuelle Formen für die Hardwarebeschreibung anwendbar.

- *Zustandsdiagramm* (siehe Seite 274): Hierbei können Startpunkte auch „innerhalb" des Diagramms definiert werden. Außerdem können Zustands-diagrammteile nahezu beliebig zu komplexen Zuständen zusammen-gefasst werden.

Die weiteren, neuen Diagramme dienen vor allem dazu, die bisher mangelhafte Konsistenz zwischen den UML-Diagrammen abzuschwächen und die Modellierung moderner Entwicklungstechnologien, wie dem CBSE oder dem AOSE, besser zu unterstützten (siehe [Kobryn 02]).

Das **Interaktionsübersichtsdiagramm** *(interaction overview diagram)* stellt eine Variante des Aktivitätsdiagramms dar, welches den Steuerfluss bzw. Workflow in einem System oder Business-Prozess modelliert. Die einzelnen Aktivitäten können dabei auch selbst wieder Interaktionsdiagramme darstellen.

Das **Strukturdiagramm** *(composite structure diagram)* spezifiziert zu einer Klasse, einer Komponente oder einem Anwendungsfall die interne Struktur einschließlich der Interaktionspunkte zu anderen Komponenten im System.

Ein **Zeitdiagramm** *(timing diagram)* dient schließlich der Modellierung der Zeitbezogenen Veränderungen der Objekte, Aktivitäten oder Rollen im Gesamtsystem. Eine typische Anwendung dafür ist die Beschreibung der Zustandsänderung eines Objektes über einen Zeitraum hinweg mit der Angabe der ursächlichen externen Ereignisse.

Für die Anwendung von UML ist natürlich auch eine Prozessbeschreibung erforderlich, wie sie beispielsweise in [Jacobson 99] angegeben ist. Sie beinhaltet die folgenden allgemeinen Prinzipien:

- die Orientierung auf den Modelleinstieg durch die Modellierung der Anwendungs- oder Geschäftsfälle mit dem Use-Case-Diagramm,

- die Berücksichtigung der Anforderungskopplung mit den Entwicklungsdiagrammen durch eine in sprachlicher Form vorhandener Verknüpfung mit Bedingungen *(constraints)*,

- den Architekturbezogenen Entwurf des Software-Systems,

- die Berücksichtigung der im Verlauf der Entwicklung anfallenden Iterationen durch den Ansatz einer inkrementellen Entwicklungsform.

Der UML-bezogene Entwicklungsprozess wird auch *Rational Unified Process (RUP)* genannt. Abbildung 270 (siehe [Jacobson 99]) verdeutlicht die Ansatzform des RUP durch die bewusste Verbindung der Anforderungsiterationen im Entwicklungsprozess mit den Phasenabläufen in der jeweiligen Entwicklungsetappe des Software-Lebenszyklus.

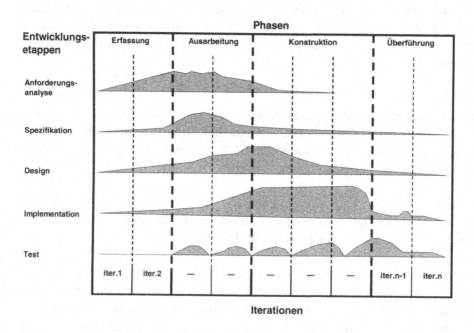

Abb. 270: Aufwandsverlauf in den UML-basierten Entwicklungsphasen

Für jede „Iterationsspalte" kann hierbei die grundlegende Aufwandsverteilung dargestellt und analysiert werden. Generell gelten natürlich dabei auch die allgemeinen Aspekte des Software Engineering, wie wir sie im ersten Kapitel dieses Buches kennen gelernt haben.

Bezüglich des Einsatzes der jeweiligen Diagramme in den UML-basierten Entwicklungsphasen und den zu erstellenden Produkt- und Dokumentationskomponenten gibt es unterschiedliche Ansätze (siehe [Burkhardt 99], [Österreich 97] oder [Zuser 02]). Wir geben in der Abbildung 271 eine vereinfachte Darstellung einer UML-basierten Entwicklungsform an.

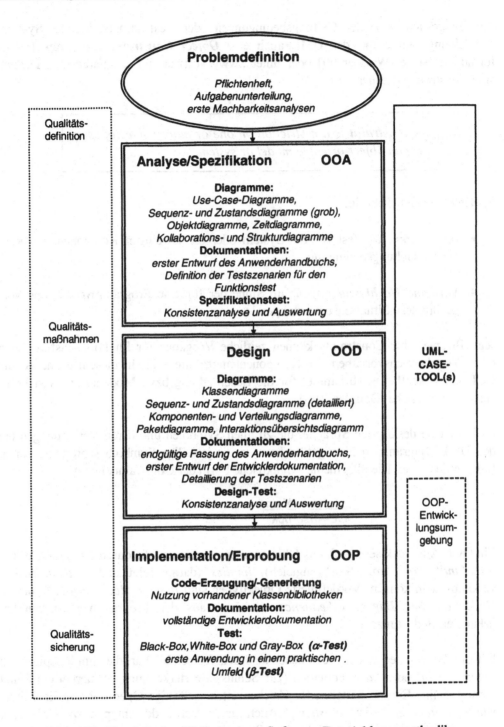

Abb. 271: Vereinfachte UML-basierte Software-Entwicklungsmethodik

Zur Integration spezieller Geltungsbedingungen oder -restriktionen bei der Systementwicklung wurde mit der UML auch eine *Object Constraint Language (OCL)*
formuliert (siehe [Warmer 99] oder unter „www.software.ibm.com/ad/ocl/"). Danach
sind Constraints definiert als:

> *A **constraint** is a restriction on one or more values of (part
> of) an object-oriented model or system.*

Speziell können Constraints

- *Invarianten:* als fest für die System oder die jeweiligen Komponenten vorgegebene Geltungsbedingung,

- *Vor- und Nachbedingungen:* im Sinne der für eine Programmverifikation vorgenommene Situationsbewertungen

sein. Beispiele für Constraints können zeitliche Vorgaben für Funktionsausführungen
oder Wertebereichsvorgaben für Komponentenattribute sein. In diesem Sinne ist die
OCL ein wesentliches Hilfsmittel für die Beschreibung bzw. Modellierung von Echtzeitsystemen (siehe [Douglass 98]).

OCL ist eine deskriptive Sprache, die zu allen Symbolen und deren Verbindungen bei
den UML-Diagrammen hinzugefügt bzw. in die jeweilige Symbolbeschreibung einge-
fügt werden kann. Die allgemeine syntaktische Form der Constraints lautet:

Constraint-Name
OCL-Ausdruck

Ein OCL-Ausdruck setzt sich aus Objektnamen zusammen, die durch die Symbole '=',
'*or*', '*and*', '*xor*', '*not*', '<>' (ungleich), '*implies*' (daraus folgt) und '*if...then...else...*'
verknüpft sein können. Vordefinierte Objekttypen sind *Integer, Real, String, Boolean,
Collection, Set, Bag* und *Sequence* mit ihren aus den Programmiersprachen her
bekannten Bedeutungen.

Für die Zahlentypen sind verschiedene Ausdrucksformen bildbar, die zum Beispiel auch
'*.max*', '*.min*' oder '*.div*' enthalten (zur Schlüsselworterkennung ist hierbei ein Punkt
vorangestellt). Ebenso bestehen für Zeichenketten vielfältige Operationsmöglichkeiten,
wie '*concatenation*' oder '*substring*'. Auch für die Verbunddatentypen, wie *Collection*
oder *Sequence* existieren vordefinierte Operationen, wie '*count*', '*exists*', '*isEmpty*'
oder '*forAll*'. Für die Definition von Vor- und Nachbedingungen gilt die allgemeine
Constraint-Form:

> *Modellkomponententyp*
> pre: *Vorbedingungsausdruck*
> post: *Nachbedingungsausdruck*

Eine Modellkomponente kann sich dabei auf alle UML-Komponenten beziehen, also vom Objekt über die Klasse bis hin zum Paket bzw. zur Komponente der System-architektur.

Wir wollen einige Beispiele angeben, die gleichzeitig einen Eindruck über die jeweilige Notationsform vermitteln.

- Die Verbindung der Attribute von Klassen mit Invarianten, wie zum Beispiel als

> Kunde   bzw.   Kunde
> alter >= 18   Befähigung -> **exists**(berufe='informatiker')

    Dabei sei *Kunde* eine Klasse mit den Attributen *alter* und *geschlecht* und *Befähigung* eine Unterklasse von Kunde mit dem Attribut *berufe*.

- Die Formulierung einer Vor- und Nachbedingung für einen Klassentyp in der folgenden allgemeinen Form

> Typ1::operation(arg : Typ2) : ReturnTyp
> **pre** : arg.attribut1 = true
> **post**: resultat = arg.attribut1 **xor** arg.attribut2

- Die Bedingungsangabe für ein Attribut einer Klasse, welches eine Wertefolge darstellt als

> Kunde
> geschlecht = #männlich **implies** anrede='Herr'

Für *geschlecht* wird dabei ein Nummerierungstyp, wie zum Beispiel *enum* angenommen.

Damit ist es möglich, die speziellen Bedingungen aus den Systemanforderungen den jeweiligen UML-Komponenten zuzuordnen. Problematisch ist gegenwärtig allerdings noch die konsistente OCL-Tool-Unterstützung für den UML-basierten Software-Ent-wicklungsprozess.

Constraints können sich aus einer speziellen Zielrichtung, die der Berücksichtigung eines oder mehrerer Aspekte dient, ableiten. Eine Form der Ausrichtung auf derartige Aspekte beim Software-Entwurf ist die Aspektorientierte Programmierung. Diese

Entwicklungsform können wir daher in folgender Weise definieren (siehe unter „www.parc.xerox.com/csl/projects/ aop/").

> *Die **Aspektorientierte Programmierung** (aspect-oriented programming (AOP)) ist die modulare Ausrichtung einer Objektorientierten Programmstruktur auf bestimmte Bedingungen oder Aspekte durch eine spezielle funktionale Dekomposition (crosscuts) und der damit möglichen Aspektbezogenen Testung und Wartung.*

Die jeweiligen Aspekte bilden dabei einen separaten Code, der im Zusammenhang mit der Anwendung Aspektorientierter Programmiersprachen zur Laufzeit berücksichtigt wird. Anwendungstechnologien der AOP können beispielsweise unter „aspectj.org/" oder „www.ccs.neu.edu/home/lieber/AOP.html" eingesehen werden.

Für die **Bewertung** der mit Hilfe von UML erstellten Software oder für die Bewertung des UML-gestützten Entwicklungsprozesses existieren bisher hauptsächlich Modellierungsansätze (siehe [Fetcke 98] oder [Marchesi 98]). Allerdings sind empirische Erfahrungen hierbei kaum vorhanden. Messansätze für die UML-basierte Entwicklung sind beispielsweise:

- *Metriken zum Klassendiagramm:* die Anzahl von Stereotypen, persistenten Klassen, abstrakten Klassen, die Vererbungstiefe, die Parent- bzw. Child-Klassen einer Klasse sowie die public-, protected- oder private-Operationen bzw. Attribute,

- *Metriken zum Use-Case-Diagramm:* die Anzahl der abstrakten Use-Cases, der Bezug zu Szenario- (CRCs) und Klassendiagrammen und die Abhängigkeiten der Use-Cases vom Akteur.

Diese Metriken bzw. Kennzahlen beziehen sich auf die damit mögliche Produktbewertung. Für den Nachweis der Effizienz von UML stehen allerdings die Prozessbewertung und die Ressourcenbewertung noch aus. Im Einzelnen bedeutet dies:

- *UML-Prozessbewertung:* als Einschätzung der Berücksichtigung aller Anforderungen, der Gewährleistung der Konsistenz zwischen den Diagrammen und beispielsweise der Möglichkeit der Code-Generierung aus dem Design und einer Design-Generierung aus dem Code;

- *UML-Ressourcenbewertung:* als Einschätzung der CASE-Tool-Effizienz hinsichtlich einer Verringerung der Entwicklungskomplexität.

Daher verbinden sich auch die bereits im Abschnitt 1.5 genannten Messaufgaben mit einer UML-basierten Software-Entwicklung.

Übungsaufgaben

216. Charakterisieren Sie kurz die wesentlichen Methoden und Techniken aus der die UML hervorgegangen ist.

217. Beschreiben Sie kurz den Inhalt und die Intention der 13 UML-Diagramme.

218. Welche Ertwicklungsetappen und Phasen besitzt der Unified Rational Process?

219. Ordnen Sie die UML-Diagramme den OO-Entwicklungsphasen zu.

220. Formulieren Sie in OCL-Beispiele für das im Abschnitt 3.1 angegebene Zählerbeispiel.

221. Welche Intentionen verfolgt die Aspektorientierte Programmierung?

222. Diskutieren Sie verschiedene Beispiele der Metriken für UML-Diagramme und die erforderlichen empirischen Erfahrungen für die Bewertung der Wartbarkeit.

4.2 CASE-Toolgestützte Systementwicklung mit der UML

Mit der UML wurden natürlich auch CASE-Tools entwickelt bzw. an die neue Notation angepasst. Speziell die Firma Rational Rose vertreibt hierzu ein ganze Reihe von Tools zur Entwicklungsunterstützung (siehe „www.rational.com/" bzw. „www.ibm. com"), wie zum Beispiel:

- *Rational Rose:* als eigentliches Entwicklungstool zur Anwendung der UML in Verbindung mit einer Code-Skelettgenerierung,

- *Rational Suite Test Studio:* mit der Unterstützung der Testfalldefinition und deren -anwendung,

- *Rational ClearQuest:* für die Web-basierte Unterstützung eines Fehlerbearbeitungs- und Änderungsmanagement,

- *Rational SoDA:* zur Gewährleistung einer automatisierten Erzeugung der Projektdokumentation,

- *Rational Metrics One:* für die Anwendung von Software-Metriken für eine dedizierte Messung und Bewertung von UML-Modellen,

- *Rational SQA Suite:* für die Produktanalyse und -bewertung unter dem Aspekt einer Software-Qualitätssicherung.

Wir wollen uns im Folgenden dem Rational-Rose-Tool zuwenden, welches mit der UML entwickelt wurde. Das Rational-Rose-Tool hat die folgenden Sichten auf das zu entwickelnde Software-System, welches im Zusammenhang mit dem Entwicklungsprozess selbst als **Project** definiert wird (siehe [Quatrani 98]).

- *Use-case View:* Diese Perspektive dient der Beschreibung des Systems aus seiner externen (Nutzer-) Sicht. Dabei sind die Prozesse mit Hilfe von Use-Case-Diagrammen zu beschreiben. Eine Dokumentationsmöglichkeit für die Anwendungsfälle, die Akteure und die jeweiligen Verbindungen gewährleisten die vollständige Beschreibung der Grundfunktionalität des Systems. Die Funktionalität kann beispielsweise mittels Aktivitätsdiagramme detailliert werden.

- *Logical View:* Diese Sicht beschreibt die interne Funktionalität des Systems. Dabei werden die (statische Struktur) ggf. mittels Klassendiagramme oder auch das Systemverhalten – beispielsweise mittels Sequenz- und Zustandsdiagrammen – modelliert. Es können Aktivitätsdiagramme verfeinert werden und aus Sequenzdiagrammen unmittelbar Kollaborationsdiagramme *generiert* werden.

- **Component View:** Die Bezeichnung verweist bereits auf die Architektursicht und wird durch das Komponentendiagramm unterstützt. Dabei wird also die software-seitige Aufteilung bzw. Struktur des Gesamtsystems konzipiert.

- **Deployment View:** Diese Sicht ist dem Component View untergeordnet. Dabei steht schließlich die Konzipierung der hardwareseitigen Verteilung des Software-Systems im Mittelpunkt. Ihren notationellen Ausdruck findet dieser Aspekt im Verteilungsdiagramm.

Im Hintergrund dieser vier Sichten wird der Systemzusammenhang durch den so genannten *Process View* gewährleistet. Das Rational-Rose-Tool enthält diese Sichten als Verzeichnisse, deren Files die jeweiligen entwickelten Diagrammkomponenten darstellen.

Die Systementwicklung selbst beginnt mit der Definition der Anwendungsfälle und den beteiligten Akteuren bzw. Systemschittstellen als *Use-Case-Diagramme* (siehe Abbildung 272).

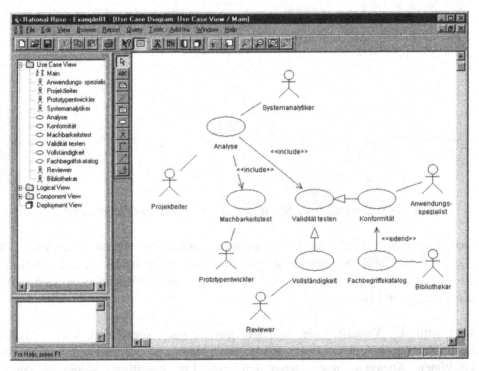

Abb. 272: Beispiel eines Use-Case-Diagramms mit dem Rational-Rose-Tool

Der Anwendungsfall wird durch eine allgemeine Kennzeichnung, den angehörenden Diagrammen, den Relationen zu Akteuren und durch den File-Namen spezifiziert. Die jeweiligen Akteure können in derselben Weise charakterisiert werden. Außerdem können spezielle Attribute dieser Schnittstelle, wie Parallelität oder Persistenz, oder aber auch das Datenaustauschformat in der XML angegeben werden.

Dann werden die jeweils beteiligten *Objekte* definiert und dokumentiert. In verallgemeinerter Form entstehen hierbei auch die *Klassen* des Systems. Sie werden hinsichtlich ihrer Struktur zunächst nur zu Paketen (*Packages*) zusammengefasst. Das Spezifikationsergebnis ist im Logical View aufgelistet.

Der nächste Schritt betrifft die Modellierung der Interaktion zwischen den Objekten. Dafür nutzt man im Allgemeinen *Sequenzdiagramme* (siehe Abbildung 273). Erst wenn wir ein Sequenzdiagramm definiert haben, können wir mit dem Rational-Rose-Tool das *Kollaborationsdiagramm* generieren.

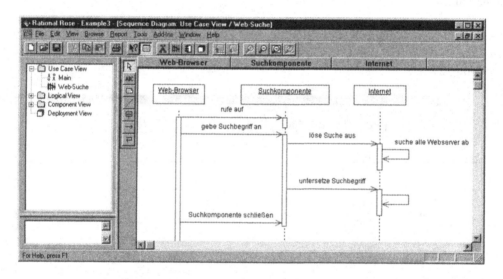

Abb. 273: Beispiel eines Sequenzdiagramms mit dem Rational-Rose-Tool

Der folgende Schritt definiert nun die *Klassenbeziehungen*, wie die Assoziation und die Aggregation. Dabei werden im jeweiligen Dokumentationsteil auch die Rollen der Objekte modelliert. Die Beziehungsangabe schließt auch mögliche Relationen zwischen den Packages mit ein.

Jetzt wird das *Verhalten* der Objekte bzw. Klassen spezifiziert. Das schließt die Definition der jeweiligen Operationen bzw. Methoden der Klassen und die dafür benötigten Attribute bzw. Daten mit ein. Ein jeweiliger Mausklick auf das Klassensymbol stellt uns diese Beschreibungsmöglichkeit zur Verfügung.

Dann folgt die Betrachtung möglicher *Vererbungsbeziehungen* zwischen den Klassen. Dabei nutzen wir die Darstellungsmöglichkeiten innerhalb des Klassendiagramms im Logical View.

Nach der bereits erfolgten allgemeinen Charakterisierung des Objektverhaltens folgt nun eine spezielle Betrachtung und Modellierung mit den *Zustandsdiagrammen.* Im Rational-Rose-Tool wird für die Dokumentation dieser Eigenschaften jeweils die Detail-Angabe verwendet.

Der folgende Entwicklungsschritt dient einer ersten *Kontrolle* des bisher spezifizierten Modells. Derartige Kontrollen betreffen eine mögliche Zusammenfassung oder notwendige Splittung von Klassen, die Simulation der bereits spezifizierten Szenarien oder den Check der Ereignisbezogenen Modellierung im System.

Dann wenden wir uns dem Entwurf der *Architektur* zu. Wir haben bereits Klassen zu Paketen zusammengefasst und erste Strukturen definiert. Hierbei werden diese Modellierungsformen mittels *Komponentendiagrammen* bzw. *Paketdiagrammen* (siehe Abbildung 274) und der damit verbundenen Definition von Komponenten vervollständigt. Eine Komponente kann dabei einen allgemeinen COTS-Import darstellen oder aber sich aus einem oder mehreren Objekten von Klassen ergeben. Der Component View stellt die definierten Komponenten in einer Übersicht dar und ermöglicht die einzelne Betrachtung, Analyse und Modifikation dieser Architekturelemente. Zu dieser Software-Architektur wird dann auch die Hardwarebezogene Darstellung mittels des *Verteilungsdiagramms* modelliert.

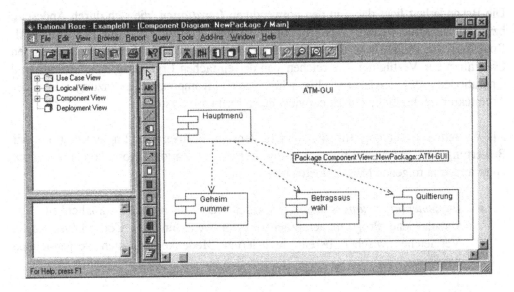

Abb. 274: Beispiel eines Paketdiagramms mit dem Rational-Rose-Tool

Den Abschluss des Entwurfs unseres Software-Systems bildet die *Systemdokumentation*. Sie kann mit dem Rational-Rose-Tool unter *Report* mit dem Menü *Documentation Report* generiert werden und liegt dann als MS Word-File vor.

Ein *Konsistenztest* des spezifizierten Modells kann unter *Tools* mittels *Check Model* durchgeführt werden. Das Ergebnis steht in einem Log-File und kann unter *Windows* eingesehen werden. Dabei werden vor allem fehlende Referenzen, singuläre Komponenten oder unvollständige (weil leere) (Klassen-) Definitionen protokolliert.

Zur Unterstützung der *Implementation* des Software-Systems stellt das Rational-Rose-Tool unterschiedliche Codegeneratoren zur Verfügung. So beispielsweise für C++, Visual Basic oder Java. Dabei ist allerdings zu beachten, dass nur Codemasken, die die jeweils definierten Bezeichnungen zum Beispiel für den Attributs- oder Methodennamen enthalten, erzeugt werden. Für die eigentliche Implementation und den OO-Test muss die entsprechende Programmierumgebung verwendet werden. Allerdings sichert diese Codegenerierung beispielsweise für umfangreiche Systeme die nicht zu unterschätzende Konsistenzeigenschaft der Systemelemente.

Der Problembereich der durch das Rational-Rose-Tool entwickelten Systeme erfordert im Allgemeinen ein nichtsequentielles Lebenszyklusmodell. Diese evolutionäre Entwicklungsform berücksichtigt auch der Rational Unified Process (RUP), wie wir ihn ganz grob im vorhergehenden Abschnitt beschrieben haben.

Die Besonderheit liegt dabei in den notwendigen *Iterationen*, die sich durch Änderung bzw. Hinzunahme weiterer Anforderungen ergeben. Dafür stehen uns beim Rational-Rose-Tool im Menü *Tool* unter *Create* die Änderungsmöglichkeiten zum jeweiligen Diagramm zur Verfügung. Sie reichen von der einfachen Ergänzung der Attribute und Operationen für Klassen bis hin zur Komponentenergänzung in der Architekturbeschreibung des zu entwickelnden Software-Systems.

Als Systemunterstützung für die verschiedensten Formen der Implementation, der Bewertung und der Modellreferenzierung werden im Rational-Rose-Tool unter *Tool* unter anderem folgende Möglichkeiten bereitgestellt:

- *Implementationsunterstützung:* Neben der Generierungsmöglichkeit für verschiedene Programmiersprachen kann weiterhin eine Codeanalyse sowie Vergleiche zwischen bereits realisierten Modellkomponenten vorgenommen werden.

- *Datenbankunterstützung:* Für die Implementation Datenbankorientierter Software-Systeme können Datendefinitionen mittels der Data Definition

Language (**DDL**) formuliert werden. Darüber hinaus kann die Operationalität durch Codegenerierung für **Oracle** unterstützt werden.

- *Unterstützung für verteilte Systeme:* Die Entwicklung verteilter Systeme wird durch die Anwendungsmöglichkeit der Interface Definition Language (**IDL**) unterstützt. Diese Beschreibungsform kann vor allem bei der Funktionalität von Akteuren als Systemschnittstellen genutzt werden. Außerdem werden Schnittstellenbeschreibungen in **XML** sowie die Einbindung von **EJB** durch eine eigenständige *J2EE-Entwicklungsumgebung* innerhalb des Rational Rose Tools ermöglicht.

- *Unterstützung der Systembewertung:* Mit dem Rational-Rose-Tool kann das Tool **Metrics One** genutzt werden, welches eine umfangreiche Anwendung von Software-Metriken für das OO-Modell gewährleistet. Derartige Metriken sind beispielsweise

  o Use-Case-Diagrammbezogene Metriken für die Anzahl der Anwendungsfälle und Akteure sowie deren Verbindungen,

  o Sequenzdiagrammbezogene Metriken zu den Objekten, Verbindungen und Verlaufsformen,

  o Klassendiarammbezogene Metriken zu den Anzahlen der Klassen, deren anteiligen Attribute und Operationen sowie den jeweiligen Relationen,

  o Systemmetriken mit den entsprechenden Anzahlen für die Bestandteile des Modells zum Software-System.

Dabei besteht die Möglichkeit, bereits bestehende Schwellwerte zu verwenden oder eigene für die Systembewertung zu definieren.

- *Tool-Anwendungsunterstützung:* Für eine flexible Verwendung des Rational-Rose-Tool zur Systemspezifikation besteht die Möglichkeit, solche Systemeinstellungen anzuwenden, wie

  o die Speicherung der Systemeigenschaften in speziellen Files,

  o die Anwendung gespeicherter Systemeigenschaften für eine Klasse von Modellanwendungen,

  o die Definition und Anwendung von Modellbezogenen Repositories,

   o   die Formulierung von (weiteren) Skripten zur effizienteren Systemanwendung selbst.

Diese Übersicht gibt uns einen grundsätzlichen Eindruck zur Tool-Unterstützung einer
UML-basierten Systementwicklung. Hinsichtlich weiterer Details verweisen wir die
entsprechenden Web-Links unter „http://se.cs.uni.magdeburg.de/". Außerdem sind hier
eine Reihe Modellierungsbeispiele angegeben, wie zum Beispiel:

- die Modellierung einer **Web-Seitenanalyse** mit dem Einsatz des Logiscope-
  Tools,

- die Spezifikation eines **Frameworks** zur Komponentenbasierten Konstruktion
  von Programmen für statistische Analysen,

- die Modellierung und Implementation eines **Votingsystems** im World Wide
  Web,

- die Spezifikation und Realisierung einer **Datenbank für Bioinformationen**,

- die Modellierung eines **Web-Cam-Systems**,

- die Spezifikation eines Systems zur Überprüfung der Einhaltung von
  Programmierkonventionen.

Allerdings kann die Angabe dieser Beispiele eine selbständige Anwendung und
Erfahrungsbildung natürlich nicht ersetzen.

Übungsaufgaben

223. Charakterisieren Sie die Einsatz- und Anwendungsbereiche der vorgestellten
     CASE-Tools zur UML-basierten Software-Entwicklung.

224. Welche *Views* werden beim Rational-Tool zur Systemmodellierung gebildet und
     welche Systemmerkmale werden dabei jeweils einbezogen?

225. Welche empirischen Grundlagen sind für eine erfolgreiche Anwendung des
     Metric-One-Tools notwendig?

Abbildungsverzeichnis

Tabellenverzeichnis

Diagrammverzeichnis

Literatur- und Quellenverzeichnis

[Abreu 95] Abreu, F. B.; Goulao, M.; Esteves, R.: *Toward the Design Quality Evaluation of Object-Oriented Software Systems.* Proc. of the 5th Int. Conference on Software Quality, Austin, Oktober 1995, S. 44-57

[Adatia 01] Adatia, R. et al.: *Professional EJB.* Wrox Publ., 2001

[Aggteleky 92] Aggteleky, B.; Bajna, N.: *Projektplanung.* Carl Hanser Verlag, München Wien, 1992

[Agile 03] Agile Software Development Alliance: http://www.AgileAlliance.org/

[Ahern 01] Ahern, D. M.; Cloouse, A.; Turner, R.: *CMMI Destilled – A Practical Introduction to Integrated Process Improvement.* Addison Wesley Publ., 2001

[Ambler 99] Ambler, S. W.: *More Process Patterns – Delivering Large-Scale Systems Using Object Technology.* Cambridge University Press, 1999

[Anderson 01] Anderson, R.: *Security Engineering – A Guide to Building Dependable Distributed Systems.* John Wiley & Sons, 2001

[Arnold 93] Arnold, R. S.: *Software Reengineering.* IEEE Computer Society Verlag, 1993

[Arthur 92] Arthur, L. J.: *Rapid Evolutionary Development – Requirements, Prototyping & Software Creation.* John Wiley & Sons, New York, 1992

[Backhaus 96] Backhaus, K. et al.: *Multivariate Analysemethoden.* Springer-Verlag, Berlin New York, 1996

[Basili 01]: Basili, V. R.; Boehm, B. W.: *COTS-Based Systems Top 10 List.* IEEE Computer, May 2001, S. 91-95

[Basili 86] Basili, V. R.; Selby, R. W.; Hutchens, D. H.: *Experimentation in Software Engineering.* IEEE Transactions on Software Engineering, 12(1986)7, S. 733-743

[Bass 98] Bass, L.; Clements, P.; Kazman, R.: *Software Architecture in Practice.* Addison-Wesley Inc., 1998

[Baumgardt 99] Baumgardt, M.: *Web Design kreativ.* Springer-Verlag, 1999

[Baumgarten 90] Baumgarten, B.: *Petri-Netze – Grundlagen und Anwendungen.* Wissenschaftsverlag, Mannheim, 1990

[Bechtolsheim 91] Bechtolsheim, M. von; Schweichhart, K.; Winand, U.: *Expertensystemwerkzeuge – Produkte, Aufbau, Auswahl.* Vieweg Verlag, Braunschweig Wiesbaden, 1991

[Beck 00] Beck, K.: *Extreme Programming –Explained.* Pearson Education Publ., 2000

[Beck 03] Beck, K.; Boehm, B.: *Agility through Discipline: A Debate.* IEEE Computer, June 2003, S. 44-46

[Beer 03] Beer, W. et al.: *Die .NET Technologie – Grundlagen und Anwendungsprogrammierung.* Dpunkt Verlag, 2003

[Beizer 95] Beizer, B.: *Black-Box Testing.* John Wiley & Sons Inc., New York, 1995

[Berard 93] Berard, E. V.: *Essays on Object-Oriented Software Engineering*. Volume I, Prentice Hall Verlag, 1993

[Beyer 98] Beyer, H.; Holtzblatt, K.: *Contextual Design*. Morgan Kaufmann Publ., 1998

[Binder 00] Binder, B.: *Testing Object-Oriented Systems – Models, Pattern, and Tools*. Addison-Wesley Verlag, 2000

[Björkander 03] Björkander, M.; Kobryn, C.: *Architecting Systems with UML 2.0:* IEEE Software, July/August 2003, S. 57-61

[Boehm 99] Boehm, B. W.: *Escaping the Software Tar Pit: Model Clashes and How to Avoid Them*. Software Engineering Journal, January 1999, S. 36-48

[Boehm 87] Boehm, B. W.: *Industrial software metrics top 10 list*. IEEE Software, September 1987, S. 84-85

[Boehm 93] Boehm, B. W.: *Software Risk Management*. IEEE Computer Society Press, Los Altimos, 1993

[Boehm 98] Boehm, B. W.: *Using the WinWin Spiral Model: A Case Study*. IEEE Computer, July 1998, S. 33-44

[Boehm 86] Boehm, B. W.: *Wirtschaftliche Software-Produktion*. Forkel-Verlag, Wiesbaden, 1986

[Boehm 00] Boehm, B. W. et al.: *Software Cost Estimation with COCOMO II*. Prentice-Hall Inc., 2000

[Boehm 03] Boehm, B.; Turner, R.: *Using Risk to Balance Agile and Plan-Driven Methods*. IEEE Computer, June 2003, S. 57-66

[Booch 91] Booch, G.: *Object Oriented Design*. The Benjamin Publishing Comp., Redwood City, 1991

[Booch 99] Booch, G.; Rumbaugh, J.; Jacobson, I.: *The Unified Modeling Language User Guide*. Addison Wesley Verlag, 1999

[Borghoff 98] Borghoff, U. M.; Schlichter, J. H.: *Rechnergestützte Gruppenarbeit*. Springer Verlag, 1998

[Bradley 98] Bradley, N.: *The XML Companion*. Addison Wesley Publ., 1998

[Bræk 93] Bræk, R.; Haugen, O.: *Engineering Real Time Systems*. Prentice Hall Verlag, 1993

[Brenner 98] Brenner, W.; Zarnekow, R.; Wittig, H.: *Intelligente Softwareagenten – Grundlagen und Anwendungen*. Springer-Verlag, 1998

[Briand 96] Briand, L.; Morasca, S.; Basili, V.R.: *Property Based Software Engineering Measurement*. IEEE Transactions on Software Engineering, 22(1996)1, pp. 68-85.

[Brooks] Brooks, F. P.: *The Mythical Man-Month – Essays on Software Engineering:* Addison-Wesley Publ., 1975

[Bröhl 95] Bröhl, A.-P.; Dröschel, W.: *Das V-Modell*. Oldenbourg-Verlag, München Wien, 1995

[Brown 98] Brown, A. W.; Wallnau, K. C.: *The Current State of CBSE*. IEEE Software, September/Oktober 1998, S. 37-46

[Brykczynski 99] Brykczynski, B.: *A Survey of Software Inspection Checklists.* Software Engineering Notes, 24(1999)1, S. 82-89

[Bundschuh 00] Bundschuh, M.; Fabry, A.: *Aufwandschätzung von IT-Projekten.* MITP Verlag, Bonn, 2000

[Burkhardt 99] Burkhardt, R.: *UML - Unified Modeling Language.* Addison-Wesley Verlag, 1999

[Chan 98] Chan, P.; Lee, R.; Kramer, D.: *The Java Class Libraries Second Edition.* Volume I und II, Addison-Wesley Verlag, 1998

[Chang 01] Chang, G.; Healey, M. J.; McHugh, J. A. M.; Wang, J. T. L.: *Mining the World Wide Web – An Information Search Approach.* Kluwer Academic Publ., 2001

[Chang 00] Chang, S.: *Multimedia Software Engineering*, Kluwer Academic Press, 2000

[Chase 96] Chase, R. W.: *CAD for Fashion Design.* Prentice Hall Verlag, 1996

[Chidamber 94] Chidamber, S. R.; Kemerer, C. F.: *A Metrics Suite for Object-Oriented Design.* IEEE Transactions on Software Engineering, 20(1994)6, S. 476-493

[Chung 00] Chung, L.; Nixon, B. A.; Yu, E.-; Mylopoulos, J.: *Non-Functional Requirements in Software Engineering.* Kluwer Academic Publ., 2000

[Coad 93] Coad, P.; Nicola, J.: *Object-Oriented Programming.* Yourdon Press Computing Series, New Jersey, 1993

[Cockburn 02] Cockburn, A.: *Agile Software Development.* Addison Wesley Publ., 2002

[Cockburn 98] Cockburn, A.: *Surviving Object-Oriented Projects – A Manager's Guide.* Addison-Wesley Verlag, 1998

[Computer 96] IEEE Computer, *50 Years of Computing.* October 1996

[Conger 94] Conger, S.: *The New Software Engineering.* Wadsworth Publishing Comp., Belmont, Kalifornien, 1994

[COSMIC 03] COSMIC FFP 2.2: *Measurement Manual.* ISO 19761, January 2003

[Coulouris 02] Coulouris et al.: *Verteilte Systeme.* Pearson Studium Publ., 2002

[Damer 98] Damer, B.: *Avatars – Exploring and Building Virtual Worlds on the Internet.* Paechpit Press Verlag, Berkeley, 1998

[Darbyshire 00] Darbyshire, P.; Lowry, G.: *An Overview of Agent Technology and its Application to Subject Management.* Proc. of the IRMA International Conference, Anchorage, Alaska, May 21-24, 2000, pp. 509-512

[Dart 00] Dart, S.: *Configuration Management - the missing link in web engineering.* Artech House Publ., 2000

[Debenham 98] Debenham, J.: *Knowledge Engineering – Unifying Knowledge Base and Database Design.* Springer Verlag 1998

[Deininger 95] Deininger, M.: *Quantitative Erfassung der Software und ihres Entstehungsprozesses.* Verlag Dr. Kovac, Hamburg, 1995

[DeMarco 89] DeMarco, T.: *Software-Projektmanagement.* Wolframs Verlag, München, 1989

[DeMarco 91] DeMarco, T.; Lister, T.: *Wien wartet auf Dich! Der Faktor Mensch im DV-Management.* Carl-Hanser Verlag, München Wien, 1991

[Dierker 97] Dierker, M.; Sander, M.: *Lotus Notes 4.5 und Domino – Integration von Groupware und Internet.* Addison-Wesley Verlag, 1997

[Dimitrov 02] Dimitrov, E.; Schmietendorf, A.; Dumke, R.: *UML-Based Performance Engineering Possibilities and Techniques.* IEEE Software, Februar 2002, S. 74-83

[DIN 87] DIN 55350: *Begriffe der Qualitätssicherung und Statistik – Grundbegriffe der Qualitätssicherung.* Beuth Verlag, Berlin, 1987

[Douglass 98] Douglass, B. P.: *Real-Time UML – Developing Efficient Objects for Embedded Systems.* Addison-Wesley Verlag, 1998

[Dreger 89] Dreger, J. B.: *Function Point Analysis.* Prentice Hall Inc., 1989

[Dumke 92] Dumke, R.: *Softwareentwicklung nach Maß.* Vieweg Verlag, Wiesbaden Braunschweig, 1992

[Dumke 01] Dumke, R.; Abran, A.: *Current Trends in Software Measurement.* Shaker Publ. 2001.

[Dumke 96] Dumke, R.; Foltin, E.; Koeppe, R.; Winkler, A.: *Software-Qualität durch Messtools – Assessment, Messung und instrumentiertes ISO 9000.* Vieweg Verlag, Wiesbaden Braunschweig, 1996

[Dumke 03] Dumke, R.; Lother, M.; Wille, C.; Zbrog, F.: *Web Engineering.* Pearson Studium Publ., 2003

[Dumke 01a] Dumke, R.; Rautenstrauch, C.; Schmietendorf, A.; Scholz, A.: *Performance Engineering – State of the Art and Current Trends.* LNCS 2047, Springer Verlag, 2001

[Dumke 02] Dumke, R.; Rombach, D.: *Software-Messung und -Bewertung.* DUV, 2002

[Dumke 97] Dumke, R. R.; Winkler, A. S.: *Managing the Component-Based Software Engineering with Metrics.* Proc. of the 5th Int. Symposium on Assessment of Software Tools, Pittsburgh, Juni 1997, S. 104-110

[Dumke 99] Dumke, R.; Winkler, A.: *Y2K from a Metrics Point of View.* in: Dumke/Abran: Software Measurement – Current Trends in Research and Practice, DU-Verlag, Wiesbaden, 1999, S. 173-193

[Dumke 94] Dumke, R.; Zuse, H.: *Theorie und Praxis der Softwaremessung.* DUV, Wiesbaden, 1994

[D'Souza 99] D'Souza, D. F.; Wills, A. C.: *Objects, Components, and Frameworks with UML – The Catalysis Approach.* Addison-Wesley Verlag, 1999

[Dyer 92] Dyer, M.: *The Cleanroom Approach to Quality Software Development.* John Wiley & Sons Inc., 1992

[Ebenau 94] Ebenau, R. G.; Strauss, S. H.: *Software Inspection Process.* McGraw-Hill Inc., 1994

[Ehrig 99] Ehrig, H.; Mahr, B.; Cornelius, F.; Große-Rhode, M.; Zeitz, P.: *Mathematisch-strukturelle Grundlagen der Informatik.* Springer Verlag, 1999

[Endres 03] Endres, A.; Rombach, D.: *A Handbook of Software and Systems Engineering*. Pearson Education Publ., 2003

[Evans 99] Evans, R. et al.: *A Multi-Agent System Architecture for Scalable Management of High Performance Networks: Applying Arms Length Autonomy*. In: Hayzelden, A.L.G.; Bingham, J.: Software Agents for Future Communication Systems. Springer Publ., 1999 S. 86-111

[Ezran 98] Ezran, M.; Morisio, M.; Tully, C.: *Practical Software Reuse: the essential guide*. Freelife Publ., Paris, 1998

[Feiler 98] Feiler J.; Butler, B.: *Die Jahr 2000 Umstellung – Ein Leitfaden für Unternehmen und Organisationen*. SYBEX Verlag, Düsseldorf, 1998

[Fensel 03] Fensel, D.; Hendler, J.; Lieberman, H.; Wahlster, W.: *Spinning the Semantic Web*. MIT Press, 2003

[Fenton 93] Fenton, N. E.: *System Construction and Analysis*. Mc-Graw Hill Inc., 1993

[Fenton 96] Fenton, N. E.; Pfleeger, S. L.: *Software Metrics – A rigorous and practical approach*. Thomson-Verlag, 1996

[Ferber 99] Ferber, J.: *Multi-Agent Systems – An Introduction to Distributed Artificial Intelligence*. Addison Wesley Publ., 1999

[Fetcke 98] Fetcke, T.; Abran, A.; Nguyen, T. H.: *Function Point Analysis for the OO-Jacobson method: a mapping approach*. Proc. of the FESMA'98, Antwerpen, Mai 1998, S. 395-410

[FIPA 00] Foundation of Intelligent Physical Agents: *FIPA Specification*, http://www.fipa.org/, 2000

[Fisher 91] Fisher, A. S,: *Case: Using Software Development Tools*. John Wiley & Sons Inc., 1991

[Flanagan 98] Flanagan, D.: *Java in a Nutshell*. O'Reilley Verlag, 1998

[Fleischmann 94] Fleischmann, A.: *Distributed Systems – Software Design and Implementation*. Springer Verlag, 1994

[Ford 93] Ford, N. J.; Ford, J. M.: *Introducing Formal Methods – a less mathematical approach*. Ellis Horwood Verlag, Chichester, 1993

[Fowler 97] Fowler, M.: *Analysis Patterns – Reusable Object Models*. Addison-Wesley Verlag, 1997

[Fowler 99] Fowler, M.: *Refactoring – Improving the Design of Existing Code*. Addison-Wesley Verlag 1999

[Fowler 98] Fowler, M.; Scott, K.: *UML Destilled – Applying the Standard Object Modeling Language*. Addison-Wesley Verlag, 1998

[Francez 92] Francez, N.: *Program Verification*. Addison-Wesley Verlag, 1992

[Gamma 96] Gamma, E.; Helm, R.; Johnson, R.; Vlissides, J.: *Entwurfsmuster – Elemente wiederverwendbarer objektorientierter Software*. Addison-Wesley Verlag 1996

[Ganser 96] Ganser, A.: *Vorgehensmodell der Deutschen Telekom*. Oldenbourg Verlag, München Wien, 1996

[Gao 98] Gao, J. Z.; Chen, C.; Toyoshima, Y.; Leung, D. K.: *Engineering on the Internet für Global Software Production.* IEEE Computer, Mai 1999, S. 38-47

[Garmus 96] Garmus, D.; Herron, D.: *Measuring the Software Process – a practical guide to functional measurements.* Yourdon Press, New York, 1996

[Gause 93] Gause, D. C.; Weinberg, G. M.: *Software Requirements – Anforderungen erkennen, verstehen und erfüllen.* Carl-Hanser Verlag, München Wien, 1993

[Georgeff 98] Georgeff, M.; Rao, A.: *Rational Software Agents: From Theory to Practice.* In: [Jennings 98], S. 139-160

[Glass 99] Glass, R. L.: *The Realities of Software Technology Payoffs.* Comm. of the ACM, 42(1999)2, S. 74-79

[Görz 95] Görz, G.: *Einführung in die künstliche Intelligenz.* Addison-Wesley Verlag, 1995

[Graf 98] Graf, J.: *Murphys gemeinste Computergesetze.* Verlag Markt & Technik, Haar bei München, 1998

[Greenberg 92] Greenberg, S.: *Computer-Supported Cooperative Work and Groupware.* Prentice Hall Publ., 1992

[Griffel 98] Griffel, F.: *Componentware – Konzepte und Techniken eines Software-paradigmas.* dpunkt-Verlag, Heidelberg, 1998

[Gronbeck 99] Gronbeck, K.; Trigg, R. H.: *From Web to Workplace - Designing Open Hypermedia Systems.* The MIT Press, 1999

[Großjohann 94] Großjohann, R.: *Kostenschätzung von IT-Projekten.* In: Ebert/ Dumke: Software-Metriken in der Praxis, Springer-Verlag, 1996, S. 117-141

[Grønbæk 99] Grønbæk, K.; Trigg, R. H.: *From Web to Workplace – Designing Open Hypermedia Systems.* The MIT Press Verlag, Cambridge, 1999

[Harel 92] Harel, D.; Kahana, C.: *On Statecharts with Overlapping.* ACM Transactions on Software Engineering and Methodology, 1(1992)4, S. 399-412

[Haase 98] Haase, P.: *Das Jahr 2000 in der EDV.* Oldenbourg Verlag, 1998

[Harold 98] Harold, E. R.: *XML - Extensible Markup Language.* IDG Books Worldwide Inc. Verlag, 1998

[Hatton 94] Hatton, L.: *SAFER C: Developing Software for High-integrity and Safety-critical Systems.* McGraw Hill Verlag, 1994

[Hausen 93] Hausen, H.; Wetzel, D.: *Guides to Software Evaluation.* GMD Arbeitspapier 746, St. Augustin, 1993

[Haux 98] Haux, R. et al.: *Management von Informationssystemen.* Teubner Verlag, Stuttgart, 1998

[Hayzelden 99] Hayzelden, A. L. G.; Bigham, J.: *Software Agents for Future Communication Systems.* Springer Verlag, 1999

[Heath 97] Heath, S.: *Embedded Systems Design.* Butterworth-Heinemann Verlag, 1997

[Heckendorff 95] Heckendorff, R.: *Implementation von Software-Metriken für Smalltalk.* Diplomarbeit, Universität Magdeburg, 1995

[Heuer 99] Heuer, A.; Saake, G.: *Datenbanken – Implementierungstechniken.* Thomson Verlag, 1999

[Heuer 95] Heuer, A.; Saake, G.: *Datenbanken – Konzepte und Sprachen.* Thomson Verlag, 1995

[Hoare 90] Hoare, C. A. R.: *Development in Concurrency and Communication.* Addison-Wesley Verlag, 1990

[Hörcher 95] Hörcher, H.: *Improving Software Tests using Z Specifications.* Tagungsband des Workshops Softwarezuverlässigkeit, München, Mai 1995, S. 4-1 ff.

[Hollocker 90] Hollocker, C. P.: *Software Review and Audits.* John Wiley & Sons Inc., 1990

[Holzner 02] Holzner, S.: *Inside XSLT.* New Riders Publ., 2002

[Hopkins 95] Hopkins, T.; Horan, B.: *Smalltalk – An Introduction to Application Development Using Visualworks.* Prentice-Hall Verlag, 1995

[Horn 02] Horn, E.; Reinke, T.: *Softwarearchitektur und Softwarebauelemente.* Hanser Verlag, 2002

[Humphrey 89] Humphrey, W.S.: *Managing the Software Process.* Addison-Wesley Verlag, 1989

[IEEE 01-02] IEEE Recommended Practice for the Internet: *Web Site Engineering, Web Site Management, and Web Site Life Cycle.* IEEE Inc., New York, 2003

[Jacobson 99] Jacobson, I.; Booch, G.; Rumbaugh, J.: *The Unified Software Development Process.* Addison-Wesley Verlag, 1999

[Jacobson 92] Jacobson, I.; Christerson, M.; Jonsson, P.; Övergaard, G.: *Object-Oriented Software Engineering – A Use Case Driven Approach.* Addison-Wesley Verlag, 1992

[Jacobson 97] Jacobson, I.; Griss, M.; Jonsson, P.: *Software Reuse – Architecture, Process and Organization for Business Success.* Addison-Wesley Verlag, 1997

[Jell 98] Jell, T.: *Component-Based Software Engineering.* Cambridge University Press, 1998

[Jennings 98] Jennings, N. R.; Wooldridge, M. J.: *Agent Technology - Foundations, Applications, and Markets.* Springer Verlag, 1998

[Jones 91] Jones C.: *Applied Software Measurement.* Addison Wesley Publ., 1991

[Jones 98] Jones, C.: *The Year 2000 Software Problem.* Addison-Wesley Publ., 1998

[Juristo 01] Juristo, N.; Moreno, A.M.: *Basics of Software Engineering Experimentation.* Kluwer Academic Publ. 2001

[Kähler 95] Kähler, W.: *Einführung in die statistische Datenanalyse.* Vieweg-Verlag, Wiesbaden Braunschweig, 1995

[Kaner 93] Kaner, C.; Falk, J.; Nguyen, H. Q.: *Testing Computer Software.* Int. Thomson Computer Press, 1993

[Kellner 94] Kellner, H.: *Die Kunst, DV-Projekte zum Erfolg zu führen.* Carl-Hanser Verlag, 1994

[Kennet 99] Kennet, R. S.; Baker, E. R.: *Software Process Quality - Management and Control.* Marcel Dekker Inc., 1999

[Kerres 98] Kerres, M.: *Multimediale und telemediale Lernumgebungen – Konzeption und Entwicklungen.* Oldenbourg-Verlag, München, 1998

[Kitchenham 96] Kitchenham, B.: *Software Metrics – Measurement for Software Process Improvement.* NCC Blackwell Verlag, Oxford, 1996

[Kitchenham 97] Kitchenham et al.: *Evaluation and assessment in software engineering.* Information and Software Technology, 39(1997), pp. 731-734

[Knobloch 03] Knobloch, M.v.: *Content Management Survival Kit.* XML & Web Services Magazin, (2003)2, S. 21-29

[Kobryn 99] Kobryn, C.: *UML 2001: A Standardization Odyssey.* Comm. of the ACM, 42(1999)10, S. 29-37

[Kobryn 02] Kobryn, C.: *Will UML 2.0 Be Agile or Awkward?* Comm. of the ACM, 45(2002)1, S. 107-110

[Kontonya 98] Kontonya, G.; Sommerville, I.: *Requirements Engineering – Pro-cesses and Techniques.* John Wiley & Sons Inc., 1998

[Kraus 01] Kraus, S.: *Strategic Negotiation in Multiagent Environments.* MIT Press, 2001

[Kroenke 02] Kroenke, D. M.: Database *Processing - Fundamentals, Design, and Implementation.* Prentice Hall Verlag, 2002

[Kunii 98] Kunii, T. L.; Luciani, A.: *Cyberworlds.* Springer-Verlag, Tokio, 1998

[Kyas 98] Kyas, O.: *Sicherheit im Internet.* Thomson Verlag, 1998

[Labrou 97] Labrou, Y.; Finin, T.: *A Proposal for a new KQML Specification.* University of Maryland Baltimore County, 1997 (http://www.cs.umbc.edu/kqml/)

[Lange 98] Lange, D. B.; Oshima, M.: *Programming and Deploying Java Mobile Agents with Aglets.* Addison Wesley Publ., 1998

[Langsford 93] Langsford, A.; Moffett, J. D.: *Distributed Systems Management.* Addison-Wesley Verlag, 1993

[Lefkon 98] Lefkon, D.: *Year 2000 – Best Practices for Y2K Millenium Computing.* AIT Publ. Verlag, 1998

[Lehman 98] Lehman, M. M.: *Software's Future: Managing Evolution.* IEEE Software, January/February 1998, S. 40-44

[Lehner 91] Lehner, F.: *Softwarewartung – Management, Organisation und methodische Unterstützung.* Carl Hanser Verlag, Wien München, 1991

[Lewis 91] Lewis, T. G.: *CASE: Computer-Aided Software Engineering.* Van Nostrand Verlag, New York, 1991

[Li 99] Li, Y. S.; Malik, S.: *Performance Analysis of Real-Time Embedded Software.* Kluwer Academic Verlag, 1999

[Liggesmeyer 02] Liggesmeyer, P.: *Software-Qualität – Testen Analysieren und Verifizieren von Software.* Spektrum Verlag, 2002

[Liggesmeyer 96] Liggesmeyer,P.; Rüppel, P.: *Die Prüfung von objektorientierten Systemen.* OBJEKTspektrum, 6(1996), S. 68-78

[Liebowitz 98] Liebowitz, J.: *The Handbook of Applied Expert Systems*. CRC Press Verlag, Boston, London, 1998

[Lilja 00] Lilja, D. J.: *Measuring Computer Performance – A practitioner's guide*. Cambridge University Press, 2000

[Lind 01] Lind, J.: *Iterative Software Engineering for Multiagent Systems*. LNAI 1994, Springer Publ., 2001

[Lorenz 93] Lorenz, M.: *Object-Oriented Software Development – A Practical Guide*. Prentice-Hall Verlag, 1993

[Lorenz 94]: Lorenz, M.; Kidd, J.: *Object-Oriented Software Metrics*. Prentice Hall Verlag, 1994

[Lother 02] Lother, M.; Böhm, T.; Dumke, R.: *Experiences of Large-scale Software Evaluation with the Logiscope Tool*. In: [Dumke 02], S. 82-106

[Lother 01] Lother, M.; Dumke, R.: *Point Metrics – Comparison and Analysis*. In: Dumke/Abran: Current Trends in Software Measurement, Proc. Of the 11th Workshop on Software Measurement, Montreal, August 2001, S. 228-267

[Maciaszek 01] Maciaszek, L. A.: *Requirements Analysis and System Design – Developing Information Systems with UML*. Addison Wesley Verlag, 2001

[Maes 94] Maes, P.: *Agents that Reduce Work and Information Overload*. Comm. of the ACM, 37(1994)7, S. 84-86

[Magee 98] Magee, S.; Tripp, L. L.: *Guide to Standards and Specification for Designing Web Software*. Artech House Verlag, 1998

[Marchesi 98] Marchesi, M.: *OOA Metrics for the Unified Modeling Language*. Proc. of the Second Euromicro Conference on Software Maintenance and Reengineering, Florenz, März 1998, S. 67-73

[Marciniak 94] Marciniak, J. J.: *Encyclopedia of Software Engineering*. Vol. I und II, John Wiley & Sons Inc., 1994

[Mattison 96] Mattison, R.: *Data Warehousing – Strategies, Technologies and Techniques*. McGraw-Hill-Verlag, 1996

[McGarry 02] McGarry et al.: *Practical Software Measurement – Objective Information for Decision Makers*. Addison-Wesley Publ., 2002

[Menasce 00] Menasce, D. A.; Almeida, V. A. F.: *Scaling for E-Business – Technologies, Models, Performance and Capacity Planning*. Addison Wesley Publ., 2000

[Meredith 96] Meredith, G. M.: *Flight Simulator*. Micorsoft Press, 1996

[Meyers 92] Meyers, M.: *Effective C^{++}*. Addison-Wesley Verlag, 1992

[Mikkelsen 97] Mikkelsen, T.; Pherigo, S.: *Practical Software Configuration Management*. Prentice Hall Verlag, 1997

[Milner 89] Milner, R.: *Communication and Concurrency*. Prentice Hall Verlag, 1989

[Milojicic 99] Milojicic, D.; Douglis, F.; Wheeler, R.: *Mobility – Processes, Computer and Agents*. ACM Press Verlag, 1999

[Mittendorfer 92] Mittendorfer, J.: *Objektorientierte Programmierung mit Smalltalk/V für Windows*. Addison-Wesley Verlag, 1992

[Möller 93] Möller, K. H.; Paulish, D. J.: *Software-Metriken in der Praxis.* Oldenbourg-Verlag, München, 1993

[Monday 00] Monday, R.: *SanFrancisco Component Framework - An Introduction.* Addison Wesley Verlag, 2000

[Mühlhäuser 92] Mühlhäuser, M.; Shill, A.: *Software Engineering für verteilte Anwendungen.* Springer Verlag, 1992

[Müller 97] Müller, B.: *Reengineering – Eine Einführung.* Teubner-Verlag, Stuttgart, 1997

[Mullender 94] Mullender, S. *Distributed Systems.* Addison-Wesley Verlag, 1994

[Munson 03] Munson, J. C.: *Software Engineering Measurement.* CRC Press, 2003

[Murugesan 01] Murugesan, S.; Deshpande, Y.: *Web Engineering.* LNCS 2016, Springer Verlag, 2001

[Naur 92] Naur, P.: *Computing: A Human Activity.* ACM Press Verlag, New York, 1992

[Nellist 99] Nellist, J. G.; Gilbert, E. M.: *Understanding Modern Telecommunications and the Information Superhighway.* Artech House Verlag, 1999

[Neumann 95] Neumann, P.G.: *Computer Related Risks.* Addison-Wesley Verlag, 1995

[Niemann 95] Niemann, K. D.: *Client/Server Architektur – Organisation und Methodik der Anwendungsentwicklung.* Vieweg Verlag, Braunschweig Wiesbaden, 1995

[Nilsson 98] Nilsson, N. J.: *Artificial Intelligence – A New Synthesis.* Morgan Kaufmann Verlag, 1998

[Noack 99] Noack, J.; Schienmann, B.: *Objektorientierte Vorgehensmodelle im Vergleich.* Informatik Spektrum, 22(1999), S. 166-180

[Östereich 97] Östereich, B.: *Objektorientierte Software-Entwicklung mit der Unified Modeling Language.* Oldenbourg-Verlag, 1997

[Page-Jones 91] Page-Jones, M.: *Praktisches DV-Projektmanagement.* Carl Hanser Verlag, München Wien, 1991

[Palmer 02] Palmer, J.: *Designing for Web Site Usability.* IEEE Computer, July 2002, S. 102-103

[Patett 97] Patett, I.: *Konzeption und Implementation eines Java-Mess-Tools.* Diplomarbeit, Universität Magdeburg, 1997

[Peled 01] Peled, D. A.: *Software Reliability Methods.* Springer Verlag, 2001

[Perry 91] Perry, W. E.: *Quality Assurance for Information Systems.* QED Technical Publishing Group, London, 1991

[Pfleeger 98] Pfleeger, S. L.: *Software Engineering – Theory and Practice.* Prentice-Hall Publ., 1998

[Pfleeger 02] Pfleeger, S. L.; Hatton, L.; Howell, C. C.: *Solid Software.* Prentice Hall Inc., 2002

[Pigoski 97] Pigoski, T. M.: *Practical Software Maintenance.* John Wiley & Sons Inc., 1997

[Poels 99] Poels G.: *On the Formal Aspects of the Measurement of Object-Oriented Software Specifications.* University of Leuven, Research Series No. 125, 1999

[Pohlheim 99] Pohlheim, H.: *Evolutionäre Algorithmen.* Springer Verlag, 1999

[Poulin 97] Poulin, J. S.: *Measuring Software Reuse.* Addison-Wesley Verlag, 1997

[Pratt 98] Pratt, T.; Zelkowitz, M.: *Programmiersprachen – Design und Implementierung.* Prentice-Hall Publ., 1998

[Prechelt 01] Prechelt, L.: *Kontrollierte Experimente in der Softwaretechnik - Potenzial und Methodik.* Springer-Verlag, 2001

[Project 98] MS Project 98, *Anwendungsbeschreibung für Windows,* Microsoft, 1998

[Putnam 96] Putnam, L. H.; Myers, W.: *Controlling Software Development.* IEEE Computer Society Press, 1996

[Putnam 97] Putnam, L. H.; Myers, W.: *Industrial Strength Software - Effective Management Using Measurement.* IEEE Computer Society Press, 1997

[Putnam 92] Putnam, L. H.; Myers, W.: *Measures for Excellence.* Prentice Hall Inc., 1992

[Quatrani 98] Quatrani, T.: *Visual Modeling with Rational Rose and UML.* Addison-Wesley Verlag, 1998

[Reifer 93] Reifer, D. J.: *Software Management.* IEEE Computer Society Press, Los Altimos, 1993

[Rembold 94] Rembold, U.; Levi, P.: *Realzeitsysteme zur Prozessautomatisierung.* Carl Hanser Verlag, München Wien, 1994

[Rensmann 98] Rensmann, J. H.; Gröpler, K.: *Telearbeit – Ein praktischer Wegweiser.* Springer Verlag, 1998

[Riedemann 97] Riedemann, E. H.: *Testmethoden für sequentielle und nebenläufige Software-Systeme.* Teubner Verlag, Stuttgart, 1997

[Robinson 92] Robinson, P. J.: *Hierarchical Object-Oriented Design.* Prentice Hall Inc., 1992

[Robson 98] Robson, R.: *Using the STL – The C++ Standard Template Library.* Springer Verlag, 1998

[Royce 98] Royce, W.: *Software Project Management – A Unified Framework.* Addison Wesley Verlag, 1998

[Royer 93] Royer, T. C.: *Software Testing Management.* Prentice-Hall Publ., 1993

[Rubner 01] Rubner, Y.; Tomasi, C.: *Perceptual Metrics for Image Database Navigation.* Kluwer Academic Publ., 2001

[Rumbaugh 93] Rumbaugh, J.; Blaha, M.; Premerlani, W.; Eddy, F.; Lorensen, W.: *Objektorientiertes Modellieren und Entwerfen.* Carl Hanser Verlag, München Wien, 1993

[Rumbaugh 99] Rumbaugh, J.; Jacobson, I.; Booch, G.: *The Unified Modeling Language Reference Manual.* Addison-Wesley Verlag, 1999

[Sametinger 97] Sametinger, J.: *Software Engineering with Reusable Components.* Springer Verlag, 1997

[Schaphorst 99] Schaphorst, R.: *Videoconferencing and Videotelephony – Technology and Standards.* Artech House Verlag, 1999

[Schifman 99] Schifman, R. S.; Heinrich, Y.; Heinrich G.: *Multimedia-Projektmanagement.* Springer-Verlag, 1999

[Schley 97] Schley, M.; Buday, R.; Sanders, K.: *CAD Layer Guidelines: Computer-Aided Management Techniques for Architecture, Engineering, and Facility Mangement.* The American Institute of Architecture, 1997

[Schmauch 94] Schmauch, C. H.: *ISO 9000 for Software Developers.* ASQC Quality Press, Milwaukee, 1994

[Schmietendorf 99] Schmietendorf, A.: *Performance Engineering verteilter Web-Applikationen.* Diplomarbeit, Universität Magdeburg, April 1999

[Schmietendorf 02] Schmietendorf, A.; Dimitrov, E.; Dumke, R.: *Enterprise JavaBeans.* MTP Verlag, 2002

[Schmietendorf 03] Schmietendorf, A.; Dumke, R.: *Software Performance Engineering.* Tagungsband des 4. Workshop Performance Engineering, Juni 2003, Magdeburg, 2003

[Schmietendorf 01] Schmietendorf, A.; Scholz, A.: *Aspects of Performance Engineering – An Overview.* In: Dumke et al.: Performance Engineering – State of the Art and Current Trends. LNCS 2047, Springer-Verlag, 2001, S. ix – xii

[Shlaer 96] Shlaer S.; Mellor, St. J.: *Objectorientierte Systemanalyse – Ein Modell der Welt in Daten.* Carl Hanser Verlag, München Wien, 1996

[Siemens 91] Siemens AG: *Prozesshandbuch für die Erstellung von Anwendersoftware und Realisierung von Projekten.* München 1991

[Sims 98] Sims et al.: *Die Jahr-2000-Lösung.* Thomson-Verlag, 1998

[Singh 98] Singh, M. P.: *Agent Communication Languages: Rethinking the Principles.* IEEE Computer, , Dec. 1998, pp. 40-47

[Singpurwalla 99] Singpurwalla, N. D.; Wilson, S. P.: *Statistical Methods in Software Engineering - Reliability and Risk.* Springer-Verlag, 1999

[Sloman 94] Sloman, M.: *Network and Distributed Systems Management.* Addison-Wesley Verlag, 1994

[Sneed 96] Sneed, H.: *Schätzung der Entwicklungskosten von objektorientierter Software.* Informatik Spektrum, 19(1996), S. 133-140

[Sodhi 99] Sodhi, J.; Sodhi, P.: *Software Reuse – Domain Analysis and Design Process.* McGraw-Hill Verlag, 1999

[Solingen 99] Solingen, v. R.; Berghout, E.: *The Goal/Question/Metric Method.* Mc-Graw Hill Verlag, 1999

[Spool 99] Spool, J. M. et al.: *Web Site Usability – A Designer's Guide.* Morgan Kaufmann Verlag, San Francisco, 1999

[Storey 96] Storey, N.: *Safety-Critical Computer Systems.* Addison-Wesley Verlag, 1996

[Stroustrup 94] Stroustrup, B.: *Design und Entwicklung von C^{++}.* Addison-Wesley Verlag, 1994

455

[Sun 02] *Sun Open Net Environment*, Technisches Whitepapier, Dezember 2002

[Switzer 93] Switzer, R.: *Eiffel – An Introduction*. Prentice Hall Publ., 1993

[Takeshita 97] Takeshita, T.: *Metrics and Risks of CBSE*. Proc. of the 5th Int. Symp. on Assessment of Software Tools, Pittsburgh, Juni 1997, S. 91-93

[Tanenbaum 03] Tanenbaum et al.: *Verteilte Systeme*. Pearson Studium Publ., 2003

[Terplan 97] Terplan, K.: *Remote Monitoring*. Thomson Verlag, 1997

[Thaller 93] Thaller, G. E.: *Qualitätsoptimierung der Software-Entwicklung*. Vieweg-Verlag, Braunschweig Wiesbaden, 1993

[Thaller 94] Thaller, G. E.: *Software-Metriken – einsetzen, bewerten, messen*. Heise-Verlag, Hannover, 1994

[Thaller 02] Thaller, G. E.: *Software- und Systementwicklung - Aufbau eines praktikablen QM-Systems nach ISO 9001:2000*. Heise-Verlag, 2002

[Thuraisingham 02] Thuraisingham, B.: *XML Databases and the Semantic Web*. CRC Press, Boca Raton, 2002

[Tinnefeld 96] Tinnefeld et al.: *Arbeit in der mobilen Kommunikationsgesellschaft*. Vieweg-Verlag, Braunschweig Wiesbaden, 1996

[Turner 93] Turner, K. J.: *Using Formal Description Techniques – An Introduction to Estelle, LOTOS and SDL*. John Wiley & Sons Inc., 1993

[Vingron 97] Vingron, M.: *Algorithm Implementation Challenge*. American Mathematical Society, 1997

[Voas 98] Voas, J.: *Maintaining Component-Based Systems*. IEEE Software, July/ August 1998, S. 22-27

[Wallmüller 95] Wallmüller, E.: *Ganzheitliches Qualitätsmanagement in der Informationsverarbeitung*. Carl Hanser Verlag, München Wien, 1995

[Wallmüller 01] Wallmüller, E.: *Software-Qualitätsmanagement in der Praxis*. Hanser-Verlag, 2001

[Wallnau 02] Wallnau, K. C.; Hissam, S. A.; Seacord, R. C.: *Building Systems from Commercial Components*. Addison Wesley, 2002

[Wang 99] Wang, P. S.: *Java with Object-Oriented Programming and World Wide Web Applications*. ThomsonVerlag, 1999

[Warmer 99] Warmer, J.; Kleppe, A.: *The Object Constraint Language – Precise Modeling with UML*. Addison-Wesley Verlag, 1999

[Wasserman 09] Wasserman, A.: *Tool Integration in Software Engineering Environments*. Proc. of the Int. Workshops on Environments, LNCS 322, Springer Verlag, 1990, S. 137-149

[Watson 98] Watson, M.: *Creating JavaBeans – Components for Distributed Applications*. Morgan Kaufman Publ. Verlag, San Francisco, 1998

[Wedekind 94] Wedekind, H.: *Verteilte Systeme – Grundlagen und zukünftige Entwicklung*. BI Wissenschaftsverlag, Mannheim Wien Zürich, 1994

[Weyuker 98] Weyuker, E. J.: *Testing Component-Based Software: A Cautionary Tale*. IEEE Software, September/Oktober 1998, S. 54-59

[Whitmire 97] Whitmire, S. A.: *Object-Oriented Design Measurement*. John Wiley & Sons Inc., 1997

[Wilde 92] Wilde, N.; Huitt, R.: *Maintenance Support for Object-Oriented Programs.* IEEE Transactions on Software Engineering, 18(1992), S. 1038-1044

[Wille 01] Wille, C.; Dumke, R.; Stojanov, S.: *Performance Engineering in Agent-Based Systems – Concepts, Modelling and Examples.* In [Dumke 01] S. 153-181

[Wille 02] Wille, C.; Dumke, R.; Stojanov, S.: *New Measurement Intentions in Agent-based Systems Development and Application.* In: Dumke et al.: Software Measurement and Estimation. Proc. of the 12th International Workshop on Software Measurement, Oktober 2002, Magdeburg, Shaker-Verlag, 2002, S. 203-227

[Williams 03] Williams, L.; Cockburn, A.: *Agile Software Development: It's about Feedback and Change.* IEEE Computer, June 2003, S. 39-43

[Winkler 97] Winkler, A.; Dumke, R.; Koeppe, R.; Kompf, G.: *Efficiency and Maintainability of Java Applications.* In: Lehner/Dumke: Software Metrics, DU-Verlag, 1997, S. 77-93

[Wirfs-Brock 93] Wirfs-Brock, R.; Wilkerson, B.; Wiener, L.: *Objektorientiertes Software-Design.* Carl Hanser Verlag, München Wien, 1993

[Wirth 93] Wirth, N.; Gutknecht, J.: *Project Oberon – The Design of an Operating System and Compiler.* Addison-Wesley Verlag, 1993

[Wohlin 00] Wohlin, C. et al.: *Experimentation in Software Engineering: An Introduction.* Kluwer Academic Publ., 2000

[Wood 01] Wood, M.F.; DeLoach, S.A.: *An Overview of the Multiagent Systems Engineering Methodology.* In: Ciancarini/Wooldridge: Agent-Oriented Software Engineering, Lecture Notes in Computer Science 1957, Springer-Verlag, 2001, S. 207-221

[Wooldridge 00] Wooldridge, M.: *Reasoning about Rational Agents.* MIT Press, 2000

[Wooldridge 01] Wooldridge, M. J.; Ciancarini, P.: *Agent-Oriented Software Engineering: The State of the Art.* In: Ciancarini/Wooldridge: Agent-Oriented Software Engineering, Lecture Notes in Computer Science 1957, Springer-Verlag, 2001, S. 1-28

[Yourdon 96] Yourdon, E.: *Java, the Web, and Software Development.* IEEE Computer, August 1996, S. 25-30

[Yourdon 96a] Yourdon, E.; Argila, C.: *Case Studies in Object-Oriented Analysis and Design.* Prentice Hall Publ., 1996

[Zahran 97] Zahran, S.: *Software Process Improvement – A Practical Guideline for Business Success.* Addison-Wesley Verlag, 1997

[Zelkowitz 98] Zelkowitz, M.V.; Wallace, D.R.: *Experimental Models for Validating Technology.* IEEE Computer, May 1998, pp. 23-31.

[Zuse 98] Zuse, H.: *A Framework of Software Measurement.* De Gruyter Verlag, Berlin New York, 1998

[Zuser 02] Zuser, W.; Biffl, S.; Grechenig, T.; Köhle, M.: *Software Engineering mit UML und dem Unified Process.* Pearson Education Publ., 2002

Sachwortverzeichnis

L

M

N

Deutschsprachige Anwendergruppe für Software-Metrik und Aufwandschätzung e.V.

Zielsetzung und Aufgaben der DASMA

Die **D**eutschsprachige **A**nwendergruppe für **S**oftware-**M**etrik und **A**ufwandschätzung (DASMA e.V.) ist ein gemeinnütziger Verein zur Förderung der Anwendung von praxistauglichen Software-Metriken und des Erfahrungsaustausches darüber. Aus der Erkenntnis heraus, dass Software-Metriken in der Softwareentwicklung unentbehrlich sind, bietet die DASMA schon seit 10 Jahren ihren Mitgliedern aus führenden deutschsprachigen Dienstleistungs- und Industrieunternehmen eine ideale Plattform für den Erfahrungsaustausch über Einführung und praktischen Einsatz und Nutzen von Software-Metriken durch:

⇒ die Organisation von Fachtagungen und Arbeitskreisen
⇒ den jährlichen DASMA Metrik-Kongress (MetriKon)
⇒ eine intensive Zusammenarbeit mit nationalen und internationalen Metrik-Organisationen wie der:
  • GI Fachgruppe 2.1.10 Software-Messung und -Bewertung
  • MAIN (Metric's Associations International Network, Europe)
  • IFPUG (International Function Point User Group, USA)
  • ISBSG (International Software Benchmarking Standards Group, Australien)
⇒ Mitarbeit in Standardisierungsgremien (ISO, ISBSG, IFPUG)
⇒ Vermittlung von Metrik-Experten

Der Kontakt zu Hochschulen und Fachhochschulen, insbesondere zu Prof. Dumke an der Universität Magdeburg, und der Förderung von Diplomanden ermöglichen der DASMA einen engen Wissensaustausch mit der Forschung. Auf der DASMA-Website werden auch aktuelle Forschungsergebnisse oder -Aufrufe aus dem Themenkreis Software-Metriken und Aufwandschätzung der Allgemeinheit vorgestellt.

Kontakt zur DASMA

Adresse:
c/o Frau Romy Gampe
Lindenstraße 18
90542 Eckental

Telefon: 09126 / 297 95 76
Fax: 09126 / 28 24 43

E-Mail: info@dasma.org
Homepage: http://www.dasma.org

Zuse / Drabe - Measure-Information-System

Horst Zuse / Karin Drabe 1995-2003

http://www.zuse.info

BWCE
Büro für wirtschaftlichen Computereinsatz

Das Systemhaus BWCE wurde 1975 als Einzelunternehmen gegründet. Seit mehr als 25 Jahren sind wir erfolgreich in den Bereichen Software- und Hardware-Entwicklung sowie im Consulting für unsere Kunden tätig.

Wir entwickeln für Sie Software in von Ihnen gewünschten Programmier-sprachen auf unterschiedlichsten Plattformen und übernehmen entsprechend Ihren Vorgaben die Hardware-Entwicklung. Auf Wunsch übernehmen wir für Sie die gesamte Entwicklung vom Konzept bis zur Serienreife, bei uns im Hause oder bei Ihnen vor Ort.

Wir sind Ihr Ansprechpartner bei Beratungen in

- Verbesserungen im Entwicklungsprozess
- Software-Metriken
- Qualitätssicherung

Wir bieten Ihnen über 25-jährige Industriepraxis in Beratung und Dienstleistung in den Branchen

- Automotive
- Luft- und Raumfahrt
- Medizintechnik
- Maschinen- und Anlagenbau
- Zulieferindustrie

BWCE
Büro für wirtschaftlichen Computereinsatz
Ulmer Strasse 17
D – 87700 Memmingen

Tel. +49 (0)8331 / 98 30 34
Fax +49 (0)8331 / 57 61
E-Mail: bwce.memmingen@t-online.de
Internet: http://www.bwce.de